本书由爱佑慈善基金会资助出版

向荣 陆德泉 兰树记 主编

云南社会工作参与社会治理创新实务与经验汇编

YUNNAN SOCIAL WORK PARTICIPATION IN
SOCIAL GOVERNANCE INNOVATION：
PRACTICES AND EXPERIENCES COLLECTION

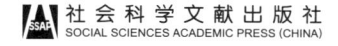

社会科学文献出版社
SOCIAL SCIENCES ACADEMIC PRESS (CHINA)

感谢曾参与过课题撰写的以下作者：

向荣、陆德泉、兰树记、杨榆宾、李俊、张玲、黄凤仪、陈喜纯、陈正艳、严云颢、陈江龙、卢思含、尹福、陈韦帆、张亚贤、贾正果、戚自良、杨剑锋、李淳、李如勇、胡怡倩等

目 录

第一部分 妇女与儿童、青少年问题

昆明市城市社区妇女基本生存状况调查研究报告…………………… 003
云南省职业学校青少年就业困境及对策研究…………………………… 086
云南省妇联组织参与社会管理及其创新研究报告……………………… 104

第二部分 社会工作建设与发展

昆明市社会工作人才队伍建设对策研究报告…………………………… 125
昆明市西山区社会工作人才队伍建设研究报告………………………… 171
关于推动云南省民办社会工作服务机构发展的政策研究报告………… 202
关于推动云南省社会工作参与社会治理创新的对策研究报告………… 220

第三部分 社会治理创新

云南省流动人口服务与管理创新对策研究报告………………………… 245

昆明市西山区探索"三社联动"社区治理新模式课题研究报告 ……… 276
关于推动社会工作参与云南省边疆少数民族地区社区公共服务
　治理的对策研究报告…………………………………………… 294
社会工作机构在精准扶贫工作中的模式与对策研究……………… 320

第一部分
妇女与儿童、青少年问题

昆明市城市社区妇女基本生存状况调查研究报告

在城市化建设过程中，失地农民与流动人口已经成为备受政府及全社会共同关注的群体，能否有效解决他/她们的就业、医疗、生活保障及子女教育问题，关乎社会的和谐稳定。据有关部门统计，截至2010年5月，昆明市共有失地农民50余万人，其中，29万人为有劳动能力的失地农民；登记在册的流动人口有219.5余万人，其中，四个主城区流动人口约为188.5万人，占全市流动人口总数的85.88%。失地农民在失去土地的同时，改变了原有的生计模式和生活方式，"农转居"身份的转变带来包括居民身份认同、就业、养老及社会保障等一系列问题。流动人口由农村移居城市，主要依靠打工维持生计及子女教育，但受到城乡二元结构的限制，导致他们在流动过程中长期面临诸如就业难、居住及医疗无保障、子女入学难等"老大难"问题。因此，失地农民及流动人口问题特别值得关注，尤其是对在这一群体中作为长期处于社会弱势地位的妇女而言，更加需要关注。在城市化及现代化发展过程中，传统性别观念及分工需要妇女做出更大牺牲，导致她们处于较为弱势的地位。特别是对依赖传统农耕方式的妇女而言，在失去土地或离开土地后，原先的劳动技能无法适应城市生产及劳动方式而导致就业上的困难，医疗及养老问题也无法得到较好解决，现代化对于家庭关系的冲击和破坏更是明显。为此，妥善处理好低收入家庭、失地农民及流动妇女就业和生活问题，是社会主义和谐社会建设的必然要求，也是各级党委、政府工作的重心之一。

鉴于此，为更好地了解城市低收入家庭妇女、失地妇女及流动妇女基本生活现状，了解妇女对未来发展的期望、存在的困难和问题，以及妇女对政府政策的要求和期望，进而从社会建设及政策服务层面，提出妇女儿童发展的对策建议及进一步完善社会公共服务体系的措施。云南省妇联委托云南大学公共管理学院社会工作研究所、云南连心社区照顾服务中心共同组成研究团队，开展了本项针对城市低收入妇女、失地妇女及流动妇女基本生存状况的调查研究。现将调查研究结果呈现如下。

一 调查地点基本概况

联家社区地处昆明市西北部，隶属于五华区普吉街道办事处，紧邻普吉路沿线，是一个厂、村结合，工、农交融的城乡接合部社区。居委会范围东至云南省二监，西至普吉路中段，南至羊仙坡北路至中坝路，北至范家营长虫山至普吉社区，共有5个自然村，下辖12个居民小组。社区毗邻云南铜业股份有限公司和云南省二监、春城包装彩印厂、云纺二生产区、五华环卫—粪便及资源回收中心、公交集团综合修理厂、昆明西北部客运站等企业及公共单位，社区内农贸集市、旅社、餐馆、民办学校云集，交通及生活设施相对较为完善。据2010年11月公布的统计数据，联家社区总人口为32297人，其中本地人口为4281人，流动人口为28016人，本地人口与流动人口比例超过1:7，属于昆明较为典型的城乡接合部社区。同时，该片区廉租房较为集中，华福苑小区即昆明较早建设的廉租房社区之一，社区内居住着近600户低保户家庭。因此，研究的结果较具针对性和代表性。

当地村民由于土地被征收，目前以房屋出租及社区分红为主要经济收入，大部分失地农民或因文化水平较低，或因缺乏技术技能，或因缺乏工作意愿而赋闲在家。同时，该社区管辖范围内的观音寺社区"华福苑"为昆明第二批廉租房社区，有超过600户的低收入家庭及残疾人家庭居住于此，但由于相关制度保障不健全，社区内缺乏相应的公共服务设施，居住于此的妇女在就业及生活质量改善方面还存在诸多问题，也需要政府特别关注。

此外，该社区由于便利的交通条件及相对完善的生活设施，吸引了大量流动人口和少部分大学生"蚁族"在此生活与工作。他们主要从事的工作包括做小生意、搞装修、打零工、做建筑、废品回收等。在这些流动人口家庭中，妇女年龄段较为集中在18～40岁，其中在家专职养育孩子的妇女人数较多。据不完全统计，该社区内的流动人口数量在3万人以上，如仅按该社区内的王家桥社区居委会计算，辖区内总户数有3081户，人口总数有7206余人，其中流动人口超过6000人。

选择联家社区作为调查研究的地点，主要原因在于该社区无论是从本地人口及流动人口构成还是在年龄分布、就业结构等方面，在昆明300多个城中村社区中都较具有代表性。更为关键的是，该社区街道办、居委会及其他社区公益性社会组织在近年来已经尝试开展了一些针对低收入家庭、失地农民及流动人口的服务模式探索并取得了一定的成效。在此基础上的研究，不仅能使研究结果更好地反映昆明及其他地州城中村社区妇女的基本生活状况，同时也能使在此研究基础上提出的对策建议较具针对性，更好地为政府各级部门及社会组织在此类社区开展妇女儿童工作提供政策依据及模式参考。

二 调查研究的对象及方法

（一）调查研究对象

本次调查研究以昆明市五华区普吉街道办事处联家社区低收入家庭妇女、失地妇女及流动妇女为研究对象，出于研究侧重的考虑，问卷主要以失地妇女和流动妇女为调查重点，本地廉租房社区低收入家庭妇女为补充。问卷采用多阶段分层随机整群抽样的方法，在该社区入户1000余户，抽取其中15~80岁的女性进行了问卷调查，去除拒访和访谈中断等不成功的情况，最终访问完成低收入家庭妇女问卷38份、失地妇女问卷90份、流动妇女问卷727份，问卷总数达855份，问卷有效率为85.5%。同时，为提升本次调查研究的信度和效度，调查最终还完成了18例个案深度访谈及12个参与式焦点小组讨论会。

在调查对象的年龄结构方面，本次调查的妇女中，18岁以下的有31人，占3.7%；18~25岁的有204人，占24%；26~45岁的有506人，占59.2%；46~60岁的有85人，占10%；60岁以上的有23人，占2.7%。在调查对象的学历层次方面，本地妇女中，小学及以下的占46%，初中的占38.1%，高中或中专的占13.5%，大专的占4.5%，大学本科及以上的占1.8%；流动妇女中，小学及以下的占58.3%，初中的占32%，高中或中专的占8.4%，大专的占1.4%，大学本科及以上的占0.5%。在调查对象的婚姻状况方面，接受问卷调查的本地妇女中有79%为已婚，5.6%为未婚，7.3%为离婚，8.1%为丧偶；流动妇女中89%为已婚，8.6%为未婚，0.8%为离婚，1.3%为丧偶。在调查对象的民族成分方面，本地妇女中汉族占87.2%，少数民族占12.8%；流动妇女中，汉族占80.6%，少数民族（主要为彝族、布依族、苗族）占19.4%。

（二）调查研究方法

本次调查研究采用定量研究（问卷调查）及定性研究（个案深度访谈与焦点小组访谈）相结合的研究方法。其中，问卷调查从"个人及家庭基本情况""就业与经济状况""居住情况""家庭关系""社区环境与治安""基本社会服务""多元化与社区融合"及"人生态度与社会观念"8个维度共91个条目展开。在问卷调查基础上，为能更好地将问卷呈现的主要议题进行深入讨论，提高调查研究的信度和效度，本次调研还加入了定性研究的部分。定性研究采用个案深度访谈及焦点小组访谈的方式进行，访谈内容除了从问卷中涉及的8个维度展开外，还借用了社会工作参与式调查评估的方法，调动妇女参与讨论的主动性和积极性，引导其对问题进行深入讨论，并共同探讨有效的问题解决办法。

（三）调查研究的实施

本次调查研究从2010年11月底至2011年1月初，历时一个半月。主要分为四个阶段进行，第一个阶段是前期的问卷及访问提纲设计、试调查及访问员培训；第二个阶段是问卷的正式调查；第三个阶段是个案深度访谈和焦点小组访谈；第四个阶段是问卷及访谈的统计分析及调查报告的撰写。第一个阶段主要由研究团队完成，过程中组织研究专家及富有问卷调查研究经验的社区工作者对访问员进行了专门的问卷调查培训，确保问卷调查的真实性及有效性。第二个阶段主要由来自云南大学与云南民族大学的社会学、社会工作及法律专业的60余名研究生共同组成的访问员团队完成，在这一过程中研究团队主要起联系及组织协调的作用。第三个阶段主要由云南连心社区照顾服务中心一线社工及研究人员完成，重点针对前期问卷调查中反映的较为典型的个案及妇女群体开展深度访谈和小组访谈，并做详细访谈记录。第四个阶段主要由研究团队进行合作分工共同完成。

本次调查问卷数据采用SPSS统计软件进行统计处理；个案深度访谈及焦点小组访谈以社会工作专业方法进行记录和整理，并建立专门档案进行管理。

三 调查研究发现

经过对 855 份问卷进行数据统计处理及对 18 个典型个案和 12 个焦点小组访谈记录整理分析，研究团队对社区低收入家庭妇女、失地妇女及流动妇女当前基本生活状况有了一些新的发现。以下将从两个部分对本次调查研究的发现做详细描述：第一部分主要呈现社区妇女生活质量获得较大提升的各个方面；第二部分主要呈现当前社区妇女发展过程中存在的主要问题。

（一）社区妇女基本生活质量得到较大提升

调查研究结果显示，近年来，在省委、省政府的带领和大力支持下，在各级政府及群团组织的共同努力下，云南省妇女儿童事业得到了长足发展。特别是在过去的10年，《中国妇女儿童发展纲要》和《云南省妇女儿童发展规划》的有力实施，极大促进了云南省妇女发展环境的进一步优化，制约妇女事业发展的突出问题得到进一步有效解决，妇女生活质量大幅提升。本次调查研究结果在一定程度上也反映了近年来云南省妇女事业所取得的明显成效，如妇女在权益保障、医疗卫生保健、社会保障等方面的待遇得到了明显改善，妇女参与经济的能力进一步增强，妇女参与公共事务的机会逐渐增多，妇女整体生活质量稳步提升。可见，云南省在推动弱势妇女权益保障及生活质量改善方面取得了较为显著的成效。

（二）妇女就业保障及就业扶持力度加大，低收入家庭妇女、失地妇女及流动妇女参与经济的能力进一步增强

得益于国家近年来陆续出台的一些针对低保家庭、失地农民及流动人口就业创业扶持政策，特别是各级地方政府及妇联组织在妇女的就业创业扶持方面做出了巨大努力，使城市妇女特别是低收入家庭妇女、失地妇女及流动妇女在就业机会及就业环境方面的状况得到进一步改善，妇女参与经济的能力得到较大提升。此次调查发现，本地妇女中有超过50%的实现了就业，就业领域也进一步拓宽，从事的职业包括自主创业、工厂及企事业单位上班以及做小生意等；流动妇女实现就业的人数比例超过61%，主要职业类型包括摆地摊、餐馆服务员、工厂打工、家政工、建筑工、环卫工、搞装修、擦皮鞋、废品回收等。可见，本地妇女包括低收入家庭妇女

及失地妇女,在面临就业困难的情况下,依靠政府扶持及自身努力,有近半数的人重新实现了就业,这为她们在维持家庭生计及经济独立方面奠定了重要基础。流动妇女从农村来到城市,在技术技能较为欠缺、就业市场竞争压力巨大的情况下,她们愿意从事社会最底层的工作,进而有效帮扶家庭生计,为解决孩子入学费用等问题提供了保障。如有29.5%的本地妇女和29.1%的流动妇女每月收入超过830元,21.4%的本地妇女和17%的流动妇女每月收入超过1500元,从这些数据中可以看到妇女在经济收入方面有了较大提升。就业类型的扩大、就业率的提高以及经济收入方面的提升,说明社区弱势妇女在参与经济能力方面得到了明显增强。

(三)妇女权益得到有效保障,妇女自我保护及维权意识明显提升

近年来,公安、司法、劳动保障及妇联等部门和组织在妇女权益保障方面进行了大量积极的探索,为妇女权益保障事业的发展做出了重要贡献,妇女权益保障工作取得显著成效,妇女自我保护及维权意识明显提升。本次调查统计显示,拖欠妇女工资的情况大幅减少,已下降到15%左右;有超过60%的妇女认为相对过去一两年,与老板发生劳动纠纷的情况明显减少。可见,妇女在劳动权益保障方面的状况相比过去而言已经得到较大改善。此外,在遭受权益侵害时,妇女开始更加积极地采用法律武器维护自己的合法权益。如当被问到"如果遇到老板拖欠工资、不签订劳动合同、不给加班工资的情况时,您应该怎么办"的时候,有超过50%的妇女选择"寻求法律援助",希望通过法律渠道获得帮助。妇女维权意识的提升还表现在遭遇家庭暴力时的处理方式上,如有超过60%的妇女在遭遇家庭暴力时希望通过派出所出警及妇联出面调解的方式解决。在妇女自我保护意识的提升方面,主要体现在有超过75%的妇女知道如何预防妇女/儿童被拐卖的知识,这说明近年来政府在开展宣传及打击妇女儿童拐卖方面的努力取得了较好的成效,妇女自我保护意识有了大大提升。此外,在劳动保护方面,有近40%的妇女认为政府应加大力度监督用工单位,促使用工单位与妇女签订劳动合同、购买社会保险并加强妇女劳动保护的力度。

(四)妇女性别平等意识有了明显提升

性别平等是促进女性拥有平等发展机会的重要保障,因此,性别平等意识观念的提升在一定程度上直接决定着女性有更多机会参与政治、经济

及社会活动的各个方面。政府及全社会共同努力推动的性别平等教育，目前看来已经取得了较为明显的成效，妇女性别平等意识得到了明显提升。本次调查研究希望透过了解妇女对男女接受教育机会的看法，以及对传统性别分工及家庭暴力的态度来评估当下妇女性别平等观念的情况。本次调查的数据显示，有90%的妇女认为"无论男孩女孩，都应该上大学"，这呈现了妇女对于不同性别的孩子在教育方面趋于平等的态度。传统性别观念认为，女人得依靠男人生活，"男主外女主内"，但在调查中有超过65%的妇女不赞同"男人赚钱养家，女人养育子女"的观点。此外，在对家庭暴力的态度方面，有超过74%的妇女认为男人绝对不能够打女人；同时，有近60%的妇女反对"女人被男人打是家里的事情，不能让别人知道"的观点。从以上的数据统计来看，社区妇女在性别平等意识方面有了较大提升，两性平等观念在妇女心中得到进一步内化。

（五）妇女卫生保健状况得到进一步改善

妇女基本健康医疗保障制度及新型农村合作医疗保险制度的推行，使妇女在卫生保健方面的状况得到进一步改善。从本次调查数据呈现妇女参与健康体检次数增多、妇女获得正规医院分娩待遇及妇女总体健康水平提升这三个方面可以说明妇女在卫生保健方面待遇的改善。调查问卷统计显示，本地妇女中最近一年内做过健康体检的比例超过40.3%，流动妇女也达到28.7%的比例，这说明无论是本地妇女还是流动妇女，都逐步开始享受到基本健康检查的服务。在分娩方面，有超过85%的本地妇女和超过60%的流动妇女已经享受到在正规医院分娩的服务，这在很大程度上保障了妇女和婴儿的顺利生产和健康。此外，妇女患胃病、妇科疾病及其他常见疾病，特别是遭遇重大疾病方面的情况相对减少，这进一步说明了妇女在基本卫生保健方面的情况有了明显的改善。

（六）妇女在参与公共事务方面的意愿进一步提高

妇女参与公共事务意愿的高低决定着其是否有意愿共同参与社区治理及社区监督等，在本次调查研究中，从妇女关注社区事务的态度及妇女参与公益活动的意愿这两个方面进行测评。问卷统计显示，有超过65%的妇女认为"社区拆迁、治安、卫生及修建道路等事务不仅与政府有关，更是与自己有很大关系"，这在一定程度上说明了社区妇女对于社区规划与建设的参与愿望。同时，有超过70%的本地妇女和流动妇女愿意参与社区清洁卫生、社区绿化以及给有困难的人捐款捐物等公益服务活动，可见社区妇女对于社区公益服务表现出较为积极的态度。此外，有近50%的妇女认为，需要依靠本地人与外地人共同参与监督和管理，才能在社区卫生环境和治安方面做得更好。在焦点小组访谈中也同样发现，不论是本地妇女还是流动妇女，她们对于社区环境卫生及治安问题极为关注，表示只要有机会，她们很愿意共同参与社区服务。

（七）妇女整体生活满意度及对未来生活期望值提高

随着国家对妇女事业的大力推进，妇女在就业、基本医疗保障及生活质量等方面的待遇水平都有了大步提升，妇女的生活满意度及对未来生活的期望值也随之提高。本次调查统计数据显示，有79.8%的本地妇女和58.7%的流动妇女对当前生活中业余时间的安排较为满意，有77.2%的本地妇女和62.8%的流动妇女表示对当前的生活感觉较为满意，可见妇女整体而言对于基本生活现状较为满意，整体满意度较高。与此同时，有91.4%的本地妇女和94.6%的流动妇女认为，未来一两年内和家人的关系将会变得更好，近90%的妇女认为未来生活将会更加幸福，77.2%的本地妇女和85.4%的流动妇女对前途充满希望，这几组数据说明本地妇女和流动妇女对于未来生活的期望值普遍比较高。在个案深度访谈及焦点小组访谈中，大多数妇女也反映，虽然在当下生活中依然会面临各种各样的困难，但相比过去而言，当下生活质量已经有了较大提升，政府和社会上有更多的人共同帮助、关心弱势妇女，这使得她们对未来更加抱有积极的心态。

四 当前妇女发展过程中存在的主要问题

（一）妇女就业及基本经济状况不容乐观

1. 流动妇女总体就业率不高，经济收入水平低，就业缺乏保障

调查结果显示，流动妇女总体就业率不高，收入水平较低，就业缺乏基本保障。在参与本次调查的727位流动妇女中，仅有61.1%的人实现了就业，就业类型以打工为主，约占到就业总人数的60%，做小生意和单干的约占到34%（见图1）。尚有38.9%的流动妇女需要在家照顾孩子及缺乏相应的技术技能而导致未能就业。问卷调查统计结果显示，有近53.9%的流动妇女每月收入在830元以下，其中每月收入在500元以下的占到31.4%，流动妇女收入情况不容乐观，妇女依然面临贫困问题。在所有以打工为主要生计来源的妇女中，有80%的妇女未能签订劳动合同，85.5%的妇女未能购买社会保险，有14.9%的妇女出现职业病的症状反应，还有15.4%的妇女遭受到老板拖欠工资的情况。从事摆地摊及其他做小生意的妇女中，有60.7%的人认为城管罚款的情况更加严重，而有79%的人反映在谋生过程中遇到收保护费及管理费的情况也在增多。从事捡拾废品行当的妇女中，有90%以上的人认为相比过去一两年，捡废品的地方更加不好找，捡废品的人更多，捡废品越来越赚不到钱。可见，流动妇女在就业及生计改善方面面临更多的困难，缺乏基本劳动保护及权益受损的情况依然较为严重。

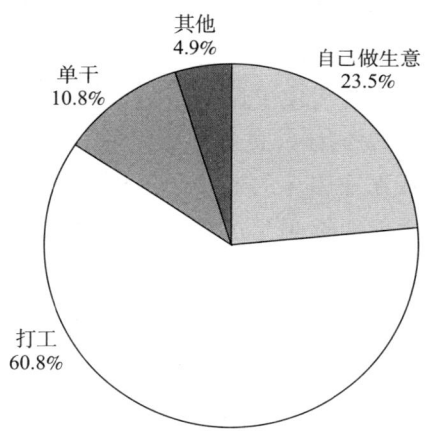

图1　流动妇女就业类型分布

2. 本地失地妇女再就业困难，未来生活缺乏保障

调查结果显示，失地妇女在"农转居"过程中，由于失去了土地的生存保障，在文化水平不高及技术技能缺乏的情况下，出现就业困难的问题较为突出。在此情况下，随着城中村拆迁改造，失地妇女将失去她们目前唯一赖以生存的房屋出租收入来源，在社会保障体系尚未健全的情况下，她们的未来生活保障问题值得特别关注。调查结果发现，失地妇女所在的家庭中有95%以上依靠出租房屋作为其主要经济来源，仅有50%的失地妇女实现了就业，可见，失地妇女特别是中年妇女的就业困难问题十分突出。尤其是联家社区已被列入城市城中村改造的范围，一旦社区被拆迁，失地妇女将失去她们赖以生存的收入来源，而"农转居"导致她们"非农非居"的尴尬身份，由此而出现未能顺利申请低保及参与社会保险的处境，这些都让她们陷入了对未来生活保障的担忧。

3. 低收入家庭妇女面临贫困，再就业困难及就业限制的问题

调查结果显示，低收入家庭妇女中大部分以领取最低生活保障金作为维持生活的主要经济来源，家庭经济状况较为困难。同时，由于单亲需要照顾孩子、身体有疾病、残疾以及缺乏技术技能等缘故，她们当中多数人无法就业，进一步导致了贫困。数据统计显示，低收入家庭妇女中有31.4%的人每月收入在500元以下，有22.3%的人每月收入在500～830元，仅有46.3%的人每月收入在830元以上。可见，社区多数低收入家庭妇女仅能依靠每月200多元的低保金作为其生活的支撑。同时，在廉租房低收入家庭中有37.8%的单亲家庭或丧偶家庭，另有80%的妇女患有疾病或身体残疾，这在一定程度上导致她们就业更为困难（见图2）。此外，由于廉租房政策还不够完善，在一定程度上限制了妇女的就业，如在焦点小组访谈中有妇女反映审计局经常到社区进行审查，一旦发现妇女有打工等情况，有可能会取消她们居住在廉租房的资格。这导致妇女一方面千方百计想就业，另一方面则又担心就业影响到居住资格的问题，这使她们当中有部分人只能偷偷摸摸地就业，无法实现体面的居住和有尊严的生活。

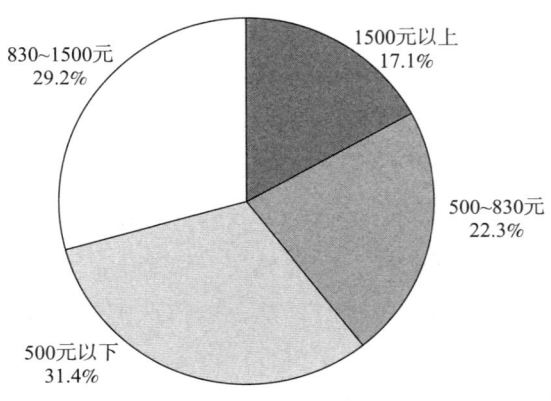

图2 低收入家庭妇女月收入情况

4. 妇女对于国家就业和创业政策缺乏了解，但对国家在提供就业及创业扶持方面的期望值较高

调查结果显示，无论是本地妇女还是流动妇女，她们对于国家在就业及创业扶持政策方面都较缺乏了解，如仅有37.2%的本地妇女和26.3%的流动妇女对国家小额信贷政策有所了解；同时，仅有19.8%的本地妇女和11%的流动妇女对就业扶持贷款有所了解。在个案深度访谈及焦点小组访谈中，大部分妇女反映她们没有接受过国家免费提供的相关就业技能培训。本地妇女中虽有多数妇女听说过政府有提供免费技能培训的政策，但并没有机会实际参加类似的培训。

妇女对于国家就业及创业扶持政策缺乏了解，但她们对国家能够提供就业及创业扶持的期望值却很高。如问卷统计显示（见图3）：有43.4%的本地妇女和55.3%的流动妇女希望获得国家提供的免费技能培训，并在培训后给予介绍工作；有38%的本地妇女和16%的流动妇女希望政府能够提供培训期间的生活费和学费补贴；另有10.7%的本地妇女和8.7%的流动妇女希望政府帮忙解决幼儿照顾服务的问题，以便能让她们有时间参与技能培训并实现就业。此外，在就业及创业扶持方面，妇女还希望获得小额信贷、税收优惠、场地优惠以及就业/创业扶持培训政策这几个方面的支持。其中对于小额信贷、税收优惠及场地优惠这几个方面的政策需求较为强烈，本地妇女和流动妇女分别达到57.7%和26.1%。对税收优惠政策提出需求的分别达到51%和53.3%；此外，还有39.4%的本地妇女和15.1%的流动妇女希望获得场地优惠政策支持（见图4）。

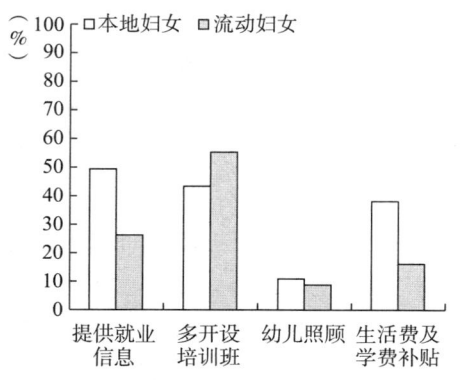

图3 妇女就业技能培训扶持政策期望

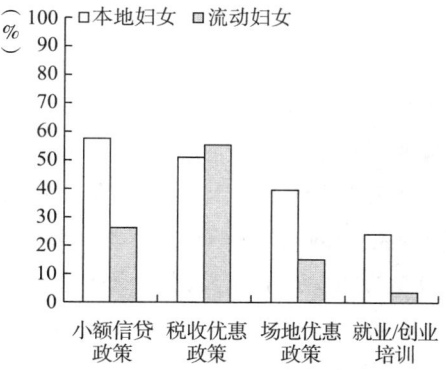

图4 妇女对就业/创业扶持政策期望

（二）社区妇女居住状况有待改善

1. 流动妇女居住条件较差，居住权利缺乏保障

调查结果显示，有98.1%的流动妇女居住于本地失地农民盖的出租房中，居住条件都相对较差。城中村社区中，平均每栋房屋有6~8个外来家庭居住，房屋大多为单间不带卫生间结构，面积为10~30平方米，大多数家庭居住面积约为15平方米，按照一家3口计算，平均每人居住面积仅为4.5平方米左右。同时，由于大多数出租房不带卫生间及厨房，甚至有超过40%的家庭只能使用社区里的收费公共厕所，生活极为不方便。此外，城中村社区拆迁，导致流动妇女家庭经常需要举家搬迁，调查数据统计显示，流动妇女家庭在近两年内，平均搬家次数超过3次。因此，对于流动妇女而言，她们在居住方面最为担心的是城中村拆迁导致找不到合适的房屋居住以及房租更贵的问题。而在现有昆明廉租房政策中明确规定，外来务工人员必须同时具备"在用工单位连续工作满5年及以上、持有昆明市暂住证5年（含5年）以上，并在此期间无违反国家法律法规和政策记录"这3个条件才能申请廉租房。对于大多数以打零工及做小生意等非正规就业形式为主的流动家庭而言，享受廉租房政策还尚待时日。在此情况下，城中村社区廉价的出租房自然成为流动妇女家庭居住的首选，但频繁的城中村拆迁时常会导致她们居无保障。

2. 本地妇女较为担心拆迁安置及补偿的问题

调查结果显示，本地妇女大多居住于自家建造的单栋房屋中，居住条件较好，但较为关注拆迁安置和补偿的问题。调查统计数据显示，本地妇女中每个家庭基本建有单栋4~5层的房屋，面积大多在300平方米以上，除了自家居住外还可以将部分对外出租赚取收入。可以看到，本地妇女家庭相对于流动家庭而言，不论是在居住面积还是在厨房及卫生间设施方面都要好得多。对于她们而言，在居住方面她们最为担心的是一旦失地后的拆迁安置和补偿问题。调查统计数据显示，对于拆迁，有接近80%失地妇女最担心的是拆迁安置问题，有约10%的妇女最担心拆迁补偿问题，有约10%的妇女担心未经过协商而直接被拆迁，还有约2%的妇女担心拆迁后孩子的教育问题（见图5）。在个案深度访谈及焦点小组访谈过程中，她们提出最为关注的是拆迁问题，但都不愿意深入谈论。她们认为拆迁是政府和开发商说了算的，自己并没有决定的权力，虽然大家都不愿意被拆迁，但也是没有办法的事情。在拆迁问题上，大家反映了很无奈的态度。对于她们而言，只要政府和开发商与老百姓协商好拆迁安置和补偿的问题，拆迁是可以接受的。在进一步的访谈中，失地妇女还反映了对于拆迁后无法维系传统村民邻里关系，以及对于孩子教育安置的担忧。

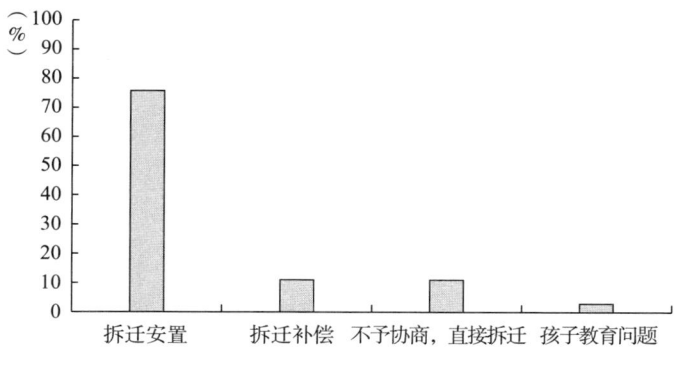

图 5 一旦拆迁，本地妇女最担心的问题

3. 低收入家庭妇女虽然在住房方面有了保障，但在居住条件方面还需改善

调查研究结果显示，廉租房这一保障性安居工程解决了部分低收入家庭的住房问题，深受老百姓欢迎，但在居住环境和居住条件方面还需要进一步改善和提升。在针对低收入家庭妇女的访问中，她们觉得最满意的是相比以前没有地方住，现在有国家和政府安排房子，要"感谢共产党，感谢政府"。对于低收入家庭而言，每个月只需要花费40元的房租即可居住在两居室的房屋中，这是多么难能可贵的事情。但同时她们也反映，在廉租房居住的家庭中，有一部分人带有疾病和残疾，上下楼梯不方便，政府应该在病人及残疾人通道设置方面进行改善；同时，社区公共空间及相关配套设施的缺乏，也导致了生活的不方便，社区居住条件方面有待进一步改善。

（三）妇女家庭关系状况亟待改善

1. 流动妇女遭受家庭暴力问题较为突出，婚姻调解及婚姻辅导需求较大

调查结果显示，流动家庭中男性酗酒、赌博、家庭矛盾以及家庭暴力的问题较为突出。根据调查统计结果，有13.9%的流动家庭男性经常酗酒甚至耍酒疯，有17.1%的流动家庭男性经常赌博，而有14.7%的流动妇女经常吵架，这些数据说明了流动家庭中男性酗酒、赌博及家庭矛盾的问题经常发生。而另外一组数据中显示，有约45%的流动妇女经常或偶尔看到邻居和亲戚家庭发生争吵的情况（见图6）。这几组数据都说明，流动人口家庭矛盾以及家庭暴力问题存在的普遍性。此外，统计数据显示，在家庭发生矛盾或发生暴力事件时，有47.1%的流动妇女希望获得"出面调解"的帮助，以及有34.3%的妇女希望获得婚姻辅导和咨询。由此可见，流动妇女家庭矛盾及家庭暴力问题亟需政府及群团组织进行深入研究，了解家庭暴力的深层次原因，并制定出台相关政策法规，为流动人口家庭提供婚姻矛盾调解及婚姻辅导和法律咨询等方面的服务。

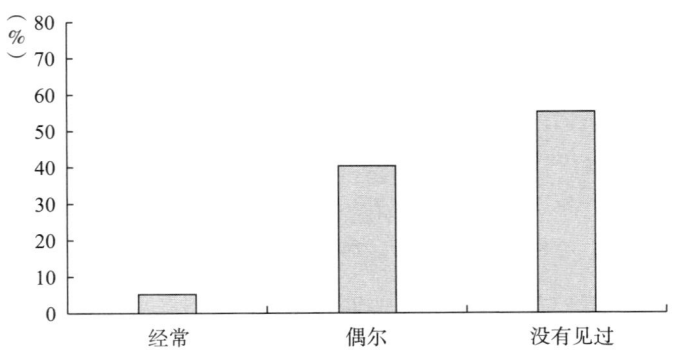

图6 流动妇女看到邻居或亲戚吵架的情况

2. 本地妇女家庭面临夫妻矛盾及亲子关系较大冲击，亲子关系培训需求量大

调查结果显示，本地妇女家庭在传统生活及生计模式发生转变的情况下，家庭关系出现了许多新的挑战，如夫妻矛盾增多、老人缺乏照顾及亲子关系冷淡等问题增多。问卷统计显示，本地妇女家庭中有13%的男性有酗酒行为，有18.7%的家庭男性有赌博的行为，还有15.9%的家庭有经常吵架的问题。另一则数据显示，有超过50%的本地妇女经常或偶尔看到邻居或亲戚朋友吵架的情况（见图7）。这些数据说明，与流动妇女家庭相似，在本地妇女家庭中同样存在男性酗酒、赌博及家庭暴力的情况，而且呈现逐步增多的态势。同时，在流动妇女家庭中，传统农耕居住、生计及生活方式的改变，导致家庭代际关系紧张甚至是恶化，如老人疏于照顾及亲子关系紧张等。在焦点小组访谈中，本地妇女反映，虽然家庭在经济及物质生活方面有了很大改善，但同时也出现了孩子沉溺于玩电脑游戏、学习成绩下降，以及亲子隔阂等情况，这让她们感觉到非常苦恼但又没有办法。因此，本地妇女很希望能够在亲子关系改善方面获得帮助。

3. 低收入妇女中单亲家庭较多，贫困原因导致的家庭矛盾及家庭暴力情况较为突出

调查结果显示，低收入家庭中单亲家庭及丧偶家庭较多，由此而产生的单亲母亲和孩子的亲子关系问题值得关注；同时，低收入家庭因贫困而导致家庭夫妻矛盾及家庭暴力的问题也较为突出。调查统计数据显示，低

昆明市城市社区妇女基本生存状况调查研究报告

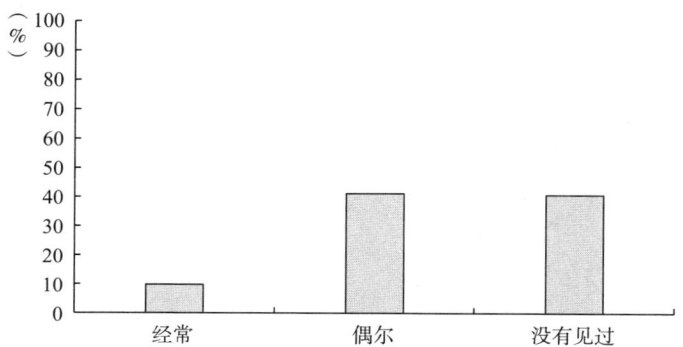

图7 本地妇女看到邻居或亲戚吵架的情况

收入家庭中有近37%的家庭属于单亲家庭，她们面临的亲子关系及亲子教育问题较为突出。此外，低收入家庭妇女主要以领取低保金作为生活保障，而超过50%的家庭男性也处于失业状态，在此情况下产生的经济压力时常会给家庭带来矛盾甚至有产生暴力的可能。调查数据显示，有16%的低收入家庭出现夫妻经常吵架的情况，而有23.7%的低收入家庭妇女经常看到邻居吵架，另外有26.3%的妇女偶尔看到此类情况（见图8）。

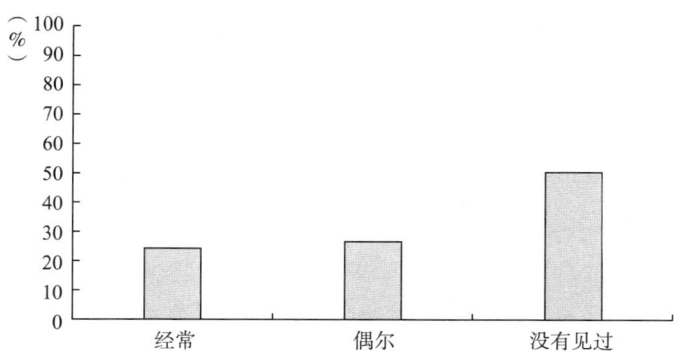

图8 低收入家庭妇女看到邻居或亲戚吵架的情况

（四）社区环境和治安状况需要进一步改善

1. 城中村社区整体环境和整体治安状况有所提升，但存在环境卫生差及偷盗行为较为严重的情况

调查结果显示，在城市综合治理环境的背景下，城中村社区整体环境及治安状况较好，如社区通过居民缴纳卫生管理费的方式，聘请了专门的环卫人员进行社区的卫生管理；同时，社区内有派出所和联防队作为治安

017

的保障，较好地保护了居民的生活安全，但同时还存在居民乱扔乱倒垃圾、噪音、交通拥堵及偷盗等较为严重的问题。调查数据统计显示，有超过30%的失地妇女和流动妇女对社区环境及卫生状况不满意，有超过40%的妇女认为社区小偷小摸行为较多。在深度访谈及焦点小组访谈中，妇女反映最为集中的问题之一即社区偷盗行为，有超过半数以上的妇女在社区里有过被盗的经历。可以看到，妇女生活的城中村社区环境中，存在一定的威胁妇女儿童人身安全的隐患因素，社区治安治理需要群众的共同参与。

2. 妇女防拐防骗意识明显提升，但社区拐卖妇女儿童的事件还时有发生

调查结果显示，不论是本地妇女还是流动妇女，在防拐防骗意识方面已经有了较大提升，如在问到"是否知道如何预防妇女/儿童被拐卖"的问题时，有77.2%的本地妇女和76.9%的流动妇女选择了"知道"这一答案。这一数据同时也说明，近年来各级政府部门在打击预防妇女儿童拐卖方面的宣传和行动产生了较好的成效。但另外一组数据也反映，社区妇女儿童被拐卖的风险依然存在，妇女儿童被拐卖的事件时有发生。如还有近22.8%的本地妇女和23.1%的流动妇女不知道如何预防被拐卖，自我保护意识较低。此外，有37.3%的本地妇女和42.5%的流动妇女听说过社区有儿童走丢的情况（见图9），其中分别有35.6%的本地妇女和51.1%的流动妇女是自己经历过或认识的人经历过儿童走丢的情况，近半数的妇女认为儿童走丢的原因是被人贩子拐骗。这些数据在一定程度上说明，城中村社区儿童失管特别是流动儿童失管现象较为普遍，儿童被拐卖现象也还时有发生。

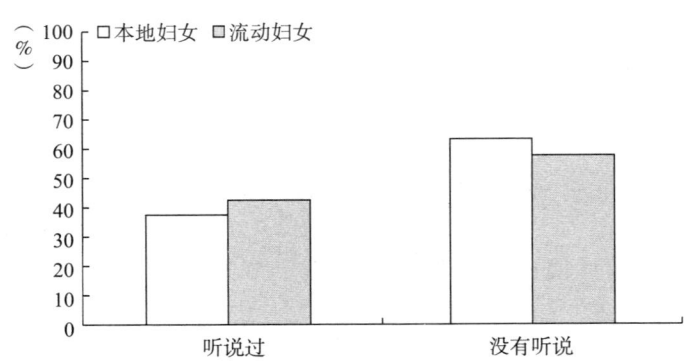

图9 妇女听说社区有儿童走丢的情况

调查数据统计还显示，有23.2%的本地妇女及27.8%的流动妇女听说过社区里有妇女被骗到外地的情况（见图10），虽然有超过50%的信息来源于新闻，但有32.1%的流动妇女反映是自己或认识的朋友亲身经历过被骗的情况。这一数据在一定程度上反映了城中村社区妇女被拐卖的风险较大，妇女被拐现象时有发生。在深度访谈中就有妇女反映，近几年来时常会听说有辍学女孩子被拐骗到外地的事件发生，有些女孩子甚至被骗到黑砖厂进行强制劳动。在本次调研的深度访谈中就接触到一位年仅16岁的女孩子，其在小学毕业后辍学，有曾被骗到黑砖厂强制劳动的经历，这些经历给这样年龄的女孩子身心造成了极大伤害。社区里类似这样甚至小学都还未毕业就辍学的女孩子不在少数，而她们在由于未达到就业年龄，无法通过正规途径寻找到工作的情况下，在求职就业过程中更容易陷入被拐卖的危险处境。

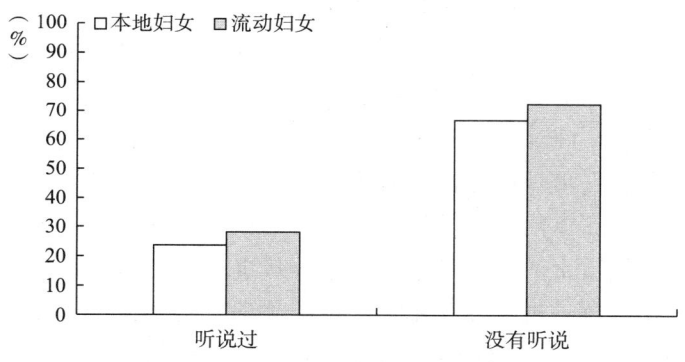

图10　妇女听说社区妇女被骗到外地的情况

3. 社区环境及治安方面存在一定问题，但群众参与和监督的愿望较为强烈

从以上数据及案例来看，社区在环境卫生及治安方面虽然还存在各种各样的问题，但调研结果同时也显示，群众在参与社区环境卫生治理和监督以及共同参与共建安全社区方面都表现出较为强烈的意愿。如有34.9%本地妇女和34.8%的流动妇女希望居委会及派出所能够在社区卫生和治安管理方面进一步加强外，能够"让本地人和外地人共同参与创建卫生安全社区"，并让群众参与监督。另外一组数据则显示，有平均超过75%的本地妇女和超过70%的流动妇女愿意花费一些时间共同参与社区绿化和社区清洁卫生活动。这进一步呈现了妇女参与社区公共卫生服务的愿望，但实际情况是社区往往未能提供这样的平台和机会，从而导致居民虽有意愿但实际却没有太多参与。在如何更好预防妇女儿童被拐卖方面，多数妇女希望政府能够在社区内多开展一些打击及预防妇女儿童拐卖的宣传活动，不断提高居民的防拐及自我保护的意识和能力。在提到该情况时，很多妇女对于 2010 年 6 月 12 日由省妇联与云南连心社区照顾服务中心共同合作开展的消除童工日，预防拐卖活动印象很深刻，希望政府以后多开展类似的活动。

（五）社区基本公共服务滞后，亟待进一步完善

1. 子女教育面临诸多困境

第一，流动妇女家庭子女入学依然困难，孩子辍学率高，教育原因导致的农民工代际贫困问题增多，职业教育需求量大。

虽然几年前国家就已经出台了让流动儿童进入公办学校就读的政策，但现实中教育资源分配不公、公办学校接收流动儿童名额有限以及流动人口家庭居无定所，往往导致多数流动儿童无法进入公办学校就读。调查研究结果显示，整个联家社区 3 万多人口，但仅有 2 所公办学校，其中小学一所，中学一所，容纳的学生人数不到 2000 人，还有近 3000 名流动儿童只能在民办学校上学。同时，由于部分民办学校师资力量薄弱、教育资源较少，教学质量跟不上，出现部分流动儿童厌学甚至辍学的情况。可想而知，这部分辍学的儿童在年龄及职业技能方面都无法适应现代劳动的需求，但他们已经适应了城市生活，不愿意返回农村从事农耕劳动，在现有社区公共服务体系无法有效提供更多职业教育技能培训机会的情况下，这些儿童的未来令人担忧，第二代农民工代际贫困问题日趋明显。调查数据统计显示，有超过 85% 的流动家庭有孩子跟随父母在昆明上学，但其中仅有 20% 的孩子能够进入公办学校就读，而有 13.5% 的家庭有孩子辍学的情况，这就意味着 100 个流动妇女家庭中就有 13.5 个家庭有孩子在辍学（见图 11）。问卷数据及深度访谈显示，流动妇女家庭孩子辍学的主要原因包括学费困难及孩子学习成绩不好这两个方面。可见，家庭贫困及教育质量原因而导致的流动儿童辍学问题十分突出，由此而出现的针对辍学儿童的职业教育需求大增。此外，目前针对流动儿童在城市就读的教育政策主要局限于九年义务教育范围，孩子初中还未毕业就面临要离开父母返回原籍就读高中的境况，这也成为很多孩子初中毕业就辍学的主要原因之一。在此情况下，很多流动妇女家庭希望政府可以出台更好的政策，以便让她们的孩子能够在城市的小学、中学及高中就读。

第二，失地妇女家庭子女学业成绩较差，继续深造较为困难，对创业/就业技能培训需求较高。

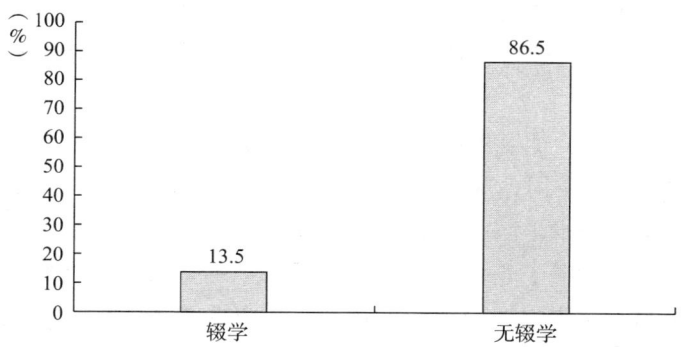

图 11　流动妇女家庭孩子辍学情况

调查结果显示，本地失地妇女家庭孩子学习成绩普遍较差，大部分孩子念完初、高中即辍学在家，数据统计呈现有7.7%的失地妇女家庭中有孩子辍学的情况。辍学的原因主要包括两个方面：一方面是由于大学扩招，巨大的就业压力，让他们失去了上大学的期望；另一方面则是学习成绩不好，导致很多孩子上学的意愿不高。一位当地村干部反映说，村里承诺"只要有人考上好的大学，学费全由村里负责"，但这样的激励并没有起到什么效果。村里近百名孩子仅念完初高中就辍学在家，这些孩子的就业成为失地妇女非常关注的问题。但在文化水平不高、技术技能缺乏的情况下，如何提升这些年轻人的就业/创业意愿及能力，成为整个社区较为关注的问题之一。在焦点小组访谈中，很多失地妇女希望政府可以提供更多就业/创业的技能培训，并能够提供更多的就业岗位。

第三，低收入家庭孩子上学费用难交，孩子心理健康辅导需求较大。

调查结果显示，由于单亲、疾病或没有工作，低收入家庭普遍面临贫困的经济状况，从而导致低收入家庭妇女对于孩子上学费用及孩子自卑心理的问题特别的关注。很多低收入家庭妇女反映，孩子一旦进入高中和大学，就需要更大的家庭开支，这对于每个月仅依靠领取低保生活的家庭而言，孩子的教育费用将是一笔沉重的负担。除此以外，很多妇女反映说，自己居住在廉租房社区，即被贴上了懒惰、无能等不好的标签，这在无形中也影响到了孩子的心理健康，很多孩子开始出现自卑的心理，直接影响到了孩子的学习成绩和心理健康，有些孩子甚至因此而辍学。这在无形中也出现了类似于第二代农民工相似的情况，即代际贫困问题的出现，因此，很多低收入家庭妇女希望获得孩子教育方面的帮助，如学费支持及免费家教服务等。对于这些需求，亟须政府及社区想办法加以解决。

第四，妇女希望政府在社区层面上有更多作为，以更好促进孩子健康成长。

调查结果显示，社区内缺乏相应的可提供给本地孩子及流动儿童业余生活及学习的公共空间，这成为学校教育之外妇女较为关注的问题。同时，由于妇女自身文化水平较低，她们较为缺乏教育孩子的方法，因此，她们也特别希望能够在亲子教育方法方面获得培训的机会。问卷统计显示，有近40%的社区可以设立青少年活动中心，可以为孩子提供课业辅导及成长课程；同时，有近30%的妇女希望社区开展更多关于教育孩子方法的培训，提升她们教育孩子的能力。在流动妇女家庭中，贫困及学校教育质量问题而导致孩子辍学的情况较为严重，因此，有近80%的流动妇女希望其子女可以进入公办学校就读，还有近30%的流动妇女希望孩子能够获得教育辅导及学费资助的机会。

2. 妇女基本卫生医疗保障有待进一步加强

第一，流动妇女缺乏基本卫生医疗保障，医疗费、分娩费成为家庭重要负担，大病致贫情况尤为突出。

调查结果显示，流动妇女虽然在农村缴纳了新型农村合作医疗保险（以下简称"新农合"），但在其流动过程中，新农合还未能够较好地实现异地就医报销，由此而出现流动妇女无法在城市享受基本的卫生医疗保障服务的情况。调查数据统计显示，整个联家社区仅有两家卫生所，每家卫生所的床位数仅为4张，医疗条件较为落后，群众看病难的问题非常突出。有超过70%的流动妇女在近一年中没有做过基本健康检查，有22.5%和13.6%的流动妇女分别患有胃病和慢性妇科疾病而未能得到及时医治。同时，还有高达34.8%的流动妇女由于安全分娩意识不强及担心无法承担分娩费用而选择"在家找人帮忙接生"或"在社区小诊所分娩"，可以判断流动妇女因分娩而出现的风险很高（见图12）。这些数据进一步说明：一方面，由于新农合还无法实现异地报销，流动妇女在城市无法较好享受到基本的医疗保障服务；另一方面，在无法享受基本医疗保障服务的情况下，高昂的医疗费用往往成为流动妇女家庭的沉重负担，大病致贫的情况尤为突出。在个案深度访谈及焦点小组访谈中，就发现不少这样的案例，很多家庭由于家庭成员出现意外事故或患有重大疾病，往往出现因无法承担高昂医疗费用而拖着疾病不医治的情况。

昆明市城市社区妇女基本生存状况调查研究报告

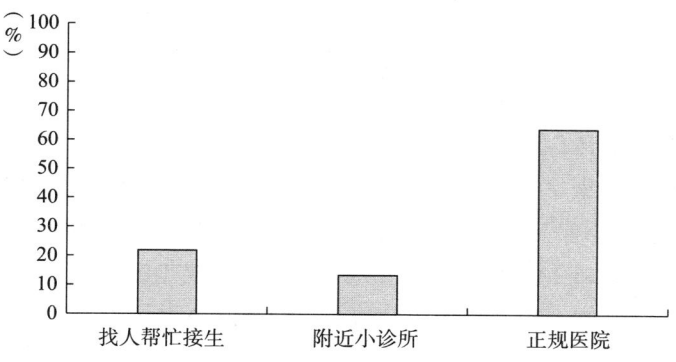

图 12　流动妇女分娩情况统计

第二，本地失地妇女虽然已经实现"农转居"，但在医疗保险待遇方面还未完全实现市民化待遇。

调查结果显示，本地失地妇女虽然在身份上已经实现了从农业户口向居民户口的转化，但其享受的更多还仅限于新农合。新农合与城市医保的待遇有较大区别，这导致了失地妇女的不满，如新农合在实际报销过程中面临着诸多限制，报销程序也较为烦琐，相关报销的规定不合理。同时，再加上社区卫生设施不健全，社区医疗资源的欠缺，导致她们在医疗卫生服务方面未能得到较好的保障。因此，失地妇女希望在医疗保障方面，可以购买与市民同样的医疗保险，并享受和市民同等的医疗保障待遇。

第三，低收入家庭妇女患病情况较多，医疗费用负担重，医疗特惠政策不完善。

调查结果显示，低收入家庭妇女中患有各种各样疾病的人数总量较多，医疗费用负担重，大病治疗困难。问卷统计显示，在接受访问的38位低收入家庭妇女中，有超过80%的人患有包括心脏病、高血压、中风以及慢性支气管炎等疾病，医疗费用成为家庭主要开支，现有医疗保障体系未能完全承担她们需要的医疗开支，额外产生的医药负担较为沉重。同时，社区缺乏相应的医疗康复设施，高昂的正规医院费用，也导致她们无法得到有效的疾病康复服务。

第四，妇女对基本国家卫生医疗保障政策方面缺乏了解，但在国家医疗政策改进方面的期望值较高。

调查结果显示，不论是本地妇女还是流动妇女，她们对于国家基本医疗优惠政策，如婚前免费检查、免费妇科检查等方面都较缺乏了解。但其

023

在国家在医疗政策改进和完善方面体现了比较高的期望,如妇女特别希望国家能够给妇女减免一定的医疗费用,这样的呼声在本地妇女和流动妇女中分别占到37.7%和39.3%的比例。同时,虽然大部分妇女都缴纳了新农合,但其在城市往往由于诸多限制而无法获得报销,因此,妇女希望新农合与城市医保应该享受同等的待遇。此外,由于缺乏大病医疗保障,本地妇女和流动妇女都希望能够在患疾病的时候获得紧急的医疗援助。有17.9%本地妇女和13.5%的流动妇女希望社区多开展一些免费义诊活动,让她们可以享受到免费健康体检的机会(见图13)。

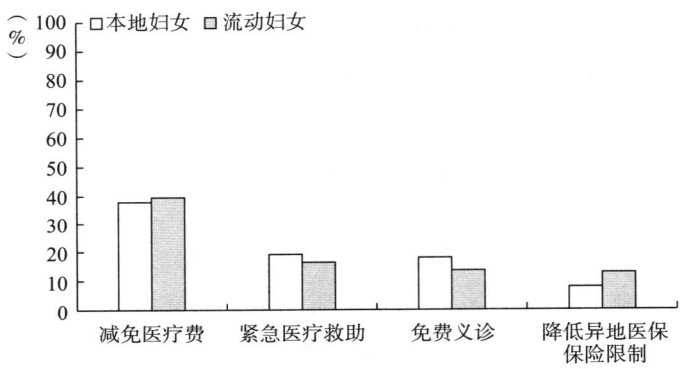

图13 妇女对国家在医疗政策方面改善的期望

3. 社区妇女精神文化生活质量有待进一步提升

第一,流动妇女休闲娱乐时间较少,社区精神文化生活缺失问题突出。

调查结果显示,流动妇女来到城市,往往需要忙于生计或者照顾孩子,而无法拥有足够的闲暇时间;同时,社区缺乏基本的提供妇女开展精神文化生活的机会和设施,导致流动妇女精神文化生活单一,基本精神文化生活缺失。问卷数据统计结果显示,有21.2%的流动妇女对自己当前的日常休闲娱乐生活安排感到不满意,20.1%的妇女对当前生活满意度说不清(见图14),有46%的流动妇女认为可供社区开展精神文化生活的场所很缺乏。在深度访谈及焦点小组访谈中,流动妇女普遍反映社区较少开展各种文化、舞蹈学习及文艺活动,这让她们的业余时间安排仅局限于看电视及聊天这些层面上,精神文化生活十分单调。因此,流动妇女希望政府及社区有人专门组织举办更多的文艺晚会、运动会、免费电影及舞蹈学习活动,以丰富妇女的业余文化生活,如有22.1%的流动妇女希望政府可以提供文化学习的机会，有21%的妇女希望社区开展免费电影及文艺晚会的活动。在云南连心社区照顾服务中心举办的一次冬季社区运动会上，有位大姐参加之后兴奋不已，并激动地告诉工作人员这是她来王家桥这么多年，第一次有机会参加这么好玩的活动，希望中心以后可以经常举办这样的活动。这些数据及事例说明，针对流动妇女开展的社区精神文化生活活动较为缺乏，妇女的精神文化生活较为单调。

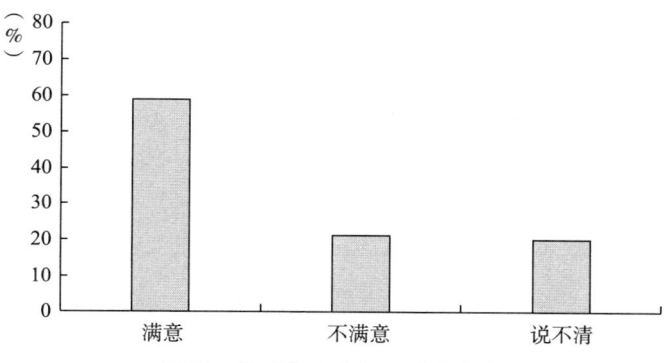

图14　流动妇女休闲娱乐满意度

第二，本地失地妇女业余精神文化生活单一，对社区公共活动设施及各种兴趣班需求较大。

调查结果显示，很多本地失地妇女由于业余时间较多，但限于社区缺乏相应的精神文化活动，她们更多的业余时间只能用于看电视、打麻将等，精神文化生活较为单一。调查数据统计显示，有近20%的失地妇女对于当前的业余文化生活安排不满意，有超过50%的人认为社区非常缺乏公共活动场地和设施，这更加剧了她们对于当前业余时间安排的不满。对于该问题，失地妇女反映说，社区里仅有的一块平时可供她们跳舞的场地，经常被流动妇女所占用，导致她们无法正常开展文艺活动，由此而出现本地失地妇女与流动妇女争夺活动场地的尴尬局面，社区公共活动场地及设施的不足可见一斑。与此同时，除了老年协会外，社区里缺乏一些自助互助型的小组，没有人组织专门的活动，妇女精神文化生活的缺失就不难理解了。因此，有49.3%的本地妇女希望社区里经常举办文艺晚会活动，有34%的妇女希望社区组织免费电影放映和外出游玩活动，还有32%的妇女希望社区组织开展文化学习活动（见图15）。在焦点小组访谈中，很多失地妇女提到希望社区可以组织举办诸如插花、美食及电脑学习等兴趣班，以提升生活品质。由此可见，与流动妇女忙于生计和照顾孩子相比，本地失地妇女则拥有更多的休闲娱乐时间，而对于精神文化生活的追求层次也相对较高。而流动妇女在精神文化生活方面，最希望社区开展的是文化学习活动以及举办文艺晚会，分别占22.1%和20.4%，希望获得免费电影服务的占21%（见图16）。

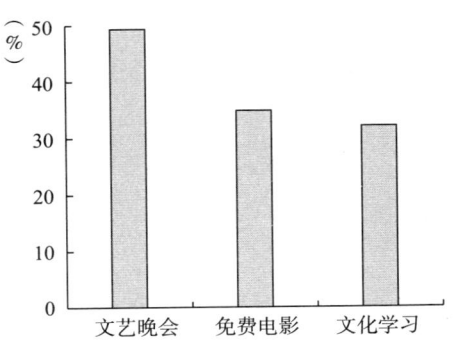

图15 本地妇女对精神文化生活的需求

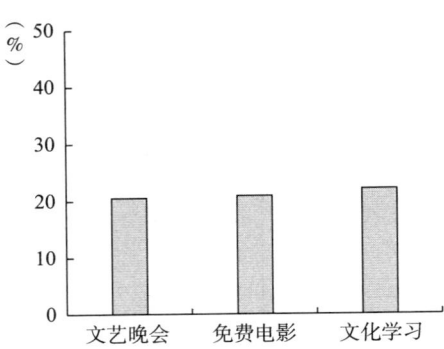

图16 流动妇女对精神文化生活的需求

第三，廉租房社区公共活动设施无法有效发挥其功能，低收入家庭妇女精神文化生活缺失问题突出。

调查结果显示，虽然廉租房社区配备了相应的公共设施，如图书室、电视机房等，但由于缺乏专人管理及无人组织开展活动，居民无法有效地使用这些公共活动设施，精神文化生活缺失问题严重。调查数据结果显示，有36%以上的低收入家庭妇女认为社区提供的精神文化生活的场地和设施严重不足，有超过50%的妇女希望政府可以建一些供居民开展精神文化生活的场地和设施，有36%的妇女希望社区举办文化学习、文艺晚会和免费放电影活动。从这些数据来看，廉租房社区居民的精神文化生活缺失问题较为突出，廉租房虽然满足了低收入家庭的居住问题，但在公共服务设施及服务提供方面还需进一步改善。

4. 多元文化及社区融合方面有待改进

第一，社区本地人与外地人隔阂较深，相互排斥的情况较为严重，社区融合有待进一步改进。

调查结果显示，城中村社区本地人口与外地人口的数量比在1∶7以上，由于不同风俗习惯及经济收入上的差距，本地人与外地人之间始终存在一种隔阂，甚至产生相互排斥的情况。问卷数据统计显示，有近50%的本地妇女认为本地人与外地人相处较为一般,而有近55.3%的流动妇女认为外地人与本地人相处很一般(见图17)。同时,在问卷及深度访谈中,很多本地妇女觉得流动妇女不讲卫生,还有一些不好的习惯,因此不愿意与之相处,而有超过40%的流动妇女认为本地妇女"瞧不起人"。由此可见,本地人与外地人之间产生隔阂甚至相互排斥的情况突出,社区融合有待进一步加强。

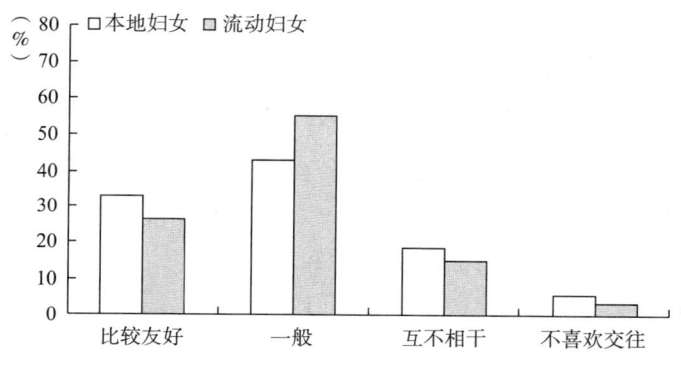

图17 本地人与流动人口相处情况

第二,社区呈现多民族混居的特点,各民族的融合问题需要特别关注。

调查结果显示,联家社区本地居民基本为汉族,有少部分外嫁到本社区的少数民族媳妇。同时,在流动人口中有近20%的家庭是少数民族家庭,如彝族、苗族、回族及布依族等。从数据统计来看,有40%以上的妇女认为与少数民族相处情况较为一般,而有近30%的妇女较少与少数民族相互来往,甚至还有些人不喜欢与少数民族进行交往(见图18)。在个案深度访谈及焦点小组访谈中,有本地居民表示很不愿意与少数民族交往。而从少数民族的角度来看,他们也较少与汉族人交往,社区里自然地形成了以老乡为载体的组织网络。

第三,妇女希望政府及社区提供相关服务,以改善社区多元文化及社区融合的状况。

调查结果显示,妇女希望政府及社区在多元文化及社区融合的促进方面可以提供相关场地及开展更多的活动。如有44.3%的本地妇女和36.6%的流动妇女希望政府提供社区开展精神文化活动的场地;有28.6%的本地妇女和22.5%的流动妇女希望社区可以开展更多精神文化活动,让她们有更多机会可以参加这些活动,丰富自己的业余文化生活。此外,社区里有

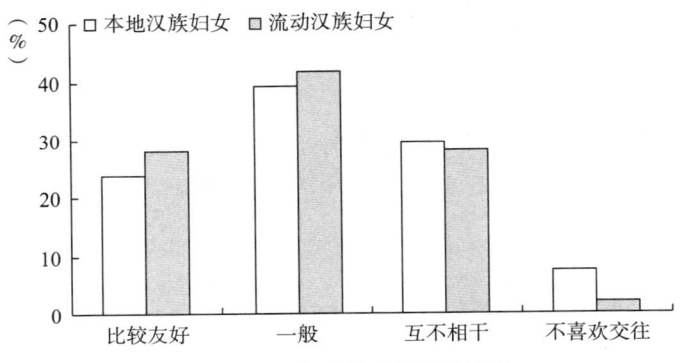

图 18 汉族与少数民族相处情况

近20%的少数民族群众，她们自身拥有较为丰富的民族传统文化，她们同样希望社区能够搭建平台并提供机会让她们展示各自民族的风采，并愿意将这些民族文化传递给更多的希望了解和学习的人。

5. 社区妇女基本生活现状有待进一步改善

第一，社区妇女自信心方面总体较为积极，但妇女个人自信心方面有待提升。

调查结果显示，本地妇女在个人自信心及人际交往能力方面较强于流动妇女，如本地妇女中有73.4%的失地妇女和71%的低收入家庭妇女认为与别人相比有自己的长处，相同问题仅有60.6%的流动妇女同意此观点。同时，有54.9%的失地妇女和58%的低收入家庭妇女认为自己的人际交往能力很强，而相同问题流动妇女则仅有47.1%的人赞同该观点。这一数据说明，流动妇女在自信心及人际交往能力方面都较弱于本地妇女，这可能与流动妇女从农村来到城市，需要花费较长时间重新适应城市生活有一定关系。

第二，流动妇女参与社区事务的意愿较低，需要为流动人口提供更多参与的机会。

调查结果显示，本地妇女在参与社区公共事务方面的态度更为积极，而流动妇女由于她们往往居无定所，由此对社区缺乏认同感，再则社区缺乏为流动妇女提供参与社区公共事务的机会，导致流动妇女在社区公共事务方面的态度相对较为冷漠。如数据统计显示，有近30%的流动妇女认为社区卫生、治安、修理及拆迁是政府的事，与自己无关，只有16%的本地妇女赞同这一观点；同时，有超过50%的流动妇女平时不喜欢和别人谈论社区里发生的事情。调查数据进一步说明，流动妇女在城市生活与工作，由于受到城中村拆迁的影响，家庭需要不断搬迁，在此情况下她们随时会担心居住无保障的问题，社区认同感自然不强，参与社区公共事务意愿也较低。

第三，妇女对政府的信任度较为一般，对政府的期望值较高，政府在推动妇女事业方面仍需进一步努力。

调查结果显示，本地妇女和流动妇女对于政府如街道办及居委会的信任度较为一般，但对政府的期望值较高。数据统计显示，有54.5%的本地妇女和67%的流动妇女对政府持信任的态度，有39.3%的本地妇女及20.4%的流动妇女觉得说不清楚（见图19、图20）。从数据可以看出，妇女对于政府相关部门的信任度较为一般，但她们对政府又抱有很高的期望值，如希望政府在就业技能培训、就业/创业扶持、子女教育支持、卫生医疗保障及住房保障方面有更好的行动。

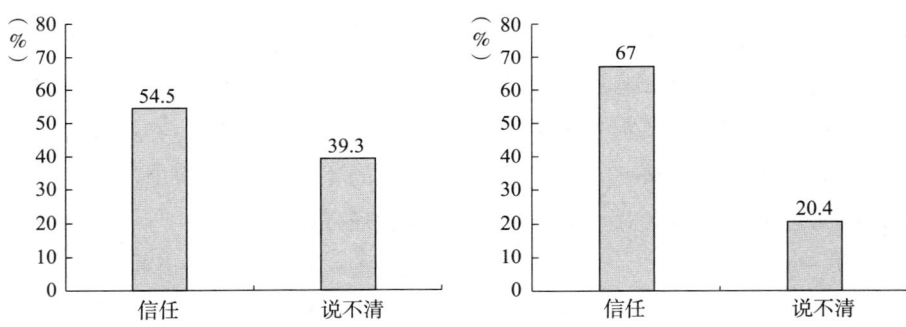

图19 本地妇女对妇联、街道办及居委会的信任度　　图20 流动妇女对妇联、街道办及居委会的信任度

第四，妇女对社会上大多数人的信任度普遍较低，对社区社会组织的信任度也偏低，和谐包容的社区建设仍需加强。

调查结果显示，社区妇女对社会上大多数人的信任度比较低，平均值仅为20%。有42.5%的本地妇女和43.5%的流动妇女对于社区内的一家社会组织——云南连心社区照顾服务中心表示信任的态度，在信任度上稍高于对社会大多数人。数据统计显示，绝大部分的妇女对社会上大多数人缺乏信任感，由此而推断作为外来的专业社会组织，如果要在社区内有效开展一些社会服务，首先必须取得当地人的信任。经过半年多的努力，连心中心目前在社区通过与妇联、居委会及民办学校合作，在社区里提供了一些较为贴近社区群众需要的服务，才逐步取得了社区老百姓的信任。由此可见，在城中村社区，由于流动人口的大量聚集，人口密度大，在社区环境及治安状况有待进一步提升的情况下，社区内人与人之间的和谐相处水平、人与人之间的信任度较低，这不利于和谐社区建设的开展，政府及社区组织需要在此方面着力考虑。

第五，妇女对当前生活满意度整体评价较高，但对未来普遍缺乏信心。

调查结果显示，不论是本地妇女还是流动妇女，她们对于当前生活的满意度总体评价都较高，但她们同时也认为未来生活充满诸多不确定性因素，对未来生活缺乏足够的信心。问卷统计数据显示，本地妇女对于目前生活状况的满意度较高，达到53.4%，相对而言流动妇女也有62.8%。但同时也看到，有28.7%的本地妇女及13.5%的流动妇女表示出对当前生活的不满意，还有13%多的本地妇女和12%的流动妇女对当前生活现状无法评价，表示很说不清楚（见图21）。从这些数据来看，这在一定程度上说明了有部分妇女对于当前生活的不满意。与此同时，有55%的本地妇女与近50%的流动妇女认为未来一两年的生活没有变化或者说不清楚（见图22）。这说明在城市化建设及拆迁的背景下，妇女对于未来居住、子女教育及生活保障等方面都充满诸多的担忧，未来生活的不确定因素增加。由此，也可以说明近半数的妇女对于未来生活缺乏足够的信心。

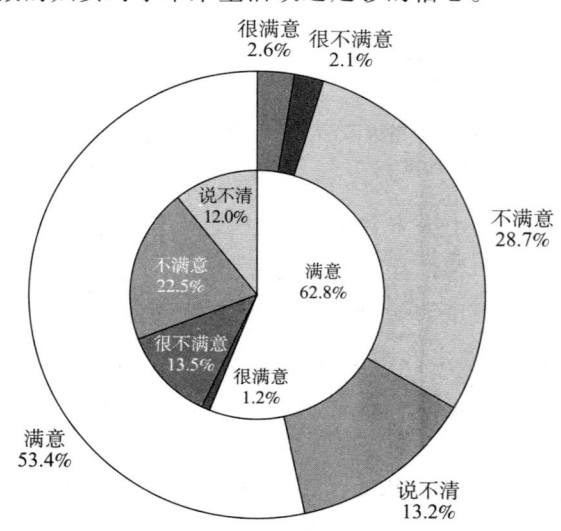

图21　妇女当前生活满意度

说明：外圈为本地妇女，内圈为流动妇女。

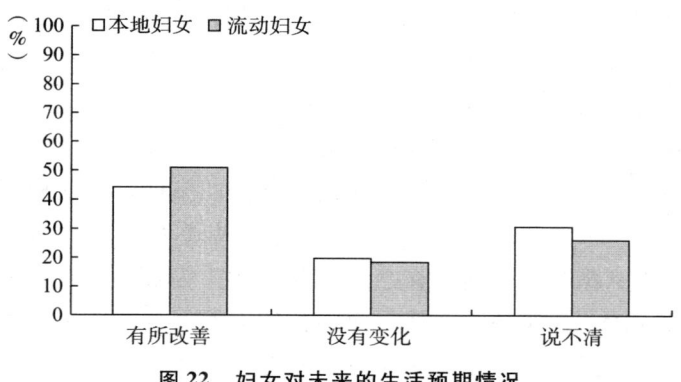

图 22 妇女对未来的生活预期情况

五 调查研究结果分析与总结

本次调查研究发现,虽然妇女在参与经济能力、居住环境、性别平等意识、基本医疗保障等方面的境况有了较大改善,但同时也发现,在急剧转型的社会新形势下,社区低收入家庭妇女、失地妇女和流动妇女,其在生活质量提升方面还面临诸多的困难和挑战。在城市化建设进程中,城中村社区所反映的社会分化十分明显,本地妇女与流动妇女在生活现状和需求层面上呈现的异同,也在一定程度上反映了弱势妇女对于政府公共政策和基本公共服务的期望,以及她们对于未来生活的期望和忧虑。同时也意味着,在当前的社会转型时期,传统公共服务体制已经面临巨大挑战,政府在此方面进行制度创新变得尤为紧迫。

(一)失地农民"农转居"身份的转变,直接导致了其权益保障的缺失

城市化建设带来的结果是:很多城市周边的农村逐步变成了城市。这意味着农民失去了赖以生存的土地,重新面临新的生活方式及生计模式的转变。但在快速转型的过程中,由于缺乏现代化的技术技能,很多农民无法适应工厂及企业的生计方式,这需要政府在其市民化的过程中提供相应的保障。但现实情况则复杂得多,很多农民在房屋被拆迁之前,只能以出租房及村子分红作为主要经济收入,就业、子女教育、社会保障以及新的精神文化生活的适应,都成为他们需要面临的难题。而作为流动人口而言,

他们虽然有农村的土地作为最后的保障，但很多农民已来到城市居住多年，相对于传统农耕生活及生计方式而言，他们已经开始适应城市的生活。但鉴于物价及房价的压力，目前而言他们很难很快变成市民，享受到市民的待遇。这就意味着，城中村社区低廉的房屋租金、相对数量较多的民办学校，以及距离城市较近、交通及生活设施方便的条件，让他们更加愿意在此类社区生活、工作和居住。对于他们而言，基本的生活、居住及孩子教育需求已经得到满足，但他们在急剧变化的城市发展过程中，居住、子女教育、医疗保障、就业等方面都将面临新的问题和挑战。诸如城中村拆迁带来的子女教育困难及居住无法保障的问题、新农合无法在城市获得报销的问题、就业更加困难的问题、基本精神文化生活满足的问题等。这些问题和挑战，从个人、家庭、社区及政府角度如何进行回应，将成为全社会共同关注的议题。

近年来，云南省及各级政府相应出台了不少惠民的政策，但由于政社合一，街道和社区居委会承担的行政任务繁重，无法拥有更好的条件做好政策信息的传递，在如何协助社区居民充分使用当前的政策资源方面也心有余而力不足。城中村目前已经转变成为出租经济形式，妇女收入和工作类型也面临新转变，社区青少年成长和前途同样面临新的问题和困境。同时，城中村拆迁所带来的补偿、安置、回迁和村民对未来生活问题的担忧，以及村民未来生活的不确定性，进一步加剧了本地居民家庭在"农转居"过程中的矛盾。夫妻关系中家庭男性已经出现一定数量的酗酒和赌博现象，妇女在婚姻关系辅导、矛盾调解及婚姻法律咨询方面的期望值进一步增加，妇女对孩子教育、前途及亲子关系的重重担忧，以及妇女对于就业及未来生活预期的不确定性等，无不成为这种张力和矛盾的最大呈现。

（二）城乡二元户籍制度成为限制流动妇女获得各方面保障的主要因素

随着城市化的发展，很多农村人为了谋求更好的生计及生活方式，不远万里从农村举家迁移到城市，他们中有近三分之一为妇女。在流动过程中，传统性别分工和观念，使流动中的妇女更加处于弱势和边缘的地位，她们在就业、居住及医疗卫生保障等方面更加需要被关注。本次问卷调查结果显示，流动妇女中有40%左右的人依靠打工维生，其中超过80%的妇女在就业过程中没有签订劳动合同，特殊劳动保护没有得到重视等，这些侵害到妇女权益方面的问题特别需要关注。在流动妇女中，有近20%的妇女通过非正规渠道就业，如开小门面、摆小摊、擦皮鞋、做建筑、搞家政、废品回收等，在就业竞争压力增大、社区拆迁以及城市管理更加严格的社会环境下，她们的经营环境和收入状况变得更加恶劣。有40%的流动妇女由于孩子年幼，需要在家照顾孩子而无法正常就业，在社区缺乏基本的幼儿照顾服务的情况下，她们更是无法抽出时间参与就业，导致社区妇女经济能力较弱的情况。与此同时，由于户籍制度的限制，流动妇女无法享受到基本的医疗保障服务，她们在面临疾病及生育孩子时，高昂的医疗费用及分娩费用更加导致不少妇女陷入贫困的境地。而流动中的生存压力、社区基本社会服务体系不完善，导致在流动妇女家庭中男性酗酒及家庭暴力的情况较为普遍，妇女求助意识不强及获得帮助的渠道单一，导致妇女在面临家庭暴力时往往处于一种孤独无助的境地。更进一步，社区较缺乏为流动人口提供的基本公共活动空间，以及较少有针对流动人口开展的社区服务和家庭服务，再加上社区缺乏自助互助型的流动妇女组织，更是导致妇女基本业余文化生活缺失，妇女生活满意度不高。

（三）廉租房相关配套政策存在的不足，成为低收入家庭妇女生活质量改善的不利因素

低收入家庭一直以来都是党和政府非常关心和关注的一个群体，近年来政府陆续出台了一些惠及他们工作及生活的政策，如最低生活保障金政策、廉租房政策、就业扶持政策、医疗救助政策等。由于政策的执行也是一个不断摸索和完善的过程，因此，新出台的政策未免都会存在一定的局限。如居住在联家社区廉租房小区的低收入家庭妇女，她们虽然享受了国家最低生活保障补助及廉租房政策，但低收入家庭妇女就业方面的政策往往会与现有的申请廉租房政策有所冲突，导致很多妇女担心因为正常就业而失去继续居住于廉租房的权利，这在一定程度上无法有效鼓励和促进低收入家庭生活的改善。同时，虽然低收入家庭在住房、社区基本公共设施方面有了保障，但在软件方面还欠缺考虑。如居住于廉租房的家庭中，有不少是身体带有疾病和残疾的，但政府在廉租房建设过程中忽略了为这类人群提供便利通道的考虑；同时，虽然小区建设了诸如公共图书室、电视机房等公共设施，但后续服务难以跟上，导致这些公共设施成为摆设，无法为低收入家庭所使用。因此，在廉租房社区居民就业扶持模式改革、住

房政策如何更具人性化以及公共服务如何更加完善等方面，都需要进行探索。

六 对策建议

以上诸多问题和挑战，不论是从政府角度还是全社会的角度，都需要进一步思考问题的根源并提出问题解决的办法。作为聚集大量流动人口居住和生活的城市城中村社区及城乡接合部，其一直处于城市的最边缘，社区公共服务体系落后，流动人口甚至长期被排斥在社区公共服务体系之外，这已经开始引起党中央的高度重视。党的十七大明确提出要在社区服务上，更加注重保障和改善民生，加快社区服务体系建设，最终实现社区公共服务广覆盖，群众性互助和志愿服务制度化。云南省在城市化建设过程中，产生了大量失地农民和流动人口这样一个特殊群体，如何有效解决他们的就业、居住、医疗及子女教育保障等方面的问题，关乎整个社会的和谐稳定。2010年12月，《中共云南省委关于制定国民经济和社会发展第十二个五年规划的建议》强调，要更加注重社会建设，加快发展各项社会事业，扩大基本公共服务，完善社会管理，促进公平正义，让人民群众共享改革发展成果。结合党中央和谐社会构建及云南省"十二五"规划，紧扣妇女发展纲要和规划，本研究尝试从具体政策及地区公共服务模式改革两方面提出对策建议，为下一步更好地制定针对妇女的扶持政策提供参考依据。

（一）具体对策建议

1. 推动社会政策的普惠性，惠及失地农民和流动人口

逐步健全覆盖城乡居民的社会保障体系，推动城乡居民就业平等，健全劳动合同保障制度，逐步实现公共服务均等化。以新生代农民工为重点，研究制订"十二五"期间农民工工作发展目标、主要任务和保障措施，并将其纳入国民经济和社会发展总体规划，研究制订"十二五"期间有关农民工培训、发展家庭服务业、促进就业等专项规划的情况。重点推进农民工户籍制度改革和社会公共服务改革，根据国务院农民工办"未来五年解决20%进城农民工的户籍问题；让90%的农民工子女能够进入城市公办学校，接受免费义务教育；解决60%农民工的医疗保障和50%的养老保险；建立农民工经济租用房、廉租房、经济适用房和现价商品房四位一体的住房保障体系"的目标，推动社会政策的普惠性，更多惠及失地农民和流动人口，实现国家层面的公共服务均等化，逐步推动失地农民及流动人口在子女教育、卫生医疗、住房保障等方面享受市民同等待遇。

2. 在普惠政策中针对弱势妇女建立特惠政策

（1）就业方面

针对流动妇女，以社区社会组织为平台，提供更多就业技能培训机会，同时针对打工及非正规就业妇女，政府需要加强用工监督，并提供更为宽松的就业环境。流动妇女在技术技能方面较为缺乏，总体就业能力不足，对此，政府需要透过提供多元化的就业技能培训方式，支持流动妇女就业。培训的内容需要结合流动妇女文化水平较低及需要照顾孩子的特点，建议培训内容主要涵盖在缝纫技能、手工技能以及家政服务等行业，如此更有利于流动妇女灵活就业。针对正在打工的流动妇女，政府需要进一步加强对用工单位的监督，严惩拖欠妇女工资及无劳动保护的企业，充分保障妇女就业权益。同时，针对社区近10%从事诸如摆地摊、擦皮鞋、捡废品及做小生意的非正规灵活就业的妇女，在其越来越多地面临因城市创卫及管理而导致经营环境恶化的情况下，政府应考虑给予这些妇女一定的就业空间，保障她们最基本的生计方式。此外，政府可考虑建立基于本社区的就业服务体系，逐步发展社区公共服务及家庭服务行业，如幼儿照顾服务、老人照顾服务及长期病患者照顾服务等，通过政府购买服务和设立公益岗位的方式进行就业辅导，推动社区就业模式创新及增加社区妇女就业机会。

针对失地妇女，建立失地农民的利益分享机制，在城中村拆迁改造过程中，保留一部分门面房给失地农民，推动他们以入股或集体出资的方式进行经营，保障其生计。同时，政府除了考虑给予失地妇女技术技能培训外，要结合失地妇女特点，给予必要的就业引导。失地妇女目前大多仅以出租房屋为主要收入来源，在就业技能缺乏而工作竞争压力大的情况下，她们当中的多数人无法较好地实现就业。在此情况下，政府需根据失地妇女的特点，在就业及创业培训内容方面进行特殊考虑，如可将本地失地妇女感兴趣的技能如插花、美食、糕点制作等结合到培训内容中，以避免失地妇女厌倦于参加诸如电脑班及缝纫班等传统意义的技能培训。同时，在就业及创业扶持方面，政府也需要加强引导，促使妇女除了在传统行业就业创业外，可以针对部分有资金但缺乏创意想法的人在更广泛的领域实现就业和创业。

针对低收入家庭妇女，政府需要在提供技能培训、创业贷款及税收优惠等方面给予特殊考虑，给予重点扶持和帮助。在此次调查中发现，社区中存在一定数量的单亲、残疾及特困家庭，特别是在华福苑廉租房社区，残疾及贫困家庭较多，这些家庭需要重点扶持。可考虑通过提供就业创业扶持贷款及税收优惠等方式，为需要照顾孩子的妇女提供幼儿照顾服务经费补贴及生活费补贴，并在就业/创业培训和扶持项目、岗位提供方面，选择较为具备社会公益理念的项目，以便能够更好地吸引社会力量的参与。同时，针对弱势妇女多以从事非正规经济或小商贩为主要营生，应考虑制定相应政策使这些经济方式能够被纳入规范化的管理，而非简单地采取取缔或打击的方式。

(2) 居住权利保障方面

针对流动妇女的居住保障，需要政府一方面加大廉租房建设力度，并降低廉租房的申请门槛；另一方面，政府在城中村改造过程中需要适当保留一定数量的城中村社区，以便为流动妇女家庭提供稳定的房源保障。现有廉租房政策决定了多数流动人口家庭在短时间内还不可能享受到居住廉租房的待遇，为此，希望政府通过加大廉租房建设力度并降低申请廉租房门槛的方式，逐步将流动人口中特别是那些较为困难的家庭纳入廉租房政策范围。同时，在暂时无法通过廉租房政策解决大多数流动人口居住问题的情况下，建议政府通过推动城中村社区自我修复的方式，促进城中村社区在环境卫生、治安及公共设施方面的完善，改善城中村社区居住条件，改变传统上对城中村脏、乱、差的负面评价，真正使城中村房源成为流动人口家庭居住和生活的重要选择之一，确保流动人口的安居乐业。

针对低收入家庭，政府需制定更为完善的廉租房政策，保障低收入家庭的住房问题。现有廉租房政策申请条件较为严格，政策本身还未较好地考虑到低收入家庭除了解决住房问题外，还需要有更好的就业保障及扶持政策。因此，很多已申请居住廉租房的家庭，时常面临审计机关对其申请廉租房条件的审批，于此，很多低收入家庭妇女只能偷偷就业，担心一旦被发现家庭有诸如打工收入达到一定额度时可能会被取消享受廉租房资格的风险，也因此在一定程度上限制了低收入家庭妇女的再就业渠道和热情。同时，廉租房在社区公共服务方面虽然投入了一定数量的硬件设施，如电视机房、图书室等，却因为缺乏有效管理和服务提供，居民精神文化生活仍然缺失，这也需要得到进一步改善，以共同确保低收入家庭真正有尊严地享受住房保障和生活。

流动儿童教育权利需得到进一步保障。现有流动儿童进入公办学校上学的大门已经开放，但在目前公办学校教育资源有限的情况下，大量的流动儿童入学需求与公办学校容纳学生的人数限制产生了很大的矛盾。从而导致多数流动儿童依然只能进入民办学校上学。在教育资源缺乏的情况下，往往导致部分民办学校教学质量存在较大问题，进而成为引发流动儿童厌学甚至辍学的原因之一。为此，政府一方面应加大对公办学校资源的投入，扩大吸纳流动儿童入学的人数；另一方面则需要将一定教育资源向民办学校倾斜，在无法完全吸纳流动儿童进入公办学校的情况下，确保民办学校师资队伍建设及教育质量的有效提升。此外，由于户籍制度的限制，在现有政策框架内，很多即将进入高中就读的流动儿童将面临初中还未毕业就必须返回原籍就读的情况，这对流动家庭及孩子而言都会产生较多负面影响。因此，政府需逐步探索有利于流动儿童在本地就读高中的政策，这也将是未来几年政府需要着力关注的议题之一。

针对遭遇重大疾病的家庭，政府需要鼓励民间力量参与，共同构建一套较为完善的紧急医疗救助办法。鉴于社区存在一定数量遭遇重大疾病的家庭，为避免因病致贫的情况，政府一方面需要扩大医疗保险的覆盖范围，另一方面则需建立和完善紧急救助办法，鼓励民间力量参与，并充分利用社区自主互助组织平台，建立社区紧急援助金，随时为有需要的家庭提供紧急医疗援助。

3. 重新定位城中村社区，推进出台多元化的城中村社区改造政策

城中村社区一直被定义为脏、乱、差的代表，但实际调查结果显示，城中村社区虽然在环境卫生及治安方面还存在一定问题，但其在解决大量流动人口居住及失地农民生计收入方面有着非常大的意义。在廉租房政策还尚未完善，廉租房数量远远未能满足低收入家庭特别是流动人口家庭需要的情况下，城中村社区房屋为绝大部分流动人口家庭的居住问题提供了保障。同时，失地农民在"农转居"过程中，由于社会保障及就业保障体系还未完善，失地农民就业及生活问题非常突出，在房屋未被拆迁的情况下，其房屋租金成为家庭最重要的生计依靠。因此，城中村一旦被拆迁，失地农民的生计将面临更大挑战，由此而引发的相关社会问题将对社会造成更大冲击。过往的城中村整体拆迁改造所带来的种种问题，已经引起政府及多方的关注，是否有一种较为温和的渐进式的城中村拆迁改造模式，从而避免传统改造所带来的社会负面效应，非常值得研究。

鉴于此，在参照国外、中国香港及中国台湾城市社区旧城改造的成功经验的基础上，建议政府重新研究城中村的功能和价值定位，并出台多元化的城中村改造政策方案，以更好地在城市化建设过程中满足不同群体的生活和居住需要，真正实现城市让生活更美好的憧憬。具体做法是，在对城中村进行局部拆迁的基础上，重点考虑针对社区内的下水道治理、公共设施改进、危房改造、灯光照明补充以及社区绿化方面进行重新规划和设计，局部修整和完善，逐步使其成为较为适合人们工作和生活的居住环境。如此，一方面可帮助政府解决大量低收入家庭及流动人口家庭居住困难方面的难题；另一方面也较好地保障了大量失地农民的生计及传统家庭邻里关系的改善。这于政府、于社区老百姓而言都有益处，是一种值得探索的创新经验。

4. 创新社会管理，健全社区公共服务体系

首先，参照其他省市如广东珠海、深圳等地的社区公共服务体系改革，进行行政－社区－服务的分离。原有街道、居委会及社区组织由于行政和管理职能繁重，需要吸纳社会公益组织或民办社会工作机构等民间力量提供公共服务，拓宽和深化社区公共服务的功能和范围，可增加以下几个方面的内容：职业技能培训、就业信息提供、婚姻家庭辅导、亲子教育培训、防治家庭暴力及预防儿童妇女拐卖宣传、青少年文化娱乐活动提供以及丰富社区文化娱乐活动等。

其次，把流动人口分布的估算纳入社区公共服务设施规划。针对目前城中村社区公共服务设施较为欠缺的情况，明确规定按照社区人口数量配备一定比例的公共活动场地及设施。可根据每个社区人口数量，按照一定比例配置相匹配数量的托儿所、幼儿园、小学、中学、社区卫生服务站、儿童青少年活动中心、社区服务中心、老年中心等，特别需要政府在硬件设施如场地及基本硬件方面进行规划。

最后，把流动人口的公共服务纳入社区建设财政投入机制，将社区公共服务体系建设所需人、财、物全部纳入财政预算。如将社区教育资源投入、医疗卫生资源投入、公共设施建设投入、社区困难群体扶持投入等纳入市或区级财政预算，有针对性地扶持社区公共服务体系的发展。

5. 提供平台和机会，使流动人口与本地居民共同参与社区治理

针对社区中居民普遍反映的环境卫生及治安状况较差的问题，居委会可考虑提供平台,让流动人口共同参加到社区卫生和治安建设中,实现社区本地居民和流动人口共同参与治理的良好局面。同时,鼓励群众以自发组织的方式,使本地人和外地人共同参与到社区事务中,增强流动人口对于社区的认同感。

(二)机制建设方面

本次调查研究呈现的问题和社会需求,同时折射出昆明及其他城市城中村社区相类似的社会需求,若能探索并建立有效的针对失地妇女、流动妇女及弱势妇女提供帮扶的社区服务模式,定能起到宣传和示范作用,推动更多城中村社区妇女事业的工作开展。时任国务院副总理回良玉与时任民政部部长李学举先后强调,要将和谐社区建设的重点延伸至流动人口社区、城中村或城乡接合部,这说明城中村和谐社区建设将成为未来社区建设的一个重点。胡锦涛也多次强调要重视人民群体参与公共与社会管理的重要性,这为群团组织如妇联,以及社区组织参与社区公共服务体系建设提供了依据。鉴于此,为更好地探索城中村社区公共服务体系建设的模式创新及制度创新,必须在现有社区政府组织及其他社区公益组织功能延伸及服务扩展方面着力。

1. 政府推动、社会协同,推进社会工作机构在社区公共服务提供中的专业作用,探索社区公共服务模式改革,促进弱势妇女生活质量的提升

一方面,政府通过购买服务的方式,扶持民办机构在社区开展工作,促进社会服务管理创新。

2009年民政部发布的《关于促进民办社会工作机构发展的通知》指出,充分认识促进民办社会工作服务机构发展的重要性和紧迫性,同时建立政府向民间社工组织购买服务及监管机制,即政府为履行公共服务职能通过财政支出向社会购买一定内容的服务,以满足提高政府效能、增进社会福利的需求。鉴于此,政府以购买民办社会工作机构服务的方式,在街道和社区层面与各部门及人民团体开展合作,提高社会工作的社区专业化服务,有效为城中村社区各群体的需要提供服务,更好地建设和谐社区。鉴于此,建议政府引入社会工作方法,通过购买服务的方式,扶持民办社会工作机构孵化基地的建立,联合民办社会工作服务机构在城中村社区开展工作。譬如民政、妇联等部门和组织可通过向民办社会工作机构购买服务的方式,在社区建立妇女儿童示范工作站、妇女之家等,为城中村本地及流动妇女提供就业信息咨询及就业/创业培训服务，提供婚姻家庭辅导和调解，提供亲子教育、法律咨询讲座，协助开展妇女维权、文体康乐活动以及参与社区治理等。

另一方面，充分利用社会工作专业机构连接动员资源较强的优势，共同促进社区就业/创业体系的建立。

鉴于社区内就业更符合流动妇女、失地妇女和低收入妇女的特点，在大力发展社区公共服务及家庭服务行业如幼儿照顾、老人照顾及长期病患者照顾方面，充分发挥社会工作专业机构协调资源能力较强的优势，通过协助社区居民创办社会企业的方式，共同推动社区就业模式的创新，为有效解决社区就业问题探索新的思路。

2. 探索妇联组织参与社区公共服务的创新模式，注重对基层项目工作的培育、扶持和指导，总结推广经验，规范提升管理水平（具体可参照云南省妇联与云南连心社区照顾服务中心的合作模式）

探索妇联组织参与社区公共服务的创新模式，可以从政府购买、政府委托项目以及妇联申请立项这三个角度开展。政府购买模式方面，主要针对妇女、家庭、儿童社区工作，探索以社会工作、政府购买、项目运作的模式，建立妇工+社工+义工队伍，实施市、区、社区三级联动，承接政府转移的部分服务职能，满足妇女、儿童、家庭的服务需求。政府委托项目模式方面，主要采取政府倾斜、社团承办、服务项目、配置工作资源的方式，支持妇联组织发挥优势，拓展社会服务工作。妇联申请立项模式方面，主要是将党委、政府关注热点和妇女群众需求重点有机整合，针对就业、健康、婚恋、家庭和谐等问题，由妇联组织向政府提出立项申请，以专项资金的形式纳入财政预算，开展社区公共服务。

云南省妇联与云南连心社区照顾服务中心在过去一两年的合作即一种新的社区服务模式探索。省妇联通过在云南连心社区照顾服务中心建立流动妇女儿童示范工作站及妇女之家，仅需要在资金及指导监管层面上给予扶持，即可使社工机构在社区工作层面上产生明显的效果。如2010年以来，妇联与云南连心社区照顾服务中心在社区预防妇女儿童拐卖、妇女能力提升及妇女创业就业扶持方面尝试开展合作探索，通过妇联方针政策及资金层面上的支持，在流动人口社区妇女工作层面上已经取得了初步成效。目前，社区建立了绿色手工坊小组、互助店小组、文艺小组、文化学习小组等社区妇女自助互助组织，在解决妇女就业创业、家庭矛盾调解及丰富妇女精神文化生活方面找到了新的服务路径。可见，民办社会工作服务机构只要有政府的监督、指导及资源支持，就能够较好地发挥其在专业服务力量及协调动员能力方面的优势，共同为社区公共服务体系建设服务，以更好地推动社区公共服务及妇女事业的发展，有利于和谐社区的构建。

附件1

云南省妇联社区流动妇女及儿童服务示范工作站简介

背景

为保护妇女儿童合法权益，云南省妇联协调建立了政府主导、社会团体和有关单位共同参与的反对拐卖妇女儿童行动的合作机制。自2007年起一直大力支持云南连心这样将研究、人才培养以及社区服务相结合来开展社区照顾服务的本地社会组织，积极探索在流动人口集中社区建立儿童安全成长的社会机制。

为进一步预防和制止拐卖儿童问题的发生，2010年6月省妇联在云南连心中心挂牌成立了"云南省妇联社区流动妇女及儿童服务示范工作站"，为基层妇女儿童提供安全服务。

主要目标

依托工作站建立专业队伍深入家庭、学校、社区持续提供服务，开展预防工作，探索降低妇女儿童安全事故、被拐和被剥削风险的预防措施，提高他们抗风险的能力，扭转社区以劳动剥削为目的的拐卖现状。整合资源及有效联动各部门合作建立长效预防机制，并进一步探索专业社区防拐服务模式，促进家庭、学校、社区能够共同为流动儿童创造一个良好的生存和成长环境。

直接受益人

以昆明王家桥社区内18岁以下儿童和部分18~25岁的女青年及家庭成员为主。

受益人群预计流动儿童达5500名，安全宣传覆盖超过500个家庭；社区妇女超过 100 名。

主要工作内容

1. 依托示范工作站提供专业服务，营造安全的社区环境。
2. 与各基层组织及社区力量密切合作，开展生活技能培训，为家庭贫困妇女儿童解决困难。
3. 组建社会工作专业团队，提升社区服务能力，使预防拐卖的行动模式得到良好推广。
4. 结合调研报告和研讨、通过提案等方式，进行社会及政策倡导。

附件 2

云南连心社区照顾服务中心简介

随着城市化和工业化的发展，越来越多的人从农村流动到城市，他们从事着诸如餐厅服务、修单车、卖菜、擦皮鞋、摆小摊，或是建筑工人等最基层的工作。他们为城市的发展和人民群众的生活改善，为城市的文明和繁荣做出了巨大贡献。就在他们用自己的青春年华，促进城市发展的同时，他们却面临生计、就业、住房、医疗、劳动保障、子女教育、生存安全等一系列的问题。其实，背井离乡的他们，也和我们一样，有着美丽的期待与斑斓的梦想——为家庭为孩子努力奋斗，追求幸福、有尊严的生活。就让我们一起，了解可爱的他们，了解与一直他们同行的云南连心。

使命：心连着心，共创一个充满关爱、相互包容、支持、信赖的社会。

愿景：扎根社区，与流动社群同行，联结社会积极力量，合力改善社群生计，丰富社群生活，促进社区互助合作，实现有尊严、有价值、有保障的劳动和生活。

机构性质：云南省民政厅注册成立的非营利民间社会服务机构。

云南连心社区照顾服务中心（以下简称云南连心）是 2005 年 12 月在云南省民政厅注册成立的非营利性民间社会服务机构。服务对象包括社区特困老人、残疾人、妇女、儿童青少年及其他需要帮助的群体。

工作范围：流动人口社区综合服务。

工作策略：服务开发，行动研究与改进服务的积极互动。

云南连心工作旨在对社区儿童、成人以及家庭等开展综合服务的同时，对流动人口社区工作进行探索研究，并结合高校社会工作教育和广泛的社会公众参与，共同促进流动人口社区的文化教育、公共生活、卫生健康水平的提高，实现社区、社会的和谐发展。

云南连心工作团队由一线工作团队和高校研究团队两部分组成，我们认为，扎根社区、与流动社群同行、开展回应需求的服务是根本，在此基础上，将服务经验提炼总结、联结社会资源、倡导社会大众的参与以及政府支持，都亟须专业研究人员的加入。因此，我们依托一线工作团队与研究团队共同推进工作开展，微观视角与宏观视角的融合，直接服务与研究倡导的结合，更有助于云南连心在社会公益服务这个领域走得更远！

我们相信：每个人都有价值、有尊严！每个人都应被平等、公正地对待！每个人都是可以改变的，并且自身拥有促进改变的能力！

维护流动儿童的安全和发展权利

关注城市流动儿童的生命安全，关怀城市流动儿童的生活处境和未来出路，促进儿童参与，提高他们抗风险的能力，推动社会公众参与，为城市流动儿童拥有安全健康的生存环境以及多样的生活选择而努力。我们通过社区活动中心、外展服务、与其他社区组织合作等策略开展安全教育及儿童生活技能培训。

社区活动中心提供一条龙服务

社区活动中心立足流动人口聚居社区，动员志愿者开展丰富多彩的活动，如图书借阅、功课辅导、兴趣小组、主题活动、个案辅导等，为社区儿童提供安全健康的学习和娱乐空间，以弥补社区公共空间的缺失，减少安全隐患。

一个也不能少——延伸服务到其他流动人口社区

整合社会力量，组建志愿者团队，将服务延伸至昆明其他流动人口社区，以流动书摊、游戏、流动电影、各种主题活动、外出参观、家庭探访等形式，围绕儿童安全、生活技能学习、家庭教育等内容开展服务。目前，云南连心已在四个社区开展外展服务。

调动社区力量，共同努力

派出所、居委会、民办学校等社区组织是云南连心的重要合作伙伴，通过共同合作进一步推动多方参与，提高流动儿童的城市适应能力及自我保护能力；合力改善流动儿童社区生存环境，共建安全健康的社区环境。

发展惠及流动人口群体的再循环经济

我们的信念

拾荒者是资源回收行业的重要一员。他们从事的环保工作，不应被贬低！他们是绿领，与蓝领和白领劳动者一样，应该受到尊重！

呼吁社会大众尊重、理解、认可绿领！

倡导资源的再循环利用！

我们通过"绿工坊""连心再循环物流中心""连心互助店"搭建再循环经济平台，改善流动人口生计，提升个人及群体能力，促进社区互助，向公众倡导再循环经济理念，推动社会参与及融合。

绿工坊

利用回收而来的物料，搭以新原料，融合设计元素，研发手工产品，拓展销售渠道。

培训流动人口社区妇女，改善生计。

增强服务群体理财、亲子教育、健康、交际等方面的能力，形成互助的社群生活。

倡导资源的再循环利用。

连心再循环资源中心

以社区流动群体为主，组建旧物回收队，与小区、高校和企业等建立长期的合作关系，搭建连心再循环资源中心。所得物资部分供以绿工坊原料、部分在连心互助店面售卖、部分赠送服务对象，剩余部分由机构以出售方式处理。所得收入用于支付成本、对参与者补贴，剩余部分存入连心社区公益基金。

连心互助店

将募集到的衣物、生活用品、学习用品等，经过整理消毒后，以低廉的价格出售，为社区居民提供最直接的服务；降低居民生活成本的同时，倡导节约理念，其是除社区活动中心外，云南连心连接服务对象的另一公共空间。

志愿者平台：动员社会力量，提供服务

云南连心动员和培养社区成员组成较为稳定的志愿者小组，并与学生社团、社会有心人士合作，建立一支多元化的志愿者队伍，搭建志愿服务、倡导、传播志愿精神的平台，让更多的公民关注流动人口的生活状况与各种社会问题，以适合自己的方式参与到志愿服务中。

和我们一起行在路上！

真正走近并融入这个群体，我们看到的，除了艰辛，更多的是生命的光辉与力量。在这个喧嚣的世界里，我们能做的，还有更多。让我们以此为起点，将爱心和理想付诸实践。相信您也可以，和我们一起行在路上……

您可以：

捐款：我们一定尽其所用。

捐物：捐赠闲置物资如学习用品、图书资料、家居用品、衣物，我们一定变废为宝。

支持：购买旧物改造手工产品或协助开发回收、销售渠道。

加入云南连心志愿者队伍。

以您方便的方式，做您身边的公益。

或许，当您再次面对街边摆摊卖菜的大哥，面对背着孩子擦皮鞋的大姐，面对挎着蛇皮袋在小区里拾废品的老人，不再另眼相看，能多流露一分真诚、理解和尊重！我们只是希望，在城市化列车轰隆急速往前的同时，不要忘记这些背后默默奉献着的人们。

您可以通过以下方式联系我们：

云南连心机构办公室：云南昆明北京路金康园8栋901室

云南连心项目办公室：云南昆明普吉王家桥路188号（市内可乘121路、8路、C68路至冶炼厂，前行30米即到；153路至云冶生活区，左方前行30米即到。）

邮编：650032　E-mail：ynlianxin@gmail.com

网址：http://www.ynlianxin.org。

附件 3

个案深度访谈及焦点小组访谈完成情况统计表

序号	访谈对象类型		
		个案深度访谈	焦点小组访谈
1	本地居民		
1.1	- 无业已婚有孩妇女	完成 1 人	完成 1 人
1.2	- 正规/非正规工作人员	完成 1 人	完成 1 人
1.3	- 残疾/弱势人群	完成 1 人	完成 1 人
1.4	- 老人	完成 1 人	完成 1 人
1.5	- 村干部	完成 2 人	
2	外地居民		
2.1	- 无业已婚有孩妇女	完成 2 人	完成 1 人
2.2	- 正规/非正规工作人员	完成 3 人	完成 1 人
2.3	- 未婚青年	完成 2 人	完成 1 人
2.4	- 大学蚁族	完成 1 人	完成 1 人
2.5	- 在校儿童	完成 1 人	完成 1 人
2.6	- 残疾/弱势群体	完成 2 人	完成 1 人
2.7	- 老人	完成 1 人	完成 1 人
2.8	- 少数民族人口	完成 1 人	完成 1 人

附件 4

2010 年昆明市王家桥社区妇女基本状况调查问卷

（适用外籍妇女）

1. 问卷代码：_____
2. 访问员（签名）：_____
3. 访问地点：1. 王家桥 2. 尹家村 3. 林一组 4. 吴家营
   5. 范家营 6. 蔬菜市场 7. 林二组 8. 华福园
4. 访问员记录：被访者居住的社区类型

代码	社区类型
1	城中村社区居民自建单栋楼房
2	城中村社区院落式老房子
3	城中村社区村民自建平房
4	廉租房社区
5	单位小区
6	其他＿＿＿＿

5. 调查日期：＿＿＿＿＿＿

6. 调查开始时间：＿＿＿时＿＿＿分；结束时间：＿＿＿时＿＿＿分

大姐/阿姨，您好！

我们是×××大学的学生，同时也是云南连心社区照顾服务中心的志愿者。云南连心社区照顾服务中心是一家公益机构，主要是为社区老人、妇女及儿童提供社区综合服务，中心的地点就在林家院188号，王家桥菜市场对面。受云南省妇联的委托，我们正在进行一项关于社区妇女儿童基本状况的社会调查活动（时间为2010.12.3～2010.12.17）。目的是了解生活在王家桥社区的妇女和儿童的基本生活状况，以便能够为政府在制定妇女儿童工作方针政策方面提供依据，同时也为连心社区照顾服务中心在社区更好开展工作，为社区老百姓服务提供方向。因此，您的参与对于我们了解相关信息及政府制定政策，都有十分重要的意义。

我们的研究对象是所有居住在联家社区的妇女（包括流动和本地），通过随机分层抽样方法，选中1000位妇女作为我们的调查对象。问卷形式是匿名、封闭式，搜集方式为个人采访。

希望能占用您15～30分钟的时间，帮我们一起完成一下这个问卷。问题回答没有对错之分，只要按照您心里的想法回答就可以。对于您的回答，我们将仅用于分析研究，不会泄露您的个人信息，请不要有任何顾虑。

谢谢您的参与！参加我们的问卷，将获得一份小礼品作为纪念！

云南连心社区照顾服务中心
云南大学公共管理学院社会工作研究所

请调查员根据访问对象的回答,按要求在有下划线的地方直接填答案;有选择的题,如没具体要求请按单选题在选项中打√,有具体要求的题目请按具体要求填写。

A. 个人及家庭基本情况

A1. 您的出生日期:_____年_____月 年龄:_____周岁

A2. 您的户籍是:1. 本地;
　　　　　　　2. 外地;老家:_____省_____市(县)
　　　　　　　　　　来昆_____年

A3. 您的民族是:

1. 汉族 2. 布依族 3. 彝族 4. 苗族 5. 其他:_____族

A4. 您上学的情况:

1. 没有上过学 2. 小学未毕业 3. 小学 4. 初中 5. 高中
6. 中专 7. 技校 8. 大学专科 9. 大学本科及以上

A5. 您老公/男朋友上学情况是(如果没有对象则不适用):

1. 没有上过学 2. 小学未毕业 3. 小学 4. 初中 5. 高中
6. 中专 7. 技校 8. 大学专科 9. 大学本科及以上

A6. 您有几个兄弟姐妹?_____个,兄弟:_____个,姐妹:_____个

B. 就业及经济状况

B1. 您家主要经济来源是(可多选):

1. 打工工资 2. 房租 3. 生意收入 4. 领低保
5. 失业保险金 6. 政府救济 7. 父母/家人补贴
8. 其他_____

B2. 您现在的职业是:

1. 自己做生意:

(1)开店面 (2)废品回收 (3)包工头 (4)其他_____

2. 打工:

(1)公司、企业上班 (2)工厂 (3)餐馆服务员 (4)店员
(5)清洁工 (6)保安 (7)建筑 (8)环卫工 (9)装修工人
(10)其他_____

3. 单干:

（1）摆地摊 （2）捡废品 （3）擦皮鞋 （4）搞装修/维修

（5）其他_____

4. 没有工作：

（1）在家照顾孩子 （2）暂时没有找到合适的 （3）年龄不够

（4）年纪太大 （5）身体不好 （6）其他_____

5. 民营企业/单位：

（1）民办学校 （2）私人诊所 （3）其他_____

6. 其他：_____

B3. 您每月的收入大概有多少？

1. 500元以下 2. 500~830元 3. 830~1500元 4. 1500~2500元

5. 2500~5000元 6. 5000元以上

B4. 您的婚姻状况是：

1. 已婚 2. 同居 3. 分居

【4. 未婚独居 5. 离婚 6. 丧偶】→选该类项直接跳至B7

B5. 您对象的职业是：

1. 自己做生意：

（1）开店面 （2）废品回收 （3）包工头 （4）其他_____

2. 打工：

（1）公司、企业上班 （2）工厂 （3）餐馆服务员 （4）店员

（5）清洁工 （6）保安 （7）建筑 （8）环卫工 （9）装修工人

（10）其他_____

3. 单干：

（1）摆地摊 （2）捡废品 （3）擦皮鞋 （4）搞装修/维修

（5）其他_____

4. 没有工作：

（1）暂时没有找到合适的 （2）年纪太大 （3）身体不好

（4）其他_____

5. 民营企业/单位：

（1）民办学校 （2）私人诊所 （3）其他_____

6. 其他：_____

B6. 您对象每月的收入大概有多少？

1. 500元以下 2. 500~830元 3. 830~1500元 4. 1500~2500元

5. 2500~5000 元　6. 5000 元以上

B7. 您出来打工有几年了？_____年

B8. 您出来打工最主要原因是什么（可多选）？

1. 赚钱回老家盖房子　　　　　2. 为了孩子能接受比较好的教育

3. 农村生活沉闷，城市方便　　4. 老家土地少，收入有限

5. 不喜欢做农活　　　　　　　6. 开阔视野，学习本领

7. 其他_____

列举最主要的三条　第1：_____ 第2：_____ 第3：_____

以下 B9~B20 题针对打工群体，其他则跳至 B20。

B9. 您上一份工作是：_____

1. 在公司/企业上班　2. 工厂打工　3. 餐馆服务员　4. 店员

5. 清洁工　6. 保安　7. 建筑工　8. 环卫　9. 装修工人　10. 摆地摊

11. 捡废品　12. 擦皮鞋　13. 搞装修/维修　14. 其他_____

B10. 您现在一天工作几个小时？_____个小时

B11. 您一个星期工作几天？_____天

B12. 您有没有因为工作（包括以前和现在的工作）出现身体不舒服或者身体受伤的情况？

1. 有：（1）呼吸道疾病　（2）恶心、头晕、肢体无力　（3）身体受伤

（4）皮肤红肿、溃烂　（5）其他_____

2. 无

B13. 老板有没有给您签订劳动合同？

1. 有　2. 无

B14. 老板有没有给您购买社会保险？

1. 有　2. 没有

B15. 您有没有遇到被老板拖欠工资的情况（包括以前和现在的工作）？

1. 有：几个月？_____　2. 没有

B16. 当和老板发生劳务纠纷（如拖欠工资、工伤）时，您会怎么办？

1. 和老板私了　　　　　　　　2. 寻求法律援助

3. 没有办法，算了　　　　　　4. 不知道怎么办

B17. 您有没有听说过流动人口法律援助站或流动人口维权中心？

1. 听说过：比如哪些？_____　2. 没有听说过

B18. 和过去一两年相比，在工作方面，您是否同意下面的观点：

类型	同意	不同意
B18a 工作的机会增多	1	2
B18b 工资水平提高	1	2
B18c 工作时间减少，休息时间增多	1	2
B18d 工作变轻松了	1	2
B18e 劳动保护好很多	1	2
B18f 和老板发生纠纷/矛盾的情况减少	1	2

B19. 您认为政府做些什么，可以改善大家进城打工的情况？
1. 提供技能培训
2. 监督用工单位签订合同、购买保险、工时、加班及劳动保护
3. 取消农村和城市的户籍差别
4. 发生劳动纠纷时，及时获得法律救助
5. 其他_____

以下 B20 题针对摆地摊/做生意的妇女，其他跳至 B22

B20. 与过去一两年相比，您是否同意以下几个观点：

类型	同意	不同意
B20a 摆摊的地方增多了	1	2
B20b 客人更加苛刻、挑三拣四	1	2
B20c 城管罚款更加厉害	1	2
B20d 城管赶人的事情经常发生	1	2
B20e 利润大大降低了	1	2
B20f 同行竞争更加激烈	1	2
B20g 遇到收保护费/管理费的情况增多	1	2

以下 B21 针对捡废品的妇女，其他跳至 B22

B21. 与过去一两年相比，您是否同意以下几个观点：

类型	同意	不同意
B21a 废品价格降了很多	1	2
B21b 捡废品的人更加多了	1	2

续表

类型	同意	不同意
B21c 敲铁/捡废品的地方更加不好找	1	2
B21d 捡废品的时候被骂的情况增多	1	2
B21e 需要去到更远的地方捡	1	2
B21f 捡废品越来越赚不到钱了	1	2

B22. 与过去一两年相比，您是否同意下面的说法：

类别	同意	不同意
B22a 吃方面不用愁，想吃什么就买什么	1	2
B22b 不用担心天气冷的时候没有保暖的衣服和被子	1	2
B22c 不会为孩子需要零花钱、早餐、午餐费而发愁	1	2
B22d 每年都可以承担一两次回老家的交通费	1	2
B22e 不会因为亲戚朋友红白喜事需要送礼金而感到压力大	1	2
B22f 房租虽然上涨很多，但房租压力不大	1	2
B22g 家里有人生病，买药和住院的费用都可以承担	1	2
B22h 物价上涨，总体而言对生活没有什么影响	1	2
B22i 闲着的时间越来越多了，生活更加轻松	1	2

B23. 您家有哪些电器？

1. 电脑（　）台　2. 洗衣机（　）台　3. 手机（　）部

4. 电冰箱（　）台　5. 无　6. 其他＿＿＿＿

B24. 您家有哪些交通工具？

1. 汽车（　）辆　2. 摩托车（　）辆　3. 电动车（　）辆

4. 单车（　）辆　5. 三轮车（　）辆　6. 其他＿＿＿＿

B25. 您会以下哪几个方面的技能？

类别	会	不会	是否希望学习
B25a 做缝纫，裁剪衣服	1	2	1 是（　）2 否（　）
B25b 做手工，如刺绣、编织等	1	2	1 是（　）2 否（　）
B25c 做厨师	1	2	1 是（　）2 否（　）
B25d 做家政，如做保姆、清洁	1	2	1 是（　）2 否（　）

续表

类别	会	不会	是否希望学习
B25e 开车	1	2	1 是（　） 2 否（　）
B25f 做销售、推销	1	2	1 是（　） 2 否（　）
B25g 做生意，如卖服装、卖早点等	1	2	1 是（　） 2 否（　）
B25h 搞理发、美容、美甲	1	2	1 是（　） 2 否（　）
B25i 按摩、足疗	1	2	1 是（　） 2 否（　）
B25j 打电脑	1	2	1 是（　） 2 否（　）
B25k 其他	1	2	1 是（　） 2 否（　）

B26. 您是否知道下面这些政策法规：

政策	知道	知道一点	不知道	是否希望外地人也可以申请	
				是	无所谓
B26a 低保政策	1	2	3	1	2
B26b 小额担保贷款	1	2	3	1	2
B26c 妇女就业扶持贷款	1	2	3	1	2
B26d 临时困难救济办法	1	2	3	1	2
B26e 大学生创业贷款	1	2	3	1	2

B27. 在职业技能培训方面，您最希望得到政府在哪些方面的支持（可多选）？

1. 提供更多就业信息　　2. 多开设一些培训班
3. 学费补贴　　4. 生活费补贴
5. 培训后介绍工作　　6. 有人帮忙照顾孩子
7. 其他_____

　　列举最主要的三条　第1：_____　第2：_____　第3：_____

B28. 如果您正在创业（做生意）或打算做，您觉得最需要在哪几个方面的支持（可多选）？

1. 小额贷款政策　　2. 创业/职业技能的培训
3. 国家税收优惠政策如免税　　4. 亲戚朋友的帮忙
5. 减免卫生管理费　　6. 提供场地优惠

7. 其他_____

　　列举最主要的三条　第1：_____　第2：_____　第3：_____

C. 居住情况

C1. 您目前居住的房屋情况是：

1. 老板包住

2. 住在亲戚家

3. 租房子住_____

4. 其他_____

C2. 您每个月租房子得花多少钱？_____元

C3. 房租相比你刚租的时候涨了多少钱：_____元

C4. 需要缴纳多少卫生管理费？_____元/（月·人），您觉得是否合理？

1. 合理　2. 不合理　为什么？_____

C5. 您住的房子是哪一种：

1. 单间使用公厕　　　　　　2. 单间使用公共卫生间

3. 单间带卫生间　　　　　　4. 单间带一厨

5. 单间带一厨一卫　　　　　6. 一室一厅一厨一卫

7. 二室一厅一厨一卫　　　　8. 其他_____

C6. 您在这里住了多久了？_____年

C7. 搬到这里之前，您居住在哪里？

1. 老家　　　　　　　　　　2. 昆明其他社区，哪里_____

3. 在省外打工　　　　　　　4. 本社区_____村

C8. 近两年，您搬过几次家？

1. 1次　2. 2次　3. 3次　4. 4次　5. 5次　6. 5次以上

C9. 最近一次搬家是什么原因？

1. 工作需要　　　　　　　　2. 城中村拆迁

3. 孩子上学　　　　　　　　4. 房租上涨

5. 其他_____

C10. 您是因为什么情况住在这里（可多选）？

1. 房租合理　　　　　　　　2. 交通及生活方便

3. 在这里工作　　　　　　　4. 回老家方便

5. 孩子上学方便　　　　　　6. 有老乡亲戚在这边

7. 其他_____

C11. 如果这里拆迁，您最担心的问题：

1. 搬得更远，生活不方便　　　　2. 距离工作的地方远
3. 找不到活路　　　　　　　　　4. 房租更贵
5. 孩子找不到学校上学　　　　　6. 不认识人，比如老乡、同学等
7. 其他_____

　　列举最主要的三条　第1：_____　第2：_____　第3：_____

C12. 如果社区要拆迁，您希望政府怎么做？

1. 至少提前一个月公布拆迁的具体方案和时间
2. 获得拆迁补偿和搬家费
3. 搬迁后孩子的教育安置
4. 政府提供可以出租的房源信息
5. 保留其他城中村，以便有廉价的房源
6. 其他_____

C13. 万一这里拆迁，您/你们会搬到哪里？

1. 回老家　　　　　　　　　　　2. 到时候再说
3. 昆明其他有房子出租的地方　　4. 去地州上找工作
5. 可能会去省外打工　　　　　　6. 不知道

C14. 您是否有想过以后可能会在昆明买房子？

1. 从来没有想过　　　　　　　　2. 房价太高了，买不起
3. 赚到足够的钱就买　　　　　　4. 不知道

C15. 您是否知道以下的一些政策：

政策	知道	知道一点	不知道	是否希望外地人也可以申请	
				是	无所谓
C15a 申请廉租房政策				1	2
C15b 申请购买经济适用房政策				1	2

D. 家庭关系

D1. 您家一共几个人？_____人

D2. 和您现在住一起的有几个人？_____人

1. 丈夫　2. 孩子：_____个　3. 公公　4. 婆婆　5. 父亲　6. 母亲

7. 男朋友　8. 女性朋友　9. 独居　10. 其他_____

D3. 您家里其他人住在哪里？

1. 老家　2. 昆明其他地方　3. 附近村子　4. 省外打工

以下 D4～D7 题针对老家有留守儿童、老人的妇女，以及打工的未婚女孩子

D4. 您多长时间会和家人见一次面？_____

1. 每月至少1次　2. 2个月1次　3. 3个月1次　4. 半年1次

5. 一年1次　6. 更长时间才见到

D5. 您以什么样的方式和他们保持联系？

1. 电话_____次/周　2. 汇款　3. 托人带物、钱

4. 写信_____次/半年　5. 其他_____

D6. 您留在老家的孩子谁照顾？

1. 老人家　2. 亲戚帮忙　3. 他们自己照顾自己

D7. 家里老人谁来照顾？

1. 家里其他兄弟姐妹　2. 亲戚朋友帮忙

3. 他们还能自己照顾自己（跳至 D10）

以下 D8～D9 针对家人都外出务工，但没有居住在一起的家庭妇女

D8. 您多长时间会和不住一起的家人见一次面？_____

1. 至少每周1次　2. 每月1次　3. 3个月1次　4. 半年1次

5. 一年1次　6. 更长时间才见到

D9. 您以什么样的方式和他们保持联系？

1. 电话_____次/周　2. 汇款　3. 托人带物、钱

4. 写信_____次/半年　5. 其他_____

D10. 当家里需要做一些重要决定的时候，谁说了算？

1. 自己说了算　2. 老公/男朋友说了算　3. 和老公/男朋友一起商量

4. 家人一起商量　5. 父母（公公婆婆）说了算

D11. 您老公/男朋友会不会：

行为	会	不会
经常帮忙做饭、洗衣服	1	2
经常帮忙带孩子	1	2

续表

行为	会	不会
经常和你一起聊天	1	2
经常买衣服送给你	1	2
承担家庭里绝大部分的开支	1	2
经常喝酒，耍酒疯	1	2
经常抽烟	1	2
经常买彩票	1	2
经常打麻将、打牌	1	2
经常夜不归宿	1	2
经常和你吵架	1	2
经常和别人闹矛盾	1	2

D12. 你有没有经常看到您邻居或亲戚吵架的情况？

1. 经常　2. 偶尔看到　3. 没有见到过

D13. 除了男人抽烟喝酒，在我们这，您有没有看到有女人抽烟和喝酒的？

1. 有，很多　2. 有，但不多　3. 基本没有

D14. 如果您被丈夫/男朋友打骂，您觉得应该怎么办（可多选）？

1. 跟他对着干　2. 忍气吞声，不告诉其他人　3. 冷战，不理他

4. 找公公婆婆、爸爸妈妈主持公道　5. 找亲戚朋友倾诉　6. 离家出走

7. 主动寻求妇联、邻居、派出所或居委会的帮助　8. 不知道怎么办

9. 其他_____

D15. 当您看到/听到有邻居妇女被老公打的情况，您会怎么办？

1. 劝说　2. 不好管，毕竟是人家家里的事　3. 打110报警

4. 向派出所求助　5. 向妇联求助　6. 其他_____

D16. 如果有孩子或妇女经常被打，您觉得政府应该提供什么样的帮助？

1. 居委会/妇联出面调解　2. 警察出面干预　3. 提供临时安置点

4. 提供法律保护　5. 其他_____

D17. 您觉得现在男人打女人，主要原因是什么？

1. 家里经济条件不好　2. 孩子学习成绩不好　3. 婆媳关系不好

4. 妯娌关系不好　5. 男的酗酒、赌博　6. 其他_____

D18. 平时在家里，您最关注下边的哪一项？

1. 希望孩子学习成绩好一点　2. 和孩子的关系好一点
3. 希望和老公（男朋友）少闹点矛盾　4. 希望和公公婆婆好好相处
5. 其他_____

D19. 在管教孩子方面，您希望得到哪些方面的帮助？
1. 社区成立教育辅导中心　2. 提供如何管教孩子的方法培训
3. 设立青少年活动中心　4. 设立社区图书馆　5. 多设几个连心中心
6. 其他_____

D20. 如果夫妻关系出现矛盾，您希望得到什么样的帮助？
1. 提供婚姻辅导　2. 出面调解　3. 婚姻法律咨询服务
4. 其他_____

E. 社区环境和治安状况

E1. 您认为，以下各种社区环境和治安问题的严重程度如何？

类型	很严重	比较严重	不太严重	不严重	没有该问题	不知道
E1a 水脏/下水道臭	1	2	3	4	5	6
E1b 空气不好	1	2	3	4	5	6
E1c 嘈杂	1	2	3	4	5	6
E1d 乱倒脏水	1	2	3	4	5	6
E1e 乱丢垃圾	1	2	3	4	5	6
E1f 小偷小摸	1	2	3	4	5	6
E1g 抢劫	1	2	3	4	5	6
E1h 交通拥堵	1	2	3	4	5	6
E1i 交通事故	1	2	3	4	5	6
E1j 随地大小便	1	2	3	4	5	6
E1k 狗咬人	1	2	3	4	5	6
E1l 妇女与女童被流氓欺负	1	2	3	4	5	6
E1m 毒品	1	2	3	4	5	6
E1n 卖淫嫖娼现象	1	2	3	4	5	6
E1o 艾滋病	1	2	3	4	5	6
E1p 火灾	1	2	3	4	5	6
E1q 触电	1	2	3	4	5	6
E1r 孩子溺水	1	2	3	4	5	6

E2. 您觉得住在这，平时上厕所方不方便？

1. 很不方便　2. 不方便　3. 方便

E3. 您家是否需要缴纳社区卫生管理费？

1. 需要，多少？_____元　2. 不需要

E4. 您对社区里联防队和派出所维护社会治安方面是否满意？

1. 很满意　2. 满意　3. 没有意见　4. 不满意　5. 非常不满意

E5. 您是否听说过社区里有儿童走丢的情况？

1. 听说过，来源：

（1）自己经历　（2）在新闻上听说过　（3）认识的人经历过

2. 没有听说过

E6. 您觉得这些儿童走丢的原因是什么？

1. 迷路　2. 离家出走　3. 被拐骗　4. 意外事故　5. 其他_____

E7. 您有没有听说过社区里有妇女被骗到外地的情况？

1. 听说过，来源：

（1）自己经历　（2）在新闻上听说过　（3）认识的人经历过

您知道这些妇女被骗到外地干什么：_____

2. 没有听说过

E8. 当您知道社区里有儿童走丢的情况，您会怎么做？

1. 找派出所报警　2. 向居委会求助　3. 向妇联求助　4. 发寻人启事

5. 其他_____

E9. 您是否知道如何预防妇女/儿童被拐卖？

1. 知道：

（1）提高警惕，不要轻易相信陌生人　（2）不让孩子单独在社区里玩耍

（3）教孩子不要吃陌生人给的食物　（4）不让孩子辍学

（5）其他_____

2. 不知道

E10. 您是否知道/看到过政府出台打击预防拐卖妇女儿童的相关宣传/行动？

1. 知道：比如_____　2. 不知道

E11. 您觉得要让这里的环境和社会治安变得更好，政府最应该怎么做（可多选）？

1. 当地居委会加强社区卫生和治安管理

2. 让外地人共同参与创建卫生安全社区

3. 群众对社区卫生和治安状况进行监督

4. 社区多搞一些普及预防拐卖知识宣传活动

5. 其他_____

F. 基本社会服务

孩子教育方面（没有孩子的家庭不适用，跳至 F13）

F1. 您有孩子吗？

1. 有，_____个（几个在上学？_____个） 2. 无

F2. 您的孩子在哪里上学？

	老大（年龄）	老二（年龄）	老三（年龄）	老四（年龄）
幼儿园				
方正学校				
博华学校				
联家小学				
远洋学校				
云铜中学				
大成学校				
昆明女子中学				
老家小学				
老家中学				
老家高中				
上大学				
其他				

F3. 家里是否有孩子辍学/不上学？

1. 有，原因是：1. 成绩不好 2. 孩子自己不想上 3. 找不到学校 4. 其他_____
您希望政府可以做些什么？
1. 提供资助上学 2. 提供职业技能培训 3. 提供就业机会 4. 没抱什么希望

2. 无

F4. 您愿意供孩子上学到什么程度？

1. 小学　2. 初中　3. 高中/中专　4. 大学及以上　5. 只要愿意上都供

F5. 您对女孩和男孩上大学有什么看法？

1. 无论男孩女孩都应该上大学

2. 女孩上到小学初中就可以，男孩应该上高中、大学

3. 男孩女孩都不一定非要上大学

4. 要看家庭经济状况

F6. 您更愿意让孩子上哪类学校？

1. 民办学校　2. 公办学校

F7. 您是否知道昆明公立学校的入学条件？

1. 全部都知道　2. 知道一些　3. 不知道

F8. 您是否考虑过送孩子去公立学校读书？

1. 考虑过　2. 没有考虑过　3. 想去，但条件不允许

F9. 在孩子的教育方面，您的担心是什么（可多选）？

1. 经济困难，没有能力供孩子　2. 孩子成绩太差，不想上学

3. 学校教学质量不好　4. 没有能力教育好孩子

5. 担心学校拆迁　6. 担心孩子上下学途中的安全问题（抢劫、交通）

7. 没有本地户口，孩子上不了高中　8. 孩子去游戏厅玩游戏

9. 其他_____

请按重要性排序：1. _____ 2. _____ 3. _____

F10. 在孩子教育方面，您希望可以获得哪些帮助（可多选）？

1. 资金资助　2. 功课辅导　3. 为孩子提供课余活动

4. 帮家长学习教育孩子的方法　5. 协助提高学校的教育水平

6. 联系合适的学校就学　7. 其他_____

F11. 如果孩子要回老家上学，您最担心的是什么？

1. 老家教学质量问题　2. 孩子不在身边，无法管教　3. 费用问题

4. 安全问题　5. 其他_____

F12. 您希望国家政府出台什么样的政策，可以支持到您的孩子能够在这里更好上学？

1. 让孩子能够进入这里的公办学校上小学

2. 让孩子能够进入这里的公办学校上初中

3. 让孩子可以进入这里的公办高中

医疗卫生方面

F13. 您最近几个月里有没有感觉到身体不舒服的地方?

1. 头疼 2. 胃痛 3. 肚子痛 4. 关节痛 5. 其他_____

F14. 您最近一年内有没有在医院做过健康检查?

1. 有 2. 没有

F15. 您是否有以下的疾病?

疾病类型	有	没有	疾病类型	有	没有
F15a 心脏病	1	2	F15g 肝病	1	2
F15b 中风	1	2	F15h 慢性支气管炎	1	2
F15c 糖尿病	1	2	F15i 肥胖	1	2
F15d 癌症	1	2	F15j 慢性妇科疾病	1	2
F15e 高血压	1	2	F15k 其他	1	2
F15f 胃病	1	2	请说明:		

F16. 您及您的家人生病时,一般会去哪里看病(可多选)?

1. 去比较正规的医院(或有营业执照的正规诊所)

2. 去附近(一般)的小诊所 3. 去药店买药吃

4. 什么也不做,忍着 5. 社区卫生服务站

6. 其他_____

F17. 您有孩子在昆明出生吗?

1. 有 2. 无(跳至F21)

F18. 您在昆明生孩子的时候都在哪里接生?

1. 在家里找人帮忙接生 2. 去附近的小诊所 3. 去正规医院

4. 其他_____

F19. 您对刚出生的孩子,最大的担忧是什么?

1. 孩子生病 2. 孩子营养不好

3. 吃到类似毒奶粉等不安全的食品 4. 其他_____

F20. 在看病方面,您觉得最大的困难是什么(可多选)?

1. 正规及大医院比较少,费用比较高 2. 没有医疗保险

3. 担心大病承担不起医疗费用 4. 其他_____

F21. 您有没有听说过有人在附近诊所看病出现医疗事故的情况?

1. 听说过，来源：

（1）自己经历　（2）是在新闻上听说过

（3）认识的人经历过

2. 没有听说过

F22. 当家人或者亲戚朋友遇到大病的时候会怎么办？

1. 千方百计筹钱医治　2. 没有费用，只能拖着

3. 获得好心人或政府的帮助　4. 其他_____

F23. 您是通过什么渠道了解到比如卫生保健、疾病预防、免费疫苗接种、免费体检等方面的知识和信息的？

1. 相关部门的宣传　2. 电视　3. 报刊媒体

4. 很少有了解到　5. 其他_____

F24. 您知道哪些国家针对妇女的医疗政策（可多选）？

1. 免费接种疫苗　2. 免费白内障手术　3. 免费妇科检查

4. 免费婚检　5. 免费结扎/上环　6. 异地就医医保报销

7. 其他_____

F25. 您希望国家在医疗政策方面有哪些改进？

1. 整治/规范社区小诊所　2. 减免医疗费用

3. 紧急情况减免救助医疗费政策　4. 减少异地就医医保报销限制

5. 社区多开展免费义诊活动　6. 其他_____

休闲娱乐方面

F26. 您空闲时间，喜欢做些什么（可多选）？

1. 看电视　2. 打牌/打麻将　3. 散步　4. 聊天　5. 做手工

6. 旅行　7. 跳舞/唱歌　8. 看书看报纸　9. 其他_____

F27. 您对现在的工作和业余时间的安排是否满意？

1. 非常满意　2. 满意　3. 说不清　4. 不太满意　5. 非常不满意

F28. 在王家桥社区，您平时会带着孩子到哪里玩（不适用于没有孩子的妇女）？

1. 社区小花园　2. 云冶生活区　3. 连心中心　4. 去市场逛逛

5. 羊仙坡　6. 爬山　7. 散步　8. 找朋友打牌玩麻将

9. 找朋友/老乡一起聊聊天　10. 老年活动中心　11. 其他_____

F29. 您觉得社区里可供您和家人休闲娱乐的地方够不够多？

1. 够　2. 还行　3. 很缺乏　4. 根本就没有玩的地方

F30. 您希望社区在公共活动场所方面有哪些改进？

1. 多建一些公共活动场地 2. 多一些健身活动设施 3. 多一些树和绿地

4. 多建儿童游乐设施 5. 流动妇女活动中心 6. 其他_____

F31. 您希望政府在社区开展什么样的文化娱乐活动？

1. 文化学习 2. 社区运动会 3. 社区文艺晚会 4. 社区免费放电影

5. 组织外出游玩活动 6. 舞蹈学习 7. 健康棋牌活动

8. 其他：_____

G. 多元化及社区融合

G1. 您和社区里什么人打交道比较多？

1. 本地人 2. 外地人 3. 老乡

G2. 您觉得在我们居住的社区，本地人与外地人相处情况怎么样？

1. 比较友好 2. 一般 3. 互不相干，很少有交往 4. 相互排斥

G3. 您和邻居之间相处怎么样？

1. 比较友好 2. 一般 3. 互不相干，很少有交往

4. 不喜欢交往，为什么？_____

G4. 您和社区里其他少数民族的关系怎么样？

1. 比较友好 2. 一般 3. 互不相干，很少有交往

4. 不喜欢交往，为什么？_____

G5. 您是否和社区里的本地妇女相处？

1. 是（可多选）

（1）聊天 （2）打麻将 （3）互帮互助 （4）一起做手工

（5）一起做生意 （6）一起玩 （7）其他_____

2. 否

G6. 您的孩子是否与本地孩子一起玩？

1. 是 2. 否

G7. 您觉得您的房东怎么样？_____

1. 对我们很好很负责 2. 和我们没有多大关系，只是收房租的时候会来

3. 与房东关系很不好 4. 其他_____

G8. 您觉得本地妇女怎么样（可多选）？

1. 不勤快 2. 很会做生意 3. 与人比较和善

4. 很不好相处 5. 有一些不好的习惯 6. 家庭矛盾比较多

7. 瞧不起人　8. 其他_____

G9. 您是否愿意（您的孩子）与本地男孩子谈对象？

1. 愿意　2. 不愿意　3. 无所谓

G10. 您是否愿意（您的孩子）与少数民族的男孩子谈对象？

1. 愿意　2. 不愿意　3. 无所谓

G11. 您知道你们有哪些传统文化？

1. 舞蹈　2. 刺绣及其他手工艺　3. 音乐　4. 民族风俗习惯　5. 语言

6. 其他_____　以上这些，您会哪样？_____

G12. 您会不会担心您的孩子以后不知道自己的民族语言和风俗习惯？

1. 很担心　2. 担心　3. 不担心　4. 无所谓

G13. 您会不会担心您的孩子不喜欢老家的东西？

1. 很担心　2. 担心　3. 不担心　4. 无所谓

G14. 如果有机会，您是否愿意学习自己民族传统文化的东西，如花灯、舞蹈、音乐、手工艺等？

1. 非常愿意　2. 愿意　3. 无所谓　4. 不愿意　5. 非常不愿意

G15. 如果您会，您是否愿意教其他人学习民族传统文化的东西？

1. 非常愿意　2. 愿意　3. 无所谓　4. 不愿意　5. 非常不愿意

G16. 在文化活动方面，您希望政府提供哪些方面的支持？

1. 提供活动的场地　2. 参加本地社区举办的活动

3. 提供展示本社区各民族风采的机会

4. 提供各民族文化培训活动　5. 其他_____

H. 人生态度与社会观念

H1. 以下一些说法，您是否同意

	很不同意	不同意	说不清	同意	很同意
H1a 和别人相比，我有自己的长处	1	2	3	4	5
H1b 和朋友在一起，有陌生人在场我很不习惯	1	2	3	4	5
H1c 当家庭遇到困难时，很容易获得亲戚朋友的帮助	1	2	3	4	5
H1d 当我遇到困难时，首先想到要向亲戚好友寻求帮助	1	2	3	4	5

续表

	很不同意	不同意	说不清	同意	很同意
H1e 我的人际交往能力很强	1	2	3	4	5
H1f 除了亲戚外,在这里有3个以上的外地朋友	1	2	3	4	5
H1g 我愿意与不同地方的人、不同民族的人成为朋友	1	2	3	4	5
H1h 社区卫生、治安、修路以及拆迁,是政府的事,和我无关	1	2	3	4	5
H1i 我很喜欢和其他人谈论最近发生的社区里的事情	1	2	3	4	5
H1j 妇女就得依靠男人	1	2	3	4	5
H1k 妇女养育子女,男人挣钱养家	1	2	3	4	5
H1l 男人绝对不能够打女人	1	2	3	4	5
H1m 女人被男人打是家里的事情,不能让别人知道	1	2	3	4	5

H2. 对下列人和组织,您的信任程度

	完全信任	比较信任	说不清	不太信任	根本不可信
H2a 社会上大多数人	1	2	3	4	5
H2b 家人	1	2	3	4	5
H2c 朋友	1	2	3	4	5
H2d 邻居	1	2	3	4	5
H2e 妇联、街道办、居委会等	1	2	3	4	5
H2f 地方法院	1	2	3	4	5
H2g 地方派出所	1	2	3	4	5
H2h 社会团体,如老年协会等	1	2	3	4	5
H2i 云南连心中心	1	2	3	4	5
H2j 医院	1	2	3	4	5
H2k 学校	1	2	3	4	5

H3. 您觉得自己近几天的心情怎样(可多选):

1. 高兴 2. 充实 3. 幸福 4. 孤独 5. 沉重 6. 烦躁 7. 无聊

H4. 您认为自己心情不好的原因有哪些(可多选):

1. 经济方面 2. 家庭方面 3. 人际关系方面 4. 社区环境方面
5. 住房 6. 其他_____

H5. 您对自己现在生活的满意程度：
1. 很满意　2. 满意　3. 说不清　4. 不满意　5. 很不满意

H6. 您认为您家的生活水平在今后一两年内将会有何变化？
1. 有所改善　2. 有所下降　3. 没有变化　4. 说不清楚

H7. 对您而言，觉得自己是否属于联家社区的一分子重不重要？
1. 非常重要　2. 重要　3. 无所谓　4. 不重要　5. 非常不重要

H8. 假如社区里有公益活动，您是否愿意参加？

	愿意	不愿意	看情况
H8a 社区绿化	1	2	3
H8b 社区清洁卫生	1	2	3
H8c 帮助有困难的人	1	2	3
H8d 捐款捐物	1	2	3
H8e 帮忙其他人照顾孩子	1	2	3
H8f 帮忙照顾老人	1	2	3

H9. 未来一两年，您觉得这里会变得怎么样？

	更坏	没有变化	更好
H9a 安全	1	2	3
H9b 整洁方面	1	2	3
H9c 交通方面	1	2	3
H9d 生活设施	1	2	3

H10. 未来一两年，您觉得以下几个方面会怎么样？

	很不同意	不同意	同意	很同意
H10a 就业机会会更多	1	2	3	4
H10b 收入增加	1	2	3	4
H10c 工作环境改善	1	2	3	4
H10d 生活压力减小	1	2	3	4
H10e 家人关系变好	1	2	3	4
H10f 生活更加幸福	1	2	3	4
H10g 前途更加有希望	1	2	3	4

H11. 城市与农村相比，下边的看法您是否同意：

类别	非常同意	同意	不同意	很不同意
H11a 城市比农村生活更加便利，比如买东西	1	2	3	4
H11b 城市比农村交通更加方便	1	2	3	4
H11c 城市住的地方比农村好	1	2	3	4
H11d 城市空气比农村的好	1	2	3	4
H11e 城市喝的水比农村的干净	1	2	3	4
H11f 城市比农村人际关系更简单	1	2	3	4
H11g 城市里学校多，教育质量比农村的好	1	2	3	4
H11h 城市社会治安比农村好	1	2	3	4
H11i 城市赚钱的机会多	1	2	3	4
H11j 城市竞争压力大	1	2	3	4

H12. 如果可能，您是否愿意长期留在昆明居住？

1. 很愿意　2. 愿意　3. 无所谓　4. 不愿意　5. 非常不愿意

我们的访谈已经结束，非常感谢您的参与！我们在后期可能还会有一些深入访谈和焦点访谈活动，请问您是否有意向参加？

1. 是　姓名：_____ 联系电话：_____　2. 否

I. 访问员填写部分

此部分由访问员在调查完成、离开被访者家后填写。

该被访问者为哪一个分类？

无业已婚有孩妇女	正规/非正规就业已婚妇女	老年妇女	未婚青年	残疾弱势人群	儿童青少年（12~16岁）

I1. 被访者合作程度如何？

1. 很合作　2. 合作　3. 不合作　4. 很不合作

I2. 您认为这份问卷所得的可靠程度如何？

1. 很可靠　2. 可靠　3. 不可靠　4. 很不可靠

I3. 访问时是否会因为其他人在场影响到了访问的可信度？

1. 有，具体是什么：_____
2. 无

I4. 访问员是否观察到被访问者其他方面的情况？诸如精神状况、是否有伤痕等。

_____

15. 访问具体地址：_____ 街道/院/村_____号

附件5

2010年昆明市王家桥社区妇女基本状况调查问卷

（适用本地妇女）

1. 问卷代码：_____
2. 访问员（签名）：_____
3. 访问地点：1. 王家桥 2. 尹家村 3. 林一组 4. 吴家营
   5. 范家营 6. 蔬菜市场 7. 林二组 8. 华福园
4. 访问员记录：被访者居住的社区类型

代码	社区类型
1	城中村社区居民自建单栋楼房
2	城中村社区院落式老房子
3	城中村社区村民自建平房
4	廉租房社区
5	单位小区
6	其他_____

5. 调查日期：_____
6. 调查开始时间：____时____分；结束时间：____时____分

大姐/阿姨，您好！

我们是×××大学的学生，同时也是云南连心社区照顾服务中心的志愿者。云南连心社区照顾服务中心是一家公益机构，主要是为社区老人、妇女及儿童提供社区综合服务，中心的地点就在林家院188号，王家桥菜市场对面。受云南省妇联的委托，我们正在进行一项关于社区妇女儿童基本状况的社会调查活动（时间为2010.12.3～2010.12.17）。目的是了解生活在王家桥社区的妇女和儿童的基本生活状况，以便能够为政府在制定妇女儿童工作方针政策方面提供依据，同时也为连心社区照顾服务中心在社区更好开展工作，为社区老百姓服务提供方向。因此，您的参与对于我们了解相关信息及政府制定政策，都有十分重要的意义。

我们的研究对象是所有居住在联家社区的妇女（包括流动和本地），通过随机分层抽样方法，选中1000位妇女作为我们的调查对象。问卷形式是匿名、封闭式，搜集方式为个人采访。

希望能占用您15～30分钟的时间，帮我们一起完成一下这个问卷。问题回答没有对错之分，只要按照您心里的想法回答就可以。对于您的回答，我们将仅用于分析研究，不会泄露您的个人信息，请不要有任何顾虑。

谢谢您的参与！参加我们的问卷，将获得一份小礼品作为纪念！

云南连心社区照顾服务中心
云南大学公共管理学院社会工作研究所

请调查员根据访问对象的回答，按要求在有下划线的地方直接填答案；有选择的题，如没具体要求请按单选题在选项中打√，有具体要求的题目请按具体要求填写。

A. 个人及家庭基本情况

A1. 您的出生日期：_____年_____月　年龄：_____周岁
A2. 您是户籍是：1. 本地；
　　　　　　　　2. 外地，哪里？_____
A3. 您的民族是：1. 汉族　2. 少数民族_____
A4. 您上学的情况：
1. 没有上过学　2. 小学未毕业　3. 小学　4. 初中　5. 高中
6. 中专　7. 技校　8. 大学专科　9. 大学本科及以上
A5. 您老公/男朋友上学情况是（如果没有对象则不适用）：

1. 没有上过学　2. 小学未毕业　3. 小学　4. 初中　5. 高中
6. 中专　7. 技校　8. 大学专科　9. 大学本科及以上

A6. 您有几个兄弟姐妹？_____个，兄弟：_____个，姐妹：_____个

B. 就业及经济状况

B1. 您家主要经济来源是：
1. 打工工资　2. 房租　3. 生意收入　4. 领低保　5. 失业保险金
6. 政府救济　7. 父母/家人补贴　8. 其他_____

B2. 您现在的职业是：
1. 自己做生意：
（1）开店面　（2）包工头　（3）其他_____
2. 打工：
（1）公司/企业上班　（2）工厂　（3）餐馆服务员　（4）店员
（5）清洁工　（6）保安　（7）建筑　（8）环卫工　（9）装修工人
（10）其他_____
3. 单干：
（1）摆地摊　（2）搞装修/维修　（3）其他_____
4. 没有工作：
（1）在家照顾孩子　（2）暂时没有找到合适的　（3）年龄不够
（4）年纪太大　（5）身体不好　（6）其他_____
5. 民营企业/单位：
（1）民办学校　（2）私人诊所　（3）其他_____
6. 公务员：
7. 居委会干部：
8. 事业单位：
（1）公立学校　（2）医院　（3）其他_____

B3. 您每月的收入大概有多少？
1. 500元以下　2. 500~830元　3. 830~1500元　4. 1500~2500元
5. 2500~5000元　6. 5000元以上

B4. 您的婚姻状况是：
1. 已婚　2. 同居　3. 分居
【4. 未婚独居　5. 离婚　6. 丧偶】→选该类项直接跳至B7

B5. 您对象的职业是：

1. 自己做生意：

（1）开店面 （2）包工头 （3）其他_____

2. 打工：

（1）公司/企业上班 （2）工厂 （3）餐馆服务员 （4）店员 （5）清洁工 （6）保安 （7）建筑 （8）环卫工 （9）装修工人 （10）其他_____

3. 单干：

（1）摆地摊 （2）搞装修/维修 （3）其他_____

4. 没有工作：

（1）暂时没有找到合适的 （2）年纪太大 （3）身体不好 （4）其他_____

5. 民营企业/单位：

（1）民办学校 （2）私人诊所 （3）其他_____

6. 公务员：

7. 居委会干部：

8. 事业单位：

（1）公立学校 （2）医院 （3）其他_____

B6. 您对象每月的收入大概有多少？

1. 500元以下　2. 500~830元　3. 830~1500元　4. 1500~2500元

5. 2500~5000元　6. 5000元以上

B7. 您家有哪些电器？

1. 电脑（　）台　2. 洗衣机（　）台　3. 手机（　）部

4. 电冰箱（　）台　5. 无　6. 其他_____

B8. 您家有哪些交通工具？

1. 汽车（　）辆　2. 摩托车（　）辆　3. 电动车（　）辆

4. 单车（　）辆　5. 三轮车（　）辆　6. 其他_____

B9. 您会以下哪几个方面的技能？

类别	会	不会	是否希望学习
B9a 做缝纫，裁剪衣服	1	2	1是（　）2否（　）
B9b 做手工，如刺绣、编织等	1	2	1是（　）2否（　）

续表

类别	会	不会	是否希望学习
B9c 做厨师	1	2	1 是（ ） 2 否（ ）
B9d 做家政，如做保姆、清洁	1	2	1 是（ ） 2 否（ ）
B9e 开车	1	2	1 是（ ） 2 否（ ）
B9f 做销售、推销	1	2	1 是（ ） 2 否（ ）
B9g 做生意，如卖服装、卖早点	1	2	1 是（ ） 2 否（ ）
B9h 搞理发、美容、美甲	1	2	1 是（ ） 2 否（ ）
B9i 按摩、足疗	1	2	1 是（ ） 2 否（ ）
B9j 打电脑	1	2	1 是（ ） 2 否（ ）
B9k 其他	1	2	1 是（ ） 2 否（ ）

B10. 您是否知道下面这些政策法规：

政策	知道	知道一点	不知道	评价			
				很有用	有点用	用处不大	根本没用
B10a 低保政策				1	2	3	4
B10b 小额担保贷款				1	2	3	4
B10c 妇女就业扶持贷款				1	2	3	4
B10d 临时困难救济办法				1	2	3	4
B10e 申请廉租房政策				1	2	3	4
B10f 申请购买经济适用房政策				1	2	3	4
B10g 大学生创业贷款				1	2	3	4

请列出您最关注的三项：
1. _____ 2. _____ 3. _____

B11. 在职业技能培训方面，您最希望得到政府在哪些方面的支持（可多选）？

1. 提供更多就业信息　2. 开设多一些培训班　3. 学费补贴
4. 生活费补贴　5. 培训后介绍工作　6. 有人帮忙照顾孩子
7. 其他_____

列举最主要的三条　第1：_____ 第2：_____ 第3：_____

B12. 如果您正在创业（做生意）或打算做，您觉得最需要在哪几个方面的支持（可多选）？

1. 小额贷款政策　2. 创业/职业技能的培训

3. 国家税收优惠政策如免税　4. 亲戚朋友的帮忙

5. 减免卫生管理费　6. 提供场地优惠

7. 其他_____

　　　列举最主要的三条　第1：_____　第2：_____　第3：_____

C. 居住情况

C1. 您目前居住的房屋情况是：

1. 住在自家房子　2. 住在亲戚家　3. 单位房

4. 买的商品房　5. 其他_____

C2. 您自家房是否出租给外来打工的人？

1. 是　2. 否，为什么：_____（选该项则跳至C5）

C3. 您家出租房子给几户人家？_____户

C4. 您最不愿意租房子给哪些人住？

1. 没有正当工作的人　2. 捡拾废品的家庭

3. 大学生　4. 不管什么人，只要想租的都可以

5. 其他_____

C5. 假如拆迁，您最担心的问题是（多选）：

1. 拆迁补偿问题　2. 拆迁安置问题　3. 拆迁后的就业问题

4. 回迁和邻居关系　5. 孩子的教育问题

6. 不与我们协商，直接就拆迁

　　　列举最主要的三条　第1：_____　第2：_____　第3：_____

D. 家庭关系

D1. 你们家一共几个人：_____人

D2. 和您现在住一起的有几个人？_____人

1. 丈夫　2. 孩子：___个　3. 公公　4. 婆婆　5. 父亲　6. 母亲

7. 男朋友　8. 女性朋友　9. 独居　10. 其他_____

D3. 您家里其他人住在哪里？

1. 老家　2. 昆明其他地方　3. 附近村子　4. 省外打工

D4. 您家里的老人谁来照顾？

1. 自己　2. 老公　3. 家里其他人　4. 老人自己照顾自己

D5. 您是否和孩子经常一起外出游玩（没孩子的不适用）？
1. 是，多长时间一次？_____次/月
2. 否

D6. 当家里需要做一些重要决定的时候，怎么处理？
1. 自己说了算　2. 老公/男朋友说了算　3. 和老公/男朋友一起商量
4. 家人一起商量　5. 父母（公公婆婆）说了算

D7. 您老公/男朋友会不会：

行为	会	不会
经常帮忙做饭、洗衣服	1	2
经常帮忙带孩子	1	2
经常和你一起聊天	1	2
经常买衣服送给你	1	2
承担家庭里绝大部分的开支	1	2
经常喝酒，耍酒疯	1	2
经常抽烟	1	2
经常买彩票	1	2
经常打麻将，打牌	1	2
经常夜不归宿	1	2
经常和您吵架	1	2
经常和别人闹矛盾	1	2

D8. 您有没有经常看到您邻居或亲戚吵架的情况？
1. 经常　2. 偶尔看到　3. 没有见到过

D9. 除了男人抽烟喝酒，在我们这，您有没有看到有女人抽烟和喝酒的？
1. 有，很多　2. 有，但不多　3. 基本没有

D10. 如果您被老公/男朋友打骂，您觉得应该怎么办（可多选）？
1. 跟他对着干　2. 忍气吞声，不告诉其他人
3. 冷战，不理他　4. 找公公婆婆、爸爸妈妈主持公道
5. 找亲戚朋友倾诉　6. 离家出走
7. 主动寻求妇联、邻居、派出所或居委会的帮助　8. 不知道怎么办
9. 其他_____

D11. 当您看到/听到有邻居妇女被老公打的情况，您会怎么办？

1. 劝说   2. 不好管，毕竟是人家家里的事   3. 打 110 报警

4. 向派出所求助   5. 向妇联求助   6. 其他_____

D12. 您觉得现在男人打女人，主要原因是什么？

1. 家里经济条件不好   2. 孩子学习成绩不好   3. 婆媳关系不好

4. 妯娌关系不好   5. 男的酗酒、赌博   6. 其他_____

D13. 平时在家里，您最关注下边的哪一项？

1. 希望孩子学习成绩好一点   2. 和孩子的关系好一点

3. 希望和老公（男朋友）少闹点矛盾   4. 希望和公公婆婆好好相处

5. 其他_____

D14. 在管教孩子方面，您希望得到哪些方面的帮助？

1. 社区成立教育辅导中心   2. 提供如何管教孩子的方法培训

3. 设立青少年活动中心   4. 设立社区图书馆   5. 多设几个连心中心

6. 其他_____

D15. 如果夫妻关系出现矛盾，您希望得到什么样的帮助？

1. 提供婚姻辅导   2. 出面调解   3. 婚姻法律咨询服务

4. 其他_____

E. 社区环境和治安状况

E1. 您认为，以下各种社区环境和治安问题的严重程度如何？

类型	很严重	比较严重	不太严重	不严重	没有该问题	不知道
E1a 水脏/下水道臭	1	2	3	4	5	6
E1b 空气不好	1	2	3	4	5	6
E1c 嘈杂	1	2	3	4	5	6
E1d 乱倒脏水	1	2	3	4	5	6
E1e 乱丢垃圾	1	2	3	4	5	6
E1f 小偷小摸	1	2	3	4	5	6
E1g 抢劫	1	2	3	4	5	6
E1h 交通拥堵	1	2	3	4	5	6
E1i 交通事故	1	2	3	4	5	6
E1j 随地大小便	1	2	3	4	5	6

续表

类型	很严重	比较严重	不太严重	不严重	没有该问题	不知道
E1k 狗咬人	1	2	3	4	5	6
E1l 妇女与女童被流氓欺负	1	2	3	4	5	6
E1m 毒品	1	2	3	4	5	6
E1n 卖淫嫖娼现象	1	2	3	4	5	6
E1o 艾滋病	1	2	3	4	5	6
E1p 火灾	1	2	3	4	5	6
E1q 触电	1	2	3	4	5	6
E1r 孩子溺水	1	2	3	4	5	6

E2. 您对社区里联防队和派出所维护社会治安方面是否满意？

1. 很满意 2. 满意 3. 没有意见 4. 不满意 5. 非常不满意

E3. 您是否听说过社区里有儿童走丢的情况？

1. 听说过，来源：

（1）自己经历 （2）在新闻上听说过 （3）认识的人经历过

2. 没有听说过

E4. 您觉得这些儿童走丢的原因是什么？

1. 迷路 2. 离家出走 3. 被拐骗 4. 意外事故

5. 其他_____

E5. 您有没有听说过社区里有妇女被骗到外地的情况？

1. 听说过，来源：

（1）自己经历 （2）在新闻上听说过 （3）认识的人经历过

您知道这些妇女被骗到外地干什么：_____

2. 没有听说过

E6. 当您知道社区里有儿童走丢的情况，您会怎么做？

1. 找派出所报警 2. 向居委会求助 3. 向妇联求助 4. 发寻人启事

5. 其他_____

E7. 您是否知道如何预防妇女/儿童被拐卖？

1. 知道：

（1）提高警惕，不要轻易相信陌生人 （2）不让孩子单独在社区里玩耍

（3）教孩子不要吃陌生人给的食物 （4）不让孩子辍学

（5）其他_____

2. 不知道

E8. 您是否知道/看到过政府出台打击预防拐卖妇女儿童的相关宣传/行动？

1. 知道：比如_____　　2. 不知道

E9. 您觉得要让这里的环境和社会治安变得更好，政府最应该怎么做（可多选）？

1. 居委会加强社区卫生和治安管理

2. 本地人与外地人共同参与创建卫生安全社区

3. 群众对社区卫生和治安状况进行监督

4. 社区多搞一些普及预防拐卖知识宣传活动

5. 其他_____

F. 基本社会服务

孩子教育方面（没有孩子的家庭不适用，跳至 F5）

F1. 您有孩子吗？

1. 有，_____个（几个在上学？_____个）　　2. 无

F2. 您的孩子在哪里上学？

	老大（年龄）	老二（年龄）	老三（年龄）	老四（年龄）
幼儿园				
云铜小学				
云铜中学				
昆明的其他小学				
昆明的其他中学				
其他				

F3. 家里是否有孩子辍学/不上学？

1. 有，原因是：1. 成绩不好　2. 孩子自己不想上　3. 找不到学校　4. 其他_____

您希望政府可以做些什么？

1. 提供资助上学　2. 提供职业技能培训　3. 提供就业机会

4. 没抱什么希望

2. 无

F4. 您愿意供孩子上学到什么程度？

1. 小学   2. 初中   3. 高中/中专   4. 大学及以上

5. 只要愿意上都供_____

医疗卫生方面

F5. 您最近几个月里有没有感觉到身体不舒服的地方？

1. 头疼   2. 胃痛   3. 肚子痛   4. 关节痛   5. 其他_____

F6. 您最近一年内有没有在医院做过健康检查？

1. 有   2. 没有

F7. 您是否有以下的疾病？

疾病类型	有	没有	疾病类型	有	没有
F7a 心脏病	1	2	F7g 肝病	1	2
F7b 中风	1	2	F7h 慢性支气管炎	1	2
F7c 糖尿病	1	2	F7i 肥胖	1	2
F7d 癌症	1	2	F7j 慢性妇科疾病	1	2
F7e 高血压	1	2	F7k 其他	1	2
F7f 胃病	1	2	请说明：		

F8. 您及您的家人生病时，一般会去哪里看病（可多选）？

1. 去比较正规的医院（或有营业执照的正规诊所）

2. 去附近（一般）的小诊所   3. 去药店买药吃

4. 什么也不做，忍着   5. 社区卫生服务站

6. 其他_____

F9. 您生孩子是在哪里接生的（不适用于未婚及已婚未生孩子的妇女）？

1. 在家里找人帮忙接生   2. 去附近的小诊所   3. 去正规医院

4. 其他_____

F10. 您对刚出生的孩子，最大的担忧是什么（不适用于未婚及已婚未生孩子的妇女）？

1. 孩子生病   2. 孩子营养不好

3. 吃到类似毒奶粉等不安全的食品   4. 其他

F11. 在看病方面，您觉得最大的困难是什么（可多选）？

1. 正规及大医院比较少，费用比较高　2. 没有医疗保险

3. 担心大病承担不起医疗费用　4. 其他_____

F12. 您有没有听说过有人在附近诊所看病出现医疗事故的情况？

1. 听说过，来源：

（1）自己经历　（2）是在新闻上听说过　（3）认识的人经历过

2. 没有听说过

F13. 当家人或者亲戚朋友遇到大病的时候会怎么办？

1. 千方百计筹钱医治　2. 没有费用，只能拖着

3. 获得好心人或政府的帮助　4. 其他_____

F14. 您是通过什么渠道了解到比如卫生保健、疾病预防、免费疫苗接种、免费体检等方面的知识和信息的？

1. 相关部门的宣传　2. 电视　3. 报刊媒体

4. 很少有了解到　5. 其他_____

F15. 您知道哪些国家针对妇女的医疗政策（可多选）？

1. 免费接种疫苗　2. 免费白内障手术　3. 免费妇科检查

4. 免费婚检　5. 免费结扎/上环　6. 异地就医医保报销

7. 其他_____

F16. 您希望国家在医疗政策方面有哪些改进？

1. 整治/规范社区小诊所　2. 减免医疗费用

3. 紧急情况减免救助医疗费政策　4. 减少异地就医医保报销限制

5. 社区多开展免费义诊活动　6. 其他_____

休闲娱乐方面

F17. 您空闲时间，喜欢做些什么（可多选）？

1. 看电视　2. 打牌/打麻将　3. 散步　4. 聊天　5. 做手工

6. 旅行　7. 跳舞/唱歌　8. 看书看报纸　9. 其他_____

F18. 您对现在的工作和业余时间的安排是否满意？

1. 非常满意　2. 满意　3. 说不清　4. 不太满意　5. 非常不满意

F19. 在王家桥社区，您平时会带着孩子到哪里玩（不适用于没有孩子的妇女）？

1. 社区小花园　2. 云冶生活区　3. 连心中心　4. 去市场逛逛

5. 羊仙坡　6. 爬山　7. 散步　8. 找朋友打牌玩麻将

9. 找朋友/老乡一起聊聊天　10. 老年活动中心　11. 其他_____

F20. 您觉得社区里可供您和家人休闲娱乐的地方够不够多？

1. 够　2. 还行　3. 很缺乏　4. 根本就没有玩的地方

F21. 您希望社区在公共活动场所方面有哪些改进？

1. 多建一些公共活动场地　2. 多一些健身活动设施

3. 多一些树和绿地　4. 多建儿童游乐设施

5. 社区妇女活动中心　6. 其他＿＿＿＿＿＿

F22. 您希望政府在社区开展什么样的文化娱乐活动？

1. 文化学习　2. 社区运动会　3. 社区文艺晚会　4. 社区免费放电影

5. 组织外出游玩活动　6. 舞蹈学习　7. 健康棋牌活动

8. 其他：＿＿＿＿＿＿

G. 多元化及社区融合

G1. 您觉得在我们居住的社区，本地人与外地人相处情况怎么样？

1. 比较友好　2. 一般　3. 互不相干，很少有交往

4. 不想与他们交往，为什么？＿＿＿＿＿＿

G2. 您和社区里外地来的少数民族的关系怎么样？

1. 比较友好　2. 一般　3. 互不相干，很少有交往

4. 不喜欢交往，为什么？＿＿＿＿＿＿

G3. 您是否和社区里的外地妇女相处？

1. 是（可多选）

（1）聊天　（2）打麻将　（3）互帮互助　（4）一起做手工

（5）一起做生意　（6）一起玩　（7）其他＿＿＿＿＿＿

2. 否

G4. 您的孩子是否与外地来的孩子一起玩？

1. 是　2. 否

G5. 您觉得外地来的妇女怎么样？

1. 很能吃苦耐劳　2. 很会做生意　3. 与人也比较和善

4. 不讲卫生，乱扔垃圾　5. 生的孩子多　6. 偷盗行为比较严重

7. 有一些不好的习惯　8. 男的喝酒厉害　9. 家庭矛盾比较多

G6. 您是否愿意（您的孩子）与外地男孩子谈对象？

1. 愿意　2. 不愿意　3. 无所谓

G7. 您是否愿意（您的孩子）与少数民族的男孩子谈对象？

1. 愿意   2. 不愿意   3. 无所谓

G8. 您知道你们有哪些传统文化？

1. 舞蹈   2. 刺绣及其他手工艺   3. 音乐   4. 民族风俗习惯   5. 语言

6. 其他_____   以上这些，您会哪样？_____

G9. 您会不会担心您的孩子以后不知道自己的民族语言和风俗习惯？

1. 很担心   2. 担心   3. 不担心   4. 无所谓

G10. 如果有机会，您是否愿意学习自己民族传统文化的东西，如花灯、舞蹈、音乐、手工艺等？

1. 非常愿意   2. 愿意   3. 无所谓   4. 不愿意   5. 非常不愿意

G11. 如果您会，您是否愿意教其他人学习民族传统文化的东西？

1. 非常愿意   2. 愿意   3. 无所谓   4. 不愿意   5. 非常不愿意

G12. 在文化活动方面，您希望政府提供哪些方面的支持？

1. 提供活动的场地   2. 参加社区举办的各种文化活动

3. 提供展示本社区各民族风采的机会   4. 提供各民族文化培训活动

5. 其他_____

H. 人生态度与社会观念

H1. 以下一些说法，您是否同意

	很不同意	不同意	说不清	同意	很同意
H1a 和别人相比，我有自己的长处	1	2	3	4	5
H1b 和朋友在一起，有陌生人在场我很不习惯	1	2	3	4	5
H1c 当家庭遇到困难时，很容易获得亲戚朋友的帮助	1	2	3	4	5
H1d 当我遇到困难时，首先想到要向亲戚好友寻求帮助	1	2	3	4	5
H1e 我的人际交往能力很强	1	2	3	4	5
H1f 除了亲戚外，在这里有3个以上的外地朋友	1	2	3	4	5
H1g 我愿意与不同地方的人、不同民族的人成为朋友	1	2	3	4	5
H1h 社区卫生、治安、修路以及拆迁，是政府的事，和我无关	1	2	3	4	5
H1i 我很喜欢和其他人谈论最近发生的社区里的事情	1	2	3	4	5

续表

	很不同意	不同意	说不清	同意	很同意
H1j 妇女就得依靠男人	1	2	3	4	5
H1k 妇女养育子女，男人挣钱养家	1	2	3	4	5
H1l 男人绝对不能够打女人	1	2	3	4	5
H1m 女人被男人打是家里的事情，不能让别人知道	1	2	3	4	5

H2. 对下列人和组织，您的信任程度

	完全信任	比较信任	说不清	不太信任	根本不可信
H2a 社会上大多数人	1	2	3	4	5
H2b 家人	1	2	3	4	5
H2c 朋友	1	2	3	4	5
H2d 邻居	1	2	3	4	5
H2e 妇联、街道办、居委会等	1	2	3	4	5
H2f 地方法院	1	2	3	4	5
H2g 地方派出所	1	2	3	4	5
H2h 社会团体，如老年协会等	1	2	3	4	5
H2i 云南连心中心	1	2	3	4	5
H2j 医院	1	2	3	4	5
H2k 学校	1	2	3	4	5

H3. 您觉得自己近几天的心情怎样（可多选）：

1. 高兴　2. 充实　3. 幸福　4. 孤独　5. 沉重　6. 烦躁　7. 无聊

H4. 您认为自己心情不好的原因有哪些（可多选）：

1. 经济方面　2. 家庭方面　3. 人际关系方面　4. 社区环境方面

5. 住房　6. 其他_____

H5. 您对自己现在生活的满意程度：

1. 很满意　2. 满意　3. 说不清　4. 不满意　5. 很不满意

H6. 您认为您家的生活水平在今后一两年内将会有何变化？

1. 有所改善　2. 有所下降　3. 没有变化　4. 说不清楚

H7. 对您而言，觉得自己是否属于联家社区的一分子重不重要？

1. 非常重要　2. 重要　3. 无所谓　4. 不重要　5. 非常不重要

H8. 假如社区里有公益活动，您是否愿意参加？

	愿意	不愿意	看情况
H8a 社区绿化	1	2	3
H8b 社区清洁卫生	1	2	3
H8c 帮助有困难的人	1	2	3
H8d 捐款捐物	1	2	3
H8e 帮忙其他人照顾孩子	1	2	3
H8f 帮忙照顾老人	1	2	3

H9. 未来一两年，您觉得这里会变得怎么样？

	更坏	没有变化	更好
H9a 安全	1	2	3
H9b 整洁方面	1	2	3
H9c 交通方面	1	2	3
H9d 生活设施	1	2	3

H10. 未来一两年，您觉得以下几个方面会怎么样：

	很不同意	不同意	同意	很同意
H10a 就业机会会更多	1	2	3	4
H10b 收入增加	1	2	3	4
H10c 工作环境改善	1	2	3	4
H10d 生活压力减小	1	2	3	4
H10e 家人关系变好	1	2	3	4
H10f 生活更加幸福	1	2	3	4
H10g 前途更加有希望	1	2	3	4

我们的访谈已经结束，非常感谢您的参与！我们在后期可能还会有一些深入访谈和焦点访谈活动，请问您是否有意向参加？

1. 是　姓名：_____　联系电话：_____
2. 否

I. 访问员填写部分

此部分由访问员在调查完成、离开被访者家后填写。

该被访问者为哪一个分类？

无业已婚有孩妇女	正规/非正规就业已婚妇女	老年妇女	未婚青年	残疾弱势人群	儿童青少年（12~16岁）	少数民族妇女

I1. 被访者合作程度如何？

1. 很合作　2. 合作　3. 不合作　4. 很不合作

I2. 您认为这份问卷所得的可靠程度如何？

1. 很可靠　2. 可靠　3. 不可靠　4. 很不可靠

I3. 访问时是否会因为其他人在场影响到了访问的可信度？

1. 有，具体是什么：_____

2. 无

I4. 访问员是否观察到被访问者其他方面的情况？诸如精神状况、是否有伤痕等。

_____

I5. 访问具体地址：_____ 街道/院/村_____号

房东姓名：_____　电话：_____

云南省职业学校青少年就业困境及对策研究*

一 研究背景

职业教育是我国国民教育不可或缺的一部分。近年来，我国职业教育发展迅速，职业学校以及在校生的数量都有了很大的提升。在《2012年中国中等职业学校学生发展与就业报告》（以下简称《报告》）中指出，截止到2011年，我国共有13093所中等职业学校，在校生共有2205.33万人；1280所高等职业学校，在校生共有958.85万人。[①] 以云南省为例，截止到2012年，全省共有397所职业学校，在校人数从2005年的32.52万人增加到2010年的66.87万人，[②] 足可见职业教育发展之迅速。目前我国职业学校毕业生遍布各大产业的第一生产线，是国民生产技术力量的主力军，在促进我国经济及社会发展方面起到重大的作用。

然而，与数量众多的职业学校、庞大的职业学校青少年群体的情况相矛盾的是，职业教育向来被称作"弱势群体的教育"，即进入职业学校就读的青少年们，是中考及高考教育分流的"失败者"，他们中的大部分是非自愿选择职业学校的；他们普遍文化基础薄弱，综合素质偏低，虽数量庞大，却是社会上备受忽略与轻视的群体。在教育资源上处于弱势的职业学校青少年，大部分的家庭社会经济地位也处于弱势地位。据有关数据显示，70%的职业学校在校生来自中西部地区，[③] 82%以上来自农村或城市中低收入家庭，[④] 家庭社会经济地位偏低。

---

* 本文为儿童乐益会青少年潜力开发项目成果。
① 《2012年中国中等职业学校学生发展与就业报告》。
② 刘海君：《云南省中等职业教育的调查分析》，《职业教育》2011年第7期。
③ 数据来源：中等职业学校学生信息管理系统。
④ 张社宇：《职业学校学生发展困境的实证调查》，《河南科技学院学报》2010年第8期。

大部分青少年在初中毕业后就进入职业学校就读，年纪都比较小。与普通高中学生不同，教育资源上处于弱势、年龄尚小的职业学校青少年，进入以就业为导向的职业学校，除了要应对新的生活、学习环境的挑战以及该阶段成长过程中的困惑与迷茫外，还面临即将到来的就业压力。职业学校青少年中普遍存在一些行为问题，诸如吸烟、饮酒、赌博、网瘾等，以及不同的心理问题，诸如厌学、自卑，甚至自杀等自我伤害行为。[1] 而就就业情况而言，职业学校毕业生的就业率一直在95%以上，[2] 然而与居高不下的就业率呈鲜明对比的是频繁流动的职业学校毕业生、就业质量差的社会现实。无论是在学习上、成长过程中，还是面临就业，职业学校青少年都面临严峻的挑战。

青少年社会工作是社会工作重要的工作范畴之一，是基于青少年成长及发展规律，结合社会工作的理念及理论，运用社会工作的方法及技巧，从而发掘青少年的潜能，促进其健康发展、适应社会生活的职业活动。[3] 近年来，我国大力推动社会工作的开展及在各个社会领域的应用，职业学校青少年对于社会工作服务的需求，特别是他们在成长过程中遇到的问题及障碍，以及在就业时面对的困难与挑战，应引起我们的重视。

目前，国内针对职业学校青少年普遍面临的困境与挑战的研究及综述，无论是关于个人生活或学习的，还是就业方面的，大部分仍从职业学校教师的视角进行，甚少以社会工作的角度进行研究的。针对职业学校青少年所面临的普遍性困境，特别是青春期知识、性教育、理财以及职业规划生涯方面的困难与挑战，儿童乐益会"加油，青春"计划是目前国内为数不多的以社会工作介入方式进行职业学校青少年服务的项目。2014年，儿童乐益会与云南技师学院合作，以云南技师学院作为项目实施方，执行儿童乐益会"加油，青春"青少年潜力开发项目。为更好地了解云南职业学校青少年普遍面临的困境，特别是他们在就业方面的困惑、障碍以及需求，本研究以这个项目为契机，采用行动研究与问卷调查的方法，综合国内外相关资料，探索职业学校青少年就业所面临的困境及其背后的原因，结合

---

[1] 潘茜、李明川等：《成都市职业学校学生健康危险行为调查》，《职业卫生与病伤》2009年第10期。
[2] 《2012年中国中等职业学校学生发展与就业报告》。
[3] 陆士桢：《儿童青少年社会工作》，高等教育出版社，2008。

儿童乐益会在云南、重庆及其他机构同类项目的经验，对职业学校青少年就业困境及其相关介入方法进行总结，为职业学校青少年就业困境的社会工作介入策略和方法提供依据，并提出针对性的对策建议。

二 研究方法

本研究采取行动研究及问卷调查的方法。行动研究是质性研究方法之一，是"对社会情境的研究，是从改善社会情境中行动质量的角度来进行研究的一种研究取向"[①]。行动研究提倡被研究者是研究的主体，通过参与到研究当中，将研究的发现用于改变或解决研究问题的现状。[②]

在整理分析参与式观察资料及焦点小组访谈分析资料后，调研组得到了关于职业学校青少年的背景情况、普遍面对的困境、就业方面的挑战等资料。为进一步了解这些发现在云南职业学校青少年中的普遍程度，调研组依据参与式观察及焦点小组访谈的分析结果，制定出《关于云南职业学校青少年就业问题调查问卷》。

（一）资料收集方法

行动研究的资料收集方法为焦点小组访谈以及参与式观察。参与式观察以研究人员日常访点过程的记录、总结及反思形成的文字资料为主。焦点小组访谈采取目的性抽样方法，抽样的标准是：学生为即将进行毕业实习的二年级的学生；老师为从事班主任工作1年以上或直接从事就业指导工作的老师。焦点小组访谈分别在云南技师学院安宁总校以及泸西分校进行，共进行4次焦点小组访谈，对象分别为老师及学生，共有18名学生及10名老师参与。焦点小组访谈采取以下访谈提纲：

学生及老师：
（1）在进入学校学习后，在个人生活上、学习上或是其他方面遇

---

① Elliot. J., *Action Research for Education Change*, Milton Keynes & Philadelphia: Open University Press, 1991.
② 陈向明：《质的研究方法与社会科学研究》，教育科学出版社，2000。

到怎么样的挑战及困难？

(2) 这些挑战及困难存在的原因是什么呢？

(3) 即将踏入社会，在就业方面遇到什么样的挑战及困难呢？

(4) 这些挑战及困难存在的原因是什么呢？

(5) 个人是如何应对这些挑战的？（仅对学生）

(6) 学校及社会有哪些资源可以帮助应对这些挑战与困难呢？

每个焦点小组由两位研究人员负责：一位负责主持小组，另一位负责录音、记录及观察。在得到焦点小组成员的允许后，研究人员对焦点小组访谈进行录音。

问卷由云南省技师学院的教师在毕业班级发放，共发放问卷 300 份，共收回问卷 296 份，有效问卷 250 份。

（二）资料分析方法

质性资料采取类属分析方法。类属分析是指在进行资料分析时，"反复寻找出现的现象以及可以接受这些现象的重要概念的一个过程"。[1] 在反复阅读资料的过程中，通过不停地比较，最后进行归类命名。

三 资料分析结果

根据质性资料分析发现，调研组得出了四个类属的主题，综合参与式观察及问卷调查的结果，下面就其中部分类属进行详细的阐述及分析。

（一）云南职业学校青少年背景情况

根据调查数据显示，进行本研究的两所云南职业学校的青少年中 95.2% 以上为农村户籍，2.8% 为城镇户籍，年龄在 15~20 岁。数据大致上同 2012 年的全国报告情况相同，而云南省较为独特的情况是：云南省是我国典型的多民族边疆省，全省共 25 个少数民族，人口占云南省总人口的 33.4%。[2]

---

[1] 陈向明：《质的研究方法与社会科学研究》，教育科学出版社，2000，第 290 页。

[2] 云南省人民政府门户网"人口与民族"，http://www.yn.gov.cn/yn_yngk/yn_sqgm/201111/t20111107_1896.html。

少数民族生源占总生源数量的23%；① 因其地理及历史等方面的因素，相对于东南部沿海地区，云南省经济及社会发展较为落后，也是外出务工人员（包括省际和省内流动）较多的省份之一。

（二）云南省职业学校青少年普遍面临的困难及原因分析

进入职业学校学习后，职业学校青少年面临升学教育到职业教育的教育模式转变。一方面，职业学校青少年是初中或高中毕业进入职业学校学习的，面对新的环境及新的教育方法，他们面临生活上及学习上的困难及挑战；另一方面，他们在行为及心理上存在一些问题，具体分析如下。

1. 学习上的困难

调研组在两类焦点小组的访谈中发现，专业学习上的困难是职业学校青少年普遍存在的难题。

> ……我们有一些学生，26个英文字母都记不全……他们或许觉得你改变上课方式很有意思，但是有一些东西他们就是不会……（刘老师）

> 我高中的时候学的是文科……到学校不得已选了制药技术这门课，它可以说一个理科性的，很多化学公式啊根本就不懂……（学生小天）

造成职业学校青少年学习困难的原因是多方面的。一方面是大部分学生是教育分流中被刷下来的，而有相当一部分学生是初中尚未毕业，因家长不希望其"在外面学坏"，被送到职业学校学习的。近年来由于大学扩招，职业学校生源紧缺，招生的门槛降低，对于生源的文化基础要求放宽。相对于普高学生，这一部分学生文化基础薄弱，学习能力较差。另一方面，与循序渐进式的普通升学教育相比，职业教育的特点是专业性强，课程强度大、进度快，要求动手能力强，学科实践性强。② 进入职业学校后，教育方式发生转变，直接进入较为深奥的专业课学习，对于基础本来就比较差的学生来说非常吃力。

---

① 刘海君：《云南省中等职业教育的调查分析》，《职业教育》2011年第7期。
② 李晓静：《职业学校"问题学生"的成因及教育转化研究》，《广西职业技术学院学报》2008年第6期。

2. 厌学情绪

厌学情绪的外在表现各有不同,严重程度不一,原因各异且情况错综复杂。

一部分是虽然学习上不存在困难,但学生自诉不想学的。这部分学生,如其中一位老师形容道:

> ……我们的学生进来之后,就是成绩相对比较好的,他/她都会有一个厌学的情绪……那么99%是对学习没有兴趣的……就像我们班,我们班有24个人,只有真正一两个,两三个他/她是在学的,他/她也会告诉,其实老师我是没有学习情绪的……(陈老师)

这部分学生厌学的原因大致有两种:一是原来学习兴趣的耗竭,特别是临毕业的学生,这些学生认为学校专业设置跟不上社会发展,所教授知识陈旧,觉得对将来就业的帮助不大,也就提不起学习的兴趣,缺乏学习的动机;二是职业学校本身对于学习成绩要求不严,几乎不会因为学习成绩而影响到毕业证的发放,成绩好坏一个样,因此学生的学习缺乏激励及动力。

另一部分学生是因为进入职业学校后,未能进入自己喜欢的专业学习,而不得不选择别的并非自己喜欢的专业,学习上缺乏动力:

> ……我原本想念的幼师专业,到学校之后才发现要到泸西分校才有这个专业,不得已我选了现在的专业……(学生小喵)

这部分学生不喜欢自己的专业,但是觉得转专业耗不起时间,久而久之就容易产生厌学情绪。

还有一部分学生在进入学校前,以为自己即将进入大学学习,进入学校后才发现自己进的只是职业学校,期待的落空、心理的落差,以及对于职业学校的不认同、看不起,再加上职业学校对学生管理较为严格,造成厌学及抵触情绪的产生。

较为严重的一种厌学的学生,是老师们口中的"麻木型"或是"破罐子破摔型"。这部分学生在学校里不愿学习、纪律松散、得过且过,更有甚者自暴自弃,干扰正常教学活动,是老师眼中的"问题学生"。这部分学生厌学情绪成因较为复杂,其中牵涉到学生的原生家庭的影响、自小生活的环境,以及授课老师的原因。李晓静认为,家庭教育以及家庭背景对于"问题学生"的形成影响甚大,尤其是压制式的家庭教育及其产生的教育后果。[①] 长期处于失败受挫的境地也容易使学生产生自暴自弃的心理:

>……他们从小学开始,从入学开始,就在一片骂声中长大……可能是教育淘汰,不断失败,破罐子破摔。(黄老师)

这部分青少年长期在学习上受挫,无法从学习中获得快乐和找到自我价值,从而对学习失去兴趣,产生厌学情绪。也有老师认为,不能只归咎于学生,授课老师的能力也有影响,能否充分激发学生的学习兴趣也是其中原因。

3. 行为及心理问题

研究发现,在两所职业学校的青少年当中也存在行为及心理问题。行为问题主要体现在因恋爱纠纷或是同学口角引起的打架斗殴、故意破坏课堂教学方面;而心理问题则突出地表现在学生因自小缺乏关爱而呈现的一些渴望老师及同学关注的行为:一些学生曾是留守儿童或是来自单亲家庭,自小缺乏关爱,从而渴望被关注。

职业学校青少年年龄在 15~20 岁,正处于青春发育期。这个阶段职业学校青少年呈现的所谓"社会问题",从系统理论的角度分析,并非完全由青少年本身所造成的,家庭、朋友、学校、社会环境都有可能造成青少年社会问题的出现。从儿童期转向成人期的过渡阶段,敏感、多变、叛逆以及创新是青少年时期的主要特征[②];他们的外表虽具成人感,但心理发育远未成熟,容易冲动,易受他人影响,抗逆力低。这些青少年发育内在因素以及外在因素诸如家庭教育、亲子关系、学校的教育环境与方式、社会主流文化,对于青少年思想行为的影响很大。

综上所述,职业学校青少年较为普遍存在的困难主要是与学习相关的,厌学的情况也比较严重,部分青少年存在行为及心理问题。这些问题的形

---

① 李晓静:《职业学校"问题学生"的成因及教育转化研究》,《广西职业技术学院学报》2008 年第 6 期。
② 陆士桢、王玥:《青少年社会工作》,社会科学文献出版社,2005。

成,一方面是由于青少年自身的因素,如本来的学习基础差以及主动学习能力有待提升;另一方面是处于人生过渡阶段的青少年期,确实有着因其自身发展的特征而呈现外在的一些"问题",如叛逆、追求自由、标新立异等,但青少年成长的环境因素如家庭、学校的影响也不容忽视。对于这些"问题",我们应具体问题具体分析,了解其形成的原因,反思作为教育者、社会工作者及研究者,甚至全社会,如何建构所谓职业学校青少年"社会问题",避免给他们贴上"标签",这有助于教育工作者及社会工作者设计服务项目或是介入方法,以便协助/陪伴职业学校青少年顺利度过青春期的过渡阶段,坦然面对该阶段的困惑、迷茫以及准备好进入就业阶段。

(三)职业学校青少年就业困境及原因分析

焦点小组访谈资料分析及问卷调查结果表明,职业学校青少年就业方面存在的困难及挑战是普遍的,这些困难与挑战主要有外部方面的因素使然,也有青少年自身的因素。

1. 外部因素造成的困境

被"标签化"的职业学校学生。职业学校毕业生是我国现代化建设产业大军中的技能人才队伍中的主力军,在推动我国制造业发展、促进城市化进程及农村经济发展中起到重要的作用。然而,具有讽刺意味的是,人们对于职业学校学生的印象或看法大多是"只有差生才到职业学校念书""职校学生素质差"等诸如此类的偏见。这些偏见,久而久之,已经内化到学生及老师对于职业学校的认知上,这种内化在老师及学生的观念中起到这样一种影响:对于老师,先入为主地认为职业学校是"挽救社会边缘人群";对于学生,就读于职业学校让他们感到自卑,觉得自己不如大学生,前途暗淡。

社会对于职业教育偏见的建构,虽有其事实形成的基础——以技能培训、培养一线生产技术力量为导向的职业教育,意味其对于生源的文化基础要求较为宽松,职业学校毕业生大都在各种产业的一线工作,从事的是基层的工作,但是一概而论、以偏概全,不就学生的能力论事的话,对于职业学校青少年是不公平的。升学失利的职业学校青少年,或多或少地有着自卑的心理,而外界对于他们的偏见,一方面在就业市场中造成不利的影响,另一方面也会使得他们更加缺乏自信心。

来自用人单位的压力。来自用人单位的压力主要有两种情况,一是重学历、轻能力的社会环境。在传统观念中，人们认为学历是与人的能力直接相关的，即学历越高，能力越强，而学历也成为能否获得好的工作机会及升职机会的关键。重学历、轻能力是功利学历教育的产品，具体体现在用人单位在招聘时过分追求高学历而轻视员工实际工作能力或是要求其在岗员工继续追求高学历。[①] 对职业学校青少年而言，重学历、轻能力具体表现在竞争同一岗位的时候，企业会优先考虑学历较高的群体，或者企业会将有更好发展前景的岗位留给学历更高的群体。职业学校学生虽学历层次较低，但职业教育更着重学生的专业实践及动手能力的培养，学历低不一定代表能力低，然而在面对来自更高学历群体的竞争压力时，在过度看重学历的社会环境中，职业学校的学历在社会招聘中不具有优势，无论是获取工作机会还是晋升机会，职业学校青少年都处于不利的位置。

二是用人单位对于学生的要求也越来越严格。除了要求高学历，用人单位更多关注学生的工作态度、沟通能力、实践能力以及能否吃苦耐劳。与上述重学历、轻能力的社会环境不同的是，在对职业学校的招聘当中，用人单位对于学生能力及态度的高要求，是因为在目前就业竞争激烈的环境下，用人单位有更多的选择空间，自然要求更为优秀的员工。这虽使学生感到压力，但同时也是一个能使学生表现自己实力的契机。对于这方面的压力，教育者或学校社会工作者需加以引导，发挥学生的潜能。

2. 与职业青少年自身相关的困境

自我定位不明确。自我定位不明确在职业学校青少年中的第一种表现是对未来缺乏规划，对于毕业之后要从事何种工作并不清楚。这部分学生一方面是因为对自己及专业都缺乏信心，对自我认识不够深入，专业学习也不尽如人意;[②] 另一方面，来自困境家庭的青少年，因家庭环境及教育的问题，长期在生活及学习上受挫，面临毕业时更是迷茫，不清楚未来的走向。

> ……（来自困境家庭）这部分孩子他对自己的定位是很困难的，因为他从小生活在那个环境里面，然后不断在学习上受挫折、生活上受挫折，然后特别到最后毕业，都觉得困难，到找工作，也不知道要

---

① 徐俊华：《功利的学历教育思想产生的根源及危害》，《教育评论》2002 年第 6 期。
② 吴雪琴：《职业学校就业心态及就业对策研究》，《职业论坛》2008 年第 20 期。

找什么工作……（邓老师）

第二种表现是职业学校毕业生对于就业期望值过高，缺乏长远的个人发展的规划，从而出现哪里的薪水比较高就去哪里的频繁跳槽、流动性强的现象。与调研组访谈发现相似的是，一项职业学校学生就业价值观的调查数据显示，36.8%的学生把工资福利作为择业的首要考虑条件，[1] 凸显了目前职业学校毕业生的自我规划过度追求经济效益而忽视个人发展的现象。

第三种自我定位不明确的表现是眼高手低，不能根据自己的实际情况来选择适合自己的工作，向往体面的工作，轻视条件较差的工作，对工作也缺乏坚持性及吃苦耐劳的精神，跳槽频繁。

还有部分学生自我意识不足，主动性欠缺。这一部分学生是老师们口中的"中间层""随流型"学生。他们中的大部分从小就按照父母、老师的安排和要求，按部就班地生活学习，缺乏开拓及创新的精神，自我意识不强烈，对于将来自己要做什么，更多是听从家长或是老师的安排。而对于学习或是工作中出现的问题，习惯抱怨而不主动寻求解决的办法，也缺乏自省及反思的能力。

……他家庭对他管得太多了……放不开手，他知道自己要干什么，他就按部就班地做，不知道去开拓……这部分孩子是毕业之后就业指导最难搞的，就是难度最大的……（曾老师）

就职业学校青少年自身的一些因素而言，无论是对于将来的自我定位不足，还是自我意识欠缺，这些表面看似由于青少年自身主观因素造成的困难，从青少年发展心理学的角度来分析，除了青少年身心发展的主观性因素影响外，家庭、学校以及社会文化环境因素都在其中起到作用。埃里克森认为，处于青少年期的青少年面临自我同一性确立的课题，即青少年对于诸如理想、职业、价值观等重大人生命题的思考与选择，他们对自身及个体有着足够的了解并能有机整合自我的过去、现在及将来，思考未来

---

[1] 王宇森：《中等职业学校学生就业特点及就业教育》，《出国与就业》2012年第12期。

的发展方向。① 这一课题能否顺利确立，是受青少年的主观因素、家庭因素、教育环境以及社会文化环境影响的。② 首先是处于个体过渡阶段的青少年，具有生理发育迅速，心理发展缓慢，身心发展不平衡的特征。青少年具有心理上的成人感，但在认知能力、思维方式以及人格特点上尚未发育成熟，思维方式仍具有表面性及片面性，生活经验及社会经验缺乏、意志力缺乏、缺少吃苦耐劳的精神。③ 基于此，职业学校青少年在就业时呈现自我定位不明确、自我意识不强等特征，这是与青少年阶段其身心发展的一些特征相关的。

然而，青少年身心发展的特征不能单独解释职业学校青少年在就业时所面临的一些困惑和迷茫。从生态系统理论的角度来看，青少年的发展是他们与环境的不同层面相互交换、相互作用的过程。④ 首先是家庭因素的影响。就家庭对于青少年自我同一性的确立的影响，有学者认为，权威型或是过于严厉的家庭，或是事事替孩子做好安排的父母，都不利于青少年完成自我认识、探索自我发展的任务；相反会造成所谓"同一性早期完成"或"同一性扩散"⑤的情况：早期完成是指在青少年的重大的决定、价值观及人生观当中，更多反映的是权威人物的愿望，青少年缺失自我思索的能力，自我确定的可能性被阻断；而同一性扩散，即青少年长期未能达到自我同一性的确定，无法发现自我，具体的体现是青少年对于未来缺乏希望，消极过日，处于散漫的状态。⑥

学校教育环境以及外界的社会环境对于青少年自我探索发现、自我确定之路也有很大的影响。学校的教育方式是否有助于青少年的自我发展之路，是否限制个性空间的发展、个人独立思考的能力的提升，以及青少年对于学校有没有归属感，这些因素在分析青少年问题时应当被列入考虑的范围。此外，大的社会环境，包括社会的主流文化、成年人榜样以及民主

---

① 埃里克·H. 埃里克森：《同一性：青少年与危机》，孙名之译，浙江教育出版社，1998。
② 张日：《青少年的发展课题与自我同一性——自我同一性的形成及影响因素》，《河北大学学报》2001年第1期。
③ 林崇德：《发展心理学》，人民教育出版社，2009。
④ 王思斌：《社会工作综合能力》，中国社会出版社，2007。
⑤ J. E. Marcia, Waterman A. S., Matteson D. R., et al., *Ego Identity: the Handbook of Psychosocial Research*, New York: Open University Press, 1993.
⑥ 张日：《青少年的发展课题与自我同一性——自我同一性的形成及影响因素》，《河北大学学报》2001年第1期。

氛围对于青少年的思想意识及价值导向的形成与塑造也影响重大。①

职业学校青少年的自我同一性的确立非本文的研究方向，但该理论有助于我们理解从研究中发现的职业学校青少年在日常生活、学习或是就业时面对的一些困难、挑战或是障碍，这其实是多方面因素——青少年自身、家庭、学校、社会共同作用、共同影响的后果，是他们在探索人生道路、自我角色确定的途中发出的信号——教育工作者及社会工作者的觉察及适时、适当的介入是必不可少的。同样，这也提示了在应对职业学校青少年问题时，对于学校教育者或是社会工作者来说，青少年的生活环境要列入考虑与干预的范围。

此外，还有人际交往、沟通能力方面的障碍。这方面的障碍在职业学校青少年当中也是非常普遍的，具体体现在进入学校这个新的环境的时候，不知道如何去跟同学交往相处；在平时学习生活中，因沟通不良与同学发生争执；在就业求职面试时不善于表达自己，害羞胆怯，缺乏自信心；在实习或是工作时不愿意与同事及领导沟通，难以正确表达自己，从而影响其工作。

> ……我在我们班是做副班长的……有时候我在讲台上说话，下面的同学不听，我一本书就扔过去了……（学生小李）

> ……他们在就业的时候，比如说他们去面试。他的表达能力很差，有可能他在面试的时候，说话声音小，可能他说出来的话，可能会词不达意，未必让评委就说……可能他能力很强，但是在表达方面很欠缺的话，就会被PASS掉。（吴老师）

青少年在沟通能力、表达能力方面的障碍，其影响的因素是多方面的。首先是以青少年时期身心发展的特征来看，此阶段青少年的心理常处于矛盾的状态——有时候青少年表现得非常勇敢，但在其他情况下，如在公共场合中表现为害羞胆怯，这一情况其实是与这一阶段青少年所特有的心理特征以及青少年社会经验的欠缺密切相关的。② 其次是青少年的家庭因素影响，其中

---

① 张日：《青少年的发展课题与自我同一性——自我同一性的形成及影响因素》，《河北大学学报》2001年第1期。
② 林崇德：《发展心理学》，人民教育出版社，2009。

包括亲子关系的质量。父母与子女间的关爱、情感交流及沟通的质量,影响着孩子的社会化过程及各种社会人际关系的发展。调研组在访谈中了解到,在项目研究中的两所学校,其中有相当一部分学生曾为留守儿童。云南省为贫困省,省内流动的农民工数量高达760万人,留守儿童的数量有100余万人,其中云南留守儿童具有留守时间早、与父母联系少、见面难的特点。[①] 长期父母角色的缺位、亲情的缺失,使儿童在价值观形成、基本知识获得的成长过程中无法得到父母的指导,由此导致的亲子关系的疏离不利于儿童的社会化的发展过程,对其社会人际关系的发展也有一定的不利影响。

(四)职业学校青少年的努力

调研组在两所学校分别进行的两个学生焦点小组讨论中发现,在意识到自己某方面的不足后,学生会有意识地去提高这些方面的不足:为了积累社会经验而在假期外出打工;为锻炼自己的胆量及表达能力,参选学生会的职位;面对自己不喜欢的专业,没有自暴自弃、得过且过,而是能根据自己的喜好及对未来的规划,利用假期的时间学习相关的知识;在面对高学历群体的竞争时,能清醒分析自己的优劣势,调整就业的目标。这一部分学生,是访谈中老师们口中的"觉醒型"的学生,他们当中大都参加社团,或是在学习上积极主动,未雨绸缪,积极考取各种证书。

然而,我们必须看到的是,这种主动意识强烈的学生在职业学校是属于少数,更多的是如受访的老师所说的"中间层"的学生——自我意识薄弱,主动性较低,对于未来仍感迷茫的"大多数"。因此,如何能够发挥这类"觉醒型"青少年的力量,带动其他类型的青少年发生改变,是设计相关服务项目应该考虑的要素。

四 职业学校对于其学生困境介入方法及存在挑战

职业学校生源多样化,学生素质不一,对于职业学校青少年的行为心

[①] 杜平、刘萍、左娜:《云南农村留守儿童调研报告》,资料来源:http://wenku.baidu.com/link?url=_FMGCZtyqE170KBZA1DeqpU1Qi1xV6nEQsceIC88rwR-uyAM-7mGHTLCpf68FB2TaP-Y9fd9he3_X5d_WG11JimlwfTmsi_WLBckbs4npeO。

理问题，目前职业学校的应对方法主要有采取封闭式的教育管理方式、思想教育、心理健康教育及心理咨询等方法。封闭式的教育管理方式，采用"堵""防"的制度化管理方法，虽能防止某些行为问题的发生，但同时也制约了青少年的个性发展，忽视青少年行为问题的真正根源，而且容易使学生产生抵触心理。对于职业学校青少年存在的心理问题，受访的两所学校采取建立心理咨询辅导室、配备专职心理咨询师的方法，为学生提供个体咨询、团辅、心理健康教育讲座等服务。目前职业学校心理辅导主要存在缺乏制度保障，师资缺乏，专业化、职业化程度不高，资金难以保障以及学校重就业率而轻心理健康等发展的瓶颈。[1]

近年来，职业学校毕业生的就业率一直保持在高水平。对于促进职业学校毕业生就业，目前比较普遍的做法是采用校企合作、订单培养、集团化办学、专门化市场，以及形成支持职业学校学生创业的一些政策等方法。就就业服务平台而言，目前各级职业学校普遍设有专职部门开展职业指导与就业工作；自2008年以来，"职业生涯规划"课程在全国范围内正式设置[2]——理论上说，从准备就业前的就业指导课到求职时的就业推介，职业学校的人才就业服务体系及机制已经初步建立起来。

对于诸如上述研究发现中的职业学校青少年普遍面临的就业困境，目前学校的介入方式是以开展就业指导课为主。在本研究中涉及的两所学校，就业指导课的开展以传统的课堂式教学为主，主要教授的内容比较全面系统，包括心理知识、职业素养、团队合作、能力培养、职业生涯规划、求职技巧、法律知识以及创业等方面的知识。对于已经外出实习的职业学校青少年，虽有老师带队外出实习，但由于人数众多，对于学生在实习期间遇到的困难与挑战，带队老师难以一一回应每个学生的需求。

职业学校就业指导形成系统的课程已有数年的时间了，就其效果而言，有的职业学校的教育者认为现在从事就业指导的教师队伍存在专业化及职业化水平有待提高、课程设置陈旧、理论多于实践、课时量少、学校的重视程度不高、重就业推介而轻职业生涯规划等不足之处。[3] 另根据研究人员

---

[1] 陈君华、李雪平：《中等职业学校学生心理辅导存在问题及对策分析》，《北京教育学院学报》2014年第9期。

[2] 《2012中国中等职业学校学生发展与就业报告》，外语教学与研究出版社，2012。

[3] 张兆民：《中职学校指导工作的现状与对策》，《产业与科技论坛》2013年第24期。

在日常访谈中观察发现，大部分职业学校青少年对职业生涯规划的重要性并未有足够的意识与重视，缺乏参与课程的热情，这也是影响职业生涯规划课效果的原因之一。

五 社会组织对职业学校青少年困境的介入方法

目前，在国内开展职业学校青少年社会服务的机构很少，其中之一的原因是，职业学校青少年所面对的困境，无论是与成长、学习相关，还是与就业相关，还没有引起社会足够的重视；其次是我国的社会工作及社会组织的发展尚处于起步阶段，特别是青少年事务社会工作。目前国内进行职业学校青少年社会服务比较有代表性的是两家国际NGO，分别是儿童乐益会及救助儿童会。基于两家组织的项目报告及相关资料，下面就两家组织的具体服务项目、工作范围及工作方法进行分析（见表1）。

表1 儿童乐益会及救助儿童会情况一览

	儿童乐益会	救助儿童会
项目介绍	"加油，青春"青少年潜力开发项目。合作伙伴为在地社会机构及职业学校，采用当地能力及可持续建设的方法，共同为职业学校青少年提供培训，促进其个人成长、理财、就业方面知识及技能的提升	青少年赋权教育，通过与职业学校合作，为16~24岁的农村及城市流动青少年提供培训，促进其在现代社会生存及可持续发展的"软""硬"技能的发展
工作范围	综合发展课程开发、执行与完善，课程范围包括健康知识、理财及就业能力提升培训；着重培养职业学校青年领袖，提升各方面能力，为同龄人提供培训	就业软能力提升课程开发及执行，课程范围包括自信心提升，沟通交流、抗压、决策以及求职能力等
工作方法	开发课程（与大学或研究所合作） ⇩ 能力培训 （培训核心教师＋提供教材及能力支持） ⇩ 课程传递 （核心教师为学生提供培训）*	

＊儿童乐益会项目设计中，由所在地机构进行第三方管理。
资料来源：儿童乐益会：《重庆流动女青少年潜力开发项目报告》，2014；救助儿童会：《救助儿童会中国项目2014年终报告》，2014。

综观两家组织的服务项目设计,两者的共同点在于赋权理念的嵌入及可持续发展的项目设计。赋权社会工作理论认为,受助人虽处于弱势地位,受社会环境所阻碍,但是他们是有能力的,社会工作者应协助受助人增强自我的权能,协助他们认识到自我的能力,意识到自我才是改变的媒介,从而应对外在环境及优势群体的压迫。[①] 就两者的项目设计而言,赋权有两个层面的意义:一是通过课程的传递,教授与职业学校青少年息息相关的健康、财富以及就业方面的知识,提升青少年应对青春期困惑或是就业方面的困难的能力;二是赋权的对象延伸到与职业学校青少年系统中的重要一环——职业学校教师能力及意识的培训。只有与学生联系紧密的教师意识到学生所面对的困难与障碍并愿意为之而做出努力,对于职业学校青少年的增权才能获得有力的支持,才能可持续地发展下去。然而,这类项目也有它的局限之处:一是受项目化运作的影响,在项目周期及资金上难以长期支持职业学校开展服务,能否把项目作为常规化的课程,取决于合作学校对项目的重视程度、学校的主动性及资金支持等因素;二是项目的受众面窄,受资金及人力资源的掣肘,目前两个机构的项目点都不多。

六 讨论及总结

本研究根据焦点小组访谈、参与式观察以及问卷调查的结果,先从云南省职业学校青少年的背景进行阐述,继而描述及分析云南省职业学校青少年普遍面临的困境,着重讨论他们在就业时所面临的障碍及挑战,最后就目前学校及社会组织对于职业学校青少年困境的介入方法及优缺点分别做出阐述。

综观本研究发现的职业学校青少年所面临的困境及障碍,无论是关于成长过程,还是学习方面,抑或是关于就业方面的,是多方面因素相互作用的结果:首先与其所处的青少年时期身心发展特征及课题关系密切,其次是家庭因素及教育因素对其的影响,而社会对他们不公平的偏见,以及主流文化、价值取向无不影响着该阶段青少年思想认识、人生观以及价值观的塑造,而他们所呈现的在成长、学习以及就业方面的一些困境与障碍,

---

① Solomon, B. B., *Black Empowerment: Social Work in Oppressed Communities*, New York: Columbia University Press, 1976.

则提示着社会的重视以及介入。目前学校对于职业学校青少年困境的介入已形成一些方法与经验,与社会组织的合作及相互借鉴,可以更好地发挥各方面的所长,促进职业学校青少年困境的解决。

七 职业学校青少年困境的对策建议

为更好地协助职业学校青少年应对其成长、学习以及就业方面的难题及挑战,促进职业学校青少年全面发展,基于本次研究发现,结合团中央、民政部等六部委的《关于加强青少年事务社会工作人才队伍建设的意见》(中青联〔2014〕1号)、《云南省关于加强青少年社会工作人才队伍建设的意见》等相关政策,调研组提出如下对策建议。

(一)推进职业学校青少年社会工作

建议由团委牵头,推动职业学校与社会工作机构合作,社会工作机构可采取在职业学校建立青少年社工站的方式,根据职业学校青少年的需求,提供思想引导、习惯养成、就业指导、社交指导、困难学生帮扶、法律服务及权益保护、心理疏导、临界预防等社会工作服务,解决职业学校青少年面临的困难与挑战,促进青少年健康和全面地发展。完善现有职业学校青少年社会服务项目的设计,充分体现职业学校青少年诸如行为及心理问题、厌学情绪、职业生涯规划、人际沟通等方面的需求,同时结合学校现有学生服务的资源,取长补短,共同合作,发挥各方的优势,优化服务项目的设计。

(二)鼓励社会工作机构介入职业学校青少年事务领域

对于现在已经介入职业学校青少年困境的社会组织,建议加强与项目地的社会组织合作,培养及提升在地社会组织的服务意识与能力,促进职业学校青少年社会服务的可持续发展。建议政府以购买社会服务的方式,鼓励各地现有社会工作机构介入职业学校青少年社会工作。

(三)加强职业学校职业生涯规划课程

加强职业学校职业生涯规划课程,学校管理高层应高度重视职业生涯规划教育,改变重就业推介、轻职业规划的现状。建议职业学校与社会工作机构合作,利用社会工作机构在青少年当中开展工作的优势,多样化职业生涯规划课程的设计。加强职业生涯规划课程,还需强化职业学校青少年对职业生涯规划的认知与意识,根据职业学校青少年的情况,分阶段、分内容实施职业生涯规划课程。

(四)职业学校青少年骨干培养及能力建设

建议培养及扶持职业学校青少年骨干参与到职业学校青少年社会服务当中。重点培养青少年骨干协助社会工作者、教师开展工作,可采用志愿服务的形式,并建立合理的志愿者培养、使用、激励及评估制度,提高职业学校青少年志愿服务意识。建议社会组织以小额项目资助的形式,鼓励和支持职业学校青少年团体申请社会服务项目,定期为他们提供专业培训、团队建设以及督导方面的服务。

(五)加大资金投入

建议将职业学校青少年社会工作服务列入政府购买服务范围;拓宽资金的来源,积极引导社会资金支持职业学校青少年社会服务的开展,通过税收减免、荣誉表彰等方式鼓励企业及个人以捐赠资金等方式支持职业学校青少年社会工作。

(六)提高技能型人才社会地位,消除对职业教育的偏见

职业学校青少年所面临的困境当中,其中社会对职业教育的偏见对于职业学校青少年的学习、成长以及就业有着直接而重大的影响。要改变社会轻职业教育、重学历教育的现状,单靠宣传而不从根本上提高技能型人才的地位,是难以实现的。建立合理的技能型人才薪酬制度,健全技能型人才的学习及晋升体制、提高职业教育质量是提高技能型人才社会地位、转变就业观念的根本措施——国家应出台相关政策、法律与法规引导、鼓励企业制定合理的薪酬制度与用人制度。[1] 同时,职业学校应加强学科建设,提高专业竞争力。职业学校青少年也应提高自身综合素质,树立正确的就业观。

---

[1] 孙延欣:《中等职业学校学生就业现状分析及对策》,《辽宁教育行政学院学报》2010年第6期。

云南省妇联组织参与社会管理及其创新研究报告

党的十七大报告明确提出"支持妇联等人民团体依照法律和各自章程开展工作，参与社会管理和公共服务，维护群众合法权益"。胡锦涛在省部级主要领导干部社会管理及其创新专题研讨班开班式上发表重要讲话时对妇联等人民团体参与社会管理和公共服务提出了明确要求，这不仅充分体现了党对各人民团体的高度重视和充分信任，而且对做好新时期妇女工作提出了新要求、新任务。2011年7月6日，全国人大常委会副委员长、全国妇联主席陈至立在全国妇联参与社会管理及其创新工作会议上的讲话中指出，"各级妇联组织一定要认真贯彻落实中央精神，按照中央重大决策部署，努力做到认识深刻、政治敏感、视野开阔、工作创新、大胆探索，在参与社会管理创新中发挥妇联组织的优势和作用"。

在新形势下，特别是党中央提出关于社会管理创新的新要求背景下，妇联组织如何继承服务传统，更新工作观念及方法，进一步探索和完善工作思路，真正做到协同政府对社会事务的管理创新，需要妇联组织在现有工作经验的基础上进行深度研究和探索。鉴于此，云南省妇联委托云南大学公共管理学院社会工作研究所，开展有关妇联参与社会管理创新的课题研究，希望通过研究，总结探索适合云南本地实际的妇联参与社会管理创新的方法和路径，为党委、政府科学决策并促进各级妇联组织参与社会管理服务工作提供重要参照。本课题研究报告基于2010年省妇联委托课题"城市社区妇女基本生存状况研究"成果，及在对云南本地、广东深圳及港台地区妇联参与社会管理创新经验的基础上撰写完成。

一 云南省妇联组织参与社会管理及其创新的现况

云南省妇联组织在参与社会管理及其创新的实践探索中，以保障和改善民生、推进社会体制改革、促进社会公平正义、推动建设和谐社会为切入点，以"党政所急、妇女所需、妇联所能"为结合点找准工作定位，结合各地妇女群众实际情况和需要，不断探索开展妇女工作的创新做法，有效拓展了参与社会管理和公共服务的空间和领域，充分发挥了妇联组织作为联系妇女群众的桥梁和纽带作用，积极主动地承接了政府转移给社会的部分职能，促进了妇女全面发展。在此过程中，各级妇联组织逐步积累了适合本地实际情况的经验模式，为下一步更好地结合妇联组织定位，有效参与社会管理及其创新奠定了重要基础。

二 云南省妇联组织参与社会管理及其创新的主要做法

云南省各地妇联组织在全国妇联及省妇联的指导下，依据各地实际情况，在参与社会管理及其创新方面探索了切实有效的做法，为云南省妇女儿童事业的发展贡献了积极力量，为整个社会稳定和发展提供了重要保障。

（一）进一步明确妇联组织参与社会管理及其在创新中的功能和定位，在工作方法和思路上进行创新

针对云南省新形势下妇女群众面临的各种新问题和新情况，各级妇联组织能够主动突破传统行政制度的限制，注重整合各种社会资源开展妇女工作。首先，通过与高校研究机构的合作，加强对本地妇女状况进行调查研究，为妇联组织开展针对特定妇女群体的工作奠定了重要基础。如云南省妇联于2010年与云南大学公共管理学院社会工作研究所开展合作，针对当前云南省城市社区弱势妇女如失地妇女、低保家庭妇女及流动妇女生存状况进行专项调查研究，最终形成调查研究报告及政策咨询报告，为政府科学决策及妇联相关工作的开展提供了重要依据。其次，通过基层妇女群众发动及妇女组织平台建设，有效发挥妇女自我组织和自我服务与管理的功能。如云南省及各级妇联组织通过在妇女群众较为集中的社区及领域成立妇女之家、示范工作站、妇女协会及联谊会等方式，搭建了妇女新的组织形式和工作平台，为妇女工作深入基层奠定了基础。玉溪市妇联在农村社区成立妇女互助协会、在城市社区建立房东联谊会及家长联谊会等，都是很好的创新案例。再次，通过加强与其他政府部门的合作，初步形成了

妇女工作的联动机制。妇联组织作为人民团体，其在行政概念上不属于政府机构，却承担了大量服务妇女和儿童的工作，但关于妇女群众面临的诸多问题，需要各级政府共同关注、形成合力才有可能开展好。鉴于此，在妇联参与社会管理及其创新的探索中，各级妇联组织尝试通过与计生、司法、公安等部门进行合作，共同就妇女遭受家庭暴力及被拐卖等问题展开合作，取得了明显的成效。最后，各级妇联组织通过有效调动社会资源并积极探索针对社会组织提供支持，有效激发并调动了社会力量的参与。如云南省妇联通过筹集相关项目经费，支持云南连心社区照顾服务中心在流动人口社区开展妇女儿童工作，充分运用社会组织专业人力资源及志愿者资源，为流动妇女提供了卓有成效的服务。

（二）在联系妇女方式，充分把握并及时反映妇女群众的利益诉求方面进行了创新

妇联组织作为妇女的"娘家"，必须时刻保持与妇女群众的密切联系，及时掌握妇女利益诉求并进行回应。鉴于此，为更好把握广大妇女诉求并能及时向上进行反映，云南省各地妇联组织开展了一系列卓有成效的尝试。首先，通过开设12338服务热线，探索建立妇女反映诉求的新渠道。如云南省妇联、玉溪市妇联通过12338服务热线，较好地建立了妇女反映诉求的便捷通道，使妇联组织能及时掌握妇女群众各种利益诉求，并有效地为有困难的妇女提供法律援助及个案辅导服务。其次，通过设立妇女维权大厅，为妇女反映诉求及寻求帮助提供了平台。各地妇联组织通过设立妇女维权大厅，设置专门工作人员提供接待和咨询服务，使遭遇到临时困难的妇女获得及时帮助。再次，各级妇联组织通过建立妇女之家、妇女示范工作站等组织平台，密切了与各个领域的妇女群众的联系。如云南省妇联在流动人口社区建立妇女之家、流动妇女及儿童示范工作站，探索建立与流动妇女之间的密切联系，并通过该平台有效组织妇女开展就业、维权及和谐平安家庭创建等服务，提供了妇女反映诉求及进行自助互助的机会，创新了对妇女群众的服务与管理工作。如昆明全市在1640个社区（村），均已创建"妇女之家"，覆盖面达到100%，并创建省级"优秀妇女之家"87个，市级"优秀妇女之家"150个，建立了联系妇女群众的牢固阵地。同时，昆明市妇联在IT行业妇女中成立IT妇女联谊会，针对妇女较为集中的特定领域如何开展妇女工作进行了创新探索，并积累了一

定经验。

（三）在有效疏导妇女情绪、积极化解社会矛盾方面进行创新

云南省各地妇联组织通过建立妇女群众经常性的沟通交流机制，有效疏导妇女情绪、积极化解社会矛盾。玉溪市妇联通过成立家长联谊会、房东联谊会及妇女互助之家等形式，使社区妇女普遍面临和关心的问题通过妇女组织平台即可得到有效解决，将各种社会矛盾化解在最基层。西双版纳州妇联通过催生农村社区妇女成立女子禁毒队，利用培训及文艺宣传等方式深入广大农村开展禁毒宣传工作，加强了村寨和社区的安全防范意识，在禁毒防艾人民战争中发挥了重要作用。楚雄市妇联充分利用该市被列为全国"社会管理创新综合试点县市"的契机，针对水库建设移民妇女存在的安置和就业问题，通过组建妇女干部政策宣传队、城市妇女与农村妇女结对帮扶及就业技能培训等创新方式，在移民安置工作中实现了"零上访"的目标，为化解移民过程中出现的各种社会矛盾做出了积极贡献。玉溪市妇联在75个乡镇、街道办事处全部建立了"综治维稳信访中心"，实现了综治维稳、妇联、司法等部门资源的有效整合，在疏导当地妇女情绪、化解社会矛盾方面探索了多部门联动的创新机制。

（四）在对妇女权益维护方面进行了维权服务手段方面的创新

随着城市化发展，失地妇女土地权益、生计保障权益及养老保障等方面的权益受到了前所未有的冲击；同时，在社会急剧转型的过程中，各种侵害妇女劳动权益的情况也时有发生，特别是流动妇女的劳动权益受到侵害的问题尤为突出；妇女遭受家庭暴力的状况随着家庭经济及各种压力的增加而随之恶化。如何应对这些新问题和新情况，是新时期妇女维权工作的重点。近年来，云南省妇联及玉溪市妇联通过依托妇女之家平台建设，以及设立妇女维权大厅和12338服务热线等方式，提供妇女反映问题和诉求的平台，并通过这些平台实现了妇女维权工作的创新。文山州妇联为确保外出务工人员顺利就业和安全生产，结合"女性素质工程"的实施，采取自办、联办等不同形式，分层次、分类型向外出务工女性提供法律知识和业务技术岗前培训，使得外出务工妇女能够学会运用法律知识维护自身合法权益。

（五）在推进妇女基层组织形式改革，促进妇女自我管理、自我服务、自我发展方面进行了创新

妇女群体特别是基层妇女群体较为缺乏创新的组织形式，这成为充分发挥妇女组织活力的瓶颈。为更好地强化妇女的参与意识，激发妇女参与社会管理的热情，有效推动妇女组织建设，促进妇女自我管理、自我服务、自我发展，各地妇联组织都在进行积极探索。如昆明市妇联建立IT妇女联谊会、玉溪市妇联在全国首创房东联谊会工作模式，并以此为经验基础，针对不同妇女人群建立了各种新型妇女组织如"房东联谊会""家长联谊会""农村妇女互助之家""关爱妇女儿童协会"等，在城乡基层群众自治管理方面取得了显著成效。西双版纳州妇女通过推动成立农村妇女毒品艾滋病宣传队，以文艺等手段进行宣传，获得了妇女参与村庄事务的显著效果。

（六）在解决云南省广大农村妇女及城市贫困妇女群众普遍面临的生计问题方面进行了创新

云南省地处西南边疆地区，农村地域广阔，大量农村妇女群众普遍面临生计方面的困难，如何促进妇女就业、创业，提升她们的生计收入，是妇联组织开展社会管理及其创新工作的重点之一。针对此问题，云南省各级妇联组织开展了积极的创新探索，如妇女就业技能培训计划、女能人带动及各种创业计划等方式，在增强妇女就业、创业能力，提高妇女收入，促进妇女经济地位提升方面取得了明显成效。如昆明市妇联通过妇女创业就业技能培训、培养"女科技致富带头人"及创建"巾帼科技致富示范村"等方式带动了农村妇女就业、创业。西双版纳州妇联通过实施"妇女创业培训计划""大龄春蕾技能培训项目"和"小额信贷助推妇女创业行动"等方式，以创业促就业为重点，积极搭建市场平台，在解决当地妇女群众就业、创业方面取得了明显成效。普洱市妇联为更好地帮助全市广大妇女创业就业，通过实施循环金、小额信贷及"妇女创业就业援助服务"等项目，为失业妇女、下岗妇女和女大学生、女农民工实现就业和再就业搭建了平台，在促进妇女就业、创业方面取得了显著成效。

妇女发展项目实施县深入基层，对项目实施地的自然资源、主导产业、妇女的生产生活状况、乡（镇）村领导对实施项目的态度，以及乡（镇）

妇联主席的能力、素质等方面进行了解调查，从中选择有利于项目实施的乡、村、组作为项目点，立足重点扶持农户发展"短、平、快"项目，因地制宜发展种、养、运输、加工、餐饮、经营等项目，如香格里拉市上江、金江、虎跳峡等乡镇适宜发展养殖业、蚕桑种植业，上四境乡镇适宜发展经营、运输。在循环金项目扶持下，许多妇女转变了观念，激发了创业谋发展的意识，增强了适应市场经济的能力，走上了致富路。澜沧市妇联通过充分发挥女企业家的资源优势，积极探索"妇联+龙头企业+农户"创业就业模式，为下岗妇女及贫困妇女提供就业创业服务；同时，通过贷款扶持及创业培训，增强进城务工妇女返乡创业的能力，引导、帮助进城妇女返乡进行创业和就业。

（七）充分调动社会资源，积极引入专业社会工作，在工作理念和方法上进行了创新

从全国各地妇联组织经验做法来看，购买社会工作服务开展针对妇女儿童的各项服务工作是当前妇女儿童事业发展过程中的普遍共识。如云南省妇联通过与民办社会工作服务机构的合作，在流动人口聚集社区建立妇女之家及流动妇女儿童示范工作站，通过政策及资金支持，引导社会工作者通过引领志愿者的模式，有效探索了针对流动妇女与儿童在家庭暴力预防及干预、妇女就业、亲子教育、预防妇女儿童拐卖等方面的服务模式。同时，通过妇联系统组织妇女干部进行社会工作专业培训，提升了妇联干部服务群众的意识与能力。文山州各级妇联组织通过积极运用外部资源，如通过实施香港回归基金、欧盟妇女法律援助、英国儿童救助会、中英大龄女童技能培训及能力建设等项目，大胆探索多部门合作的工作思路，实现了妇联组织和妇女干部在工作理念和工作方法上的能力提升，为妇联组织有效开展妇女儿童工作提供了重要支持。

三 云南省妇联组织参与社会管理及其创新取得的成效

云南省各地妇联在参与社会管理及其创新实践中取得了以下几个方面的成效。

第一，进一步引起党委、政府及妇联领导班子的重视，这为妇联组织

开展社会管理及其创新提供了重要方向指引。

从胡锦涛提出群团组织要积极参与社会管理创新，到全国妇联出台关于推动妇联参与社会管理创新指导意见，再到云南省妇联相关领导深入基层进行调研、组织专题研讨会、与高校研究机构进行合作研究，以及到省外先进地区进行考察等方式，探索本地创新经验，并积极借鉴其他地区经验。这些举动充分体现了云南省妇联组织对于妇联参与社会管理创新的重视，为各州市妇联开展创新工作进行了有效铺垫。与此同时，省妇联还通过积极探索与各种政府部门、高校研究机构及社会组织等进行合作，建立多部门协同合作的创新机制，为形成全省妇联参与社会管理及其创新做了重要铺垫。

第二，有效结合各地妇女儿童实际状况，积累了云南省各级妇联组织参与社会管理及其创新丰富而多样的宝贵经验。

在全国妇联及省妇联的领导和带动下，云南省各级妇联组织能够充分运用本地资源，通过深入调查研究，对本地区妇女普遍面临的问题进行了解和掌握，在此基础上提出并探索了一些创新的经验。特别是针对云南省农村地区人员分布较为广阔、少数民族众多等特点，各地妇联组织能够较好地结合本地实际情况开展创新探索，呈现了云南省妇联组织开展社会管理创新的丰富而多元的局面。

第三，积累了与社会组织开展合作，充分运用其丰富的专业人才及志愿者资源，有效激发社会力量参与的重要经验。

社会组织特别是服务型、公益型的社会组织正在成为国家大力发展的新领域，其有效发展能够充分调动社会资源、专业人才及志愿者队伍共同为社会服务的开展贡献力量，成为政府社会服务职能的重要补充。从云南省妇联与云南连心社区照顾服务中心开展合作，以及文山州妇联通过运用不同基金会的扶持开展针对妇联干部及工作人员的能力提升培训等经验来看，与社会组织合作，充分运用其丰富的技术、人才及志愿者资源，是妇女组织参与社会管理及其创新过程中，有效调动社会力量参与的重要探索，为各地妇联组织提供了好的经验借鉴。

第四，激发了基层广大妇女群众的参与，创新了基层妇女组织形式，充分挖掘并发挥了基层妇女骨干的带动作用，为维护社会稳定奠定了重要基础。

在过往，由于受到种种限制，妇女较少有机会形成自己的组织，无法通过组织平台开展各项妇女工作。近些年来，省妇联及各级妇联组织通过鼓励各级妇联组织推动在城市社区、农村地区及妇女较为集中的各种行业领域组建形式多样的妇女组织，如妇女联谊会、妇女协会、互助会、妇女之家、示范工作站等，并通过这些妇女组织开展针对妇女骨干的能力培训，有效带动了这些妇女组织逐步形成自我管理、自我服务的工作局面，为基层妇女组织在建设方面的探索提供了重要经验。

第五，以提升妇女经济能力为着力点和切入点，探索了促进妇女就业、创业的重要模式，为云南省妇女贫困问题的解决奠定了基础。

由于云南省大部分妇女群众分布在农村，自然条件限制等导致的妇女贫困面较大问题，直接影响了妇女在家庭、社会及参政议政等方面的地位和能力。鉴于此，如何从增强妇女经济能力着手，进而不断增强妇女的综合能力，增强她们参与社区公共事务的能力，成为妇联组织参与社会管理及其创新必须要面对的重要议题。而云南省各级妇联组织能够较好地结合各地优势资源，通过技能培训及创业项目的运作等方式，不断创造妇女就业、创业机会，增强妇女群体的经济能力，为提升妇女在家庭和社区的地位，激发其有效参与社区公共事务奠定了重要基础。

四 云南省妇联组织参与社会管理及其创新存在的主要问题

当前社会正处于快速转型的历史时期，云南省妇女群体在整个经济社会发展过程中还将继续面临来自方方面面的问题和挑战，妇女群体的各种诉求也更加趋于多元化和复杂化，妇女权益保障问题依然突出，妇联组织如何能够更好地按照党委和政府要求解决好妇女问题，开展好妇女发展的各项工作，对妇联组织而言是一个重大挑战。

（一）妇联组织自身职能定位亟待进一步明确

妇联组织作为党领导下的人民团体，是党联系人民群众的重要纽带，其在参与社会管理和公共服务中应起到协同的作用。但妇联组织在开展工作过程中实际承担了大量政府行政职能的工作，如妇联组织在开展平安家庭创建、家庭暴力问题干预、流动及留守儿童服务等方面扮演了重要角色。但妇联组织既无行政权又无财政权，导致其在开展相关专项工作时无法更好地调动相关资源及部门形成工作的合力，工作往往存在越位、借位和缺位现象。与此同时，各级妇联特别是基层妇联组织往往资源配备不足，街道妇联组织只配备一名专职人员，村妇代会主任多数是兼职计生专干，资源及人力配备不足直接导致基层妇联组织疲于应付各种上级任务，无法深入妇女群众中，严重影响了妇联组织参与社会管理的有效开展。

（二）妇联已推动建立的各种基层组织和平台有待进一步完善，使其真正发挥妇女自我管理与自我服务的功能

近年来，各级妇联组织推动在基层及各个妇女群体集中的领域建立了妇女之家及妇女协会等各种组织平台，但由于缺乏经费支持，缺乏工作方法和创新思路，这些基层妇女组织无法有效发挥其组织妇女进行自我管理与服务的功能，很多基层妇女之家及妇女协会往往处于只挂牌子，无相关人员配置的状态。与此同时，由于基层妇女干部力量配置不足，"两新"组织妇女工作在工作的方法和思路方面还需要进一步促进和创新，在"两新"组织中组建妇委会工作仍遇到较大困难。

（三）妇联组织特别是基层妇联组织在服务妇女群众方面的能力还有待进一步提升

随着现代化、城市化进程加快，云南省妇女群体包括农村妇女群体、流动妇女群体、受毒品及艾滋病影响的妇女群体，以及其他贫困妇女群体面临的问题多样化，各种利益诉求交错，在回应这些妇女需求和解决这些棘手的问题时，各级妇联组织偏重于行政性工作的传统手法已经无法适应时代发展的要求。同时，各级妇联干部由于在知识更新、政策把握能力等方面的不足，使其在开展妇女工作中无法形成创新的方法和思路，在参与社会管理创新方面的水平有待进一步提升。

（四）妇联组织在如何激发社会力量参与妇女工作方面还要进一步加强

针对当前各种妇女群体面临的问题，在回应妇女群体不同利益诉求方面，除了政府、妇联组织在开展工作外，云南省还有大量社会组织同时也在付出努力。这些社会组织在专业人才使用、社会资源调动，以及工作的思路和方法等方面都存在创新，值得妇联组织学习和借鉴。针对这些正在

为云南省大量弱势妇女提供服务的社会组织,各级妇联组织理应对这些组织进行扶持和帮助,充分将它们的工作纳入妇联工作范畴,为它们提供政策及相关资源转介的扶持。但过往对社会组织认识的不足,直接导致妇联组织缺乏与这些社会组织合作的意识,无法较好地调动社会力量参与,促进妇女工作的有效开展。

五 推进云南省妇联组织参与社会管理及其创新的总体构想

(一)指导思想

以邓小平理论和"三个代表"重要思想为指导,全面贯彻落实科学发展观,巩固党的执政基础、提高党的执政能力,认真贯彻中央关于支持妇联等人民团体参与社会管理和公共服务,维护群众合法权益的精神,按照省委、省政府着力保障改善民生及构建和谐社会的要求,以加强和创新社会管理、提高社会服务水平为目标,加快推动妇联组织社会管理创新模式探索,培养造就一支数量充足、结构合理、素质优良的妇联干部队伍,努力打造"政府—群团组织—社会组织—公众参与"四者相互结合的工作体系,为构建和谐云南,促进云南面向西南开放的桥头堡建设贡献力量。

(二)总体思路

围绕构建和谐云南需要,结合云南省经济社会发展实际状况,以夯实现有妇联工作及明确妇联定位为基础,大力培养专业人才及培育妇女社会组织为重点,制度建设为保障,体制、机制创新为动力,为提升妇联组织作为坚强阵地、桥梁和纽带在服务妇女群众方面的能力水平,以及在协同党委和政府进行社会管理和公共服务方面提供强有力的支持和保障。

(三)基本原则

1. 坚持党委领导与妇联协同的原则

妇联组织需要按照"党政所及,妇女所需,妇联所能"的基本准则,明确妇联组织作为群团组织的协同作用,准确领会党委和政府关于加强和创新社会管理方面对于妇女儿童工作的指导思想，紧密结合云南省各地妇女儿童利益诉求及实际需求，在现有经验基础上，创新性地进行探索和开拓，努力总结妇联参与社会管理及其创新的多样化、多元化的经验，协同政府解决好当前云南省经济社会发展中面临的突出问题，为党委、政府分忧，为构建和谐幸福云南做出妇联应有的贡献。

2. 坚持政府资金为主导，社会力量为辅助的原则

妇联开展的很多工作都是很实际、细致而又具体的工作，这些工作的有效开展需要一定经费的投入。但在过去很长一段时间里，妇联组织一直处于较为边缘的位置，无法有效获得足够的财政预算支持，而在借助社会力量及整合社会资源方面又都存在较大限制，这极大地阻碍了妇联组织参与社会管理及其创新工作的有效开展。鉴于此，需要政府加大财政预算在妇联工作方面的倾斜，同时通过与基金会合作、拓展社会募资渠道等方式，充分吸纳社会资金，形成政府资金与社会资金的有效整合。

3. 坚持挖掘本土经验与有效借鉴外地经验相结合的原则

云南省各级妇联组织在推动妇女儿童事业发展方面已经积累了大量的经验，为参与社会管理及其创新探索了重要模式。这些模式需要被更好地总结和推广，形成各地相互学习和借鉴的良好氛围。与此同时，全国各地妇联组织、港澳台及国外也都在探索妇女儿童发展方面积累了大量宝贵经验，需要云南省各级妇联组织结合本地区妇女儿童实际状况，以及本机构已有的经验进行有效借鉴，做到本地经验与外地经验的有机整合。

4. 坚持重点关注与扎根基层的原则

各级妇联组织要把参与社会管理及其创新与解决妇女实际问题相结合，紧密结合云南省各地妇女的实际状况，加强在流动妇女帮扶，贫困妇女就业、创业，农村妇女医疗服务，受毒品、艾滋病影响的妇女救助及妇女参政等涉及民生的各项重点领域开展工作。各级妇联组织要清楚意识到社会管理要扎根基层的重要性，将工作重心及资源向农村及城市基层社区特别是流动人口聚集社区进行倾斜，着力发育及扶持社区各类妇女组织及民办社会服务机构，最大程度地激发社会力量及公众参与的积极性，做到将情况掌握在基层、问题解决在基层、矛盾化解在基层、促进妇女发展的任务落实在基层。

（四）发展目标

第一，进一步深入了解妇女民情民意，较好掌握云南省广大妇女群众普遍面临的问题，并及时反映妇女诉求，为党委和政府科学决策提供重要依据。

第二，进一步建立和完善为妇女群众提供反映诉求机会的平台，做好妇女群众情绪疏导工作，将各种矛盾化解在基层，增进妇女群众对党委和政府的信赖度。

第三，打造形成多方合力的妇女维权工作制度，建立妇女维权工作平台，提升妇女维权工作能力，切实保障妇女儿童各项权益。

第四，注重对基层妇女特别是基层弱势妇女的帮扶力度，通过基层妇女组织及民办社会工作机构的服务，提升弱势妇女生活福利。

第五，激发妇女参与的积极性，推动基层妇女组织建设，实现妇女自我管理、自我服务、自我发展，把妇女工作落实在基层。

六 云南省妇联组织参与社会管理及其创新的对策建议

参照港台及国内其他地区关于妇联参与社会管理及其创新经验，结合云南省妇女实际及各级妇联组织妇女工作情况，按照"党政所急、妇女所需、妇联所能"的工作定位，以解决影响社会和谐稳定的突出问题为突破口，以强化基层妇联组织参与社会管理及其创新为着力点，提出以下工作对策及建议。

（一）进一步完善妇联干部编制制度，明确妇联干部的行政职权

从省级到各级妇联，需要形成以党委领导、妇联组织牵头及多部门合作的妇女工作联席会议制度，形成针对全省及各地妇女工作的统筹，并就妇女各项工作加强基层妇女工作的机制建设，由基层党委领导兼管妇联协调工作，加强各方协调。推动妇联干部编制制度改革，对县级以上妇联主席进行高配设置，对乡镇街道一级妇联主席给予行政编制，保障妇联干部的职权明确。同时，通过财政支持，加大基层妇联组织人员配置，在妇联系统设置专业岗位，将社会工作等专业人才纳入基层妇联干部队伍，巩固和扩展基层妇女组织职能，促进妇女工作的专业化。此外，建议通过竞争上岗等形式录用女性大学毕业生等担任基层妇联组织工作，给予妇女委员的头衔，激发她们工作的积极性。特别针对基层缺乏人手的问题，建议政

府通过设立公益岗位的方式,划拨大量公益岗位给州市及各级基层妇联组织使用。

(二)进一步明确妇联组织在参与社会管理及其创新中的职能和定位

按照"党政所急、群众所需、妇联所能"的原则,探索并逐步明确妇联在参与社会管理及其创新中的职权和定位。首先,建议在党委和政府层面联合多部门进行研究,明确妇联组织在参与社会管理及其创新中必须由妇联进行负责和牵头的领域及人群,如明确凡带"女"字号的都归为妇联管理。其次,建议针对云南省妇女工作的重点领域如打击妇女儿童拐卖、农村妇女创业、妇女家庭暴力干预等,明确各参与部门的职责。如针对妇女儿童拐卖问题,应明确妇联组织负责预防层面的工作,公安部门负责打击与解救层面上的工作,建立部门间密切合作的工作机制。最后,省及各州市妇联组织应担当好资源转介的职能,通过争取政府财政支持,完善组织架构,以项目化及公益创投等创新性的方式,将资源向基层妇联组织、民办社会服务机构及民间妇女社会服务组织进行转介,支持各类基层妇女组织的发展。

(三)依托高校,建立妇女研究咨询机构,加强新时期云南省妇女儿童问题的研究及提供决策咨询服务

妇联组织与高校合作建立妇女研究咨询机构,是国内外妇女事业发展中普遍采用的一种做法。鉴于云南省目前还未设立专门的针对妇女儿童实务的研究决策咨询机构,建议由云南省妇联牵头,依托高校力量,成立云南省妇女事务研究咨询中心,将在妇女儿童事业方面有重要研究及实务经验的专家和学者纳入其中成为参事,推动云南省妇女儿童问题的深入研究及为党委、政府决策提供咨询服务。同时,增强现有云南省妇女理论研究会的职能,通过争取政府专项资金拨付,每年设立专项研究经费,以及与高校合作研究、委托课题研究等方式,重点围绕云南省当前普遍存在的农村留守妇女的生存发展、妇女劳动权益保护、反家庭暴力、未成年人犯罪等突出问题开展专项调研。在此基础上开展针对12338热线及维权大厅运作方法、家庭暴力问题及干预模式、弱势妇女就业帮扶、专业社工在妇联组织中的运用等议题的研究,定期出版相关研究报告,为政府科学决策及妇

联组织开展妇女工作提供重要参照。

（四）有效调动政府、企业及各种社会资源，为妇联参与社会管理及其创新工作提供资金保障

妇联组织作为政府职能的延伸，长期以来都处于有实无权的处境，无法获得财政资金的足够支持，这直接导致妇联组织在推动妇女工作中受到资金的极大限制，很多工作无法有效开展。建议政府在每年财政预算中，加大对妇联的财政预算支出。同时，建议将云南省体彩、福彩公益金中拿出一定比例的经费作为妇联开展专项工作的资金保障。与此同时，建议妇联组织通过与企业及各种基金会进行项目合作，充分吸纳企业和社会资金，在现有政策框架下形成云南省各级妇女发展基金，进而通过打包或项目化运作的方式将资源向基层及社会组织进行转移，在支持基层妇女组织有效开展工作的同时，也可以解决长期以来基层妇联无资金、无专项人员的情况。

（五）建立针对妇联干部培训的长效机制，加大对妇联干部及工作人员的培训力度

从现有经费预算中，每年固定划拨一定比例的经费，用于对妇联干部及工作人员的培训开支，同时，各级妇联组织建立与当地社会工作高校之间的合作关系，开发针对性的培训课程，定期组织开展相关的培训工作，从经费保障及培训体系建设两个方面建立长效机制。此外，依托云南省妇女理论研究会及研究咨询中心，针对各级妇联组织及妇女社会组织在参与社会管理及其创新方面的重要经验进行个案梳理和总结，并通过典型案例建立"创新示范点"，作为全省妇联参与社会管理及其创新培训的实践基地。

（六）建立对妇女社会组织的支持及培育体系，充分发挥民间力量在开展妇女工作方面的有效功能

云南是社会组织发展较早、发育较为成熟的地区。在针对流动妇女、受毒品和艾滋病影响的妇女、少数民族妇女、边缘妇女等妇女群体的服务方面，云南大量民间妇女社会组织在开展卓有成效的工作。据不完全统计，云南省仅在妇联组织推动下成立的包括"妇女禁毒防艾联防队""女子护村互助队""女房东联谊会""同话社"等民间组织多达6400个。在这些组织

中有部分无法有效进行登记注册，导致其在经费、人员方面都存在很大困难，部分组织甚至面临工作无法开展的处境。基于此，妇联组织可通过专题调研，对现有云南省此类社会组织现状进行调研，在此基础上通过政策呼吁、资金及能力培训等支持，充分激活这些组织，使它们能持续有效地开展在不同领域的妇女工作，能有效协同妇联组织及政府解决社会问题。同时，建议由各级妇联组织牵头，推动在民间妇女社会组织中成立妇女工作委员会，搭建对这些组织进行有效管理、指导、扶持及培育的工作平台和机制。

（七）完善志愿者登记注册及管理制度，不断拓展志愿者在服务广大妇女群众方面的作用

要顺应当前志愿者服务更为组织化、社区化、全民化的发展趋势，采用灵活多样的群众组织形式和联系方式，发展壮大志愿者队伍，逐步形成互助互帮体系，使其成为参与基层社会管理的重要社会力量。一方面，划拨专项经费，设置专门的志愿者工作平台，聘请专人负责志愿者的登记与管理，建立志愿者登记注册制度。特别针对妇女维权、热线咨询、家庭暴力干预等领域，招募法律、心理学、社会工作等专业背景的志愿者，通过定期培训，提升志愿者工作的专业能力。另一方面，充分挖掘女党员、女知识分子、女企业家、女干部、"五老人员"、"文明家庭"等群体的志愿服务潜力，组建各类巾帼志愿服务队，开展"单亲母亲一对一帮扶""留守儿童结对帮扶"等主题的巾帼志愿服务活动。

（八）通过网络及新媒体的有效使用，为妇女工作开展营造良好的社会环境

进一步完善妇联组织网站平台，建立12338网络服务及咨询热线，提供在线咨询服务；建立网络捐赠平台，为企业及社会提供捐赠和查询的便利。同时，通过设立专项经费，在倡导社会性别平等、预防家庭暴力等方面制作相关公益宣传海报及短片，通过电视、网络、公交移动传媒及各大报纸进行刊登和播放，不断营造良好的关注妇女工作的社会环境。此外，建议从云南省妇联到各级妇联组织在新浪网、腾讯网等建立官方微博，及时发布最新妇女工作动态及相关倡导信息，并搭建能够和公众对话与互动的重要平台，创新联系妇女群众的重要渠道。

附件：云南省妇联组织参与社会管理及其创新咨询报告

加强和创新社会管理，是我国社会建设领域的一场深刻变革。妇联组织作为党开展妇女工作的"坚强阵地"和"温暖之家"，是联系妇女群众的桥梁和纽带，是加强和创新社会管理的重要力量。胡锦涛在省部级主要领导干部社会管理及其创新专题研讨班开班式上发表重要讲话时也对妇联等人民团体参与社会管理和公共服务提出了明确要求。在新的历史时期，党中央提出妇联组织参与社会管理创新的思路，对于全国各级妇联组织而言都是一种新的挑战。云南省在面对城市化、现代化快速发展出现的各种社会问题和社会矛盾，妇女利益诉求多样化，服务需求多元化的时代背景下，需要妇联在传统工作思路和工作方法上进行创新，为广大妇女群众提供专业化、个性化、多元化的社会服务。同时，传统依托行政体系开展工作的方式对妇联组织有效运用社会资源参与社会管理及其创新产生了较大限制。同时，妇联组织在资金、项目、人才、资源等方面较为薄弱，特别是基层妇联组织更加明显，很难满足各界妇女群众多方位的需求。

在新形势下，全国各地妇联组织都在积极探索妇联参与社会管理及其创新的做法，如广东省政府购买服务，以及各地政府与社会组织的合作等模式，提供了各省市妇联的重要经验。云南省各级妇联组织近年来也进行了积极探索，积累了一些具有本地特色又适合在全国推广的经验，如玉溪模式、版纳模式、省妇联与社会组织的合作模式等，为各地妇联组织参与社会管理及其创新提供了重要经验参照。但同时也应看到，在新形势下，云南省各级妇联组织如何更好地结合各地实际情况，探索出更多、更扎实的创新经验，这对各级妇联组织提出了更高的要求和更大的挑战。鉴于此，为深入贯彻落实党的十七大精神，全面贯彻落实《关于全面推进妇联组织参与社会管理创新工作的意见》，依据省委、省政府关于加强群团组织参与社会管理及其创新的要求，努力实现妇联组织"党政所需、妇女所急、社会所缺、妇联所能"的目标，为构建和谐云南、推动桥头堡建设积极贡献力量，由省妇联牵头，联合云南大学公共管理学院社会工作研究所承担了"妇联组织参与社会管理及其创新"的课题，课题组通过在省内及省外典型示范点进行实地调研、大量案例文献研究及结合 2010 年省妇联委托课题

"城市社区妇女基本生存状况研究"成果，最终完成课题研究报告，并在此基础上提出如下对策建议。

（一）建立健全妇联主席高配及妇联干部行政编制制度

从省级到各级妇联，需要形成以党委领导、妇联组织牵头及多部门合作的妇女工作联席会议制度，形成针对全省及各地妇女工作的统筹，并就妇女各项工作加强基层妇女工作的机制建设，由基层党委领导兼任妇联协调工作，加强各方协调。推动妇联干部编制制度改革，对县级以上妇联主席进行高配设置，对乡镇街道一级妇联主席给予行政编制，保障妇联干部的职权明确。同时，通过财政支持，加大基层妇联组织人员配置，在妇联系统设置专业岗位，将社会工作等专业人才纳入基层妇联干部队伍，巩固和扩展基层妇女组织职能，促进妇女工作的专业化。此外，建议通过竞争上岗等形式录用女大学毕业生等担任基层妇联组织工作人员，给予妇女委员的头衔，激发她们工作的积极性。特别针对基层缺乏人手的问题，建议政府通过设立公益岗位的方式，划拨大量公益岗位给州市及各级基层妇联组织使用。

（二）落实资金保障，打造以政府为主导，社会力量为辅助的妇女儿童工作经费保障制度

确立财政资金对妇联参与社会管理及其创新的导向作用，建议从省到市区各级财政部门调整财政支出结构，逐步加大对妇联系统财政资金的投入，专项用于妇女儿童工作相关政策研究、研讨，干部及妇女骨干培训，人员添补，交流学习及表彰奖励等支出。逐步加大云南省福利彩票公益金支持妇女儿童事业的力度。拓宽社会融资渠道，完善税收优惠政策，鼓励社会捐赠，引导社会资金投入云南省妇女儿童事业。通过政策呼吁，允许和鼓励有条件的单位及个人成立非公募基金会，拓宽支持云南省妇女儿童事业发展的资金来源渠道。同时，建议妇联组织通过企业及各种基金会进行项目合作，充分吸纳企业和社会资金，在现有政策框架下形成云南省各级妇女发展基金，进而通过打包或项目化运作的方式将资源向基层及社会组织进行转移，在支持基层妇女组织有效开展工作的同时，也可以解决长期以来基层妇联无资金、无专项人员的问题。

（三）构建对服务型、公益性民间妇女社会组织的支持及培育体系

云南是社会组织发展较早，发育较为成熟的地区。在针对流动妇女、受毒品和艾滋病影响的妇女、少数民族妇女、边缘妇女等妇女群体的服务方面，云南大量民间妇女社会组织开展了卓有成效的工作。据不完全统计，云南省仅在妇联组织推动下成立的包括"妇女禁毒防艾联防队""女子护村互助队""女房东联谊会""同话社"等民间组织多达6400个。在这些组织中有部分无法有效进行登记注册，导致其在经费、人员方面都存在很大困难，部分组织甚至面临工作无法开展的难题。基于此，妇联组织可通过专题调研，对现有云南省此类社会组织现状进行调研，在此基础上通过政策呼吁、资金及能力培训等支持，充分激活这些组织，使它们能持续有效地开展在不同领域的妇女工作，能有效协同妇联组织及政府解决社会问题。同时，建议由各级妇联组织牵头，推动在民间妇女社会组织中成立妇女工作委员会，搭建对这些组织进行有效管理、指导、扶持及培育的工作平台和机制。

（四）建立相对完善的妇女儿童问题及工作研究机制

依托高校，建立妇女研究咨询机构，加强新时期对云南省妇女儿童问题的研究及提供决策咨询服务。鉴于云南省目前还未设立专门的针对妇女儿童实务的研究决策咨询机构，建议由云南省妇联牵头，依托高校力量，组建成立云南省妇女事务研究咨询中心，将在妇女儿童事业方面有重要研究及实务经验的专家和学者纳入其中成为参事，推动云南省妇女儿童问题的深入研究及为党委、政府决策提供咨询服务。同时，增强现有云南省妇女理论研究会的职能，通过争取政府专项资金拨付，每年设立专项研究经费，通过与高校合作研究、委托课题研究等方式，重点围绕云南省当前普遍反映的农村留守妇女的生存发展、妇女劳动权益保护、反家庭暴力、未成年人犯罪等问题开展专项调研。在此基础上开展针对12338热线及维权大厅运作方法、家庭暴力问题及干预模式、弱势妇女就业帮扶、专业社工在妇联组织中的运用等议题的研究，定期出版相关研究报告，为政府科学决策及妇联组织开展妇女工作提供重要参照。

（五）建立长效的针对妇联干部及工作人员的培训机制

从现有经费预算中，每年固定划拨一定比例的经费，用于对妇联干部及

工作人员的培训开支，同时，各级妇联组织建立与当地社会工作高校之间的合作关系，开发针对性的培训课程，定期组织开展相关的培训工作，从经费保障及培训体系建设两个方面建立长效机制。此外，依托云南省妇女理论研究会及研究咨询中心，针对云南省各级妇联组织及妇女社会组织在参与社会管理及其创新方面的重要经验进行个案梳理和总结，并通过典型案例建立"创新示范点"，作为全省妇联参与社会管理及其创新培训的实践基地。

（六）构建妇联系统相对完善的志愿者登记注册及管理制度

顺应当前志愿者服务更为组织化、社区化、全民化的发展趋势，采用灵活多样的群众组织形式和联系方式，发展壮大志愿者队伍，逐步形成互助互帮体系，使其成为参与基层社会管理的重要社会力量。一方面，划拨专项经费，设置专门的志愿者工作平台，聘请专人负责志愿者的登记与管理，建立志愿者登记注册制度。特别针对妇女维权、热线咨询、家庭暴力干预等领域，招募法律、心理学、社会工作等专业背景的志愿者，通过定期培训，提升志愿者工作的专业能力。另一方面，充分挖掘女党员、女知识分子、女企业家、女干部、"五老人员"、"文明家庭"等各群体的志愿服务潜力，组建各类巾帼志愿服务队，开展"单亲母亲一对一帮扶""留守儿童结对帮扶"等主题的巾帼志愿服务活动。

（七）推动营造良好的妇联参与社会管理及其创新的社会环境和氛围

进一步完善妇联组织网站平台开发和设计，建立12338网络服务及咨询热线，提供在线咨询服务；建立网络捐赠平台，为企业及社会提供捐赠和查询的便利。同时，通过设立专项经费，在倡导社会性别平等、预防家庭暴力等方面制作相关公益宣传海报及短片，通过电视、网络、公交移动传媒及各大报纸进行刊登和播放，不断营造良好的关注妇女工作的社会环境。此外，建议从云南省妇联到各级妇联组织在新浪网建立官方微博，及时发布最新妇女工作动态及相关倡导信息，并搭建和公众对话与互动的重要平台，创新联系妇女群众的重要渠道。鼓励各地妇联组织在参与社会管理及其创新方面形成的先进经验和典型案例进行认真总结，并通过定期举办研讨会、交流会、培训会、出版、实地探访及观摩学习等方式，促进各地妇联组织之间的有效交流，充分发挥各种典型的示范带动作用。

第二部分
社会工作建设与发展

昆明市社会工作人才队伍建设对策研究报告

加紧培养大批适应时代发展需要的社会工作人才队伍，不仅是构建社会主义和谐社会的迫切需要，也是新形势下各级党委和政府的一项重大而紧迫的任务。2010年4月，中共中央、国务院印发的《国家中长期人才发展规划纲要（2010—2020年）》（以下简称《纲要》），第一次将社会工作人才纳入党和国家人才发展大局，将社会工作人才与党政人才、企业经营管理人才、专业技术人才、高技能人才、农村实用人才一起作为我国的六支主体人才队伍进行全面部署。《纲要》明确了我国社会工作人才队伍的发展目标，即适应构建社会主义和谐社会的需要，以人才培养和岗位开发为基础，以中高级社会工作人才为重点，培养造就一支职业化、专业化的社会工作人才队伍。鉴于此，为更好地贯彻中央关于加强社会工作人才队伍建设的要求，依据《纲要》及《昆明市中长期人才发展规划（2010-2020年）编制工作方案的通知》（昆党人才〔2010〕8号）要求，为更好地摸清昆明市社会工作人才队伍建设现状，了解存在的问题并分析原因，提出对策建议，为市委、市政府科学决策提供依据，由市民政局牵头，联合云南大学社会工作专家组成课题组，开展了本项专题研究。在市政府研究室及各部门的大力支持配合下，课题组经过3个月的专题研究，在全面回顾和客观分析问题的基础上，紧紧围绕满足广大人民群众日益增长的社会服务需求，紧密结合构建和谐昆明、建设面向西南开放的桥头堡的需要，提出了加强社会工作人才队伍建设的总体思路、战略重点、目标任务、发展途径和对策建议。

一 社会工作人才队伍建设的重大意义

（一）重大意义

第一，社会工作人才队伍建设是和谐昆明建设的迫切需要。当前，中国正处于经济快速发展、社会急剧转型、大量社会问题不断呈现的阶段，人民群众在就业、社会保障、教育、医疗、住房等方面面临的问题日益突出，收入分配不公导致的社会矛盾不断加剧，这些矛盾及问题还将随着经济体制、社会结构、利益格局和思想观念的深刻变化，导致一些新的社会问题不断出现。结合昆明市实际情况，政府在近年来大力推进城市化建设的过程中，一方面实现了经济建设水平的大幅提升，另一方面也存在大量诸如人口老龄化、毒品和艾滋病、青少年犯罪预防、妇女儿童权益保护、残疾人康复服务、流动人口管理服务及基层社区建设等方面的问题亟须得到有效解决。在应对这些社会问题时，不仅需要综合运用行政、经济、法律等手段，还需要运用各国各地区已实践证明行之有效的社会工作专业方法和专门人才，来协助政府预防或解决问题，以维护社会稳定，促进社会公平，增进社会和谐。

第二，社会工作人才队伍建设是加强和创新社会管理的有效途径。如何形成"党委领导、政府负责、社会协同、公众参与"的社会管理格局，不断提高社会管理服务能力，是当前中央及各级地方政府需要不断探索的重大课题。胡锦涛在2011年2月份省部级主要领导干部社会管理及其创新专题研讨班开班仪式上发表重要讲话时就强调"要扎扎实实提高社会管理科学化水平，建设中国特色社会主义社会管理体系"，可见在构建社会主义和谐社会的过程中，要求更加突出政府的社会管理和公共服务职能，创新社会管理体制，大量社会工作人才及社会服务机构可以成为重要的协助力量。传统的社会管理手法及机制已经呈现其弊端，无法跟上时代发展的需要，新的社会管理方法亟须得到挖掘。因此，作为城市化、工业化背景下出现的社会工作专业，是旨在解决社会问题，增进社会福利的专业，其能够较好地作为政府的协助力量，促进政府职能转变，推动社会管理体制创新。

第三，社会工作人才队伍建设是夯实党的执政基础、提高党的执政能力的重要举措。长期以来，我们党在群众工作方面积累了丰富的经验，形成了独有的特色和优势，但在现代化建设过程中，纷繁复杂的国内国际形势，要求我们要不断探索群众工作的新方法、新路径，不断提高群众工作水平。特别是在涉及大量社会群体、矛盾突出的领域，以及事关老百姓生活福利服务的领域，需要开拓一种创新的工作手法，真正做到为老百姓服务。社会工作以助人自助为核心目标，其专业理念和方法可以成为新时期党密切联系群众的重要手法。因此，要更多地吸纳专业社会工作人才进入基层干部队伍，以及鼓励社会工作专业人才在不同领域工作，充分发挥他们在扶贫济困、矛盾调解、权益维护、心理疏导、行为矫治等方面的独特优势，从而丰富党的执政方式，提高党的执政能力。

第四，社会工作人才队伍建设有利于提升城市软实力，促进昆明面向东南亚区域化国际城市的建设目标。根据第六次人口普查统计数据，昆明市有常住人口643.2万人，其中户籍人口541万人，流动人口约185万人，总人口726万人。昆明市"十二五"规划纲要中明确提出，要将昆明建设成为面向东南亚的区域化国际城市，将昆明打造成为适宜养老及最具幸福感的城市。这需要在大力发展经济建设的同时，做好社会建设，关注养老、流动人口、儿童青少年、社区建设等方面的问题，进一步改善民生。社会工作作为"助人自助"的专业，其较为注重经济社会发展过程中人的参与，特别是社会弱势群体的参与，为满足人们日益增长的各种服务需求提供必要的服务，由此协助政府解决各种社会问题，预防各种不和谐因素产生，为经济社会发展保驾护航。

（二）社会工作人才的内涵

按照党中央、国务院《关于进一步加强人才工作的决定》中"大力加强以党政人才、企业经营管理人才和专业技术人才为主体的人才队伍建设"的要求，社会工作人才，应理解为专业技术人才的组成部分，是专业化的社会工作者。根据中组部"加强社会工作人才队伍建设问题研究"专题研究班的研讨成果，社会工作、社会工作人员、社会工作者（师）、社会工作人才的概念界定如下。

1. 社会工作

现代意义的社会工作是一种体现社会主义核心价值理念，在社会服务与管理领域，坚持"助人自助"宗旨，遵循专业伦理规范，综合运用专业知识、技能和方法，帮助有需要的个人、家庭、群体、组织和社区，整合社会资源，协调社会关系，预防和解决社会问题，恢复和发展社会功能，促进社会和谐的职业活动。我国社会工作广泛分布在社会福利、社会救助、减灾救灾、公益慈善、优抚安置、社区建设、扶贫开发、就业服务、教育辅导、卫生服务、司法矫正、人民调解、人口计生、信访调处、青少年服务、残疾人服务、为老服务、婚姻家庭服务等工作领域，具有跨行业、跨部门、跨所有制和高度分散的特点。

2. 社会工作人员

指职业从事社会工作的人（一般不把志愿者或"义工"包括在内）。他们主要分布在民政、劳动、教育、卫生、司法等部门以及工会、共青团、妇联等人民团体，是从事为人民群众特别是弱势人群提供直接服务的实际工作人员，同时也包括对直接服务提供管理服务的管理人员。社会工作人员的工作是社会工作性质的，但往往缺乏相应的社会工作专业知识和技能。

3. 社会工作者（师）

指具备规定的资格条件并取得特定机构认可，专门从事社会工作管理与服务的人员，简称社工。按其职业水平可分为助理社会工作师、社会工作师和高级社会工作师三个级别。

4. 社会工作人才

指具有良好的思想道德素质和一定的社会工作专业知识或技能，创造性地开展社会服务与社会管理、社会工作教育和理论研究等工作，为构建社会主义和谐社会、建设中国特色社会主义做出积极贡献的人员。

（三）社会工作未来发展趋势

第一，社会工作人才需求将进一步扩大，民办社会工作机构将逐年增多。基于社会工作在发达国家，如美国、英国、日本和我国香港、台湾及上海、深圳等地取得的成功经验，社会工作在预防和解决社会问题方面的功效已经越来越被各级党委、政府所重视。基于目前从中央到各级地方政府纷纷出台推动社会工作发展的政策措施，社会工作在中国各地的发展已经逐渐形成一股潮流。基于此，在未来几年内，无论是从现有政府及事业单位系统的转岗方式，还是新生式的社会工作机构岗位设置，都将会使社会工作岗位逐年增多，专业社会工作人才规模也将逐渐扩大。按照构建社会主义和谐社会和加强党的执政能力建设的要求，昆明市"十二五"期间预计在社会管理及社会服务领域对社会工作人才的需求将进一步扩大，民办社会工作机构也将逐步增多。

第二，专业社会工作与实际社会工作相辅相成，逐步走向融合。传统的社会救助、社会福利、妇女儿童、青少年、养老服务、流动人口社区服务等工作，目标、手段较为单一，更多侧重于对弱势群体外在的、物质层面上的帮助，工作更多仅能解决服务对象表面性、临时性的问题，而服务对象自助意识未能得到较好挖掘，个人及家庭深层次功能和信心未能得到恢复，导致服务对象对机构产生依赖心理，很难从根本上走出困境，重新恢复其社会功能。专业社会工作"助人自助""平等""接纳""案主自决""相信每个人都有改变的潜能"等理念，以及专业的个案、小组及社区工作手法，能促使现有工作在指导思想和目标上得到升华和拓展。鉴于此，传统实际社会工作与专业社会工作如何能够做到取长补短，相辅相成，进而产生真正适合本市经济社会发展需要的专业方法和模式，将成为未来昆明市社会工作人才队伍建设的重要方向。

第三，社会工作方法将从经验型向专业化方向发展和转化。昆明市现有大多数社会工作岗位都设置在民政系统及各个社会福利机构，其工作大多沿袭了传统的工作方法，虽然积累了一些宝贵的群众工作经验，但在利益格局调整和价值观念发生深刻转变的形势下，传统的一些工作手法开始越来越不适应社会发展的需要。专业社会工作方法体系以尊重、平等、接纳为其价值核心，注重以个案、小组、社区及社会工作行政工作四大工作方法有机结合，注重从个人问题延伸至以小组为动力推动的方式充分激发服务对象的潜能，并推动建立"党委领导、政府负责、社会协同及公众参与"机制以解决社会问题。这些专业方法在经过本土化实践检验后将逐步形成专业体系，并在现有社会福利及社会服务领域逐渐被引用，影响着现有实际社会工作方法和理念，推动传统经验型社会工作向专业化社会工作的开展和转化。

第四，社会工作将更加走向职业化，更广泛地获得社会大众的认同。就昆明市目前社会工作人才分布情况来看，其主要分散在各个民政、群团系统及社会组织开展的社会服务领域中，相对于民政、司法、卫生、教育等单位工作人员的主体工作而言，社会工作作为一种职业还缺乏明确的目标和统一的规范，大多涉及社会工作的岗位及服务都还仅仅作为单位的行政安排，而不是自愿选择。随着社会工作越来越被政府及社会大众所认可和重视，社会工作人才队伍建设步伐也将进一步加快，相关制度逐步得到完善，社会工作将从分散走向统一，职业内涵和外延逐步明确，职业理念和方法逐步统一，职业目标和作用逐步清晰，职业影响力逐步提升，职业权威也将逐步得到认可。

二 昆明市社会工作人才队伍建设现状分析

昆明市是全国较早开展社会工作实践和着力于社会工作人才队伍建设的城市之一。在近20年的专业化社会工作发展历程中,专业院校与各个机构之间的合作,已经积累了一定的社会工作教学及实务经验,培养了一批专业社工人才。这些经验需要被总结,以便更好地分析昆明市社会工作发展经验及教训,并为下一步推进社会工作人才队伍建设做铺垫。

(一)昆明市社会工作人才队伍基本现状

1. 社会工作人员分布范围

根据2010年昆明市民政局社会工作研究课题组研究数据,昆明市社会工作人员总数约为7336人,直接服务的人口数量超过600万(见图1)。[①]这些人员主要分布在民政、社区服务(街道办事处和乡镇、居委会和村委会),优抚安置,人力资源和社会保障,司法矫正,卫生教育,工、青、妇,残联系统及各类民间组织中。

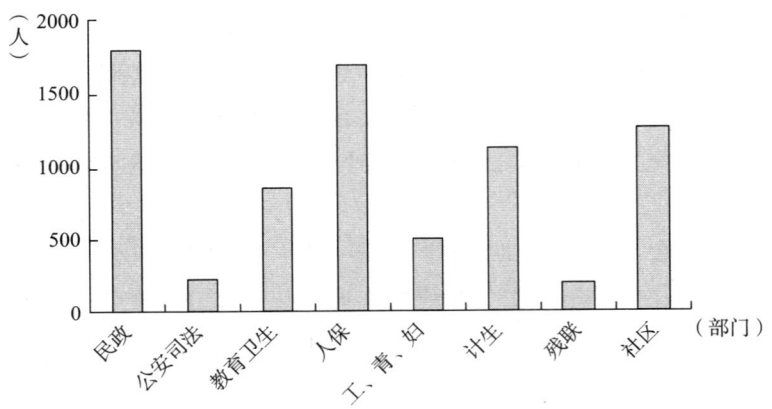

图1 各领域社会工作从业人员分布

民政系统类:民政局从事社会福利、社会救助、收养服务、社区建设、优抚安置、慈善事业、减灾救灾、婚姻登记和信访工作的职能科室;老龄委,农村老年协会;慈善总会;社会福利院、康复中心、乡镇福利院;社

---

① 以上相关数据来自2010年昆明市民政局关于昆明市社会工作现状的调查统计数据。

区居委会、农村村委会等。人数预计为1729人。

卫生教育系统类：卫生局从事医疗行为管理和监督、人事资格管理及纪检监察的职能科室；人民医院、中医院、妇幼保健院及各乡镇卫生院的具有社会服务职能的科室；食品和药品监督管理局；疾病预防控制局（中心）；各医疗民间协会；教育局工会；学校负责心理辅导的科室、招生就业处；人民教育基金会等。人数预计为815人。

人事劳动和保障系统类：人事局、劳动和社会保障局教育培训科、劳动保障监察大队、新型农村合作医疗报结中心；职业技能培训中心；就业管理局。人数预计为1635人。

司法行政系统类：司法局；乡镇司法所、人民调解委员会等。人数预计为215人。

残联系统类：残联负责维权、康复、教育、就业、扶贫、社会保障、宣传文体、专门协会管理、职业培训中心、就业服务中心、用品用具服务站的职能科室。人数预计为194人。

计划生育系统类：计划生育局；计划生育宣传技术指导站；乡镇计划生育技术服务站、计划生育办公室。

共青团系统类：各级团委；村团组织，学校团组织。人数预计为1066人。

工、青、妇及关工委等系统类：各级妇联；村（社区）妇代会；总工会；关工委等。人数预计为467人。

基层社区系统类：街道办事处；乡镇、居委会；村委会等。人数预计为1215人。

民间组织类：社会团体；民办非企业单位；基金会等。人数预计为500人。

其中，从社工人才队伍建设的重点领域民政领域的情况看，各级民政部门及下属事业单位的社会工作工作人员为1729人，其中社会福利为882人，优抚安置为322人，社会救助为320人，社会工作管理为71人，慈善事业及其他为134人（见图2）。在上述领域内，直接服务的人口数量超过161万人。

以上列举的社会工作人员都是在各个领域内从事实际社会工作的人员，不是专业社会工作者。这些人员虽然缺乏相应的社会工作专业方法和理念，但他们具备十分丰富的实际社会工作经验，只要经过一定时间的理论和实

云南社会工作参与社会治理创新实务与经验汇编

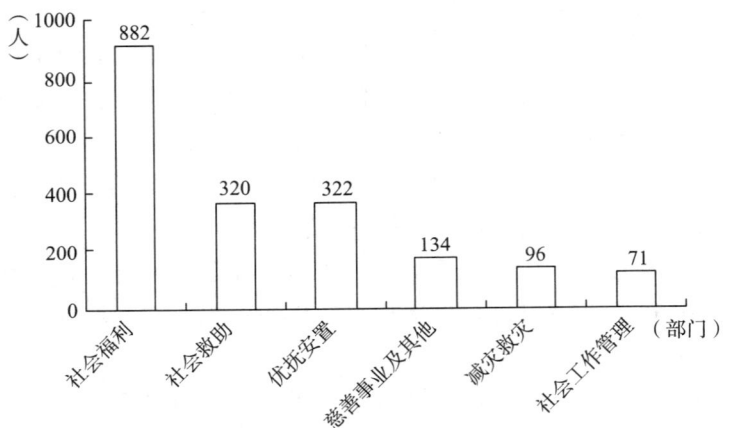

图2　民政领域社会工作从业人员分布

务能力培训即可实现向专业社会工作者的转变，他们是昆明市社会工作人才队伍建设的重要基础。

2. 专业社会工作人才概况

根据调查统计，截至2009年12月31日，昆明市有各类社会工作人才1095人，其中社会工作服务人才有958人，社会工作管理人才有104人，社会工作教育科研人才有33人。2008~2011年全国社会工作者职业水平考试中，昆明市有2000余人参加了考试，通过考试的人员共300余人，考试通过率超过15%（见图3）。

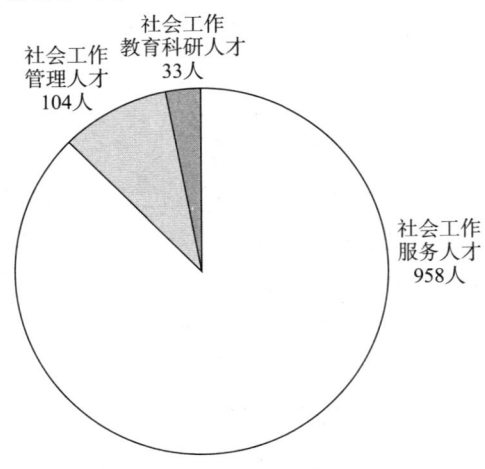

图3　社会工作人才分类情况

（二）昆明市社会工作人才队伍建设情况

1. 人才队伍建设试点工作顺利开展并积累了一定经验

2007年，昆明市社会福利院、市儿童福利院、市精神病院、市救助管理站和市西郊安置所五家事业单位被选定为全国首批社会工作人才队伍建设试点单位；2009年，昆明市又有军队离退休干部白马庙干休所、五华区护国街道办事处文庙社区居委会、盘龙区社区服务中心、官渡区吴井街道办事处、寻甸回族彝族自治县仁德镇道院村委会、寻甸回族彝族自治县仁德镇和平村委会、寻甸回族彝族自治县河口镇北大营村委会七家单位被列为全国第二批社会工作人才队伍建设试点单位。经过近4年的社会工作人才队伍建设试点工作，各个试点单位分别从在职工作人员社会工作考前培训、与社工高校合作试点以及社会工作岗位设置等方面进行了实践探索，在充分利用社会工作专业促进本单位业务工作开展方面取得了初步成效，工作人员对社会工作的认同度普遍提高，参加社会工作资格考试的人数逐年增加，这为进一步推动社会工作人才队伍建设奠定了重要基础。

2. 各级政府部门重视推动，前期调查研究工作成果显著

从昆明市民政局到昆明各区县民政部门，分别就各地民政及其他体制内社会工作人才队伍及社会组织中社会工作人才队伍现状进行了深度调研，在此基础上初步制定了社会工作人才队伍建设的政策框架。如昆明市民政局在2010年通过联合云南大学社会工作专家、学者的力量，就昆明市社会工作人才状况进行了调查研究，并撰写了调查研究报告及政策咨询报告，为政府更好地了解昆明市社会工作发展现状提供了宝贵的数据资料。昆明市各区民政部门也依照市委、市政府有关社会工作人才队伍建设规划的要求，积极开展针对本地区社会工作人才状况的调查研究工作，为各地区制定社工人才发展政策提供了重要依据。

3. 人才继续教育及培训工作取得长足发展

自2007年以来，每年都由市民政局牵头并下发文件，鼓励民政系统在职工作人员参加社会工作资格考试，并通过与高校社会工作系合作的方式，组织社会工作专家对在职工作人员进行考前培训。截至2011年，民政系统在职工作人员参加社会工作资格考试的人数大幅增加，考试通过率超过15%。在此基础上，通过严格制定岗位职称工资福利待遇标准，对考取助理社会工作师及中级社会工作师的工作人员给予薪资待遇上的奖励，以此激发更多人参加培训及社工资格考试,促进专业社会工作在民政系统内的发展,提升民政专业服务的能力。从目前针对在职工作人员的继续教育及培训效果来看,如昆明市社会福利院、儿童福利院、精神病院及救助管理站都先后开展了针对在职工作人员的社工培训,为工作人员带来了全新的工作思路和方法,工作人员原本对专业社会工作的排斥态度也慢慢改变,逐步接受了专业社会工作的理念和方法,并有少部分人开始在各自的岗位上进行实践尝试。

4. 高校社会工作专业发展迅速,专业人才培养规模逐年扩大

近几年,包括云南大学、云南财经大学、云南民族大学、昆明学院、云南大学滇池学院、西南林学院等开设有社会工作专业的高校,开始逐步扩大专业招生人数,专业师资力量也不断增强,社会工作理论教学及实务教学能力逐年提升,培养的社会工作人才无论是在具体服务的开展方面,还是在研究及政策倡导的能力方面,都有了极为明显的进步。如云南大学社会工作系具备社会工作相关博士学位的就有2人,其他大部分教师也接受过社会工作专业训练,云南大学每年培养的社会工作专业学生也从之前每一届的20多人,至2011年已达到每届超过40人的规模。其他高校招收社会工作专业学生的规模也在逐年扩大,每年的专业毕业生越来越多,从人才储备的角度看,这对于昆明市社会工作人才队伍建设具有战略性的意义。

(三)昆明市社会工作人才队伍建设存在的问题及分析

1. 存在问题

(1)专业人才总量不足

截至2010年底,昆明市的专业社会工作人才不足2000人,仅占全市总人口的0.17‰左右。参照国外有关数据,2005年美国专业社会工作人才总量已达到65万人,约占美国总人口的2‰~3‰;英国专业社会工作人才总量已达到12.5万人,约占总人口的2.5‰;加拿大专业社会工作人才约占总人口的2.2‰;日本专业社会工作人才约占总人口的6‰。相比较而言,昆明市专业社会工作人才数量仅为全市总人口的0.17‰,数量及比例都远远低于国内外发达地区,但昆明市作为未来面向区域化发展的国际化城市,其人口、经济、文化、教育及社会保障水平都处于云南省领头地位,未来将更加朝着工业化及城市化的方向发展。而工业化和城市化快速发展导致的各种社会问题和社会矛盾将会不可避免,如地区发展不平衡、贫富差距拉大、自然灾害频发、流动人口居住及生活保障、养老问题、青少年犯罪、网络成瘾问题及社区公共服务改善问题等，都需要专业的社会工作者作为人才保障。按照昆明总人口（包括流动人口）726万人计算，若依据每1000人配备2名社工的比例计算，昆明社会工作人才需求约为15000名，依据目前已通过专业资格考试人数为300人计算，目前昆明市专业社会工作人才缺口超过万名。

（2）专业人才结构不合理

据调查统计分析显示，目前昆明市实际社会工作人员主要分布在民政系统的各个单位和部门，存在整体结构不合理的情况。主要表现在如下几个方面：一是年龄结构整体偏大，现有从事实际社会工作的人员当中，45岁以上的约占总人数的52%以上；二是城乡差异大，在城市从事实际社会工作相关服务的人员总数要远远超出在乡镇及农村一级开展工作的人员数量；三是从事事后补救性工作的社会工作人员较多，从事事前预防或发展型社会工作的人员较少，如各级民政部门的救灾救济及扶贫工作、社会福利院的照顾服务工作、救助管理站的救助管理工作等，更多停留于救助救济层面，较缺乏一种发展型社会工作的方法和思路；四是人员分布领域不均，昆明市社会工作人员大都集中于民政领域，但结合实际情况，在民族工作、农村扶贫工作、禁毒防艾和犯罪预防工作、防灾减灾工作、流动人口社区工作等领域则大量缺乏专业社会工作人才。以流动人口社区服务为例，按照昆明市200万流动人口总数计算，至少需要3000名社会工作者提供专业服务，但现实情况是目前从事流动人口社区服务工作的专业社会工作者不足50人，人才缺口巨大。

（3）人才队伍专业化程度不高

现有社会工作人员总体学历水平偏低，高层次社会工作人才匮乏。就目前昆明情况来看，昆明每年有近200名社会工作专业高校毕业生，通过资格考试留昆工作的不足30人；同时，大部分实际社会工作人员总体学历水平偏低，缺乏在职继续教育培训的机会。根据调查数据显示，全市现有社会工作人员大多为中专或大专学历，硕士学历的仅为25人，大学本科学历的有1914人，大学本科及以上学历的人员总数仅为总人数的26%。他们当中大多没有接受过系统的社会工作专业教育，其工作手段较为单一，方法较为落后，难以适应现代社会服务的发展需求，无法向群众及社区提供个性化、多样化、系统化及专业化的服务。如调查司法系统的工作人员总数为 215 人，但其专业背景几乎没有涉及社会工作、社会学、心理学、教育学及公共管理学等专业，由于缺乏专业的工作方法和思路，其大部分工作仅能凭借多年的工作经验，再加上由于昆明市社会工作缺乏相应的行业自律和相关评估规定，工作人员无法有效应对和解决新的、复杂的社会问题。

(4) 职业定位不明确，人才流失问题严重

如何确定社会工作的职业地位，是当前我国社会工作人才队伍建设的瓶颈之一，也是困扰昆明市社会工作发展的主要问题。从 2007 年全国社会工作资格认证考试开始，民政部即要求各地区研究制定社会工作岗位、专业评价制度以及相应的福利待遇制度。截至 2011 年，除了深圳、广州及东莞等城市，其他省份及地区还没有建立起相应的社会工作制度，昆明也是如此。正是缺乏明确的职业定位和专业资格认证，在岗位、薪酬待遇、专业评价制度和职业身份认定等方面还未明确专业社会工作者与其他专业技术人员享受相应的同等待遇，从而导致出现两个方面的问题。一方面是在昆明市民政系统及相关社会福利机构中，实际社会工作人员看不到专业岗位制定能够带来的工作提升及相应的福利待遇，缺乏对社会工作专业的认同及重视，导致部分工作人员不把社会工作岗位看作长期的或正式的职业，只是将其作为过渡性、跳板型的职业，也因此导致了工作及专业能力提升方面的动力不足。另一方面是接受过高校社会工作专业教育训练的毕业生，由于缺乏相应社会工作机构提供的社工岗位，以及整个社会对于社会工作专业的认同度较低，大批专业社会工作人才往其他行业流失，少部分会被吸纳到深圳及广州的各类社会工作机构，仅有不到 5% 的人才留在了昆明从事社会工作事业。可见，昆明市社会工作专业人才流失问题较为突出，严重影响了昆明市社会工作人才队伍建设的推进。

(5) 行业组织建设滞后，行业规范及制度不明确

社会工作人员培训、社会工作机构的孵化以及社会工作行业规章制度确立等方面，都需要有专门的机构来进行规范运营。但就目前来看，昆明市主要通过在民政局设立社会工作处来对社会工作资格考试、考前培训等方面进行统一管理。由于受到人力资源及资金等方面的限制，政府设立的社工处无法较好地真正处理昆明市社会工作人才队伍建设过程中的各种具体事务。参照国内外不同地区社会工作统筹安排机构的设置情况，由政府指导成立的社会工作协会是较为成功的经验，这可以成为昆明社会工作人才队伍建设的重要参照。

2. 原因分析

昆明社会工作人才队伍建设目前仍处于起步阶段，存在上述一些问题，既有作为新事物发展过程中缺乏相关经验可借鉴的原因，也有整个社会对社会工作专业的认同度不高的缘故。概括起来有以下几个方面的原因。

（1）人才队伍建设投入不足

当前，地方财政收入较为不足，开展工作的专项经费较难保证，没有建立起稳定的支持社会工作发展的财政制度，导致政府财政对社会工作及其人才队伍建设的人力资本投入不足，从而使社会工作人才队伍的建设举步维艰。相对于其他行业来讲，从事社会工作的人员薪酬偏低，缺少足够的吸引力与职业发展空间。

（2）本土社会工作机构发展不足，社会工作岗位缺乏

在现有的民政或公共服务领域的工作人员中，存在公务员、参公管理、事业单位编制、集体编制、下岗后再聘、退休后返聘、临时工、民办非企业等多种用工形式。调查资料显示，公务员编制的人员约占36.4%，参公管理人员约占14.1%，事业单位编制人员约占36.5%，其他形式约占13%。因为没有一个明确的专业资格准入制度，许多工作人员为多年来从事民政服务工作却没有一个正式的编制而苦恼，这极大地打击了其工作的积极性，严重影响了工作队伍的稳定性和服务质量。目前，昆明各级各类公共服务和社会管理部门，如民政部门、社会保障部门、教育卫生系统，以及共青团、妇联等团体的主要业务部门，未能配备社会工作专业人才和设置专门的社会工作岗位，没有形成职业化的岗位体系，社会工作岗位开发与设置政策还没有制定出台，社工岗位不明确，专业社会工作岗位十分有限。

同时，大批从社会工作高校毕业的优秀社工人才，由于缺乏合适的社工岗位，社工人才流失状况严重。以云南大学社会工作专业为例，每年有近40名社会工作专业的毕业生，但能留在昆明从事社会工作服务事业的平均仅为3人左右，其他大部分都转入了其他行业工作，少部分流动至深圳及广州等社会工作机构发展水平较高的地区。

（3）社会工作人才培养培训体系建设尚不健全

昆明市高校的社会工作专业建设仍处于起步阶段，部分教师专业背景不强，整体师资水平有待提高，同时具备教学、实务及研究能力的社会工作教师严重匮乏。学科建设、教材建设不系统，专业教育普遍重理论、轻实践，缺乏专业实习和实践培训基地，学生实习实践质量无法保证，难以

适应社工人才实用性、应用性较强的需求特征。同时，昆明目前从事实际社会工作的人员大都不具备社工专业知识背景，而社工继续教育和岗位培训体系尚不完善，导致实际社会工作人员无法较好地转化为专业社会工作人才，专业服务开展质量不高。此外，昆明目前在社会工作继续教育培训方面的机构数量较少、层次不高、功能不足，尤其在专业性强、国际化程度高的教育培训资源方面较为缺乏。

（4）科学合理的社会工作人才使用、评价、激励体系尚不完备，人才管理统筹协调的合力不强

目前，社会工作人才评价认定标准还较为单一，以实绩论人才的氛围和机制尚未形成；社会工作师执业资格制度还没有建立，专业社会工作人才职称发展序列及其相关福利待遇难以落实；没有形成职业化的岗位体系，社会工作岗位开发与设置政策还没有制定出台，社工岗位不明确，专业社会工作岗位十分有限；社会工作人员的职业规范、职业资格证书、职业水平认证、注册管理、实务督导、服务评估、项目设计、岗位配置、职业级别、薪酬标准、激励措施等一系列配套制度也尚未健全；在职社会工作者缺少足够的职业发展空间。以上多方面原因导致社工人才流失问题严重。

与此同时，社会工作人才队伍管理涉及党群、民政、司法、工、青、妇等数十个部门和组织，每个部门对于社会工作作为一种新兴专业及该职业是否能够对本部门工作起到促进作用还缺乏现实的经验参照。因此，社会工作岗位的设置与开发，对于引进社会工作人才都有各自相应的要求，各个部门缺少牵头抓总的部门来整合资源和统筹协调。除昆明市民政局已经设立社会工作处外，其他市、县区、乡镇的社会工作行政机构目前还处于空白。

（5）公众对社会工作的认知水平及认同程度不高，社会工作发展的软环境较差

由于现阶段社会工作的需求没得到有效的开发，加上社工自身作用发挥不够明显以及相关的社会宣传不够，公众对社会工作和社工的认知率偏低，充分发挥社工潜能的工作机制有待进一步强化，对社会工作人才关爱、关心不够，爱才、惜才、用才的人才理念和社会氛围没有完全形成。

三 社会工作人才队伍建设的外地经验及启示

社会工作人才队伍建设在深圳、广州、东莞、北京、上海等地已经获得发展并积累了一些较为宝贵的经验，值得我们分析与借鉴，以期从中获得启示，更好地促进昆明市社会工作人才队伍建设工作的开展。

（一）外地经验总结

1. 创办社会工作实体方面

北京的做法主要有三个层面：第一是在街道办和社区居委会建立社会工作站进行运作；第二是在不同地区如东城区、西城区，由民政局负责牵头，鼓励成立社会工作机构如社会工作事务所，政府提供统一的办公场所，经费部分由政府拨款，部分由机构自筹；第三是推动现有社会组织的转化，将服务开展较好、制度及实际运作较为成熟的机构直接转化为社会工作机构，如北京协作者文化传播中心，原先是一家社会组织机构，在北京市西城区民政局的支持下现已转化为北京协作者社会工作服务中心。上海的做法主要包括三个方面：第一是通过在社区鼓励成立社会组织的方式提供社会工作专业服务；第二是保持较早成立的社会工作机构，如乐群社会工作服务社、阳光青少年社会工作服务中心等；第三是通过政府支持成立社会工作事务所的方式进行运作，如上海浦东区××社会工作事务所，专门开展针对企业工人的社会工作服务。深圳的做法主要围绕成立社会工作机构的方式进行，由其业务主管部门即深圳市民政局出台相关政策，鼓励高校教师、具备社会工作相关资质的人员出资成立社会工作服务社，政府以购买服务的方式支持机构的运营。广州及东莞主要在借鉴深圳模式的基础上进行了改进和创新，民政局支持社会工作机构的成立，并在社区成立社区服务中心，由各个区及街道办以项目招标的方式，购买社会工作机构的服务。

2. 社会工作者继续教育培训方面

从目前各地所开展的社会工作者在职培训来看，针对系统内实际社会工作者，以考前培训为主。如北京、上海、郑州、重庆及昆明等城市，每年都会以民政厅或各市民政局为组织者定期组织开展社会工作考前培训，通过聘请高校社会工作专家，对民政系统、妇联群团组织中的实际社会工

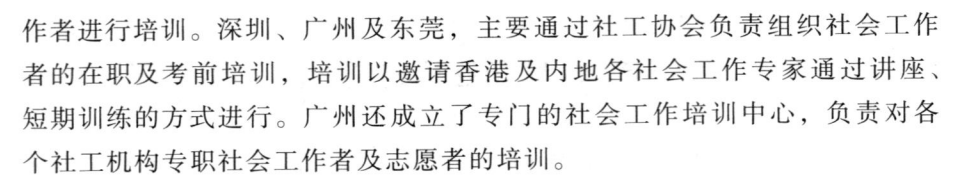

作者进行培训。深圳、广州及东莞，主要通过社工协会负责组织社会工作者的在职及考前培训，培训以邀请香港及内地各社会工作专家通过讲座、短期训练的方式进行。广州还成立了专门的社会工作培训中心，负责对各个社工机构专职社会工作者及志愿者的培训。

3. 社工联动义工方面

从 2006 年开始，伴随着推进社会工作职业化、专业化的步伐加快，"社工联动义工"的推行方式也随之展开。就目前来看，中国大多数地区主要推行的"社工联动义工"模式基本是在中央政府和当地政府的积极推动下开展的，此种做法可以充分利用政府所提供的资源进行服务的开发，降低服务成本，提高服务效率。如深圳"社工＋义工"联动参与城市治理模式的运作机制已初步形成。主要通过社会工作机构与义工联合会的合作，社工机构自主负责招募义工开展服务。义工统一由义工联合会负责招募和培训，配合社工服务的开展，义工承担了大量非专业性的工作，为社工开展服务提供了重要的人力资源补充。上海的做法主要有三个方面，一是以政府为主导，推动社工、义工"两工联动"的机制建设，如普陀区坚持"政府主导、行业管理、民间运作、社工服务、义工参与"的工作思路，积极探索社区建设、社会组织和社会工作人才"三社互动"的发展模式，确立了"党委政府引导扶持，职能部门规范指导，义工社团自律管理，服务机构组织实施，社工引领指导义工，政府购买服务提供支撑，社会各方广泛参与"的运行机制。二是以专业机构为载体，推动社工、义工的制度建设。普陀区通过组建专业机构，推动社工、义工制度的建立。在区一级成立社工协会，统一管理全区的社工、义工队伍；在街道、镇层面成立分会，具体负责社工、义工队伍的招募、审批、培训、考核；试行公务员每年 40 小时义工服务考核；重点探索发展医疗、法律、教育等专业的义工。三是以专业社工为抓手，实现义工服务的经常性管理。由社工组织义工开展常规服务，对义工进行长效管理。广州已初步建立了"市义务工作联合会—区义务工作协会—街道义务工作联络处—社区义务工作工作站"的组织管理架构。

4. 社会工作岗位开发方面

社会工作岗位的开发与设置是加快社会工作发展、加强社会工作队伍建设的重要基础性工作。社会工作岗位开发的合理与否，关系着在社会工作人才队伍建设过程中，能否有一个合理的岗位框架来吸引、招募社工人才，能否在各类部门、机构中合理有效地安排与放置社会工作人才。目前在开发社会工作岗位方面，从全国来看主要有两种做法。一是通过成立专门的社会工作服务机构，并通过政府购买服务的方式，设置专门的社会工作岗位。如上海、北京、广州、深圳及东莞等城市，通过政府出台相关优惠政策如减少登记程序、给予场地及资金支持等措施鼓励成立机构，以此开发社会工作岗位。二是通过在政府系统内如民政系统以及工会、妇联等其他群团组织内部设置社会工作岗位的方式进行岗位的开发。此种做法，更多是通过对在职工作人员培训及考试的方式进行直接的转岗，有少部分如妇联、福利院等通过在其相关组织内部设置社会工作岗位，以公开考试的方式进行招聘。

5. 建立社会工作实践培训基地方面

社会工作实践培训基地是大学社会工作专业学生及在职社会工作者参与社会工作专业培训的重要平台。从全国各个地区和城市来看，现有的社会工作实践培训基地，更多的是高校社会工作专业院系与民政系统、群团组织、各社会组织合作成立的针对高校社会工作专业学生的实践培训基地，专门针对在职社会工作者培训的实践基地较为缺乏。此外，中国社会工作协会及社会工作教育协会通过与全国各地民办社会工作机构合作，成立专门的针对全国高校社会工作专业学生的实习基地也是其中一种形式。各地的社会工作协会如深圳社会工作协会、广州社会工作协会、北京市东城区社会工作协会等，也会与当地社会工作机构进行合作，建立实习实践基地，以此可以通过高校毕业生及在职社会工作者的实习，达到实践培训的目的。目前来看，针对高校社会工作专业学生的实习培训基地较多，而针对在职社工及准社工培训用的实践培训基地则较少。这是由于针对目前在职特别是体制内实际社会工作者的培训更多集中于考前培训，其较少涉及实践培训的部分。特别是深圳、广州、东莞等城市民政局出台规定，要求在职社工每年需要有60~90个小时的培训。当中，更多的也仅集中于参加讲座、交流会及考试培训方面，基本较少涉及实践培训的部分。

（二）启示

结合外地探索并积累的经验，紧扣昆明本地实际情况，可获得以下几个方面的启示。

第一，党委及政府部门重视并大力进行扶持、引导和推动是关键，但需要注意各部门之间的配合与协调。从国内外社会工作发展较好的城市和地区的经验来看，社会工作人才队伍建设能获得长足发展，基本前提是必须要有政府力量的推动及扶持。从北京和谐社区建设中对于社会工作人才队伍发展的重视，到深圳市委、市政府牵头，市民政局推动的创新模式探索，都体现了当地政府在对社会工作能够较好促进社会和谐，推动经济社会发展的重要性的高度认识基础上所做的重大决策。做好昆明社会工作人才队伍建设工作，基本前提也是在于市委、市政府及相关部门领导对社会工作人才队伍建设的重要性进行深度认识及高度认可，在此基础上才有推动人才建设的可能。与此同时，由于社会工作人才队伍建设涉及人事、财政、公安、司法、民政及工、青、妇等部门和组织，需要各部门之间达成共识并进行积极配合与协调，方能顺利推动工作的开展。

第二，机构设置及岗位开发是平台基础，但需要注意将系统内岗位转化与民办社会工作机构岗位设置进行有机结合。社会工作人才能否"引得来、留得住"，是人才队伍建设的基本前提。就全国其他城市经验来看，政府扶持成立民办社会工作机构及在政府相关部门设置社会工作岗位，是吸纳社会工作人才的重要渠道。如深圳、广州和东莞鼓励创办社会工作机构的做法，已经吸纳了大量优秀的社会工作人才，为当地经济社会发展做出了重要贡献。但同时也看到，昆明目前大量实际社会工作者主要分布在民政、司法、卫生、教育及工、青、妇系统，因此，需要通过培训、考试及考核奖励的方式，将这部分人转化为专业社会工作者，由此避免其他地区出现的因太过强调专业而对实际社会工作者形成的排斥，以致产生工作阻力。

第三，继续教育培训是保障专业服务质量的基本前提，但需要特别突出实践教育培训。社会工作人才能否有效提供专业社会服务，继续教育和培训十分重要。就目前北京、深圳、广州、上海等地区的经验来看，继续教育培训主要集中于考前的培训，侧重于理论方面，缺乏持续性、针对性及实践环节的培训设置，因此无法较好地提升实际社会工作人员的专业能力。特别是社会工作需要结合本地实际情况进行服务模式的探索，这个过程需要依靠本地培训资源如高校社会工作及专业服务机构的力量，开发有针对性的培训课程，将理论讲授与实践学习进行有效结合，真正使专业社会工作人才在实际工作中学有所用，避免培训的形式化。

第四，社工联动专业志愿者是服务成效最大化的重要保障，但需要加强对志愿者的专业培训工作。在社会工作发展刚起步的阶段，专业社会工作者人数较少，服务面较窄，为更好地将服务范围扩大，满足更多服务需要，必须将志愿者纳入，使其成为重要的人力及专业力量补充。深圳社工联动义工模式所取得的成效，让我们看到了发挥志愿者作用的重要性。但同时需要看到，志愿者更多是凭借热情做事，缺乏基本的服务理念和手法，由此时常导致"帮倒忙"的情况出现。这就需要在志愿者正式开始服务前对他们进行系统培训，如此方能更好地发挥他们的积极作用。政府以购买服务的方式委托第三方对志愿者进行组织、管理和培训就非常重要。

第五，公众及媒体宣传是改善人才建设软环境的有效手段，但要坚持实事求是的原则。软环境发展的好坏决定着人才队伍建设的根基稳固程度。深圳、广州、东莞、北京及上海通过媒体宣传、社工文化节、十佳社工评选等活动，增强广大市民对社会工作的认识、认知及认同，进而为社会工作者开展服务奠定了群众基础。但同时需要注意的是，不少地方为了让公众对社会工作有更快的认同，往往夸大甚至神化了社会工作的功能，出现了公众对社会工作无所不能的认识偏差。这可能导致出现在本土社会工作模式尚未充分开发的情况下，传统助人工作理念和方法就已经被摒弃。这些经验给我们的启示包括：一方面需要加大对现有社会工作机构的组织评估及宣传，通过媒体对普通民众进行社会工作知识普及；另一方面需要注重采集本地社会工作实际案例，以使宣传变得更加实际且有针对性，使得公众更为客观地认识和了解社会工作，避免认识上的误区。

四 昆明市社会工作人才队伍建设的有利条件

近年来，在市委、市政府的领导下，全市各级部门在推进社会工作和社会工作人才队伍建设方面进行了积极的探索，并取得了初步成效。总结起来，昆明市在开展社会工作人才队伍建设方面主要有以下几个方面的有利条件。

第一，社会工作人才队伍已纳入昆明市"十二五"人才发展规划。在昆明市"十二五"规划纲要中明确提出，要强化政府的社会管理和公共服务职能，提高公共产品和公共服务的供给能力，逐步形成惠及全体人民的基本公共服务体系。按照市委的要求，将社会工作人才与党政人才、专业技术人才、经营管理人才、高技能人才和农村实用人才一起列入党管人才、人才强市战略的总体部署，对社会工作人才队伍建设提出了明确要求。这为社会工作人才队伍建设提供了政策支持和制度保证。

第二，社会工作人才队伍建设试点工作奠定了重要经验基础。在过去几年时间里，昆明市12家社会工作人才队伍建设试点单位获得了省市各级民政部门的大力支持和指导，通过引进高校专业力量，曾开展过多次专业社会工作理论及实务能力提升培训工作，使传统实际社会工作服务逐步转向专业社会工作服务，在人才培养及实际工作方法等方面都积累了一定的经验。这些都将成为昆明市社会工作人才队伍建设的重要经验基础。

第三，高校社会工作教育发展奠定了坚实的人才基础。昆明市社会工作专业教育一直走在全国前列。云南大学是国内最早开设社会工作专业的高校之一，其在专业人才培养、教学科研以及服务社会方面都在中西部甚至全国处于领先地位。1993~2011年，云南大学已累积培养近500名专业社会工作者，他们分布在社会服务及社会发展的各个领域，其专业服务能力获得了社会各界的普遍赞誉。近年来，昆明市先后又有云南财经大学、云南农业大学、云南民族大学、昆明学院、云南大学滇池学院等六所高校相继开设了社会工作专业，设置了专科、本科和研究生学位，每年培养的社会工作专业毕业生近300名，其将成为昆明市社会工作人才队伍建设的重要基础。

第四，省市各级部门前期的推动工作奠定了经验基础。2008年以来，云南省民政厅先后发布了《关于做好社会工作者职业水平证书登记工作的通知》《关于启用云南省民政厅社会工作者登记专用章的通知》《云南省民政事业单位岗位设置结构比例指导标准（试行）》《社会工作者继续教育实施意见》《社会工作者职业水平证书登记实施办法》等，从省级层面对社会工作人才队伍建设工作进行了大力推动。同时，各试点地区和单位开始以向社会公开招聘、竞争上岗等形式选拔社会工作者，逐步积累了系统内开发和设置社会工作岗位的经验；民政系统、妇联组织及社区居委会等，逐步注重开展对部门干部及工作人员的培训工作，不断提高他们的专业化水平，这也为昆明市社会工作人才队伍建设积累了重要的经验。

第五，大量民办社会组织提供了本土社会工作发展的经验借鉴。昆明作为全国社会组织聚集程度最高的城市，自20世纪90年代以来，一直有大量专业社会工作者在这些组织中开展针对戒毒防艾、青少年犯罪预防、老年服务、精神健康及农村扶贫发展等问题的社会工作，积累了宝贵的社会工作经验，培养了大批社会工作人才。这些机构及人才一方面可以成为昆明市社会工作人才队伍建设的人才保证，另一方面，也将为专业社会工作机构的发展提供重要经验借鉴。

五 昆明市社会工作人才队伍建设的总体思路和目标

（一）指导思想

以邓小平理论和"三个代表"重要思想为指导，全面贯彻落实科学发展观，巩固党的执政基础、提高党的执政能力，按照市委、市政府着力保障民生改善及构建和谐社会的要求，坚持党管人才原则，牢固树立科学人才观，认真贯彻中央和省委、省政府关于社会工作人才队伍建设的精神，推进社会管理体制和社会服务体系改革创新，加快社会工作发展步伐，培养造就一支数量充足、结构合理、素质优良的社会工作人才队伍，为构建和谐昆明、建设面向西南开放桥头堡及建立区域化国家城市和巩固党的执政基础提供强有力的人才支撑。

（二）指导原则

1. 坚持党管人才原则，把握社会工作人才队伍建设的正确方向

发挥党的政治优势和组织优势，把跨部门、跨行业、跨所有制，广泛分布于各个领域、各个层次、各个方面的社会工作人才凝聚和组织起来，使其成为和谐社会建设的生力军。加强党的领导，坚持管宏观、管政策、管协调、管服务，增强社会工作人才队伍建设的整体合力。树立科学人才观，探索社会工作人才开发的特点和规律，鼓励社会工作人员"在不同岗位上均可成才""在不同人生阶段皆可成才"，拓展人才开发的视野。坚持社会主义核心价值体系，弘扬社会工作者独特的价值观和职业伦理，引导社会工作者增强光荣感、责任感、使命感，主动融入和谐社会建设的伟大事业之中。

2. 坚持可持续发展原则，把社会工作发展作为建设社会工作人才队伍的首要任务

没有社会工作的充分发展，社会工作人才队伍建设就是"无源之水"

"无本之木"。当前首要坚持科学发展观，着眼于经济社会的全面、协调、可持续发展，把社会工作放到构建和谐社会的战略高度予以推进；针对共建共享和谐社会的现实需求，制定更多惠及民生的社会福利和保障政策，为社会工作提供依托；进一步把政府的工作重点转向社会管理和公共服务领域，推进社会协同和公众参与，加快社区建设，深化事业单位改革，为社会工作发展提供空间；着力扫除社会工作发展在体制、机制、法制上的各种障碍，努力营造良好社会氛围，形成"哪里有社会问题哪里就有社工"的社会工作人才队伍体系。

3. 坚持整体规划与分类实施相结合的原则，稳步推进社会工作人才队伍建设工作

着眼长远，立足现实，明确今后一个阶段推进昆明市社会工作人才队伍建设的指导思想、总体目标和主要措施。根据不同领域、不同身份、不同层次社会工作从业人员的具体情况，因地制宜，分清轻重缓急，分类指导实施，避免一哄而上。鼓励试点探索、典型引路，允许各种模式百花齐放。处理好继承与创新、改革与发展、盘活存量与扩大增量、城市与农村等关系，科学预测、妥善处理可能出现的各种矛盾和问题，有计划、按步骤确保社会工作人才队伍建设有条不紊地推进。

4. 坚持专业化的原则，加快推进社会工作人才职业化、专业化进程

职业化和专业化是社会工作人才队伍建设的发展方向，两者相辅相成、互相促进。职业化是当务之急，必须尽快明确职业范围界定、规范职业资格准入、开发职业工作岗位、健全职业规范标准、建立职业发展体系、抓好职业水平评价、落实职业保障措施，使他们能有清晰的职业前景，明确专业成才各个阶段的目标，从而为社会工作人才留足职业发展的通道和空间。专业化是社会工作发展的"生命线"，必须大力推进社会工作人才的专业培养，既要加大力度抓好高校人才的源头培养，又要充分发挥高校、社会培训机构等各种教育培训资源的作用，抓好现有从业社会工作人员专业培训，确保社会工作的专业权威和职业品质。要通过晋级考试、考核、年度培训、学历教育和继续教育等多种方式，来保证社会工作者的思想道德素质和专业技术水平不断提高。

5. 坚持社会组织在人才使用中的主体地位原则，着力提升社会工作人才开发的社会化水平

社会工作人才队伍是以社会化的方式解决现代社会各种问题的专业力

量。国外和国内一些地区的发展经验表明：社会工作发展的主要载体不是政府部门和政府事业单位，而是以民间组织和社会团体为主要依托。因此，社会工作人才开发必须大力培育和扶持各种社会组织，要把大力培育发展各类民间非营利性组织作为从事社会工作的主要着力点和开发社会工作岗位的重要源泉，使之成为人才吸纳的主要载体和人才使用的主要舞台。加快政府职能转变和工作方式转换，不断扩大政府间接提高社会服务水平的领域和范围，为社会组织发展让出空间。发挥政策引导、财力保障等主导作用，采取政府社会服务外包或购买服务的方式，推动社会工作人才使用、资格认定、培养机构和服务提供方式的社会化。发挥市场机制在人才配置中的基础作用，逐步形成政府调控、行业指导、用人单位自主、个人自由选择的灵活机制，促进社会组织的有序竞争，降低社会管理和公共服务成本，提高社会服务效率。

6. 遵循社会工作国际通则，探索建立社会工作人才开发的本土化模式

社会工作在国际上已是一种成熟职业，昆明市的社会工作人才队伍建设理应坚持"走出去、请进来"，学习境外先进的理念和方法。同时，必须立足省情、市情，继承和发扬国内社会工作及其他领域人才队伍建设的成功经验，尤其是长期以来党的群众工作的优良传统和方法。注重吸收中国传统文化中的合理内核，探索中国特色的社工价值理念。高度重视和深度开发社会工作领域的存量人力资源，并以需求为导向，聚焦迫切需要解决的社会问题，确定社会工作服务对象。发挥政府在社会工作职业化初级阶段的主导作用，积极探索昆明特色的社会工作人才开发模式。

（三）昆明社会工作人才队伍建设的总体思路

1. 前期以政府推动为主，推进社会工作人才队伍建设试点

根据北京、上海、深圳等较早开展社会工作城市的经验，政府推动是社会工作发展破冰期的主要力量。目前昆明还较少有社会组织有能力开展社会工作，这就需要政府多方位的支持来使他们逐步发展壮大。同时，在政府职能转变过程中，社会工作将以一种全新的管理理念促进社会管理方式革新，以一种有效的参与途径实现公众参与治理的要求。逐步将社会工作由最初的政府推动，发展到各类社会组织的广泛参与，服务主体多元化的良好态势。在 2011 年至 2012 年的两年时间里，结合昆明和谐社区建设的试点要求，首先在基层社区及组织开展社会工作人才队伍建设试点，逐步实现行政事业单位中从事社会服务的社会工作人员向专业社会工作者的身份转变；建立支持和培育民间社会服务机构、社会工作人才队伍建设的政策和制度。逐步分阶段进行，为昆明市社会工作人才队伍建设积累经验。

2. 以重点领域为切入点，逐步向各个领域扩展

昆明社会工作发展的重点领域是民政部门的社会福利与社会救助领域、减灾救灾领域，卫生部门的疾病控制领域，公安部门的禁毒、社会治安综合治理和司法矫正，以及城乡社区建设等领域，目前已具备一定的工作基础及经验。昆明社会工作的开展将通过这些领域的带动，在总结经验的基础上，逐步推进到其他社会服务的层面。随着昆明经济的不断发展，社会服务的领域不断扩大，需求日趋多元化，社会工作将逐步从传统的救助、福利领域向权益保障、家庭和个人生活服务等领域拓展进而到文化适应、社区认同领域。社会工作将集中在社区建设、福利保障、司法矫正、禁毒防艾、公共卫生、精神健康、学校教育、就业服务、流动人口服务等社会服务领域。

3. 依托高校社会工作专业教育，建立专业教育、职业教育、岗位培训与职业资格考试相结合的多层次社会工作人才培养体系

建设适应昆明市经济社会发展和社会建设需要的社会工作人才队伍，需要有一个完整的教育培训体系。目前，昆明地区社会工作专业高等教育已初具规模，包括本专科和研究生在内的高校社会工作专业学生接近500人，每年有毕业生大约150名。按当时的计划，2011年后的5年内，应加强高校社会工作专业建设，积极发展专业教育，使在校学生人数达到2000人，其中，大专、高职学生1200人，本科、研究生800人；每年毕业600人；到2020年，达到在校学生人数3600人，每年毕业900人。与此同时，目前昆明市社会工作职业教育和培训尚未开展，需尽快建立以继续教育和岗位培训为主要内容的职业教育与培训体系。如需要依托高校建立全市社会工作者教育培训中心，承担起职业教育、岗位培训和职业资格考试等项工作。要在3~5年内，争取对50%的社会工作在职人员进行轮训；到2020年，其余从事社会工作的人员全部经过上岗培训或职业培训。

4. 以制度建设为核心，逐步实现社会工作的职业化与专业化

制度建设是实现职业化与专业化的关键环节。在国家相关政策方针的指导下，以制度建设为核心，逐步建立起以培养、评价、使用、激励等为主要内容的政策措施和制度保障，提高社会工作人员的职业素质和专业水平，积极推进其职业化、专业化进程，从而为构建和谐社会提供人才保证。

（四）总体目标

通过试点（2011~2012年）、重点突破（2012~2015年）和全面推进（2015~2020年）三个阶段逐步实现。

1. 近期目标（2011~2012年）

数量目标：抓好试点，打牢基础，建立一支人数规模在800人左右的社会工作人才队伍。

结构目标：抓好全国第一批社会工作试点地区及单位的经验总结和深化工作，做好第二批社会工作试点地区及单位的推动工作，在社区管理和社区服务、社会救助、养老和老年人照顾、残疾人照顾、精神健康、农村、少数民族等领域开展社会工作。开展市级社会工作试点，进一步扩大昆明市社会工作及其人才队伍建设试点范围，深化试点层次，增强试点效果。争创全国试点示范市（区、县）和单位创建活动，发挥示范地区和单位的引领带动和辐射作用。

环境目标：着重突出党和政府的领导统筹作用，做好试点单位社会工作岗位开发、推动出台促进民办社会工作机构及社会工作实践和培训基地建设的政策、制定人才使用机制和考核评价机制，探索培育民办社会服务机构和购买服务的途径和方法、提高各类社会服务机构中社会工作人才的专业地位。

2. 中期目标（2012~2015年）

数量目标：大幅提升社会工作人才队伍规模，使社会工作从业人员中具有社会工作专业背景的数量达到8000人，约占预计全市总人口（800万）的1‰。其中，民政领域社会工作人才数量应占总量的50%以上。

结构目标：社会工作人才队伍结构基本形成，各重点领域基本建立起社会工作职业制度；设岗定编、职业资格要求和薪酬待遇等方面的制度建设基本完成，社会服务机构的数量与从业人员数量能适应重点领域的管理和服务需要。社会工作人才的学历结构、专业结构、职务等级和技术等级结构趋于合理，整体素质和实践能力显著增强，能够胜任各重点领域工作和专业社会工作的要求。

环境目标：社会工作人才队伍多渠道、开放型的培养体系初步建立，协调高效的组织管理体系基本形成；社会组织对社会工作人才的集聚功能得到发挥，与社会工作人才队伍建设相关的法律、政策、制度框架体系基本建立，制度环境初步形成。

3. 中长期目标（2015～2020年）

数量目标：社会工作人才队伍规模进一步壮大，具有社会工作专业背景的人员总量达到2万人，占预计全市总人口（1000万）的2‰，全面覆盖社会工作各个领域。

结构目标：社会工作人才队伍多渠道、开放型培养体系初步建立，协调高效的组织管理体系基本形成，社会组织对社工人才的集聚功能显著，相关法律、政策、制度框架体系初步完善。最终实现社会工作人才队伍整体结构、素质和能力基本适应昆明市经济社会发展的实际需求。

环境目标：社会工作人才培养体系更加完善，社会工作人才工作体制机制更加健全，社会工作人才管理和服务的法律、政策、制度框架体系更加完善，社会工作人才发展环境更加优化。

（五）发展途径

1. 培育民办社会工作机构，建设新型社会服务组织（"新生式"）

鼓励兴办各类民办社会工作机构，把新型民办社会服务组织作为昆明市社会工作人才队伍建设的主渠道、吸纳社会工作人才的重要载体。对民办社会工作机构主要以下两种方式给予支持。一是政策支持，通过各种优惠政策或特殊政策，鼓励、引导各种社会力量兴办社会服务机构。二是财政支持，这种支持有两种途径：其一，对新办的社会服务机构给予一次性支持，如经济补贴或实物支持，所谓实物支持就是免费或象征性收费提供服务场所、设施，经济补贴主要是初创时期的扶持，帮助民办机构启动服务；其二，以购买服务或委托服务的方式向民办机构支付服务费用，以换取机构对民众的服务。

按照发展规定预测，到2015年昆明市涉及社会工作的各个领域约需要8000人，需要在社会组织领域培育和支持建立300个左右的社区服务、养老、低保救助、残疾人服务、青少年教育、司法矫正、流动人口服务、禁毒防艾的民办机构，而通过民办社会工作机构的方式所吸纳的社会工作人才应该占8000人中的40%，即约3200人；到2020年，全市社会工作各领域要建立的民办社会工作机构数量应达到500个，在这一类机构从业的社会工作人才应占2万人的60%（12000人）左右。

2. 转化存量岗位资源，通过设置岗位将社会工作嵌入现有社会管理与社会服务体系中（"嵌入式"）

按照社会服务机构的性质、规模和服务对象的数量、服务内容等，在现有行政事业部门和社会服务机构设置社会工作岗位，将社会工作服务嵌入宏观社会管理和微观社会管理与服务的实际工作过程，以改进和提高相关部门和机构的管理与服务能力。预计到2020年昆明市将通过此途径获得的社工约占总人数（20000人）的40%，即约为8000名社工。岗位配置领域主要可分为党政机关及事业单位等几类。

党政机关：主要是社会管理和公共服务职能部门的有关岗位，即在市、县（区）、乡镇（街道）相应工作主管单位设立社会工作管理岗位，主要承担本系统或本部门社会工作发展的发展规划、政策制定、行政管理、工作指导等职责，按照市级3名、县区级2名、乡镇街道办事处1名的标准，设立社会工作管理岗位，预计将新增或转化158个岗位。

事业单位：主要是福利、卫生、教育、保障等服务类公益事业单位的有关岗位。此类岗位分布在以下几个方面。

社会福利：截至2010年末，昆明市有社会福利院6家，福利安置所1家，儿童福利机构1家，精神病院1家，社会福利医院1家，救助管理站6家，军队离退休干休所16家，根据两部委《关于民政事业单位岗位设置指导意见》可开发200个社工岗位。

公共卫生：2010年全市卫生机构病床数为3.36万张，借鉴境内外比较成熟的做法，参考中国台湾地区1名社工负责100张病床的做法，建议卫生系统医务社会工作岗位设置为1：200，即每200张病床设置1名社工。根据这个比例，全市范围内的卫生机构需要社工168名左右。另外在社区卫生服务中心方面，可以参照上海的做法，在市级中心和每个区县中心配置2名专职医务社工，将形成30个医疗社工岗位，共开发出200个社工岗位。

学校教育：截至2010年，昆明市在校学生约为118.05万人，按社工与在校生1：1500的比例配置推算，需要设置社工岗位约800个。

工会：主要涉及企业思想政治工作、职工维权等工作岗位，截至2009年，昆明市职工权益维护总数约为265639名，在各级工会中，应结合昆明市的实际情况，按社工与维护职工权益数1：500比例配置推算，需设置社工岗位约520个。

基层社区：主要是城镇街道办事处、乡镇以及基层党群工作的相关岗位。截至 2010 年底，全市设有乡镇 80 个、城镇街道办事处 53 个，依据每个城镇街道办事处与乡镇社会工作服务中心设立 10 名社工来计算，则基层社区共需约 1330 人。

残联：主要是维护残疾人合法权益，为残疾人服务。截至 2010 年，昆明市有各类残障人士 32.8 万人，按社工与残障人士 1∶500 比例配置推算，约需设置社工岗位 650 个。

特殊社会工作领域：如司法矫正类的监狱管理、戒毒、青少年管教等部门或机构，运用社会工作方法帮助犯罪、吸毒等人员回归主流社会是国际通行的有效做法，有必要设置专门社工岗位并对一线工作人员开展全员培训。截至 2010 年底，服务对象为 8.3 万人，吸毒人员有 2 万多人，根据南京按社工与服务对象 1∶100～1∶30 计算，约需 1000 人。

民族工作：现有工作与服务人员约 200 人，除了他们应转化为专业社会工作者外，到 2020 年，应在民委系统内建立起专业社会工作队伍，针对少数民族特殊需要提供服务，其专业社会工作者人数应达到 300 名。

此外，在青少年事务、妇女维权和红十字会等社团群众组织中，也应根据其机构工作的需要，设置相应的社工岗位，为他们的服务群体提供专业服务。目前，这些组织的岗位数很难测算，应通过专题研究加以解决，到 2020 年预计为 500 人。

3. 拓宽岗位开发渠道，使社会工作人才逐步渗透到与社会工作和服务相关的岗位职务中去（"渗透式"）

在现有机构设置、编制内，逐步引入具有社会工作专业背景的人员，使一批具有社会工作者资格和专业背景的人担任各种岗位职务，并尽可能将其岗位职责和人事评价标准向社会工作者评价标准靠拢，使社会工作人才逐步渗透到与社会管理和与社会服务相关的各类工作岗位中，使这些岗位上的社工人员更好地履行职责，提供高效全面的服务。

六 昆明社会人才队伍建设的战略重点和主要任务

抓好四个重点：社会工作机构建设，社会工作培训机制建设，社会工作人才培养建设，社会工作人才和志愿者队伍联动机制建设。完成八项工程：社会工作机构标准化建设示范工程，社会工作岗位开发工程，社会工作培训基地建设工程，社会工作人才培养和引进示范基地建设工程，社会工作考核评估制度建设工程，社会工作职业形象宣传及知识普及工程，社工与志愿者联动服务示范点建设工程，志愿者培训体系建设工程。

（一）社会工作机构建设

1. 发展思路

建立健全以区级社会工作服务机构（中心）为龙头，街道级社会工作服务机构（中心）为基础，社区社会工作服务机构（站、室）为依托的社会工作网络，逐级配备相应的社会工作人才。各级社会工作服务机构的职责任务是：区级社会工作服务机构作为区域内社会工作服务能力最高的机构，主要负责辖区内社会工作服务的规划、管理、评估以及复杂个案的处置，并承担街镇、社区社会工作人才的能力建设；街镇级社会工作服务机构具体负责辖区内老年人、残疾人、少年儿童等重点对象的专业服务和社区转介服务，并承担辖区社会工作服务的规划、管理和评估；社区社会工作服务机构的服务重点是对象筛查、接案、转介以及提供综合服务，犹如医院前台提供的接诊、分诊以及一般病状处置等服务，是城乡基层社区社会工作服务的"守门人"。

鼓励和支持各县区市加大社会工作服务机构的建设力度，到2020年，基本实现全市每一个县（市）区建立1个社会工作管理机构和1个综合性服务中心，每个街道（乡镇）建立1个综合性社会工作服务中心，每个城乡社区建立1个社会工作站，全市民办社会工作服务机构数量达到500家，建立覆盖全市城乡的社会工作服务网络，服务领域涵盖救助社会工作、灾害社会工作、司法矫正社会工作、戒毒社会工作、学校社会工作、医务社会工作、家庭社会工作、老年社会工作、妇女社会工作、儿童社会工作、青少年社会工作、残疾人社会工作。通过实施社会工作服务组织标准化建设示范工程和边远贫困地区、民族地区社会工作服务机构建设工程，支持部分县区市建设一批示范性社会工作服务机构，在全市建立一批民办社会工作服务机构孵化基地。

2. 重大工程

（1）社会工作服务组织标准化建设示范工程

根据《国家中长期人才发展规划纲要（2010—2020年）》《云南省中长

期人才发展规划（2010—2020年）》开展"社会工作服务组织标准化建设示范工程"的工作要求，大力加强社会工作标准体系研究，建立起与昆明市社会工作发展相适应、同国际国内社会工作发展接轨的社会工作标准体系。加强社会工作标准的执行力度，到2015年在全市重点支持建设17个示范性街道（乡镇）社会工作服务中心、20个示范性社区社会工作站，开展社会工作标准示范活动，以优质服务赢得人们对社会工作职业和社会工作者的认同、信任和尊重。为促进民办社会工作服务机构发展，在全市建立1个民办社会工作服务机构孵化基地，重点扶持和发展为老年人、妇女、儿童、青少年、残疾人、药物滥用人员、失业人员、低保对象、受灾群众、进城务工人员等特殊群体提供服务的民办社会工作服务机构，同时在孵化基地建立开展社会工作服务项目全过程评估的第三方评估机构——社会工作服务评估中心，最终实现孵化基地集机构孵化、服务提供、服务评估等功能于一身。

示范性街道（乡镇）社会工作服务中心、社区社会工作站需要建设接待大厅、个案工作室、小组工作室等服务用房，办公室、会议室等行政办公用房。示范性街道（乡镇）社会工作服务中心按照每个中心建筑面积500平方米建设，示范性社区社会工作站按照每个站建筑面积100平方米建设。民办社会工作服务机构孵化基地需要建设接待大厅、个案工作室、小组工作室等服务用房，办公室、会议室等行政办公用房，食堂等后勤保障用房。民办社会工作服务机构孵化基地按照每个建筑面积2000平方米建设。

（2）社会工作岗位开发工程

加快制定社会工作岗位开发设置政策措施，严格贯彻落实两部委《关于民政事业单位岗位设置指导意见》，明确民政事业单位社会工作岗位；同时在教育、卫生、公安、司法、计生、信访等部门和工会、共青团、妇联、残联等组织开发设置相关领域的社会工作岗位；认真落实《促进民办社会工作服务机构发展的意见》，培育社会服务组织，开发民办社会工作服务机构、民办社会服务机构和社会服务组织的社会工作岗位。

未来五年，开发和明确8000个社工岗位；到2020年，再开发出7000个社工岗位，共1.5万个社工岗位。基本满足构建和谐昆明、建设面向西南开放桥头堡的需求。

（3）社会工作考核评估制度建设工程

加强制定对运用财政资金（含政府管理的社会资金）向民办社会服

机构购买社会工作服务项目进行考核的评估制度。同时制定针对一些以机构自筹经费或通过社会筹资购买社会工作服务项目的民办社会服务机构的评估标准。在未来五年内，建立2~3家第三方社会工作评估机构。通过对昆明市现有较为成熟的民办社会服务机构的评估试点工作，探索成熟经验，逐步拓展至其他类似机构。考核评估由市、镇（街道）社会工作主管部门牵头并负责统筹组织，委托第三方评估机构具体实施，所需经费由市、镇（街道）财政负担。参与评估的主体包括市、镇（街道）社会工作主管部门，市、镇（街道）社会工作协会等行业管理机构，具体使用社会工作服务的用人单位，第三方评估机构，公益服务类社会组织，一线社工，服务对象。受委托的第三方评估机构必须严格按照标准和程序开展考核评估，任何其他组织和个人未经市社会工作主管部门同意不得干预第三方评估机构独立开展考核评估工作。

（二）社会工作培训机制建设

1. 发展思路

到2020年，社会工作人才总量将增加到2万人，其中中级社会工作人才达到6000人、高级社会工作人才达到1000人，以改变昆明市社会工作人才总量不足、素质不高的现状。为实现这一目标，应鼓励和支持各县市区加强社会工作人才培养机构建设，采取多种方式、分期分批大规模开展社会工作人员培训。市级层面通过实施社会工作培训基地建设工程、社会工作人才培养和引进示范基地建设工程，支持建设一批社会工作培训基地，建设一批社会工作人才实习实训基地，建设一批社会工作人才培养和引进示范基地。

2. 重大工程

（1）社会工作实践培训基地建设工程

根据《国家中长期人才发展规划纲要（2010—2020年）》《云南省中长期人才发展规划（2010—2020年）》"建设一批社会工作培训基地"的工作要求，按照分工明确、布局合理、整合资源、优势互补原则，依托本地高等院校、职业学院、基层社区及各类社会服务机构等现有资源，到2020年，要建设1个市级社会工作培训基地。市级社会工作培训基地主要开展面向全市社会工作者的专业技术人员继续教育，面向社会工作管理人才和服务人才的市级领军人才培训，面向党政领导干部的市级社会工作培训，面向本科层次社会工作专业学生的社会工作实习实训。

社会工作培训基地需要建设培训教室、多功能礼堂、个案工作模拟实验室、小组工作模拟实验室、社区工作模拟实验室等培训用房，办公室、会议室等行政办公用房，住宿客房、食堂等后勤保障用房。市级社会工作培训基地按照每年培训3000人次、每个建筑面积3000平方米的标准建设。

（2）社会工作人才培养和引进示范基地建设工程

根据《国家中长期人才发展规划纲要（2010—2020年）》《云南省中长期人才发展规划（2010—2020年）》实施"青年英才开发计划"和"海外高层次人才引进计划"的工作要求，到2020年，依托昆明地区高等院校建设1个市级社会工作人才培养和引进示范性教学研究基地，主要为重点培养和引进的拔尖社会工作教学研究人才提供实践平台；依托各类社会服务机构，建设1个市级社会工作人才培养和引进示范性实务基地，主要为重点培养和引进的拔尖社会工作服务人才提供实践平台。

未来五年，培养引进300名左右包括高级社会工作师、社会工作督导、专业教师、理论研究人才等在内的高层次社会工作人才；到2020年，高层次社会工作人才数量要达到社会工作人才总体数量的5%左右（约1000人），以适应昆明市社会工作发展的需要。

（3）社会工作职业形象宣传及知识普及工程

未来五年，通过电视、媒体、社会工作宣传片、微博、网络论坛及十佳社工机构和优秀个人评选活动，逐步提升社会工作机构及社会工作者在昆明市民中的职业形象。选定3～5家民办社会工作机构，开通社会工作服务热线，并通过报纸媒体宣传，以热线的方式解答公众对于社会工作的疑问并提供必要的咨询服务。由市委宣传部牵头，每两年举办一次十佳社会工作机构及优秀社工评选活动，大力宣传社会工作机构及社工个人形象，提升社会工作的公众认识度。

有步骤、有计划地对各级党政领导干部，民政、人力资源和社会保障、教育、公安、司法、卫生、人口计生、信访、扶贫以及工会、共青团、妇联、残联等与社会管理和服务密切相关的部门和组织中的干部职工，基层党组织干部，居（村）民委员会成员，思想政治工作者，人民调解员，心理咨询师，医院护工、护理员，学校辅导员，家政服务员，社会保险经办人员等相关职业人员，进行社会工作知识普及教育。

（三）社会工作人才和志愿者队伍联动机制建设

1. 发展思路

志愿者服务是政府服务和市场服务的有益补充，志愿者队伍是社会工作的重要辅助力量。根据中央"建立、完善社会志愿服务体系""支持志愿服务活动并实现制度化"的要求，积极推进全市各地志愿者服务站（点）建设，推行"时间银行"制度，规范志愿服务管理，开展志愿者培训课程，推行志愿者注册制度，鼓励志愿者协助社会工作人才承担大量非专业性工作。通过社会工作人才和志愿者的联动，有效地促进社会服务开展，缓解社会问题，增进社会和谐。通过实施示范性志愿者服务站点建设工程，支持建设一批示范性志愿者服务站点。

2. 重大工程

（1）社工志愿者联动服务示范点建设工程

在未来五年内，在民政、基层社区、妇联组织及民办社会工作机构中重点挑选并开展建设约10个社工与志愿者联动服务示范点。根据每个示范点的具体情况，按一定比例配备专业志愿者及普通志愿者，协助社工开展工作。政府给予财政支持，并建议每个示范点设置一个社工岗位，负责专业志愿者的选拔、应聘、培养、建立机构支持制度等，实现机构专业志愿者管理的专人负责，机构其他工作人员积极配合，各司其职，共同促进专业志愿者的成长。

社工与志愿者联动服务示范点需要建设志愿者接待室、咨询室及志愿者办公室和会议室等行政办公用房。按照每个示范点建筑面积100平方米的标准建设，配备相应的网络设备。

（2）志愿者培训体系及信息平台建设工程

整合高校及现有志愿者服务机构力量，在未来五年内，建立1个志愿者服务中心，1个志愿者信息网络平台，2~3个志愿者培训基地。志愿者服务中心与志愿者网络信息平台进行有效结合，针对志愿者注册、登记、管理及分派等开展业务工作。在社会工作协会下设专业志愿者部、社工联动义工部，负责搭建专业志愿者间的交流平台，推动不同领域的志愿者形成小组，定期开展活动，分享生活与服务经验，增加对专业志愿者的身份认同，提高服务质量。

建立志愿者信息库，实行志愿者信息的网上管理，如注册、登记、招募、培训、评估等。借助网站论坛、社区讨论及微博等平台,打造社工与志愿者、志愿者与志愿者之间的即时交流渠道。

七 昆明市社会工作人才队伍建设的对策建议

按照建设一支宏大的社会工作人才队伍的要求,迫切需要建立健全社会工作人才开发管理体制和政策措施,抓好社会工作人才培养、评价、使用、激励等环节的工作,为社会工作人才发展营造良好环境。

(一)加强组织领导,健全工作机制,形成社会工作人才队伍建设的合力

1. 建立社会工作人才队伍建设领导体制

贯彻落实"党管人才"的原则,建立党委统一领导,组织部门综合协调,人事、民政、教育、劳动和社会保障等职能部门具体负责,司法、卫生等有关部门以及工会、共青团、妇联组织密切配合,社会力量广泛参与的工作格局,实现对社会工作人才队伍的统一领导、统一规划、统一部署,形成工作合力,切实加强对社会工作人才队伍的领导和管理。将社会工作人才队伍建设工作纳入市人才工作领导小组的统一领导,充实和加强领导小组办公室管理社会工作发展的工作力量,加强对社工人才队伍建设的领导协调和日常事务管理。

2. 建立社会工作行政管理体制

社会工作人才队伍建设依托于社会工作的充分发展,而社会工作又分散在各个部门和领域,为此,需要建立一个相对统一管理、组织协调有力的行政机构。目前在大的行政管理体制未做根本调整,且行政编制管理和新机构设置管理刚性化的条件下,可以采取过渡模式:明确民政部门作为职业社会工作的行政管理主体,组建业务处、充实相关人员力量,明确其职能,即作为推进和协调全市社会工作具体行政行为的职能机构。同时,在县(市、区)层面明确相应的职责,设置管理岗位,明确负责人员。

3. 建立社会工作行业管理体制

建立市、县(市、区)社会工作者协会,发挥其管理、服务、监督的功能,承接政府委托或转移的部分职能,并为社会工作者提供专业化服务。鼓励社会工作者分领域成立社工协会,推动社会工作自我管理和自我服务。

在基层设立民间组织性质的工作站（点）。

（二）建立健全社会工作人才的新型评价机制

1. 实行社会工作职业准入制度

在制度上确立社会工作为一门专门职业，所有从事社会工作的人员都必须经过岗前培训，接受社工理论、方法教育，通过国家组织的职业资格考试，实行持证上岗。

2. 成立社会工作职业水平评价机构

建议由组织部、人事局、民政局联合成立社会工作职业水平评价办公室，贯彻落实社会工作考试规定，对取得相应证书者进行职称评定；明确社会工作者的职业标准与考评规则，从专业角度对各类社会工作项目、机构及个人业绩进行评估。

3. 推行社会工作者登记制度及执业资格制度

按照国家颁布的条令规定，通过社工专业水平认证的获得社会工作师资格，社会工作师序列设定为助理社工师（初级）、社工师（中级）、高级社工师（高级）三个等级，将符合一定条件的社会工作师作为专业技术人才，纳入专业技术人才能力认证体系进行考核管理。同时，借鉴国际社会工作证照、注册等做法，在昆明市建立具有昆明特色的多层次、多类型的社会工作职业管理规范。对社会工作人员实行登记管理，对社会工作师实行注册管理，对独立执业的社会工作师探索建立严格的执照制度。

4. 建立社会工作者的考核评估及职称评定制度

研究制定不同类型、不同层次的社会工作岗位职责规范，明确考核评估标准、机构和纪律措施。按照德才兼备的原则，以社会工作者能力、操守、业绩为主要考核评估内容，结合思想品德、职业素质、专业水平，由社会工作者所属机构和所服务单位密切配合，进行综合考核评估。

5. 建立社会工作行业监督委员会

借鉴香港及其他地区关于建立社会工作行业监督委员会的做法，在昆明市建立社会工作行业监督委员会，对社会工作机构及在职社会工作人员进行监督，确保社会工作机构及从业人员自觉遵守社会工作职业道德及伦理守则。进一步完善社工从业规范，细化和充实社工行为准则、工作指南等从业标准，规范社工的职业行为和工作操守。

（三）建立健全社会工作人才新型激励机制

1. 探索灵活多样的用工形式

探索建立专职制、聘用制、派遣制、项目制、委托制等多种用人机制相结合的柔性用人机制，实行合同制管理。在各个社会领域推行聘用制和岗位管理制度，逐步引入竞争机制，规范和完善按需设岗、竞聘上岗、以岗定酬、合同管理等管理环节，做到人员能进能出、职务能上能下、待遇能高能低，形成优秀人才能够脱颖而出的用人环境。

2. 建立畅通的人才流动机制

根据社会工作人才个人职业发展意愿和工作需要，疏通他们到机关、企事业单位的流动渠道，拓展其职业发展空间。打破城乡、地域、部门、行业、身份、所有制的限制，制定统一的社会工作人事管理等规定以及专业水平、职业资质评定标准，促进社会工作人才的合理流动。完善职业晋级与选拔提升制度，建立畅通的向上流动机制。

3. 建立合理的人才薪酬制度

建立相对科学、合理的社工行业薪酬体系，充分体现社工的专业人才价值。采取学历、资历、资格、业绩、岗位等多种指标相结合的方案，设置多层次、多类型的社工职业成长阶梯。对于社会组织内部的社工，可以确定"以岗定薪、以绩定奖、按劳取酬"的指导性方案；对于社会福利等事业单位内从事社会工作的人员，可以结合现有的职称体系来确定社工的薪酬标准。

4. 建立有效的物质及精神表彰奖励措施

将社会工作人才表彰奖励纳入昆明市人才奖励体系，与其他各种类型的人才同等对待。对于业绩突出的社会工作者及机构，可采取多种形式予以表彰奖励，吸引更多优秀人才从事社会工作。坚持精神奖励和物质奖励相结合，进一步树立典型，激励广大社工的工作热情和积极性。

5. 制定充分的人才服务保障措施

完善人力资源管理和相关制度规范，并将之纳入市场经济条件下社会整体的人事、福利、社会保障体系，包括建立民办社会工作机构人事管理制度，提供社会工作人才在本地落户的政策支持，并制定在医疗、退休养老、劳动、失业等保险金的缴纳方面的相应标准等，为民办社工机构的有效发展奠定基础。重视并切实加强社会工作高层次人才引进后的后续管理和跟踪服务，建立健全人才服务长效制度。

（四）进一步完善人才培养体制

1. 抓好高校社会工作专业建设，逐步完善社会工作教育体系

研究高校社会工作学科建设，根据当前昆明市社会工作人才队伍建设的需求状况，在办好专、本科学历教育的同时，积极创造条件，增加高校的社会工作专业硕士点和博士点，在培养大批面向基层和社区的实务社会工作者的同时，将高层次人才的培养纳入战略发展的高度来认识，使昆明市高层次社会工作人才的培养有重大突破。加强与国外和港台高校社会工作教育的交流与合作，引进国际先进的社会工作教育理念和课程体系。采取"请进来、走出去"的策略，加大社会工作专业师资队伍建设的投入力度。

2. 优化社会工作培训课程设置

整合普通高校和高职、专科院校以及各类社会培训机构等培训资源和工作力量，逐步形成高等教育、继续教育和培训教育互为补充、相互促进的社会工作综合教育培训体系。要根据社会工作各个领域的特殊性，发展不同服务领域的专门社会工作理论及实务教育的培训课程，进一步优化培训课程设置，建立覆盖各个领域的培训体系。

3. 建立健全社会工作人才终身学习培训机制

针对昆明市现有大量实际社会工作从业人员没有专业背景的现状，有计划、分层次地对其开展社会工作专业培训。分别以现有社会工作高校及民办社会工作机构为平台建立社会工作理论及实践学习中心，探索采用院校培养、带教培训、实习培训、上岗培训、证书培训、知识更新培训以及其他培训方式对社会工作人才和社会工作相关管理人员进行规范化专业培训。建立针对助理社会工作师、社会工作师、高级社会工作师不同层级的继续培训机制。建立社会工作专业督导制度，不断提升昆明市社会工作人员的业务水平及职业道德素养。

4. 建立专业社会工作实践培训基地，强化人才培养的应用性

建议以昆明"和谐社区"试点建设为契机，先以服务需求较为突出的社区如流动人口社区、廉租房社区、农村贫困社区、城市老城区、农村少数民族社区，通过转岗、政府委托及购买服务的方式进行试点，进而推动在教育，卫生，司法，工、青、妇等部门和组织进行社会工作实践培训基地的建设。

（五）健全投入机制，加大社会工作人才建设的经费投入

1. 增加政府财政投入

建议在昆明市每年财政支出的公共服务项目预算中，划拨一定比例经费用于社会工作事务的固定投入。可设立专项资金，根据社会发展需求，参考昆明市GDP增长情况，按比例逐步提高社会工作经费的投入比例。落实社会工作人才队伍建设相关教育、培训、督导、管理及服务所产生的工作经费。

2. 建立政府采购及外包等投入方式

通过项目发包等形式，鼓励民办社会服务机构通过公平竞争的方式取得政府委托的社会管理和公共服务项目。可在街道（乡镇）一级政府进行公共财政体制的改革试点工作，在现有的财政预算项目中增设购买社会服务的科目，通过项目化的运作购买社会服务，以此催生民间社会工作机构。

3. 广泛吸纳社会资金作为补充

除了政府购买服务外，广泛吸纳社会资金，是推动民办社会工作发展及促进社工人才队伍建设的重要资源。可以借鉴香港及国外经验，按照政府投入资金（60%～70%）+社会资金（30%～40%）的比例，在制定有效监管制度前提下，鼓励机构自筹经费，减轻政府财政负担，充分发挥机构的自主性和积极性。

（六）营造良好环境，促进社工人才队伍建设可持续发展

1. 提供政策法规保障

加强在社会福利和服务等社会工作领域的立法；出台有关社会工作者的法案，为社会工作者介入个人、家庭及社区提供法律依据，并规范社会工作者的行为，从而使社会工作有法可依、工作有序、整合有规。制定社会工作制度规范，逐步将职业资格认证、注册、继续教育等政策上升到法律法规层面。研究制定民办社会工作机构及社会工作者权益保障的法规，为社工机构及从业人员提供必要的保障机制。

2. 积极营造社会氛围

充分利用报刊、广播、电视等媒介，以及通过建立专门的网站、论坛及微博等方式宣传社会工作，提高其社会知名度，逐步形成"政府高度重

视社会工作、群众逐渐关注社会工作、社会不断塑造社会工作"的局面。树立社会工作和社会工作人才的地位和威望。同时，深入推动志愿服务工作，进一步将志愿服务经常化、制度化、规范化，为社工开展活动提供有益的辅助力量，形成社工引领义工、义工发动群众，群众参与义工，义工协助社工的良好局面。

3. 建立社会工作者心理服务热线

社会工作者时常需要应对纷繁复杂的社会问题，竭尽全力协助弱势群体解决他们自身面临的问题。在这个过程中，社工可能会承受比其他职业更为沉重的身心负担，需要有人倾诉及给予必要的支持。热线可以成为提供社工心理减压的重要的途径，因此，可以通过卫生系统相关部门负责，政府购买服务的方式，委托具备较好资质的心理咨询机构承担热线的管理及运营，邀请心理咨询师及资深社工担任心理辅导员，定期为一线社工提供心理支持。

4. 加强昆明特色社会工作价值体系的理论研究

社会工作是从西方引进的专业，其不论是在专业方法，还是在专业价值体系方面，都需要有本土化的过程。因此，构建适合本地实际情况的社会工作价值体系，能够有效提升本市社会工作人才的凝聚力、创造力及社会对社会工作的认同度。因此，需要积极开展业界研讨、公众讨论及调查研究，提出一套具有昆明特色的社会工作价值体系，提高昆明市社会工作人才队伍的凝聚力和影响力。

附件：昆明市社会工作人才队伍建设政策咨询报告

党的十六届六中全会提出要努力造就一支结构合理、素质优良的社会工作人才队伍。这是党中央在社会急剧转型的新形势下，为探索建立一套解决社会问题、化解社会风险、增进社会福利、保障社会公平、促进社会和谐的新机制而做出的重大战略部署。随后国家先后出台了《社会工作职业水平评价暂行规定》《助理社会工作师、社会工作师职业水平考试实施办法》《民政部关于促进民办社会工作机构发展的通知》等政策文件，各级地方政府如北京、上海、深圳等多数试点地区也纷纷出台了发展社会工作、推进社会工作人才队伍建设的意见及配套文件，以促进社会工作在全国各地的发展。实践证明，社会工作人才队伍在促进和谐社会建设、加强和创新社会管理及夯实党的执政基础、提高党的执政能力方面已经显现出其独特的效能。

鉴于此，为更好地贯彻中央关于加强社会工作人才队伍建设的要求，依据《国家中长期人才发展规划纲要（2010－2020年）》及《昆明市中长期人才发展规划（2010－2020年）编制工作方案的通知》（昆党人才〔2010〕8号）的要求，由昆明市民政局牵头，联合云南大学社会工作专家对昆明市社会工作人才队伍建设现状进行了深度调查研究，提出了加强昆明市社会工作人才队伍建设的总体思路、战略重点、目标任务、发展途径和对策建议。

（一）社会工作的内涵

1. 社会工作

现代意义的社会工作是一种体现社会主义核心价值理念，在社会服务与管理领域坚持"助人自助"宗旨，遵循专业伦理规范，综合运用专业知识、技能和方法，帮助有需要的个人、家庭、群体、组织和社区，整合社会资源，协调社会关系，预防和解决社会问题，恢复和发展社会功能，促进社会和谐的职业活动。我国社会工作广泛分布在社会福利、社会救助、减灾救灾、公益慈善、优抚安置、社区建设、扶贫开发、就业服务、教育辅导、卫生服务、司法矫正、人民调解、人口计生、信访调处、青少年服务、残疾人服务、为老服务、婚姻家庭服务等工作领域，具有跨行业、跨部门、跨所有制和高度分散的特点。

2. 社会工作人员

指职业从事社会工作的人（一般不把志愿者或"义工"包括在内）。他们主要分布在民政、劳动、教育、卫生、司法等部门以及工会、共青团、妇联等人民团体中，从事为人民群众特别是弱势人群提供直接服务的实际工作人员，同时也包括对直接服务提供管理服务的管理人员。社会工作人员的工作是社会工作性质的，但往往缺乏相应的社会工作专业知识和技能。这部分人员可以通过在职教育、培训及考试，转化为社会工作者（师）。

3. 社会工作者（师）

指具备规定的资格条件并取得特定机构认可，专门从事社会工作管理与服务的人员，简称社工。按其职业水平可分为助理社会工作师、社会工作师和高级社会工作师三个级别。

4. 社会工作人才

指具有良好的思想道德素质和一定的社会工作专业知识或技能，创造性地开展社会服务与社会管理、社会工作教育和理论研究等工作，为构建社会主义和谐社会、建设中国特色社会主义做出积极贡献的人员。

（二）昆明市社会工作人才队伍建设现状分析

根据中组部拟定的"社会工作人员分布领域"，昆明市在民政（含老龄委和残联）、卫生教育，司法矫正，工、青、妇，民间组织，民族工作等社会工作相关领域的人员总数约7336人，直接服务的人口超过600万人。[①] 但这些实际社会工作人员并非社工专业毕业，没有受过专业训练，也没有通过社工资格考试获得职业资格，因此不能被认定为社会工作者。鉴于此，虽然昆明市已经具备了一支一定规模的社会工作人员队伍，但通过考试获得职业资格的专业人才数量不足300人，人才总量不足、专业结构不合理、专业化程度不高及人才流失性大的问题十分突出，距离造就一支"结构合理、素质优良"的社会工作人才队伍还有很大差距。社会工作在协助解决昆明市民生问题、维护社会稳定、预防和解决社会问题、促进民族团结方面的作用还无法较好发挥。总之，在社工人才队伍建设方面还面临着诸多需要解决的问题，概括起来主要有以下几个方面。

第一，人才队伍建设的体制不健全、相关的运行机制和工作制度尚未形成。社会工作人才队伍建设涉及组织、人事、民政、教育、劳动保障等部门，需要司法、卫生、工会、共青团、妇联等组织和部门的密切协作，形成合力，是一个复杂的系统工程，不能单纯依靠某个部门。目前昆明市仅在民政局设立了社会工作事务处，但缺乏相关的配套措施，导致工作较难开展。

第二，人才队伍建设相关政策和保障机制缺乏，经费来源、岗位开发、职业地位、薪酬福利待遇尚未明确，导致经费不足、岗位缺乏、待遇较低等问题，吸引和激发社工人才活力的制度和工作机制需要尽快建立。

第三，社工人才队伍发挥作用的重要平台——民办社会服务机构数量少、规模小、层次低，无法适应昆明市经济社会发展的需要。虽然2009年

---

① 以上数据来源于昆明市民政局2010年社会工作人员调查统计。

民政部已经出台《关于促进民办社会工作机构发展的通知》,但昆明市目前还未出台相关明确规定,导致民办社会工作机构发展不足,难以承担聚集社工人才的重任。

第四,社会工作人才职业地位不明确,多数群众及干部对其认知不足,人才发展的软环境较差。

虽然还存在诸多需要解决的问题,但同时也是机会。因为昆明市在开展社会工作人才队伍建设方面积累了一定经验,具备了较好的条件。一是民政部自2007年以来在昆明市12家社会福利事业单位组织开展了全国社工人才队伍建设试点工作,奠定了重要经验基础。二是社会工作人才队伍已纳入昆明市"十二五"人才发展规划,为人才队伍建设工作提供了政策支持和制度保证。三是昆明市高校社会工作专业教育在全国居于领先地位,每年培养近300名专业人才,奠定了人才教育培养的坚实基础。四是省市各级部门前期调查研究工作奠定了重要依据。五是大量国际及本土社会服务机构在昆明市的发展,积累了大量本土社会工作实务经验及人才。

结合已有经验及有利条件,紧扣昆明市实际,由此提出社会工作人才建设的总体思路、基本原则及战略重点。

(三)社工人才队伍建设的总体思路、基本原则和战略重点

1. 指导思想

以邓小平理论和"三个代表"重要思想为指导,全面贯彻落实科学发展观,巩固党的执政基础、提高党的执政能力,按照市委、市政府着力保障民生、改善及构建和谐社会的要求,坚持党管人才原则,牢固树立科学人才观,认真贯彻中央和省委、省政府关于社会工作人才队伍建设的精神,推进社会管理体制和社会服务体系改革创新,加快社会工作发展,培养造就一支数量充足、结构合理、素质优良的社会工作人才队伍,为构建和谐昆明、建设面向西南开放桥头堡及建立区域化国家城市和巩固党的执政基础提供强有力的人才支撑。

2. 基本原则

第一,坚持党管人才原则,把握社会工作人才队伍建设的正确方向。加强党的领导,坚持管宏观、管政策、管协调、管服务,增强社会工作人才队伍建设的整体合力。

第二,坚持整体规划与分类实施相结合的原则,稳步推进社会工作人

才队伍建设工作。根据不同领域、不同身份、不同层次社会工作从业人员的具体情况，因地制宜，分清轻重缓急，分类指导实施，避免一哄而上。

第三，坚持专业化的原则，加快推进社会工作人才职业化、专业化进程。明确职业范围界定、规范职业资格准入、开发职业工作岗位、健全职业规范标准、建立职业发展系列、抓好职业水平评价、落实职业保障措施。

第四，坚持社会组织在人才使用中的主体地位原则，着力提升社会工作人才开发的社会化水平。坚持社会工作发展以民间组织和社会团体为主要依托。

第五，遵循社会工作国际通则，探索建立社会工作人才开发的本土化模式。坚持"走出去、请进来"，学习境外先进的理念和方法；同时，须立足于省情、市情，继承和发扬国内社会工作及其他领域人才队伍建设的成功经验。

3. 目标任务

分别通过试点（2011~2012年）、重点突破（2012~2015年）和全面推进（2015~2020年）三个阶段逐步实现。

（1）近期目标（2011~2012年）

抓好试点，打牢基础，建立一支人数规模在800人左右的社会工作人才队伍。首先，抓好全国第一批社会工作试点地区及单位的经验总结和深化工作，做好第二批社会工作试点地区及单位的推动工作。其次，扩大昆明市社会工作及其人才队伍建设试点范围，深化试点层次，增强试点效果。重点推进出台促进昆明市民办社会工作机构发展的政策措施。

（2）中期目标（2012~2015年）

使社会工作从业人员具有社会工作专业背景的数量达到8000人，约占预计全市总人口（800万）的1‰。其中，民政领域社会工作人才数量应占总量的50%以上。各重点领域基本建立起社会工作职业制度；设岗定编、职业资格要求和薪酬待遇等方面的制度建设基本完成；社会工作人才的学历结构、专业结构、职务等级和技术等级结构趋于合理，整体素质和实践能力显著增强，能够胜任各重点领域工作和专业社会工作的要求。

（3）中长期目标（2015~2020年）

社会工作人才队伍规模进一步壮大，具有社会工作专业背景的人员总量达到2万人，占预计全市总人口（1000万）的2‰，全面覆盖社会工作各个领域。社会工作人才队伍多渠道、开放型培养体系初步建立，协调高效的组织管理体系基本形成,社会组织对社工人才的集聚功能显著,相关法律、政策、制度框架体系初步完善。

(四)社工人才需求预测与总体目标的实现路径

结合昆明市经济社会发展需要,预测到2020年,社工人才队伍总规模将达到2万人,约占全市人口比例的2‰。为达此目标,建议通过试点(2010~2012年)、重点突破(2012~2015年)和全面推进(2015~2020年)三个阶段逐步完成。

2011~2012年:在社会福利和社会救助、农村和民族工作、司法和禁毒、青少年和学校、流动人口及社区服务等重点领域开展社工人才队伍建设试点,形成规模约800人的社会工作人才队伍。

2012~2015年:重点推进各部门人员培训、设岗及推进民办社会工作机构建设工作,按总人口的1‰计算(预期届时昆明市总人口约为800万人),使昆明市社工人才规模达到8000人。其中,40%的人才分布在各类民间社会服务机构。鼓励兴办各类民办社会服务机构,到2015年,培育和支持建立300个左右社区服务、养老、低保救助、残疾人服务、青少年教育、司法矫正、流动人口服务、禁毒防艾类的民办机构,形成3600人左右的社工岗位。

2015~2020年:昆明市总人口预计将达到1000万人,若按总人口的2‰计算,则社工人才需求量将达到2万人。其中,行政事业单位性质的社会服务机构及其管理部门中的人才数量占40%,民办机构占60%,基本形成公办和民办社会服务机构两大社工人才体系。到2020年,全市民办社会服务机构数量应达到500个,在这一类机构从业的社工人才占到同期总预测数的60%(12000人)左右。

(五)昆明市社会工作人才队伍建设的主要任务和具体措施

1. 主要任务

抓好4个重点:重点推进社会工作机构建设;重点推进社会工作培训机制建设;重点推进社会工作人才培养体系建设;重点推进社会工作人才和志愿者队伍联动机制建设。

完成8项工程:社会工作机构标准化建设示范工程;社会工作岗位开发工程;社会工作培训基地建设工程;社会工作人才培养和引进示范基地建

设工程；社会工作考核评估制度建设工程；社会工作职业形象宣传及知识普及工程；社工与志愿者联动服务示范点建设工程；志愿者培训体系建设工程。

2. 具体措施

（1）建立科学合理的社工人才培养体系

加大社工人才培养力度，扩大招生规模，提升培养层次，为社工人才队伍建设的全面推进提供人才保障。抓好高校社会工作专业建设，逐步完善社会工作教育体系。优化社会工作培训课程设置。建立健全社会工作人才终身学习培训机制。建立专业社会工作实践培训基地，强化人才培养的应用性。

（2）建立健全公平公正公开的社工人才新型评价体系

实行社会工作职业准入制度；成立社会工作职业水平评价机构；推行社会工作者登记制度及执业资格制度；建立社会工作者的考核评估及职称评定制度；建立社会工作行业监督委员会；制定社会工作职业规范和从业标准、考核评估办法、继续教育管理办法等配套政策。

（3）加快推进社工岗位设置与开发

根据人事部发布的《事业单位岗位设置管理试行办法》及《事业单位岗位设置管理实施办法》的有关要求，尽快进行社工岗位开发与设置调研，深入研究社工岗位设置标准、等级设定要求、职责任务和任职条件，建立完善的社工人才使用机制。以民政部《关于促进民办社会工作机构发展》为依据，制定促进民办社会工作机构发展的政策。结合促进高校大学毕业生就业政策，鼓励社会工作大学毕业生返乡创办社会工作实体。

（4）建立健全有效的人才激励机制

探索灵活多样的用工形式；建立畅通的人才流动机制；建立合理的人才薪酬制度；建立有效的物质及精神表彰奖励措施；制定充分的人才服务保障措施；规范薪酬待遇。

（5）营造良好环境，促进社工人才队伍建设可持续发展

加强在社会福利和服务等社会工作领域的立法；研究制定出台民办社会工作机构及社会工作者权益保障的法规；充分利用报刊、广播、电视、网站、论坛及微博等方式宣传社会工作，提高其社会知名度；建立社会工作者心理服务热线；加强昆明特色社会工作价值体系的理论研究。

（六）昆明市社会工作人才队伍建设的保障措施

1. 加强组织领导，形成人才合作合力

建立社会工作人才队伍建设领导体制。贯彻落实"党管人才"的原则，建立党委统一领导，组织部门综合协调，人事、民政、教育、劳动和社会保障等职能部门具体负责，司法、卫生等有关部门以及工会、共青团、妇联组织密切配合，社会力量广泛参与的工作格局，实现对社会工作人才队伍的统一领导、统一规划、统一部署，形成工作合力，切实加强对社会工作人才队伍的领导和管理。建立相对统一管理、组织协调有力的行政机构。建立市、县（市、区）社会工作者协会，发挥其管理、服务、监督的功能，承接政府委托或转移的部分职能，并为社会工作者提供专业化服务。

2. 落实资金保障

增加政府财政投入。从昆明市每年财政支出的公共服务项目预算中，划拨一定比例经费用于社会工作事务的固定投入，并依据昆明市 GDP 增长情况，按比例逐步提高社会工作经费的投入比例。

落实社会工作人才队伍建设相关教育、培训、督导、管理及服务所产生的工作经费。

建立政府采购及外包等投入方式，鼓励民办社会服务机构通过公平竞争取得政府委托的社会管理和公共服务项目。

3. 做好舆论宣传

充分发挥报刊、广播、电视、微博、网络等媒体的作用，组织开展多种形式的宣传活动，积极宣传社会工作人才在经济建设和社会发展中的重要作用和突出贡献。通过十佳社工机构及优秀个人评选活动，逐步提升社会工作机构及社会工作者在昆明市民中的职业形象。

大力宣传党和政府关于社会工作人才队伍建设工作的方针政策，有步骤、有计划地对各级党政领导干部、民政、人力资源和社会保障、教育、公安、司法、卫生、信访、扶贫以及工会、共青团、妇联、残联等部门和组织人员进行社会工作知识普及教育。广泛动员和社会管理与服务密切相关的人员参加专业培训及职业资格考试，培养社会工作高级管理人才。

昆明市西山区社会工作人才队伍建设研究报告[*]

一 绪言

近年来，社会工作作为社会的"安全阀""润滑剂"，在解决国内社会问题、化解社会矛盾、促进社会建设及和谐发展中起到了重要作用，并得到了我国政府及社会的重视。作为社会工作的实施主体，社会工作人才队伍建设显得至关重要。目前我国社会工作人才队伍存在的专业化程度低、规模小、结构不合理等问题都影响了社会工作在社会建设、社会治理创新中的作用发挥。因此，如何加强社会工作人才队伍建设，发挥社会工作人才在构建和谐社会中的作用则是当前各级党委和政府所要解决的问题之一。

中共中央、国务院印发的《国家中长期人才发展规划纲要（2010—2020年）》中，社会工作人才被列为我国的六支主体人才队伍之一。同时，该纲要也明确了我国社会工作人才队伍的发展目标，即适应构建社会主义和谐社会的需要，以人才培养和岗位开发为基础，以中高级社会工作人才为重点，培养造就一支职业化、专业化的社会工作人才队伍。为更好地贯彻中央关于加强社会工作人才队伍建设的要求，以及党的十八届五中全会提出的创新、协调、绿色、开发、共享的发展理念，依据《国家中长期人才发展规划纲要（2010—2020年）》及《昆明市中长期人才发展规划（2010—2020年）编制工作方案的通知》（昆党人才〔2010〕8号）的要求，为更好地摸清西山区社会工作人才队伍建设现状、存在的问题及其成因，以便为西山区委、区政府在推进社会工作及社会工作人才队伍建设方面的决策提供参考。由西山区民政局组成课题组，联合云南大学公共管理（社会工作）

---

[*] 本文为2015年西山区经济社会发展重点课题成果。

学院社会工作研究所，在相关部门的大力支持与配合下，开展了历时4个月的专题研究，通过座谈会、专家访谈、实地调研等方式，课题组在全面了解西山区社会工作人才队伍现状和深入分析问题的基础上，借鉴省内外社会工作人才队伍建设的经验启示，同时立足于西山区广大人民群众日益增长的社会服务需求，提出了加强西山区社会工作人才队伍建设的总体思路、目标任务和对策建议，供区委、区政府和相关部门决策参考，并为出台加强西山区社会工作人才队伍建设的文件提供依据。

二 社会工作人才内涵、特征及研究对象的界定

（一）社会工作人才的含义

根据《国家中长期人才发展规划纲要（2010—2020年）》的定义，人才是具有一定专业知识与专门技能，进行创造性劳动并对社会做出贡献的人。社会工作人才，根据中组部、十八部委的《关于加强社会工作人才队伍建设的意见》，是指具有一定社会工作专业知识和技能，在社会福利、社会救助、慈善事业、社区建设、婚姻家庭、精神卫生、残障康复、教育辅导、就业援助、创业帮扶、社保服务、职工帮扶、犯罪预防、禁毒戒毒、矫治帮教、人口计生、纠纷调解、应急处置等领域直接提供社会服务的专门人员。我国社会工作学家王思斌指出社会工作者分为专业社会工作者以及本土社会工作者，前者是指接受过专业的社会工作教育或是培训的工作者，他们的工作具有专业性、实践性以及多样性，后者是虽没有接受过专业社会工作教育但一直从事与社会工作相关的人员，他们的工作更多涉及行政管理方面，虽没有接受过专业教育培训，但长期的一线工作使其形成了独特的工作经验，具有半专业性及行政性。结合我国社会工作的实际情况、中组部"加强社会工作人才队伍建设问题研究"专题研究班研讨成果及专家的学术意见，本研究报告的社会工作、社会工作者（师）、社会工作人员定义如下。

1. 社会工作

结合国外经验以及我国的实际情况，有关部门将社会工作定义为"社会工作是社会建设的重要组成部分，是一种体现社会主义核心价值理念，遵循专业伦理规范，坚持'助人自助'宗旨，在社会服务、社会管理领域

综合运用专业知识、技能和方法，帮助有需要的个人、家庭、群体、组织及社区，整合社会资源，协调社会关系，预防和解决社会问题，恢复和发展社会功能，促进社会和谐的职业活动"。与其他行业相比，社会工作具有以下的特征：服务性，即为弱势群体提供服务，保障其基本生活需要，协助其发挥内在的潜力及适应社会的能力；稳定性，通过解决社会问题，缓解社会矛盾，具有促进社会公正、改进社会环境的功能；发展性，具有参与开发劳动力资源、技术资源的功能；调节性，具有协调社会关系，加强社会行政管理的作用。

2. 社会工作者（师）

指具备规定的资格条件并取得特定机构认可，专门从事社会工作管理与服务的人员，简称社工。按其职业水平可分为助理社会工作师、社会工作师和高级社会工作师三个级别。

3. 社会工作人员

是指在社区街道办事处、民办社工组织或公益组织，从事实际的社会服务或是社会管理工作，但仍没有取得相关国家社会工作者职业水平资格证书的工作者。

（二）研究对象的界定

本文中的西山区社会工作人才队伍包括：已通过国家社会工作者职业水平考试、取得全国社会工作者职业水平资格证（包括助理社会工作师、社会工作师以及高级社会工作师）并从事社会服务工作的社会工作者；在社区街道办事处、民办社工组织或公益组织，从事实际的社会服务或是社会管理工作，但仍没有取得相关国家社会工作者职业水平资格证书的社会工作人员。

三 加强西山区社会工作人才队伍建设的重要性与紧迫性

（一）重要性

1. 加强社会工作人才队伍建设，是转变政府职能，创新社会管理的内在需要

改革开放以来，我国经济社会从计划经济向市场经济转型，随着社会的多元化发展，传统的自上而下的社会管理方法难以跟上时代的变迁及发展的步伐。社会的急速发展，社会问题的复杂化、多元化需要新的社会管理方法。党的十八届三中全会提出要切实转变政府职能，创新行政管理方式，建立法治型及服务型的政府，在建设社会主义和谐社会的过程中，转变政府职能以及创新社会管理体制，健全"党委领导，政府负责，社会协同，公众参与"，即"小政府，大社会"的社会管理格局，大量的社会工作人才及社会组织可参与其中，起到协助的作用。

2. 加强社会工作人才队伍建设，是维护社会保障体系，促进社会公平的保证

社会工作人才在传递及执行社会保障政策的过程中起到重大的作用，同时，在保障群众基本生活、完善社会保障制度方面也扮演了重要的角色。社会工作者在基层一线直接与人民群众接触，是社会保障政策的执行者、传递者及倡导者。社会工作者通过在社会福利、社会救助、社会慈善、残障康复等方面发挥重要的作用，保障弱势群体的合法权益，增进社会公平感及归属感。

3. 社会工作人才队伍建设有助于社会稳定及解决社会问题，促进和谐西山的建设

在城市化的建设过程中，伴随经济的稳步发展，也出现了人口老龄化、流动人口管理服务、青少年犯罪、残疾人康复以及就业和基层社区建设等方面的问题，当前西山区经济社会正处于转型时期，群众需要日益趋向多元，社会管理与服务有待完善，各种矛盾时有出现。加快西山区社会工作人才队伍的建设，可充分发挥社会工作者在一线基层组织的作用，了解群众情况，聆听民众心声，反映群众的需求，在个人、家庭及社区出现困难时适时介入，提供专业的服务及帮助，通过为人民群众办实事、办好事，切实解决人民群众的问题及难题，有利于实现、维护、发展人民群众的基本利益，起到促进社会和谐的作用。

（二）紧迫性

西山区位于昆明市西南，是昆明市五城区之一，下辖10个街道，98个社区居委会，辖区内人口为77.2万人，其中居住有彝、白、回、苗等25个少数民族。改革开放以来，随着西山区经济的快速发展，工业化、城市化的进程加快，西山区人民对于社会公共服务的需求日趋多样化，各种社会矛盾和社会问题日益复杂化，具体分析如下。

第一，弱势群体的服务需求增大。传统意义上的弱势群体指老弱病残者及无劳动能力的人群，随着社会的变革、经济的发展，下岗及失业人员、女性、单亲家庭、农村贫困人员以及城市流动人口等也成为这一群体的成员。这些弱势群体面临经济困难、生活贫困、资源匮乏、机会缺少等困境。以西山区城市流动人口为例，2014年西山区流动人口数量达到40万人，他们中的一部分由于文化程度低，从事脏、累、差的工作，缺乏基本的社会保障，而他们随迁的子女，因为户籍的关系，也面临着上学难的问题。因此，关注和保障弱势群体的基本权利是建设和谐西山必须面对的问题，也亟须专业社会工作者的介入。

第二，人口老龄化问题。人口老龄化是现代社会面临的重大挑战，人口的迅速老化对社会保障、家庭都造成了巨大压力。据西山区老龄办数据显示，2014年西山区60周岁以上的老年人口数量为11.63万，占西山区总人口数量的15%，人口老龄化形势严峻。而随着计划生育政策的实行、社会人口流动频繁以及现代家庭的规模逐渐缩小，老年人群体的生活服务、生活照顾以及精神需求将逐渐成为政府与社会的主要责任。因此，老人的救助与福利、老人家庭服务、老人生活照顾、社会参与、心理健康等方面是社会工作的重要领域。

第三，特殊人群的服务需求。特殊人群是指社区服刑人员、社会闲散人员、"三失"（失学、失业、失管）青少年和问题青少年、精神病人、艾滋病人以及流浪乞讨人员等。随着西山区经济的发展，社区的异质化，特殊人群数量的增加，如何对特殊人群管理及帮扶，帮助特殊人群恢复社会功能，激发特殊人群的潜能，解决特殊人群实际生活上的困难，对于西山区社会的稳定和谐具有重要的意义。

综上所述，随着西山区社会问题的复杂化以及社会矛盾的凸显，大力发展社会工作，对于创新社会治理体制、促进和谐西山的构建、夯实西山社区服务的基础、优化人才队伍结构、加强基层社会组织力量具有重要的推动作用，因此，建设一支结构合理、专业化及职业化水平高的西山区社会工作人才队伍是当务之急，是新形势下西山区党委及政府的一项重大而又紧急的任务。

四 西山区社会工作人才队伍建设现状分析

(一) 西山区社会的工作人才队伍基本现状

1. 社会工作人才分布范围

根据 2014 年昆明市西山区民政局的数据显示,西山区目前社会工作人才队伍总数为 1695 人,直接服务 77.2 万常住人口。这些社会工作人才主要分布在党委组织,政法委,民政,卫生,教育,人力资源和社会保障,公安司法,信访,工、青、妇,残联,文化系统,以及通过西山区社会组织培育中心注册的民间社会组织(见图 1)。

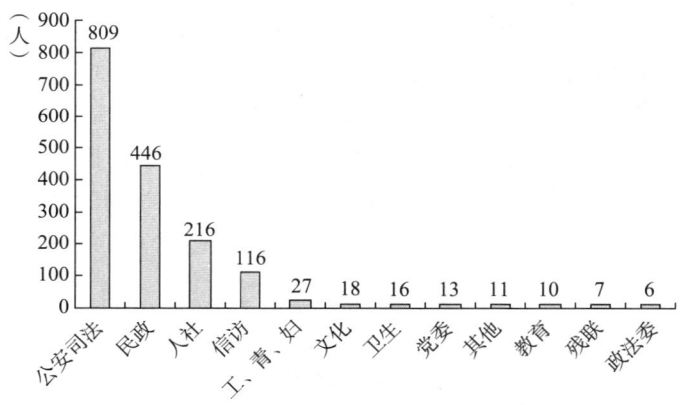

图 1 西山区社会工作人才数量分布

各级党委组织系统:各级党委组织在机关、企业事业单位、社会组织、基层群众自治组织及其他基层单位党组织履行社会管理和社会服务职能的负责人和工作人员。人数为 13 人。

政法委系统:主要从事社会综合治理、涉法涉诉信访与社会工作密切相关分管业务领导及专职人员。人数为 6 人。

民政系统:民政局从事社会福利、社会救助、收养服务、社区建设、优抚安置、慈善事业、减灾救灾、婚姻登记的职能科室;老龄委、农村老年协会;慈善总会;社会福利院、康复中心、乡镇福利院;社区居委会、农村村委会等。人数为 446 人。

卫生系统(含人口计生):医疗卫生和人口计生类事业单位如各类医

院、精神病医院、疾病预防控制中心、社区卫生服务中心；医疗卫生类、人口计生类社会组织如各类医疗卫生类、人口计生类社会团体，基金会，民办社会服务机构等。人数为16人。

教育系统：教育类事业单位如各类普通学校、残疾人特殊教育学校、工读学校等；教育类社会组织如各类教育类社会团体、基金会、民办教育机构等。人数预计为10人。

人力资源和社会保障系统：就业服务类事业单位如就业指导机构、职业介绍机构、街道（乡镇）劳动保障所等；就业服务类社会组织如社区社会保障服务站、各类就业服务类社会团体、基金会和民办社会服务机构等。人数为216人。

公安司法系统：公安局，司法局；乡镇司法所、人民调解委员会等。人数为809人。

信访系统类：各类信访机构。人数为116人。

工、青、妇关工委等系统：各级妇联；村（社区）妇代会；总工会；关工委等。人数为27人。

残联系统类：残联负责维权、康复、教育、就业、扶贫、社会保障、宣传文体、专门协会管理、职业培训中心、就业服务中心、用品用具服务站的职能科室。人数为7人。

文化系统类：主要指各类拟订社会文化事业发展规划和政策；指导群众文化、少数民族文化、未成年人文化和老年文化工作；指导文化信息资源共享工程建设工作；指导重大群众性文化活动；指导基层群众文化活动，指导村文化活动室和社区文化活动中心建设；指导直属社会文化单位业务建设的工作人员及分管领导。人数为18人。

其他类别合计11人。

以上列举的社会工作人才都是在各个领域内实际从事社会工作的人员，虽大部分非专业社会工作者缺乏社会工作专业方法和理念，但他们具备十分丰富的实际社会工作经验，只要通过一定时间的理论和实务能力培训即可实现向专业社会工作者的转变，他们是西山区社会工作人才队伍建设的重要力量。

2. 社会工作人才分类情况

根据西山区民政局数据，截止到2014年底，西山区共有社会工作服务人才748名，社会工作管理人才53名，社会工作教育及研究人才10名。目前西山区持证社工共有69人,主要分布在民政系统及通过西山区社会组织培育基地注册并从事社会服务的社会组织当中。在1695名社会工作人才当中,有42名取得社会工作及相关专业大专以上毕业证书。

（二）西山区社会工作人才队伍建设情况及成效

1. 出台联席小组会议制度

在2011年,西山区成立了各支人才队伍建设办公室,在区人才工作领导小组指导下工作,其中,社会工作和社会组织人才队伍建设办公室结合实际,出台了《社会工作人才队伍建设联席小组会议制度》,有效整合了各部门的力量及资源,共同推动了社会工作人才队伍管理工作的进行,促进了全区社会工作发展的组织领导及统筹协调,努力实现社会工作人才队伍社会化、专业化和职业化的目标。

2. 建立社会组织培育中心及社工人才服务中心

西山区的"十二五"规划实践以来,西山区社会工作人才队伍建设取得了明显成效。2014年,西山区民政局通过政府购买服务的方式,与云南连心社区照顾服务中心合作建立起全省首家县区级的社会组织培育中心及社工人才服务中心。西山区社会组织培育中心向进驻的社会组织提供完善的服务,服务包括但不仅限于：提供办公场所,协助登记注册,定期提供专业培训、能力建设及资金筹集等方面的培训,定期组织社会组织进行交流,这些服务有助于社会组织快速健康地成长。

到2015年为止,共有17家社会组织进驻西山区社会组织培育中心,并有10家社会组织在培育中心协助下注册,获得了合法的身份。这些社会组织的服务覆盖智障儿童服务、老年人服务、高校学习服务及社区服务等领域,在为西山区群众提供高质量、专业化和个性化社会服务的同时,探索社会组织孵化模式,大力促进了社会组织人才的培养,并使得西山区专业社会工作人才队伍逐渐壮大。

3. 开展政府购买服务及公益创投

自2014年起,西山区政府开始向社会组织购买社会服务,全年共投入资金74万元用于购买社会组织的服务,服务领域涉及社工人才扶持培养、社会组织培育的发展、社会工作政策研究等方面,并逐渐探索推出老年人服务、社会救助、公益创投等购买服务的项目。2015年,西山区政府探索具有西山特色"社区党组织＋社会组织＋社工人才队伍"的三社联动模式,通过政府购买服务的方式,将两个专业的社会组织引入社区,在社区党组织的领导下,整合资源,为社区提供综合性的社会服务。随后,西山区政府投入资金24万元,用于进驻西山区社会组织培育中心的社会组织公益创投项目的开展,目前,已有8家机构获得公益创投资助项目。近年来,西山区稳固而有序地推进社会组织及社会工作人才队伍的发展,为今后社会工作的开展、社工人才队伍的壮大,积累了坚实的经验基础。

4. 开展"三区"人才计划,建立社会工作人才实训基地

云南省自2013年开展"三区"社工人才计划,据云南省民政厅的数据显示,2013年和2014年,西山区连续两年被选定为"三区"社工人才支持计划受援地,云南省民政厅依托云南连心社区照顾服务中心的社工人才优势,先后选派了32名专业社会工作人才在西山区团结镇开展社会工作服务。2014年,西山区民政局与云南连心社区照顾服务中心签订协议,委托云南连心为西山区社会组织培育中心及社工人才服务中心的执行方,并确定西山区社会组织培育中心及西山区团结社工站为社会工作人才培养实践基地。西山区"三区"社工人才计划的实施,推动了少数民族地区本土社工人才的培养及发展。实践基地的设立,有助于解决目前高校社工学生学、用脱节的问题,为他们提供了学习一线服务工作、了解及掌握实际工作情况的机会。团结镇社工站实践基地,更是为社工学生提供了接触少数民族社会工作的机会,带动和吸引了更多的社工学生投身到少数民族社会工作当中,从而培养了更多高素质社会工作人才。

5. 人才继续教育及培训工作的开展

西山区民政局自2013年起,大力鼓励民政、社区街道办事处、机关单位及工、青、妇等系统的工作人员参加社会工作资格考试,并聘请有培训资质的社会工作机构及高校教师,为工作人员提供考前培训。2015年西山区各系统参加国家社会工作者职业水平资格考试的人数大为上升,工作人员参加资格考试的积极性很高,全区共有300余社会工作者参加社会工作资格考试。通过社会工作资格考试培训,工作人员不仅学习了社会工作资格考试方面的知识,而且对于专业社会工作的理念及工作手法有了进一步的了解及接触。2015年西山区共有41名社会工作者通过了国家社会工作者职业水平资格考试。

自2014年西山区社会组织培育基地成立以来,基地定期为进驻的社会组织举办项目管理、财务管理以及筹资方面的培训。截止到2015年,已为社会组织举办 5 次培训及 3 次社会组织交流会，受益人数有 500 多人次。社会工作人才队伍继续教育培训的有序进行，促进了西山区社会工作人才走向专业化的发展道路。

6. 社会工作人才队伍的建设已经列入西山区民政事业发展"十三五"规划当中

在昆明市西山区民政事业发展"十三五"规划（草拟稿）中明确指出，要加快社会工作人才队伍的建设。未来五年西山区社会工作人才队伍建设的具体发展方向是：进一步完善社会工作人才培育机制、创新社会工作人才使用机制、建立社会工作人才评价机制、完善社会工作人才激励机制。规划中同时指出在未来五年要促进社会组织发展，激发社会组织活力，完善政府购买社会组织服务制度。作为社会工作载体的社会工作组织的健康发展，有利于社会工作人才队伍的不断壮大。

（三）西山区社会工作人才队伍建设存在问题及原因分析

1. 存在问题

（1）社会工作专业人才数量缺乏

近年来，西山区社会工作发展走在云南省的前列，但是社会工作专业人才的数量的发展远远无法满足人民群众日益增长的社会需求。据 2014 年昆明市西山区民政局数据，西山区的 1695 名社会工作人员当中，持证的专业社工仅为 69 人，西山区常住人口为 77.2 万人，按照每 1000 人配备 2 名专业社工的比例来计算，西山区需要专业社会工作人才数量为 1544 名，专业社会工作人才还存在很大的缺口。

（2）社会工作人才专业化程度不高，行政化严重

目前，西山区大部分的社会工作者分布在民政的各个系统及部门中，他们的工作行政色彩较浓，专业化程度不高。大部分社会工作者为非社会工作专业毕业，学历水平偏低，西山区民政局的数据显示，目前在西山区 1695 名从事社会工作服务及社会工作管理的社会工作者当中，取得社会工作及相关专业大专以上学历证书的仅有 42 名；仅有 807 名工作者接受过社会工作专业培训，占西山区社会工作人才总数不到一半的数量。虽长期在一线工作当中也积累了丰富的工作经验，但随着社会的发展，人民群众的需求日益多元化及复杂化，社会矛盾也日益凸显，原来的工作方法已较为落后，难以为群众提供个性化、专业化、高质量的社会服务。

(3) 社会工作人才结构不合理

西山区社会工作人才结构的不合理主要表现在以下几个方面：一是人才分布领域不均，目前西山区大部分的社会工作者分布在民政系统的各个部门，在老人服务、青少年社会工作、流动人口服务等领域缺乏大量的一线专业社会工作者，近两年来西山区的社会组织发展很快，其中有从事老人服务、智障人群服务及服务学习等的社会组织，专业社会工作者数量有所提高，但这些领域中社会工作者数量仍然很有限，据西山区社会工作人才服务中心数据显示，目前从事上述领域的社工人数仅为 60 人；二是社会工作人才学历层次偏低，目前西山区大部分社会工作者学历较低，大部分为中专及大专毕业，部分为高中毕业，在 700 多名社会工作人员当中，社会工作专业及相关专业毕业的仅有 42 名，高学历的社会工作专业人才更是缺乏。

(4) 行业规范及制度有待完善

近两年来，西山区除了《社会工作人才队伍建设联席小组会议制度》外，其他相关的社会工作行业规范及制度尚未出台。社会工作的培训、社会工作人员的认定及继续教育和社会工作行业规范及制度需要一个专门的机构进行规范化管理及运营。目前按西山区的实际情况来看，社会工作者职业水平资格考试、考前培训仍由西山区民政局负责管理，对于本来就事务繁多的民政局来说，这意味着工作量增多且人力投入进一步加大。根据国内外的经验，成立由政府指导的社会工作协会是较好的方法。在政府指导下的社会工作协会，承担着社会工作者继续教育、社工考前培训等工作，并在相关部门的指导下，制定及完善相关社会工作行业规范及制度。

2. 原因分析

西山区社会工作人才队伍建设目前尚在起步阶段，还存在上述问题，原因分析如下。

(1) 社会工作实质承认度不高

虽然自 2006 年以来，有关社会工作的一系列政策措施的颁布实施，使得社会工作得到了急速的发展，社会工作也逐渐为人所知，但是社会工作在很大程度上尚未获得实质性的承认。一方面，我国专业社会工作起步较晚，基础较为薄弱，其服务成效在短期内难以呈现，服务覆盖范围有限，社会工作尚未发挥其影响力；另一方面，国家法律法规对于社会工作者的身份认定、执业资格还在探索阶段，造成社会、政府干部及群众对于社工作不了解、不重视,对社会工作者的地位不认可、不尊重。

(2) 社会工作人才队伍建设投入不足

近年来,西山区政府为促进社会组织及社会工作的开展,投入了一定的资金建立社会组织培育基地及公益创投项目,但由于地方财政收入困难,开展专项工作的经费有限,政府对于社会工作人才队伍建设的投入不足,从而社会工作人才队伍建设进展缓慢。而社会工作这一职业,与其他行业比较,薪资待遇较低,职业发展空间有限,对于社会工作毕业生来说缺乏吸引力,以云南大学社会工作专业硕士毕业生为例,每年毕业生数量为30名左右,但每年真正从事社会工作服务的数量平均为3人左右,且大部分是在社会工作发展较快的沿海地区如广州、深圳等地工作,留在云南从事社会工作服务的少之又少。

(3) 社会工作人才队伍培训及继续教育体系尚不健全

虽然西山区社会组织培育基地成立之后,定期为进驻的社会组织及其社会工作者提供专业化的培训,但西山区目前尚未建立包括分布在民政系统及工、青、妇系统中的社会工作人员在内的岗位培训及继续教育培训体系,而这些社会工作人员,大都不具备社会工作专业知识,专业性不强,因此,要对这部分社会工作人员进行专业转化,提高其社会服务质量,使其成为社会工作专业人才,需建立西山区社会工作人员培训及继续教育体系。

(4) 社会工作人才队伍使用、评价、激励机制尚不完善

目前,西山区尚未出台社会工作岗位开发与设置的有关政策,大部分社会工作者分布于民政各系统及基层一线的街道办事处、居委会,专业化社会工作岗位有限,职业化的社会工作岗位体系尚未形成。尚未形成科学健全的社会工作人才评价机制,社会工作人才评价制度单一,仍以社会工作资格考试为主,行政色彩较浓,专业化不足。社会工作人才激励制度不完善,精神及物质激励皆不足,社会工作人才待遇收入较低,晋升与发展空间有限,社工形象宣传不足,从而造成专业社会工作人才缺乏。

(四)西山区社会工作未来的发展趋势及主要领域社工需求分析

1. 西山区社会工作未来的发展趋势

(1) 社会工作的开展将走向实质性承认

自2006年颁发一系列促进社会工作发展的政策文件以来,西山区社会

工作得到了快速发展。随着社会工作在西山区的进一步发展，社会工作将会从最初的鲜有人知晓到逐渐走向被实质性承认。社会工作要得到实质性承认需有两个必要条件：一是社会工作群体如社会工作教育者及学生、社会工作从业人员对于自身专业的承认，二是来自政府及社会的承认。近年来，越来越多的开设社会工作专业的高校在聘请社会工作专业教师时，着重强调是具有"双师证"——社工师及教师资格证，以及是具有社会工作实践经验的教师，未来社会工作教育工作者对于本专业的承认将会得到进一步的提高。近年来，政府出台的一系列推动社会工作发展的政策，对于社会工作的承认达到了一定的高度。随着社会工作的进一步发展，在满足西山区人民群众的服务需求和解决社会问题方面逐渐发挥其影响力，社会工作将会得到服务群体和社会的实质承认。社会工作要获得实质承认，虽然是一个缓慢的过程，也需要社会工作群体及政府、社会的相互促进，但是无须质疑的是，这是西山区社会工作的开展方向之一。

（2）社会工作将走向专业化发展的道路

社会工作专业化是指作为职业的社会工作逐步形成其包含价值、理论及方法的一套知识体系，扩大培训与教育的规模，层次进一步提高，从而更有效地为社会提供服务的过程。目前，西山区正经历着经济社会的转型，社会变迁所带来的个人对社会适应的心理问题日益突出，社会问题日渐复杂化、多样化，运用专业的社会工作理论及方法为社会提供服务迫在眉睫。由于社会工作尚在起步阶段，专业化程度比较低，未来需通过大力发展社会工作教育和培训，建立西山区社会工作人才队伍培养及继续教育体系以及建立西山区社会工作人才督导体系，培养专业的社会工作人才，提高社会工作的服务质量及工作效率，促使西山区社会工作往专业化方向发展，优化西山区社会工作人才队伍，这也是西山区社会工作的重点之一。

（3）越来越多的社会工作行政人员将接受专业社会工作的培训

目前大部分的社会工作人员，如在民政系统，人社，工、青、妇，残联，街道办事处等实际从事社会工作相关的工作者，大都非社会工作专业毕业，他们的工作具有行政性和半专业性，虽具有丰富的工作经验，但随着社区的异质化，社区需求的多元化、复杂化以及社会问题的多样化，传统的工作方法难以跟上社会发展的步伐，需要更为系统及专业的社会工作理论及方法指导他们的工作。目前西山区政府已经意识到这方面的需求，开始聘请有培训资质的机构为社会工作行政人员开展专业的社会工作培训，未来随着社会工作的进一步发展,将会有更多各领域的社会工作行政人员接受专业的社会工作培训,通过西山区的社会工作人才的认定,完成专业社工的转化,专业社会工作人才的数量与规模将会进一步扩大。

2. 西山区主要领域社会工作人才需求预测

课题组在参照西山区"十二五"期间经济社会发展规划和社会工作领域社工配置密度等相关资料的基础上,对西山区至2020年几个突出的社会服务领域的社会工作人才队伍数量预测如下。

第一,流动人口服务。2014年西山区流动人口数量达到40万之多,预计2020年流动人口数量将达到50万左右。参照社工与服务对象1∶1000计算,需要500名社会工作人员。

第二,老年人服务。据西山区老龄办数据显示,2014年西山区60周岁以上的老年人口数量为11.63万人,占西山区总人口数量的15%,人口老龄化形势严峻。预计至2020年西山区60岁以上的老年人口数量将增至16万左右,参照1∶150比例需要社会工作人员约1000名。

第三,儿童青少年服务。2014年西山区14岁以下儿童及青少年人口数量达11万之多。预计2020年儿童及青少年人口数量将达到15万左右,参照1∶1000比例需要社会工作人员约150名。

第四,其他领域。假定其他领域社会工作人员需求量占社会工作人员总数比例为15%,需要的社会工作人员将在300人左右。

五 社会工作人才队伍建设省外经验总结及启示

近年来,社会工作在深圳、东莞、广州、上海、成都等城市发展迅速,经过多年的探索和实践,社会工作发展较为成熟的广东以及快速发展中的贵州和四川等省在推动社工人才队伍建设方面积累了一定的宝贵经验,值得我们总结与借鉴,以便更好地促进西山区社会工作人才队伍建设工作的开展。

(一)外地经验总结

1. 推动社工人才队伍建设领导机制创新

建立和完善社工人才队伍建设领导体制。四川省成都市的做法是在市、区两级党委建立社会建设工作委员会负责指导社会工作人才队伍建设工作。

例如成都市锦江区委社会建设工作委员会于2008年成立，同时挂成都市锦江区人民政府社会建设办公室牌子，主要负责组织拟订全区社会工作者队伍建设专项规划并组织实施；负责社会工作者队伍建设的统筹协调和指导监督；研究拟订以培养、评价、使用、激励为主要内容的政策措施并组织实施。

2. 社会工作人才队伍培养

从目前各地开展的社会工作者队伍专业化培养方面来看，主要是通过加快培训基地建设和构筑人才培训体系来加强该项工作。具体的做法主要包括两类，一类是针对系统内实际社会工作人员提升学历的在职教育，以社会工作职业水平考试考前培训为主，如重庆、四川等地，其每年都会通过民政厅或各市民政局进行组织，定期开展考前集中培训。另一类是针对系统内领导干部、实际社会工作人员、持证社工以及民办社工机构社工开展的知识更新和专业能力提升的在职培训、轮训。广州则注重人才引进与内部提升转化相结合，引导社会管理服务领域从业人员学习专业知识、提升服务能力，并通过参加全国社会工作者职业水平考试，同时通过实务培训班、社会工作督导人才培训班等提升当地社会工作人才素质和能力。

3. 民办社工服务机构培育

在深圳，一方面，政府提出凡是可以由社会组织、市场提供优质服务的领域，政府原则上不再新增事业单位，公共服务提供的主体逐渐向社会组织转移，政府抽身出来，不再扮演传统包办一切的角色。另一方面，在新机构成立手续上也给予简化，提出福利类以及公益慈善类社会组织可以直接登记，并在降低登记门槛的同时在财政上给予资助与奖励以促进社会组织的成立。在这种优势政策的指导下，截至2015年5月，深圳市民办社工机构已达135家。

4. 社工人才队伍建设多元投入

就目前全国经验来看，主要还是将政府购买民办社工机构服务经费纳入各级政府年度财政预算中，界定政府购买社会工作服务的范围；一部分省份逐步加大了福彩公益金、慈善总会支持购买社会工作服务的力度；在党的十八大提出社会治理创新，建立多元共治体制的思路下，部分省市加大了引导社会资金对社会工作发展的投入力度，大力拓宽社会融资渠道，鼓励和支持有条件的企业、社区和个人设立非公募基金会、社区基金会，引导社会资金投入社会工作服务领域，以形成财政资金、社会资金等共同参与、联合购买、互为补充的多元化投入机制。广州市、区两级已累计投入财政和福利彩票公益金11.11亿元，联合推进政府购买社会工作服务，推动社会工作服务组织发展。另外，深圳2014年将发展社区基金会作为社会组织培育发展的重点，推动出台了《深圳市社区基金会培育发展工作暂行办法》，目前深圳试点中的社区基金会大都被定位为资助型基金会，以项目化的方式开展救助和资助。

5. 建立"三社联动""两工互动"机制

从党的十六届六中全会提出的社会管理到十八大提出的社会治理创新进程中社会管理十六字方针，在社会治理创新进程中，民政部结合该治国方略，总结和提出了社区、社会组织、社工"三社联动"，社工加志愿者"两工互动"的社区治理及社会服务创新机制。特别是在十八大后，各地方涌现出了一批"三社联动""两工互动"的经验和成果。四川省成都市武侯区为了确保社区、社会组织、社工"三社联动"机制的实施，积极搭建了社会化参与平台，将下沉到社区的139项政务事项面向社会"发包"，实施了社区服务"社会化"，努力拓展了民办社工机构的参与空间。贵阳市乌当区把"三社联动"机制作为创新社会治理的重要抓手，探索党政主导，部门参与推动的"三社联动"机制；建立社会工作者引领志愿者开展社区服务，志愿者协助社会工作者改善服务的"两工联动"运行机制，整合社会工作者、志愿者的人力资源，实现两工"联动双赢、互补互惠、互动共进"，降低了社会服务的运行成本。

6. 社会工作岗位开发

从目前来看，在开发社会工作岗位方面，在全国层面上主要有两种做法：一种是通过成立专门的社会工作服务机构，并通过政府购买服务的方式，设置专门的社会工作岗位，如广东、深圳及东莞等城市，通过政府出台相关优惠政策如减少登记程序、给予场地及资金支持等协助成立机构，以此开发社会工作岗位；另一种做法是通过在政府系统内如民政系统，或工会、妇联及其他群团组织内部设置社会工作岗位的方式进行岗位的开发，如对在职社会工作人员进行培训及考试，并进行直接转岗，同时，有部分地区通过在民政系统及妇联系统设置社会工作岗位，并以公开招考的方式进行人员招聘。

7. 建立社会工作实践培训基地

社会工作实践培训基地是促进社工人才保持专业服务品质的重要保障。

从全国各地区和城市来看,现有社会工作实践培训基地,更多的是以高校社会工作专业与民政系统、群团组织、各民办社会工作机构及与社会组织合作的形式成立实习基地,该类实习基地主要针对的是高校社会工作专业学生,而专门针对在职社会工作人员培训的基地则较少。此外,国家及各地社会工作协会和社会工作教育协会通过与各地民办社会工作机构及社会组织合作成立的实习基地也是其中一种形式。如深圳社会工作协会、广州社会工作协会与当地社会工作机构进行合作,建立实习实践基地,为本地在职社会工作人员提供实习机会,达到实践培训的目的。

(二)外地经验启示

在充分研究外地经验的基础上,紧扣西山区社会工作发展情况,有以下几个方面的启示。

1. 党委、政府的重视,是推动社会工作人才队伍建设的关键

从国内社会工作发展较好的城市和地区经验来看,社会工作人才队伍建设能否获得长足发展,基本前提是要有党委、政府强有力的推动及扶持。贵州省、市、区三级党委序列里的群众工作委员会、成都市区两级党委体系里的社会建设工作委员会,都体现了当地党委政府对推动社会工作人才队伍建设的高度重视。与此同时,我们看到社会工作人才队伍建设涉及人事,财政,公安,民政及工、青、妇等部门和组织,需要各主体之间积极配合与协调,只有党委、政府加强主导,方能顺利推动工作的开展。

2. 在职培训和专业实践培训基地建设共抓,是社工人才队伍质量的重要保证

社会工作人才队伍在职培训与专业实践的结合显得十分重要。就目前四川、贵州等地区经验来看,在职培训主要集中于社会工作职业水平考前的培训,更多侧重于理论层面,缺乏持续性、针对性及实践环节的培训设置,无法较好地提升实际社会工作人员的专业能力。因此需要依靠本地专业能力强、服务模式发展较为成熟的社会工作服务机构开发有针对性的培训课程,将理论讲授与实践学习进行有效结合,真正促进社会工作人才专业能力和实际问题解决能力的提升,从而保证社工人才队伍的品质。

3. 多方参与、政社合力是推进社会工作机构培育及人才队伍建设的重要保障

民办社工机构培育及社会工作人才队伍建设是一项社会事业,各地只有充分发挥政府行政部门的指导作用,形成试点机构业务主管部门、社会工作行政职能部门相互配合、齐抓共管的工作格局,才能确保试点的正确方向;只有充分认识到社会资源、资金对民办社会工作机构培育及专业人才建设中的投入的促进作用,才能大力拓宽社会融资渠道,引导社会资金投入社会工作服务领域,才能形成财政资金、社会资金等共同参与、联合购买、互为补充的资金多元化保障机制。只有充分发挥志愿者队伍的协同服务作用,形成社会工作人才队伍和志愿者队伍之间的联动机制,才能发挥多方参与优势,形成各方资源有机结合、多方力量相互支撑的长效机制,保证机构社会工作人才队伍建设有序推进。

4. 岗位开发是人才队伍建设的重要基础,政府各部门系统内岗位转化与民办社工机构岗位并举

社工岗位是决定社会工作人才能否"引得来、留得住"的前提和基础。就全国其他城市经验来看,政府通过扶持成立民办社会工作机构及在政府相关部门设置社会工作岗位来扩大社工岗位,是吸纳社会工作人才的重要渠道。但同时也应看到,包括西山区在内的许多社会工作不发达地区存在的大量实际社会工作者主要分布在民政、司法、卫生、教育、工、青、妇系统,因此,需要通过培训、考试及考核奖励的方式,将这部分人转化为专业社会工作者,避免其他地区出现的因太过强调专业而对实际社会工作者形成的排斥,以及由此而产生的工作阻力。

5. "三社联动""两工互动"是保证社会工作服务成效最大化及降低成本的有效手段

在社会工作发展刚起步的阶段,专业社会工作者人数较少,服务面较窄,为更好地将服务范围扩大,满足更多服务需要,必须发挥社会工作者连接资源的功能,激活社区活力,整合社区、社区组织和志愿者等多方力量及人力资源共同参与社区服务及治理,从而实现"联动双赢、互补互惠、互动共进",降低社会服务成本。贵州、广东等地由社会工作者引领,联动社区、社会组织、社工、志愿者开展社会服务工作所取得的成效,让我们看到了发挥社会力量的效果。但同时需要注意,志愿者更多是凭借热情做事,缺乏基本的服务理念和手法,由此时常导致"帮倒忙"的情况出现。因此,应规范相关志愿者招募注册,建立志愿服务记录制度,加强相关志愿者培训管理,建设庞大的社会服务志愿者队伍,为社会工作专业人才培养提供充足的人才资源。

六 西山区社会工作人才队伍建设的总体思路、基本原则、总体目标及工作重点

(一)总体思路

深入贯彻党的十八大精神,以实践的科学发展观,构建社会主义和谐社会,以加强社会治理创新为指导,全面贯彻落实中共中央关于建设宏大社会工作人才队伍的重大战略部署,立足于西山区社会经济发展的需要,以落实国家十八部委《关于加强社会工作专业人才队伍建设的意见》、十九部委《社会工作专业人才队伍建设中长期规划(2011—2020年)》以及《云南省昆明市中长期人才发展规划(2010—2020年)》为重点,完善社会工作政策制度,以人才培养和岗位开发为基础,体制、机制创新为动力,培养一支高素质、专业化、职业化、结构合理的社会工作人才队伍,推进西山区社会工作人才队伍的建设。

(二)基本原则

1. 坚持党管人才原则

发挥党的政治优势和组织优势,把各行业、各部门的各类社会工作人才凝聚和组织起来,使其成为和谐社会建设的生力军。加强党的领导,增强社会工作人才队伍建设的整体合力。树立科学人才观,探索社会工作人才开发的特点和规律,鼓励社会工作人员在不同的岗位发挥作用,开拓人才开发的视野。坚持社会主义核心价值体系,弘扬社会工作者独特的价值观和职业伦理,引导社会工作者增强光荣感、责任感、使命感,使其积极主动地参与到和谐社会建设的伟大事业之中。

2. 坚持可持续发展原则

社会工作的充分发展是社会工作人才队伍建设有效的基础。首先要坚持科学发展观,为建设和谐西山,促进西山区经济社会的全面、协调和可持续发展而大力推进西山区社会工作的开展;基于西山区人民群众的现实需求,研究制定惠及民生的社会福利和保障政策,为社会工作的开展提供依托;促进政府的工作重点向社会管理和公共服务领域转变,推进社会协同和公众参与,探索社会工作在社会治理中的角色定位,大力发挥社会工

作在社会治理中的作用。

3. 坚持整体规划与分类实施相结合的原则

明确加强西山区社会工作人才队伍建设的指导思想、总体目标和主要措施。根据西山区社会工作从业人员的实际情况，因地制宜，分清轻重缓急，分类指导实施。鼓励探索西山区社会工作人才队伍建设的各种模式，开拓创新。妥善处理可能出现的各种矛盾和问题，有计划、按步骤地确保西山区社会工作人才队伍建设有条不紊地推进。

4. 坚持专业化的原则

职业化和专业化是社会工作人才队伍建设的发展方向，两者相辅相成、互相促进。推进社会工作职业化，必须尽快明确社会工作职业范围界定、规范职业资格准入、开发职业工作岗位、健全职业规范标准、建立职业发展系列、抓好职业水平评价、落实职业保障措施，使他们能有清晰的职业前景，明确专业成才各个阶段的目标，从而为社会工作人才留足职业发展的通道和空间。要促进社会工作专业化发展，必须大力推进社工人才的专业培养，首先要加大力度抓好高校人才的源头培养，其次要充分发挥高校、社会培训机构等各种教育培训资源，抓好现有从业社会工作人员专业培训，确保社会工作的专业权威和职业品质。要通过晋级考试、考核、年度培训、学历教育和继续教育等多种方式，来保证社会工作者的思想道德素质和专业技术水平不断提高。

5. 坚持社会组织在人才使用中的主体地位原则

国外和国内一些地区的发展经验表明：社会工作发展的主要载体是以民间组织和社会团体为主要依托的。因此，社会工作人才开发必须大力培育和扶持各种社会组织，使之成为人才吸纳的主要载体和人才使用的主要舞台。加快政府职能转变和工作方式转换，探索政府间接提供社会服务的领域和范围，为社会组织发展让出发展空间。研究政府社会服务外包或购买服务的方式，以政策为引导、财力保障为基础，推动社会工作人才使用、认定、培养和服务提供方式的社会化进程。

6. 坚持遵循社会工作国际原则

西山区社会工作人才队伍建设理应坚持学习境外先进的理念和方法。同时，必须立足省情、市情、区情，学习国内社会工作及其他领域人才队伍建设的成功经验，尤其是长期以来党的群众工作的优良传统和方法。高度重视和深度开发社会工作领域的存量人力资源，并以需求为导向，聚焦迫切需要解决的社会问题，确定社会工作服务对象。发挥政府在社会工作职业化初期阶段的主导作用，积极探索西山特色的社会工作人才开发模式。

(三) 总体目标

建立科学健全的人才培养、流动、使用、激励及评价制度，创新社会工作人才队伍的体制机制，加快社会工作岗位的开发及社工人才的配置工作，推行政府购买服务计划，建立西山区社会工作协会，依托西山区社会工作服务中心进行社会工作人才培训认定以及继续教育登记，力争在"十三五"期间，建设起一支专业化、高素质、结构合理的社会工作人才队伍。

数量目标：力争每年认证100名社会工作人员，到2020年，计划全区社工认定600人；预计到2020年，全区从事社会工作的人员达2000人，持证社工达150人；力争每年培养5个社工督导，到2020年，社工督导数量达30人。

结构目标：到2020年，着重在民政、司法及工、青、妇等领域设置社工岗位，民政领域社工人才数量占总量的50%以上；民办社会工作机构社工岗位设置比例在岗位总量的30%以上。

当时的制度建设目标：在2015年内，出台《西山区社会工作人才认定制度及管理实施细则》，完善相关制度；建立西山区社工督导认定制度，为社会工作机构及社会工作人才提供专业指导及技术支持；制定西山区民办社会工作机构的认定及评估方法，大力推进社会组织的培育。到2020年，政府购买服务得到有效推行，民办社会工作机构建立的制度初步完善，公益服务性社会组织形成一定规模；社会工作人才队伍多渠道、开放型的培养体系初步建立。

(四) 工作重点

1. 社会工作人才队伍引进工程

成立西山区社工协会，引进省内外优秀社工人才，优化人才结构，通过招募个人会员和组建专家督导团队，吸引省内优秀的社工人才加入西山区社工人才队伍。适时在社工协会成立党支部，加强党的领导，更好地发挥党员的带头示范和为民服务的作用。到2020年，全区引进的专业社会工作人才达到30名。

2. 社会工作培训基地建设工程

到 2020 年,建设 5 个区级社会工作实践培训基地,面向昆明市社会工作人才及社会工作专业学生提供教育及继续教育培训和专业实习实训。

3. 民办社会工作机构建设工程

以推动民办社会工作机构及社会工作服务评估中心建设为重点,到 2020 年,通过西山区社会组织培育中心孵化的民办社会工作机构达 30 家;建立 1 家社会工作服务评估中心,作为开展社会工作服务项目评估的第三方评估机构。

七 西山区社会工作人才队伍建设的保障措施

(一)加强对社会工作专业人才队伍建设的组织领导,形成西山区社会工作人才队伍建设的有效合力

1. 建立健全的领导机制

坚持党管人才原则,按照组织部门牵头抓总、民政部门具体负责、各有关部门密切配合、社会力量广泛参与的要求,抓好社会工作专业人才队伍建设和社会工作发展政策制度的落实。组织部门负责宏观指导、综合协调和督促检查;民政部门切实履行推进社会工作人才队伍建设的有关职能,抓好管理机构和队伍建设;有关部门及组织在各自职责范围内推进社会工作专业人才队伍建设;工会、人社、共青团、妇联及残联等组织要充分发挥自身优势,大力加强本系统、本领域社会工作人才队伍建设,提高服务水平。充分发挥西山区社会工作人才队伍建设联席小组会议的作用,整合领导小组办公室成员单位的资源,各成员单位形成有效合力,共同促进西山区社会工作人才队伍的建设,提高西山区社会工作人才队伍的服务水平。

2. 充分发挥基层党组织的领导作用

认真研究新形势下思想政治工作和群众工作的特点和规律,运用社会工作专业知识和科学方法,提高基层党组织和党员干部解决社会问题、推动社会建设的能力。切实加强党对社会工作服务机构的领导,推动各类社会工作机构健全党组织,把广大社会工作人才凝聚在党组织周围,协助党和政府做好化解社会矛盾、协调社会关系、落实惠民政策等工作。

3. 建立社会工作行业管理体制

建立西山区社会工作协会，承接政府部分转移的职能，发挥其管理、监督以及服务的功能，依托已成立的社会工作人才服务中心开展社会工作资格考试培训及继续教育培训。在西山区民政局的领导下，制定区社会工作行业规范及制度，促进西山区社会工作行业的健康发展。

（二）建立完善的社会工作人才培养机制

1. 加强在职人员的继续教育培训，提高在职人员的专业素质

针对西山区大部分社会工作者没有经过社会工作专业培训、专业化程度较低的情况，需建立在职人员岗位培训及继续教育培训体系，提高在职人员的专业素质。探索采用院校培养、带教培训、实习培训、上岗培训、证书培训、知识更新培训以及其他培训方式对社会工作人才和社会工作相关管理人员进行规范化专业培训。制定社会工作人才继续教育制度及继续教育学分制度，规定社会工作者每年参加继续教育培训的时数及次数。鼓励社会工作人才积极参与各类社会化培训和进行继续教育。

2. 建立社会工作专业督导认定制度

加强对社会工作者的专业督导，由具有资质的专业人员对社会工作者开展督导活动是对社会工作者进行专业培训的重要形式，建议建立西山区社会工作督导认定制度，聘请省内外或港澳台等地区具有丰富经验的社会工作专家，以及实践经验丰富的社工担任督导，提升社会工作人员的专业理论素养和实务工作能力，这对于深化社会工作理念、增强理论水平、提高实务技能、提升社会服务及管理质量具有重要意义。

（三）建立科学的社会工作人才使用机制

1. 发展服务机构，拓展社会工作空间

促进西山区社会组织培育中心的发展，鼓励引导符合条件的组织和个人创办社会工作机构，为社会工作机构的建立及发展提供充足的支持，目标到2020年，新创3A以上社会组织10个。针对现有公益服务性社会组织，按照承担相关社会服务的要求，将其转换为专业社会工作机构。探索建立政府购买社会工作服务的制度，将部分社会服务委托给民办社会工作机构承担。完善民办社工机构、公益社会组织的社区引入机制，扩大"三社联动"模式的成效。在总结现有社工站经验的基础上，继续通过政府购买社

工机构服务和公益创投项目的方式向社会工作服务类的社会组织招标，将西山区"三社联动"模式进行推广，争取在5年内，政府购买社会组织服务项目数量达到10个。

2. 结合西山区实际，加大相关行政部门和群团组织使用社会工作专业人才力度

承担社会服务职能的相关行政部门和群团组织要根据事业发展需要积极使用社会工作专业人才，提高社会服务管理能力。西山区行政机关、人民团体中直接面向人民群众提供社会服务的相关岗位，鼓励其充实社会工作专业人才，现有人员要善于运用社会工作专业知识和方法，提高社会治理和服务水平。

3. 基层配备社会工作人才，建设和谐社区

在基层社区配备一定数量的社会工作人才，鼓励街道办及社区从事社会管理服务的人员报名参加国家社会工作职业水平资格考试，逐步做到持证上岗，促进基层工作人员的专业转化。

4. 发挥社会工作人才引领社区义工的作用，促进两工互动

根据西山区社区的发展特点及居民需求，搭建社区志愿者、服务对象和服务项目对接平台，推动社区志愿服务的开展，形成社工带领义工、群众参与义工、义工协助社工的良好局面。由政府提供资金及政策支持，将义工培训纳入社会工作培训范畴，鼓励社工定期为社区义工开展社会工作专业知识与技能培训。规范义工招募、注册与管理程序，制定相关制度。

（四）建立科学合理的社会工作人才评价制度

1. 建立西山区社会工作者认证制度，鼓励参加社会工作职业水平资格考试

对于尚未取得国家社会工作职业水平资格证书，但在社区街道办事处、民办社工组织或公益组织，从事实际的社会服务或是社会管理工作的社会工作者，实行培训认证制度。西山区社会工作者培训认证可在西山区民政局的领导下，委托西山区社会工作协会，依托西山区社工人才服务中心进行。继续鼓励未取得国家社会工作职业水平资格证书的社会工作者参加国家社会工作职业水平资格考试。与有培训及实务资质的培训机构合作，为西山区社会工作者提供考前培训。

2. 建立社会工作人才职业能力水平认证制度

完善社会工作职业标准，把社会工作人才纳入专业技术人才认证范围，建立社会工作人才能力水平认证制度，形成社工专业技术水平体系。通过社工专业能力水平认证的获得社会工作师资格，社会工作师序列可设定为助理社工师（初级）、社工师（中级）、高级社工师（高级）三个等级，将符合一定条件的社会工作师作为专业技术人才，纳入专业技术人才能力认证体系进行考核管理。

3. 建立合理的社会工作人才评估考核制度及社会组织评估制度

研究制定不同类型、不同层次的社会工作岗位的评估考核制度，明确考核评估标准、机构和纪律措施。由社会工作者所属机构和所服务单位密切配合，按照德才兼备的原则，以社会工作者能力、操守、业绩为主要考核评估内容，结合思想品德、职业素质、专业水平，进行综合考核评估。

制定对民办社会工作机构及公益社会服务组织的考核评估办法及标准，目标到2020年，完成7个社会组织的评估工作。

（五）建立社会工作人才激励体制，充分调动社会工作人才的积极性

1. 加强社会工作人才服务保障措施

完善人力资源管理和相关制度规范，并将之纳入市场经济条件下社会整体的人事、福利、社会保障体系，包括建立人才交流中心对社会组织的档案管理制度，在医疗、退休养老、劳动、失业等保险金的缴纳方面的相应标准等，促进民办社工服务组织的成长。提供社会工作人才在本地落户的支持政策，为民办社工机构的有效发展奠定基础。重视并切实加强社会工作高层次人才引进后的后续管理和跟踪服务，建立健全人才服务长效制度。

2. 建立西山区社会工作人才评优表彰制度及激励制度

建立西山区社会工作人才评优表彰制度，将社会工作人才表彰奖励纳入西山区人才奖励体系。对于业绩突出的社会工作者及机构，可采取多种形式予以表彰奖励，吸引更多优秀人才从事社会工作。实施"西山区优秀社工"表彰等项目，对业绩突出、能力卓越的社工人才，给予嘉奖和培训。

坚持精神奖励和物质奖励相结合，进一步树立典型，激励广大社工的工作热情和积极性。建议在即将出台的《西山区社会工作人才认定制度及管理实施细则》当中，制定已通过培训认定的西山区社会工作人才的补贴实施细则，如已通过西山区社工员培训认证，获得社工员证书，每年发放

1000元社工人才补贴;通过国家社会工作职业水平考试并获得国家社会工作者职业水平初级证书,每月发放200元社工人才补贴;通过国家社会工作职业水平考试并获得国家社会工作者职业水平中级证书,每月发放300元社工人才补贴;初级督导通过西山区社工协会选拔、培训及认定后,每月发放400元社工人才补贴;中级督导通过西山区社会工作协会选拔、培训及认定后,每月发放600元社工人才补贴。

(六)加大社会工作人才队伍建设的投入

1. 增加政府公共财政投入

建议要将应由西山区政府负担的社会工作专业人才队伍建设经费纳入财政预算,加大财政投入,在西山区每年财政支出的公共服务项目预算中,划拨一定比例经费用于社会工作事务的固定投入。积极探索政府购买社会服务的运作模式,完善政府按服务项目、服务人群购买社会服务的具体办法,鼓励民间社会服务组织提供社会福利和慈善事业服务,争取到2020年,西山区政府购买社会组织服务资金达到400万元。研究使用西山区慈善协会资金支持社会工作专业人才队伍建设的办法及措施,研究和制定相关政策,重点对公益创投、公益性社会组织孵化、公益采购等项目进行资助。

2. 大力拓宽社会资金的渠道,健全社会资金投入机制

除加大政府购买社会服务的投入外,还应拓宽社会筹资渠道,鼓励引导社会资金向社会工作服务领域投入。健全社会资金的投入机制,可借鉴香港及国外的经验,采取政府资金与社会资金共同投入的方式,探索以政府财政资金为主,社会资金为补充的社会工作服务投入方式。

(七)加大社会工作宣传力度

促进对外交流学习,定期组织社区干部、工作人员及民办社会工作组织从业人员前往省内外地区交流学习,吸收其他地方的先进经验。定期举办社会工作理论及实践研讨会,鼓励行业组织间互访,促进行业交流。加大社会工作的宣传力度,充分发挥报刊、电视、微博、微信、网络等新闻媒体的作用,广泛宣传社会工作的专业理念、方法和作用,通过定期举办社会工作文化节、优秀社工机构及西山区优秀社工评选等活动,广泛宣传社会工作者的典型事迹和社会工作的典型案例,提高全社会对社会工作的知晓度和认可度。

附件：昆明市西山区社会工作人才队伍建设政策咨询报告

为更好地贯彻中央关于加强社会工作人才队伍建设的要求，依据《国家中长期人才发展规划纲要（2010－2020年）》及《昆明市中长期人才发展规划（2010－2020年）编制工作方案的通知》（昆党人才〔2010〕8号）要求，更好地摸清西山区社会工作人才队伍建设现状，了解存在的问题并分析原因，由西山区民政局组成课题组，在各部门大力支持配合下，课题组经过3个月的专题研究，通过座谈会、专家访谈、实地调研等研究方法，在全面回顾和客观分析问题的基础上，结合省内外社会工作人才队伍建设的经验启示，同时立足于西山区广大人民群众日益增长的社会服务需求，形成了加强西山区社会工作人才队伍建设的咨询报告。

（一）加强社会工作人才队伍建设的重大意义

社会工作专业人才是运用社会工作专业理论、技能及工作手法，在社会福利、社会救助、慈善事业、社区建设、婚姻家庭、精神卫生、残障康复、教育辅导、就业援助、职工帮扶、犯罪预防、禁毒戒毒、矫治帮教、人口计生、纠纷调解、应急处置等领域直接提供社会服务的专门人员。加强社会工作人才队伍的建设，对于协调社会关系、解决社会问题、提高社会管理服务水平、构建和谐社会主义社会具有重大的意义。自西山区的"十二五"规划实践以来，西山区社会工作人才队伍建设取得了明显成效，建立了西山区社会组织培育基地，在马街和团结路建立了两个西山区社会工作人才实训基地。成立了西山社会组织培育中心和社会工作人才服务中心，探索社会组织培育、社会工作人才培养模式，大力促进了社会工作人才的培养、推进了制度建设。但由于西山区社会工作人才队伍建设工作刚起步，体制机制和政策制度不完善，存在人才数量不足、人才结构不合理及人才队伍专业化程度不高等方面的问题，与人民群众日益增长的社会服务需求不相适应，与构建和谐西山的需要存在较大差距。同时，当前西山区经济社会正处于转型时期，群众需要日益趋向多元，社会管理与服务有待完善，矛盾时有出现，在加快西山区社会治理创新过程中，急需一批高素质、职业化的社会工作人才队伍。

（二）推进昆明市西山区社会工作人才队伍建设的指导思想及目标任务

1. 指导思想

高举中国特色社会主义伟大旗帜，以邓小平理论和"三个代表"重要思想、科学发展观为指导，稳中求进，巩固党的执政基础、提高党的执政能力，认真贯彻中央和省委、省政府关于加强社会工作人才队伍建设的精神，按照市委、市政府着力保障改善民生及构建和谐社会的要求，以加强和创新社会管理、提高社会服务水平为目标，以人才培养为基础、人才使用为根本、人才评价激励为重点、制度建设为保障，充分发挥社会工作人才在构建和谐西山中的重要作用。

2. 目标任务

建立健全科学的人才培养、流动、使用、激励及评价制度，创新社会工作人才队伍的体制机制，加快社会工作岗位的开发及社会工作人才的配置工作，推行政府购买服务计划，建立西山区社会工作协会，依托西山区社会工作服务中心进行社会工作人才培训认定以及继续教育登记，力争在5年内，建设起一支专业化、高素质、结构合理的社会工作人才队伍。

数量目标：力争每年认证100名社会工作人员，到2020年，计划全区社工认定600人。预计到2020年，全区从事社会工作的人员达2000人，持证社工达150人。力争每年培养5个社工督导，到2020年，社工督导数量达30人。

结构目标：到2020年，着重在民政，司法及工、青、妇等领域设置社工岗位，民政领域社会工作人才数量占总量的50%以上。民办社会工作机构社会工作岗位设置比例占岗位总量的20%以上。

制度建设目标：在2015年内，建立西山区社工人才认定制度，完善相关制度；建立西山区社工督导认定制度，为社会工作机构及社会工作人才提供专业指导及技术支持；制定西山区民办社会工作机构的认定及评估方法，大力推进社会组织的培育。到2020年，政府购买服务得到有效推行，民办社会工作机构建立的制度初步完善，公益服务性社会组织形成一定规模；社会工作人才队伍多渠道、开放型的培养体系初步建立。

(三)加快西山区社会工作人才队伍建设的建议

1. 加强西山区社会工作专业教育及培训

实行西山区社会工作者培训认证制度及继续教育制度，促进西山区社会工作人才队伍的专业化发展。建议西山区对未取得国家社会工作者职业水平资格证的社会工作者实行培训认证制度及继续教育登记制度。通过培训认证的社工，每年应参加规定时数的在职培训，并实行继续教育登记制度。建议已经取得国家社会工作者职业水平资格证的社会工作者，每年应参加规定时数的在职培训，实行继续教育登记制度。

建立西山区社工督导认定制度，加强对社会工作者的专业督导。建议由具有资质的专业人员对社会工作者开展督导活动，建立西山区社工督导认定制度。

建立西山区国家社会工作者职业资格水平考试考前培训制度。建议与有培训及实务资质的培训机构合作，为西山区社会工作者提供考前培训，鼓励社工员参加国家社会工作者资格水平考试。

2. 建立合理的社会工作人才使用机制

（1）发展服务机构，拓展社会工作空间

促进西山区社会组织培育中心的发展，鼓励和引导符合条件的组织和个人创办社会工作机构，为社会工作机构的建立及发展提供充足的支持。目标到2020年，培育10个3A以上社会组织，促进西山区社会组织的良性发展。针对现有公益服务性社会组织，按照承担相关社会服务的要求，将其转换为专业社会工作机构。探索建立政府购买社会工作服务的制度，将部分社会服务委托给民办社会工作机构承担，争取在5年内，政府购买社会组织服务项目数量达到10个。

（2）结合西山区实际，加大相关行政部门和群团组织使用社会工作专业人才力度

承担社会服务职能的相关行政部门和群团组织要根据事业发展需要积极使用社会工作专业人才，提高社会服务管理能力。西山区行政机关、人民团体中直接面向人民群众提供社会服务的相关岗位，鼓励充实社会工作专业人才，现有人员要善于运用社会工作专业知识和方法，提高社会治理和服务水平。

（3）基层配备社会工作人才，建设和谐社区

建议在基层社区配备一定数量的社会工作人才，鼓励街道办及社区从事社会管理服务的人员报名参加社工职业水平考试，逐步做到持证上岗。

3. 建立科学的社会工作人才评价制度

建立社会工作人才职业能力水平认证制度。建议完善社会工作职业标准，把社会工作人才纳入专业技术人才认证范围，建立社会工作人才能力水平认证制度，形成社工专业技术水平体系。

建立合理的社会工作人才评估考核制度及社会组织评估制度。建议研究制定不同类型、不同层次的社会工作岗位的评估考核制度，明确考核评估标准、机构和纪律措施。制定对民办社会工作机构及公益社会服务组织的考核评估办法及标准，到2020年，完成7个社会组织评估工作。

4. 建立健全的社会工作人才激励体制

建议将社会工作人才纳入现有的养老、医疗、失业保险等方面的保障体系，改善社会工作人才的工资、福利待遇和工作条件。实施"西山区优秀社工"表彰等项目，对业绩突出、能力卓越的社工人才，给予嘉奖和培训，并增加优秀社工人才参政议政的机会，提高社会工作人才社会地位和职业威望，稳定社会工作人才队伍。

（四）具体保障措施

1. 加强组织领导与协调

西山区政府各部门有效合力，促进社会工作发展。组织部门负责宏观指导、综合协调和督促检查；民政部门切实履行推进社会工作人才队伍建设的有关职能，抓好管理机构和队伍建设；有关部门及组织在各自职责范围内推进社会工作专业人才队伍建设；工会、共青团、妇联及残联等组织要充分发挥自身优势，大力加强本系统、本领域社会工作人才队伍建设，提高服务水平。

建立西山区社会工作者协会，发挥其管理、服务、监督的功能，承接政府委托或转移的部分职能，并为社会工作者提供专业化服务。

2. 保障资金投入

增加政府公共财政投入。建议要将应由西山区政府负担的社会工作专业人才队伍建设经费纳入财政预算，确立财政资金对社会工作人才队伍建设的资金主渠道地位和导向作用。积极探索政府购买社会服务的运作模式，

完善政府按服务项目、服务人群购买社会服务的具体办法，鼓励民间社会服务组织提供社会福利和慈善事业服务，争取到2020年，西山区政府购买社会服务组织资金投入达400万元。研究使用西山区慈善协会资金支持社会工作专业人才队伍建设的办法及措施，研究和制定相关政策，重点对公益创投、公益性社会组织孵化、公益采购等项目进行资助。

拓宽社会筹资渠道，鼓励引导社会资金向社会工作服务领域投入。健全社会资金的投入机制，建议借鉴中国香港及国外的经验，采取政府资金与社会资金共同投入的方式，探索以政府财政资金为主，社会资金为补充的社会工作服务投入方式。

关于推动云南省民办社会工作服务机构发展的政策研究报告

2011年,十八部委联合发布《社会工作专业人才队伍建设中长期规划(2011—2020年)》,2012~2013年,民政部、财政部先后出台《关于政府购买社会工作服务的指导意见》《关于加快推进社区社会工作服务发展的意见》等重要政策文件。党的十八届三中全会进一步提出了关于创新社会治理体制,改进社会治理方式,激发社会组织活力的重大决策。近年来,在各地积极实践探索中,我国已经涌现出一批具有一定规模、管理规范、作用明显的民办社会工作服务机构,社会工作人才总量也在不断增长。根据民政部统计,截至2013年,全国民办社会工作服务机构数量已超过2000家,社会工作人才总量达36万人,其中有12.38万人取得了社会工作者职业水平证书,全国政府购买社会工作服务的资金总量达17.3亿元。[①]

从深圳、广州、上海、浙江、四川等地大力推动政府购买社会工作服务、促进民办社会工作服务机构发展的经验来看,民办社会工作服务机构在有效协同政府提供社会服务、解决社会问题、缓解社会矛盾、促进社会和谐等方面发挥着重要作用,是创新社会治理体制的有效路径。对比其他省份,云南省虽曾被誉为"NGO之都",社会组织特别是境外NGO发展较早,数量较多,但民办社会工作服务机构发展却相对滞后,远远无法满足云南省在社会发展方面的专业社会服务需求。2013年8月23日,云南省委、省政府下发了《关于大力培育发展社会组织加快推进现代社会组织体制建设的意见》,进一步加快推进云南省社会组织登记管理体制改革、完善培育扶持政策、优化社会组织发展环境,这为云南省社会组织特别是民办社会工作服务机构的发展提供了重要契机。因此,民办社会工作服务机构作为社会组织中的一支重要力量,如何让其脱颖而出,更好地发挥其在提

---

① 数据来源于2013年12月29日在广州举办的"全国政府购买社会工作服务暨志愿服务记录制度推进会",www.mca.gov.cn/article/zwgk/mzyw/。

供专业社会服务、创新社会治理方面的作用，是当前云南省面临的紧迫课题。鉴于此，有必要针对云南省民办社会工作服务机构发展的现状进行研究并提出具有可行性的对策建议。在此背景下，云南省民政厅委托云南连心社区照顾服务中心开展此项题为"云南省关于推动民办社会工作服务机构发展的政策研究"，希望在课题研究基础上，提出推动云南省民办社会工作服务机构发展的有效对策建议，为政府制定相关政策及科学决策提供依据。

为高质量完成此项研究课题，以云南连心社区照顾服务中心主要负责人为牵头，云南大学社会工作学院社会工作研究所部分专家及研究人员参与，组建了课题研究小组。研究小组先后开展了以下三方面的工作。一是进行文献研究。课题组人员通过中国期刊全文数据库、中国博士硕士学位论文全文数据库、网络及报纸等平台，对国内外相关民办社会工作服务机构发展及政策等方面的资料进行搜集、整理与分析。课题组先后搜集了近100篇相关论文及研究报告。二是进行系统调研。课题组通过实地调研，对省外及省内近10家民办社工机构进行了深度了解，并通过电话及微信访谈等方式，较好地掌握了当前省内外有关民办社工机构发展的状况。三是进行专题研讨和数据分析。课题组针对课题研究重点，先后召开3次专题讨论会及研讨会，对当前省内外民办社会工作服务机构发展的现状、存在的问题及应对办法进行了深度讨论。同时，对民办社会工作服务机构发展的相关数据进行了系统的统计与分析，对民办社会工作服务机构发展的规律进行了较好的掌握。在综合各方面研究成果的基础上，形成本课题研究报告，具体内容如下。

一 推动民办社会工作服务机构发展的重大意义

民办社会工作服务机构（简称"民办社工机构"）是以社会工作者为主体，坚持"助人自助"宗旨，遵循社会工作专业伦理规范，综合运用社会工作专业知识、方法和技能，开展困难救助、矛盾调处、权益维护、心理疏导、行为矫治、关系调适等服务工作的民办非企业单位。推动民办社工机构发展，对促进云南省经济社会发展，促进和谐社会建设，推动社会治理创新等具有重要意义。

第一，民办社工机构是吸纳社会工作人才的重要载体，是有效整合社会工作服务资源的重要渠道，是开展社会工作专业服务的重要阵地。

第二,促进民办社工机构发展,对于进一步推进云南省社会工作及其人才队伍建设,预防和解决当前社会发展中普遍存在的各种矛盾和问题,推动政府职能转变,创新社会治理体制,创新社会管理和公共服务方式,加强以改善民生为重点的社会建设,促进社会和谐,具有重要意义。

第三,促进民办社工机构发展是增强云南省民政基层服务力量,提升民政管理与服务专业化水平,实现民政工作又好又快发展的重要途径。[1]

第四,促进民办社工机构发展,加强专业社会工作人才队伍建设,对推动云南省广大农村贫困地区发展,促进少数民族文化传承与保护,维护少数民族及边疆地区稳定具有重要作用。

二 云南省民办社会工作服务机构发展的现状分析

云南省是国内较早发展社会工作教育及实践的省份之一,对专业社会工作服务的探索也起步较早。从20世纪80年代初期开始,就已经有一批国际NGO在云南农村扶贫、灾害救助、环境保护、医疗健康等领域开展工作,培养了大批具有一定专业技能的社会服务人才,为推动云南社会工作人才及民办社工机构发展奠定了重要基础。总体来看,经过近20年的积累,云南省在社会工作专业人才培养及民办社工机构发展方面已经取得了一定经验,但同时也存在人才总量不足、机构发展滞后等问题。

(一)云南省专业社会工作人才基本情况

云南省从1993年即开始发展专业社会工作教育,先后有云南大学、昆明学院、云南财经大学等近11所高校开设了社会工作专业,按照每校每年平均招收学生40名计算,每年招收的社会工作专业学生总数达400名,至2014年培养的专业毕业生总数已超过3000名。但云南省民政厅人事(社会工作)处2013年统计数据显示,云南省通过社会工作资格考试的专业社工人才仅为1056人,其中在民办社会工作服务机构服务的专业社工人数不超过100人,大部分集中于民政部门及群团组织及事业单位。由此可见,云南省专业社会工作人才体现出总量不足、分布不均等方面的特点。

---

[1] 摘自民政部网站,《民政部关于促进民办社会工作服务机构发展的通知》(民发〔2009〕145号)。

（二）云南省民办社工机构发展现状

云南省社会组织特别是境外 NGO 发展较为成熟，社会工作专业人才教育起步较早，这为推动云南省民办社工机构发展奠定了重要基础。

首先，民办社工机构发展的基础较好。云南省地处西南边陲，少数民族众多，广大农村地区普遍面临诸如贫困、自然灾害频发、毒品泛滥及艾滋病多发等社会问题。从 20 世纪 80 年代开始，陆续有一些国际 NGO 如香港乐施会、世界宣明会、英国救助儿童会、福华国际、行动援助、国际小母牛协会等在云南省开展农村扶贫、社区发展、教育助学、环境保护、艾滋病干预、健康教育、残疾人康复、灾害救援等方面的工作。这些境外组织不仅带来了资金、资源，同时也带来了在专业社会服务方面的理念和方法，并对云南省专业社会服务人才的培养和储备奠定了重要基础。比如目前在云南部分民办社工机构及社会组织中的主要负责人及资深工作者都有过在国际民间组织工作的经验。

其次，民办社工机构数量逐年增多，专业服务能力不断增强。随着高校社会工作专业教师及本土专业社工人才的推动，云南民办社工机构不论是在数量上还是质量上，都呈现不断发展壮大的态势。这些机构在艾滋病预防、戒毒康复、流动人口社区服务、流浪儿童救助服务、残障康复及农村扶贫等方面进行了卓有成效的专业社会工作服务探索，并逐步积累了本土专业社工服务的重要经验。如云南家馨社区儿童救助服务中心是一家从事流浪儿童救助服务的机构，其最早即由云南大学社工高校老师及学生进行推动，并在国际基金会资助下得以成立的。该机构在流浪儿童专业救助服务方面积累了大量宝贵经验。云南连心社区照顾服务中心也是由高校社会工作专业教师推动成立的机构，其在流动人口服务方面已积累了近 8 年的工作经验。此外，包括云南携手困难群体创业服务中心、昆明蒙多贝自闭症儿童康复中心、昭通水富县社会工作服务中心、个旧关爱心里成长服务中心等在内的本土机构，也积累了大量专业社会工作服务的经验，为培养及吸纳本土社会工作人才做出了重大贡献，成为推动云南省民办社工机构发展的重要力量。云南省民政厅民间组织管理局统计数据显示，截至 2013 年，经全省各级民政部门登记的社会组织总数达到 15603 个，其中社会团体 10845 个、民办非企业单位 4710 个、基金会 48 个，备案的境外非政府组织

38个,备案的基层城乡社区社会组织 7342 个。① 其中,民办社工机构的数量已超过 10 家。

再次,云南省社会工作教育起步较早,为民办社工机构发展奠定了重要人才基础。云南省社会工作专业教育一直走在全国前列。云南大学是国内最早开设社会工作专业的高校之一,其在专业人才培养、教学科研以及服务社会方面在中西部甚至全国居于领先。早在 1993 年,云南大学就已经开始招收第一届社会工作专业学生,并在随后近 20 年时间里,每年招收 30 余名专业学生,已经累积培养了近 500 名专业社会工作者,这些人分布在社会服务及社会发展的各个领域,其专业服务能力获得社会各界的普遍赞誉。近年来,先后又有云南财经大学、昆明学院、云南农业大学、云南民族大学、云南大学滇池学院、玉溪师范学院、曲靖师范学院、云南师范大学、云南警官学院及楚雄师范学院等高校相继开设了社会工作专业。截至 2014 年,除昆明学院因故停办该专业外,云南省开设社会工作专业的高校共有 10 所,每年培养的高校社工专业人才总量超过 400 人。这些由高校培养的准专业社会工作人才,成为云南省发展社会工作事业的重要人才基础,是民办社工机构发展的重要人才支撑。

最后,云南省民政部门在民办社工机构登记与管理方面积累了一定的经验。云南被誉为"NGO 之都",民间组织经历了 30 多年的发展历程,各级民政部门设置了专门对境外 NGO 及本地社会组织进行登记和管理的机构,制定了较为完善的登记、备案、管理及评估等制度,为云南省从政府层面推动民办社工机构发展奠定了较好的工作基础。与此同时,2013 年 7 月 18 日由民政部和省政府共同举办的"关于推进社会建设创新社会组织座谈会"以及随后出台的《关于大力培育发展社会组织加快推进现代社会组织体制建设的意见》,为云南省社会组织发展特别是民办社工机构发展营造了良好的政策环境及社会氛围。

(三)云南省民办社工机构发展面临的问题及原因分析

云南省民办社工机构发展基础较好,社会工作专业服务实践经验基础较为扎实,但由于多种原因,机构发展方面还面临着数量不足、成长缓慢、

---

① 常红浩:《云南推行社会组织管理改革公益类组织有望直接登记》,《云南信息报》2013 年 7 月 19 日,第 A06 版,http://news.ynxxb.com/Epaper/2013 - 07 - 19/#6。

无法形成规模效应、服务领域发展不平衡、人才紧缺等问题，与日益增长的社会服务需求存在较大差距。

第一，云南省民办社工机构发展的制度有待完善。

广东、上海、浙江、四川、陕西、甘肃、河南等地已经先后出台有关政府购买社会工作服务、加强社会工作人才队伍建设等相关扶持政策，且还在不断完善的过程中。相比较而言，云南省在推动民办社工机构发展及加强社工人才队伍建设方面的相关政策制度则有待完善。由于相关推动政策还未出台，政府、基金会及社会资源在对民办社工机构发展的扶持方面还不足够，无法形成对民办社工机构发展进行推动的力量。

第二，云南省民办社工机构数量较少，专业社会工作服务还未形成规模效应。

由于政策制度不完善，资源投入有限及社会认识不足等原因，民办社工机构发展缓慢、机构数量较少，专业社会工作服务的领域有限，没有形成专业服务的规模效应。云南仅有的几家民办社工机构如云南连心社区照顾服务中心、云南家馨社区儿童救助服务中心、云南携手困难群体创业服务中心、昆明蒙多贝自闭症儿童康复中心等，更多以服务困境人群为主，如流动人口、流浪儿童及自闭症儿童的服务等，其他领域的专业社工服务有待开发。同时，这些机构由于资金方面的限制，在发展过程中面临着诸多困难：机构规模较小、服务的人数有限、还无法形成专业社会工作服务的规模效应。以专业社会工作者数量较多的云南连心社区照顾服务中心为例，目前机构全职员工为30人，具有社会工作专业背景或资格证书的也仅为1/3，服务的人口数量也仅万人左右。但在广东、浙江等省份每个省会城市少则10家机构，多则上百家机构，其中较大的民办社工机构拥有社工专业背景或资格证书的员工多达几百人。相比较而言，云南省民办社工机构及社工人才的数量和规模都较小，力量也较弱。

第三，各级政府及社会大众对民办社工机构及专业社会工作人才认识不足，没有形成良好的支持和发展氛围。

云南省社会组织虽然数量较多，但各级政府部门、群团组织及社会大众对于社会工作还普遍停留于"学雷锋，做好事"的浅层次认识，对民办社工机构及专业社会工作人才认识没有到位。与此同时，由于本地民办社会服务组织及民办社工机构向社会宣传的力度有限，加之政府相关部门在对社会工作进行宣传方面还没有形成系统的工作方案，社会公众对民办社工机构及专业社工人才的认识不足，目前还无法形成有效支撑社会工作发展的社会氛围。

第四，社会工作专业人才流失严重，支撑民办社工机构发展的人才不足。

云南省是国内较早在高校开办社会工作专业的省份之一，培养的社工专业学生也达到了一定规模。社工专业人才在农村特别是少数民族农村扶贫发展、精神康复、流动儿童救助、艾滋病及药物滥用康复等方面积累了较多的本土社会工作教育及实践经验。但民办社工机构数量少，平台有限，导致高校培养的优秀社会工作人才要么转行，要么流入广东等地。从民政部推动的"三区社会工作人才计划"在云南项目实施过程中由于本地持证社工人才数量较少，得从省外引进专业人才进行支援，即可看到云南社会工作人才紧缺的问题十分突出。云南省社会工作专业人才总量不足，支撑人才发展的平台较少，再加上东部发达地区民办社工机构快速发展的吸引，进一步导致云南省专业社会工作人才的流失。

三 省外民办社会工作服务机构发展的经验与启示

云南在民办社工机构发展方面虽然相对滞后，但也因此有机会更好地借鉴相关省份及地区的经验和教训，在此基础上制定真正适合云南省社会发展需要的社工发展制度和政策。鉴于此，本课题同时对省外有关民办社工机构发展的经验进行了总结，并从中归纳出可做参考的启示。

（一）省外推动民办社工机构发展的主要经验

目前国内民办社工机构发展主要有四种路径：第一种是行政主导＋政府委托的政府购买模式，第二种是行政主导＋市场化运作为导向的政府购买模式，第三种是民办社工机构自主发展模式，第四种是政府购买及机构自筹资源相互结合的模式。对省外这四种发展路径进行经验总结与分析，将有助于我们找到真正适合云南省民办社工机构发展的有效路径。

1. 行政主导＋政府委托的政府购买模式

该种带有政府强势介入的模式目前主要在上海推行。2004年，在上海市政法委的强力推动下，成立了上海市自强社会服务总站、上海市新航社区服务总站及上海市阳光社区青少年事务中心三家民办社工机构。三家机构分别以禁毒社会工作、社区矫正以及青少年事务为主，建立社工队伍，提供社会服务。这种来自行政力量高位推动的模式使上海社工得到飞速发展，三个机构很快就在各个区县分别设立社工站，在街道（镇）层面设立社工点。具体操作层面上，机构业务主管单位与民办社工机构签订合同，一线社工的工资、办公经费和活动经费均由区县财政支出。这种模式在社工机构起步阶段，在资源方面形成了有力保障。

2. 行政主导 + 市场化运作为导向的政府购买模式

该种模式最早于 2007 年在广东深圳推行，逐步推广至广东省内其他城市，进而有包括四川、河南、甘肃及其他省份效仿。在该模式推动下，目前广东省民办社工机构数量已发展到 550 家，政府财政及福彩公益金投入超过 11 亿元人民币。其中，深圳市以项目招标购买岗位和购买项目相结合，推动在 300 多个社区建立了社区综合服务中心，将社工服务扎在最基层。广州市在全市建立了 150 个街镇家庭综合服务中心，由政府财政资金支持以打包的方式购买民办社工机构的服务。[1] 北京市成立了市委社会工作委员会，形成对民办社工机构发展的高位推动，政府通过区财政及福彩公益金对机构进行支持。目前，北京的民办社工机构已超过 20 家。[2] 河南省从 2011 年开始探索政府购买社会工作服务的办法，在河南郑州金水区投入 1100 多万元，[3] 通过公开招标方式，逐步在全区推行政府购买专业社会工作岗位和项目，扶持培育各类社工机构。根据调研组调查了解，甘肃省从 2013 年出台《关于加快发展民办社会工作服务机构的指导意见》，鼓励民间力量兴办社工机构并提供支持，给予每个新开办机构 5 万元的扶持资金。截至 2014 年，甘肃省民办社工机构就已经接近 10 家。广西于 2013 年出台了《关于加快发展民办社会工作服务机构的指导意见》，鼓励民间力量兴办社工机构，支持社会组织向社工机构转型，已成立超过 10 家民办社工机构。

3. 民办社工机构自主发展模式

以该种模式为主导发展的机构主要分布在西部欠发达地区。由于西部欠发达地区经济发展相对滞后，公益服务严重不足，引发一些热心群众自发成立各种民间社会组织，服务困境人群，比如农村儿童助学、妇女健康

---

[1] 数据来源于 2013 年 12 月 30 日民政部在广州举办的"全国政府购买社会工作服务暨志愿服务记录制度推进会"编写的会议资料。

[2] 卢磊：《民办社会工作服务机构的发展与反思——基于北京市民办社会工作服务机构发展现状与发展障碍的调查研究》，中国社会网，2014 年 2 月。

[3] 《郑州市金水区采取有效措施推进社会工作专业化发展》，河南省民政厅，2012 年 3 月 28 日。

教育、扶贫发展、灾害救助、流动人口服务及残障人群康复等专业服务领域。这些社会服务机构资金主要依靠境内外基金会、企业及个人捐赠。这些机构主要集中在四川、贵州、西藏、广西、陕西、青海等西部地区。以四川为例，由于"5·12"地震及雅安地震灾害，引发大量高校社工教师、民办社工机构及志愿者投入当地开展工作，在基金会如壹基金支持下，大量以救灾及社区重建为使命的组织开始出现，并逐步引入和开发社会工作项目。基于工作专业性的需求，有些组织直接注册为社会工作机构，有些组织开始设置更多社会工作岗位。在此之后，四川诸多民办社工机构得以快速发展主要依赖于灾害发生后的政府与基金会资源的推动。

4. 政府购买及机构自筹资源相结合的模式

该种模式主要在中国香港和中国台湾地区推行。香港社会工作的领域主要分为特区政府（即社会福利署）与非政府组织（如社会团体及基金会等）。社会福利署与其他的非政府组织属于合作伙伴关系，特区政府通过社会福利署拨款给非政府组织进而向市民提供福利服务。从20世纪70年代到90年代，香港社会福利署一直是通过委托服务的措施去培育传统的民间社会服务机构向专业社会工作机构转换，依此使社工机构获得长足发展。特区政府委托合同中必须保证专业社会工作人员享受与公务员相当的工资和福利，并明确支持机构必要的行政支出和活动经费，所有费用做到专款专用，以保障社工的工资福利和专业发展。在20世纪90年代，香港特区政府为了提高民办社工机构的活力，激发社会参与，开始逐步采取项目招标如"一篮子过款"的形式一次性给机构拨付该年的运作经费。社工机构全部费用中，特区政府支持的经费通常占到机构经费的70%，其余费用由机构向基金会或社会进行募集。此外，社工机构中向服务对象提供最直接服务的是专业社工，人数占到机构人员总数的40%左右，其余为行政财务及作为协助性质的公益岗位人员。香港社工注册局数据显示，香港专业社工人员数量约占香港700万人口的1/550。[①] 虽然香港很多社会服务机构以社会工作服务为主，但机构名字中不用出现"社会工作"的字眼，这与内地目前兴起的民办社工机构命名有所不同。在中国台湾，政府支持力度较大及基金会发展较为成熟，各种社会服务机构数量也较多，机构资金来源较为多元。台湾社会服务机构中只要有一定的社工数量即可通过项目化运作竞标

---

① 甄炳亮：《赴香港社工专业化、职业化考察报告》，2006，http://sw.mca.gov.cn/article/。

的方式获得政府40%~50%的资金支持，余下经费由机构自筹。此外，台湾的社会工作证照制度较为健全，为了保证社工服务的专业质量，严格控制社工考证的通过率，每年通过考证的比例仅为10%。[①]

（二）省外民办社工机构发展的启示

从省外推动民办社工机构发展的四种路径来看，第一种和第二种路径的优势主要是通过政府行政主导推动，以各级政府的政策和财政支持为保障，通过委托服务或市场化投标的方法推动民办社工机构发展。这种路径推动培育的速度较快，机构发展也较为迅速，缺点是政府过于主导，导致机构在回应社会服务需求时容易出现差距，造成锦上添花、拾遗补阙的功能不足，未能充分发挥民办社工机构的长处。同时，行政主导的管理体制容易出现过度行政化的管理指标，与专业发展过程和服务情况差距较大，会对民办社会工作机构的专业水平和服务效用带来不良影响。民办社工机构过于依赖行政支持和政府资源，容易导致机构活力不足及专业服务质量差等情况，加上行业自律不到位、专业门槛过低及资质要求不足、政府购买制度不够完善等原因，容易出现不专业的人员来办专业机构的情况，这对行业发展、专业服务质量、专业人员薪资保障和行业发展环境都可能带来不良影响。现在采取这两种路径的地方政府也正在对相关政策和制度进行完善，比如通过项目投标、公益创投等办法，刺激民办社会工作服务机构的活力和专业水平。同时，民政部和地方民政部门也正在积极调研，探索保障社会工作人员专业水平和工资待遇的有效措施和办法。

第三种发展路径是民办社工机构在资源方面以自筹为主。这种路径的优点是从业人员的公益热情高涨，应对社会需求的动力较强，连接社会各方资源的能力也较强，专业服务的效能较高。缺点是资源不稳定，机构生存较为困难，人员流动性大。同时，由于机构能够为社工提供的培训和督导不足，社会服务的专业水平也差异较大。目前，中西部省份在发展民办社工机构的策略上，也多以这些民办社会服务机构为基础，制定相应的扶持政策和措施，逐步吸引这些机构往专业社工机构发展。

第四种发展路径则主要反映了中国香港、台湾在民办社工机构长期发

[①] 《台湾社会工作基本情况考察报告》，深圳市民政局，2010，www.360doc.com/content/10/1230/13。

展过程中的分阶段的政策支持和变化。从民办社工机构发展的初始阶段看，政府采取以较为发达的民间社会组织为基础，加强在政策方面的扶助，推动民办社工机构发展。在制度上采取政府委托的方式对机构进行培育，通过项目以专款专用的办法保证社工人员的工资待遇，并在社会工作服务的行政支持和专业发展方面进行不断完善。当民办社工机构培育到一定阶段，出现活力和创新不足时，就进行第二阶段的政策转变。第二阶段强调政府购买资金与自筹资金相结合，不仅能保持机构一定活力，在服务的质量方面也有保证。在第一阶段的稳固基础上，民办社工机构在专业发展和满足社会需求的基础上，可以进一步提高服务的效率、激发活力、促进创新和提高专业的能力。

基于此，在参照省外民办社工机构发展的基础上，本文总结出以下几个方面的启示。

第一，根据民办社工机构发展的不同阶段，制定相对应的扶持政策和措施。在充分参照省外民办社工机构发展不同阶段的经验与教训的基础上，可以较好结合云南实际，加快研究制定并出台相关推动和扶持云南省民办社工机构发展的政策，形成分阶段推动云南省民办社工机构健康、有序发展的措施。

第二，政府出资进行委托和购买服务是推动民办社工机构发展的重要资源保障。政府可以从省、市、区不同层级将社会工作服务纳入政府财政预算，以定向委托和项目招标等方式为民办社工机构提供资金支持。从省外经验来看，在政府购买社工服务中，岗位购买及项目购买是两种最常见的形式，同时，购买服务必须将人员成本、行政成本及相关运营成本纳入购买的预算范围。此外，从省外政府购买服务的资金来源来看，省级福彩公益金是政府购买社工服务的重要资金渠道。

第三，在民办社工机构发展初始阶段，政府购买制度中的项目招标和竞标容易吸引逐利的个人和机构进入民办社工领域，在运作过程中漠视专业社会工作人员的工资待遇和专业发展，对民办社工机构的发展带来不利影响。在民办社会工作发展初始阶段，政府应扶持已经进行社会服务的民间组织往民办社工机构发展，并适度吸引和培育具备公益服务理念的社会人士或社工学者发展民办社工机构。

第四，在民办社工机构发展进入较为成熟的阶段，机构数量达到一定规模、社会工作服务达到一定专业水平后，政府可以通过市场化运作，以项目招标的方式支持民办社工机构发展。这种做法可以进一步激发民办社会工作的活力，促进社会工作服务的创新和专业水平逐步提升。

第五，民办社工机构资金来源多元化是保持机构活力及专业服务质量的重要前提。政府可以通过诸如取消双备案，给予政策优惠等方式，吸引外省各种公募或非公募基金会进入云南，支持本地社工机构发展。同时，通过提供资金、场地及税收优惠等方式，鼓励社工机构创办社会企业或设置部分营利性项目，提升机构自我造血能力。此外，政府要营造良好的公益慈善氛围，鼓励企业及个人向民办社工机构进行捐赠，并建立社区发展公益基金，以促进民办社会工作服务机构的活力、创新和专业发展。

四 关于推动云南省民办社会工作服务机构发展的对策建议

结合云南省民办社工机构发展现状及在参照省外经验基础上，建议以民间社会服务机构及现有民办社工机构为主要对象，逐步吸纳热心公益的社会人士、社工学者及资深社工参与成立民办社工机构，分阶段采取对应的政策进行培育和扶持，逐步提高社会工作专业水平和服务领域的覆盖。随后，逐步采取政府招投标等购买服务的政策，提高社会工作组织的活力、创新和专业能力。为更好推动云南省民办社工机构发展，提出如下对策建议。

（一）进一步完善支持民办社工机构发展的政策措施

第一，以中央政策为指引，建议由民政部门牵头研究制定适合云南省实际情况、有利于促进民办社工机构发展的政策，并联合财政等部门共同发布。这些政策包括《关于加强社会工作人才队伍建设的指导意见》《关于促进我省民办社会工作服务机构发展的指导意见》《关于政府购买民办社会工作服务机构服务的实施办法》等。

第二，建议在政府购买服务条目中，划定专项经费运用于购买民办社工机构的服务。重点考虑将购买的服务范围和领域放在农村扶贫、减灾救灾、优抚安置、社会救助、老人服务、特殊人群干预与救助、城乡社区服务、婚姻家庭调解、社会福利及公益慈善等，购买服务的重点人群放在农村留守人员、城市流动人口、受灾群众、残疾人、药物滥用者等。

第三，建议由民政部门负责，从云南省及市一级福彩公益金中划拨部分费用，以项目化运作方式购买民办社工机构服务，开发上述的专业社会工作服务，其中包括民办社工机构孵化的服务。各级民政部门在制定购买社工服务的制度时必须参照民政部的有关规定，设置必要的社工人员工资水平、专业督导、场地与行政开销以及开展活动的经费。

第四，建议民政部门在制定购买社工服务的制度时，参照民办社会工作服务机构的发展过程，采取分阶段的委托购买和招投标购买模式相结合的方式进行。在民办社会工作服务机构初始发展阶段，主要以委托服务的形式建立一定数量具备社会工作专业能力的社工机构，再逐步采取竞争性的招投标政策，刺激民办社工机构的活力和创新。

（二）制定针对民办社工机构发展的扶持措施

第一，各级政府要制定相应政策措施，吸引现有民间社会服务组织向民办社工机构转化。协调有关部门为新转化的民办社工机构提供资金、场地、政策指引等方面的支持。各地根据财力情况，为新转化的机构提供5万~10万元的一次性经费补贴，用于机构必要的人员开支、办公设备购买及办公场所装修等。

第二，各级政府要制定政策措施协助高校社会工作专业教师、资深社会服务工作人员、其他热心公益的社会人士、社会工作专业大学毕业生创办民办社工机构。在扶持政策中可设定基本的门槛资质，如要求具备一定的社工资格、公益或社会工作服务的年限等。各地依据财政情况，可以为新创办的社工机构提供5万~10万元的一次性经费补贴，用于开办机构必要的人员开支、办公设备购买及办公场所装修等。

第三，鼓励现有公益服务类社会组织进行社会工作服务项目的开发及增加社工岗位的配置。充分利用云南公益服务类社会组织数量较多的优势，通过出台相关鼓励政策，如办公场地支持、岗位及项目购买等方式引导此类机构开发专业社工服务项目，并设置更多的专业社会工作岗位。

第四，建议各地建立民办社工机构"孵化器"，可以结合市、区级公益性社会组织孵化园，为计划成立或新成立的民办社工机构发展提供各种创业和专业发展的条件，比如资金扶持、场地支持、培训及管理督导等。

第五，建议民政及相关部门在举办社会工作知识培训、继续教育及交流研讨会时，可提供更多名额给予民办社工机构。鼓励和发动基金会、企业与民办社工机构进行项目合作。通过公益创投，提供配套资金，鼓励公募或非公募基金会资助民办社工机构的社会工作服务。

第六，建议在政府购买服务项目中支持民办社工机构一定比例的社会工作督导人员费用。借鉴广东及四川经验，对拥有社工5人以上的社工机构，按6∶1的比例设置督导人员。云南可以根据省情和社会工作机构发展阶段适当调整。采取以奖代补，鼓励民办社会工作服务机构逐步提升专职社会工作人员的比例，从现在基本的1/3提升到1/2和2/3等两个档次。

（三）健全社会工作专业人才发展及激励机制

第一，在政府购买服务制度中，必须保障社会工作专业人才在专业督导和工资待遇方面符合民政部门设定的标准并制定相关的措施，比如专款专用。

第二，研究制定出台有关社会工作人才在职培训、薪酬待遇标准等制度，并为社工人才提供户口落户便利及相关住房福利。

第三，建议由民政部门牵头，每2年举办1次优秀社会工作机构及社会工作案例评选。由组织部门牵头，每2年举办1次优秀社会工作人才评选。

（四）推进民办社工机构行业自律，完善行业发展机制

第一，推动在省、市、区、县不同层级建立社会工作行业自律组织如社会工作者协会、社会工作者联合会等，为民办社工机构和其他单位社会工作人员提供行业自律、专业发展、信息发布、政策咨询、权益维护、能力提升、研讨交流等服务，促进云南省民办社工机构的专业规范和有序发展。

第二，建议在省级或市级层面建立民办社工机构的枢纽型组织如民办社工机构协会、社会工作机构联盟等，为初成立的机构提供项目推介、专业督导，提供专业培训，开拓专业社会工作服务策略，承接社会工作服务项目，锻炼社会工作专业能力，学习与逐步提高社会工作机构管理与治理能力。

第三，鼓励社会工作高校设置在职教育培训课程，为民办社工机构在职社工提供专业深造的机会。

第四，根据云南省民办社会工作发展的情况，建立公开、公平、公正、尊重现实的民办社工机构评估及项目评估体系，形成客观、科学、专业和符合现实的第三方评估机制。

第五，建立民办社工机构实习与社工实务研究项目，由政府或基金会提供经费，促进民办社工机构与各地高校进行合作，建立社会工作专业实习、研究基地。

（五）加强对民办社工机构发展工作的组织领导

第一，在省、市两个层级建立社会工作委员会，统筹社会工作发展事务。建议选取昆明市与一个地州城市为试点，建立市级或区县级的社会工作委员会，牵头制定市或区县一级的民办社会工作机构发展规划，形成高位推动，逐步发挥带头示范作用。

第二，民政部门要加强对民办社工机构的登记服务和信息管理，每年定期逐级上报本地民办社工机构发展的情况，并调整相应的政策，为促进民办社工机构的健康、有序发展创造良好的制度环境。

（六）加大宣传力度，营造社会工作发展的良好氛围

第一，加强对外合作交流，定期组织民政干部及民办社工机构工作人员到省内外进行学习交流，学习先进经验。定期举办社会工作理论与实务研讨会，促进行业交流。

第二，利用社工节或关爱特殊人群节日等契机，举办民办社工机构展示会、媒体主题宣传及先进个人报道等，提高公众对民办社工机构和专业社工人才的认同度，营造民办社工机构发展的良好氛围。

附件：关于推动云南省民办社会工作服务机构发展的政策咨询报告

民办社会工作服务机构（以下简称"民办社工机构"）是专业社会工作者参与社会服务及社会建设的有效平台，是吸纳社会工作人才的重要阵地，是促进社会发展和民众幸福不可或缺的重要载体。促进民办社工机构发展，对于预防和解决当前云南省经济社会发展中普遍存在的各种矛盾和问题，推动政府职能转变，创新社会治理体制，加强以改善民生为重点的社会建设，促进幸福云南建设，具有重要意义。据统计，全国民办社工机构数量已超过2000家，专业社工人才总量达12.38万人。但云南省民办社工机构仅为10家左右，专业社工人才总量仅为1000余人，社工机构数量较少、专

业服务能力较弱、人才分布不均等问题突出，这与人民群众日益增长的专业化社会服务需求相距甚远。鉴于此，为贯彻十八大关于创新社会治理体制的要求，结合《社会工作专业人才队伍建设中长期规划（2011—2020年）》，及省委、省政府《关于大力培育发展社会组织加快推进现代社会组织体制建设的意见》，为有效推动云南省民办社工机构健康、有序发展，提出如下对策建议。

（一）加快出台推动云南省民办社工机构发展的各项政策

建议以中央政策为指引，由民政厅牵头研究制定适合云南省实际的民办社工机构发展政策，并联合其他部门共同发布。这些政策包括《关于加强社会工作人才队伍建设的指导意见》《关于推动云南省民办社会工作服务机构发展的实施办法》《关于政府购买社会工作服务的实施办法》以及有关社工薪酬标准、项目评估体系、社工在职教育规定等方面。

（二）加强对云南省民办社工机构发展工作的顶层设计

建议在省、市两个层级建立社会工作委员会，统筹社会工作发展事务。建议以昆明市及某个州市为试点，建立市级或区县级的社会工作委员会，牵头制定市或区县一级的民办社会工作发展规划，对民办社工机构发展形成高位推动，并具有带头示范作用。民政部门要加强对民办社工机构的登记服务和信息管理，每年定期逐级上报本地民办社工机构发展的情况，并调整相应的政策，为促进民办社工机构健康发展营造良好的制度环境。

（三）加快制定出台扶持云南省民办社工机构发展的政策措施

各地政府要协调有关部门为新创办的民办社工机构提供资金、场地、政策指引等方面支持。各地依据财政预算情况，为新开办的机构提供5万~10万元的一次性经费补贴，用于支持机构必要的人员开支、办公设备购买及办公场所装修等。由民政部门牵头，充分盘活各街道及社区现有闲置的场地，免费提供给新开办的社工机构使用。采取以奖代补的方式，鼓励民办社工机构逐步提升专职社会工作人员的比例。

（四）加快启动政府购买民办社工机构服务的试点工作

建议从省级、市级福彩公益金两个层面划拨一定经费，参照中央财政支持社会组织参与社会服务项目及各地项目化运作经验，重点考虑在农村留守人员、城市流动人口、城市低保对象、受灾群众、老年人、残障人士及药物滥用者等领域，以项目化运作方式对政府购买民办社工机构服务进行试点。每个项目费用考虑在20万~50万元，这些费用包含执行项目的机构人员工资、行政开支、专业督导支出及项目的活动费用等。

（五）建立民办社工机构培育基地及公益创投项目

建议在市、区两级建立民办社工机构培育基地，政府提供场地、资金及政策支持，吸引具有一定资质的民办社工机构入驻作为孵化器，吸引有意向创办民办社工机构的个人及团体进入培育基地接受孵化。发动本地基金会及企业出资，设立公益创投基金，以公益创投项目化运作的方式吸引专业社工人才创办民办社工机构。

（六）建立社会工作专业人才激励机制

建议在政府购买服务制度中，提供一定经费，保障社会工作专业人才在专业督导和工资待遇方面的费用。研究制定出台有关社会工作人才在职培训、薪酬待遇标准等制度，并为社工人才提供户口落户便利及相关住房保障方面的鼓励措施，吸纳优秀省外社工人才到云南工作。由民政部门牵头，定期举办优秀社会工作机构、社会工作案例及优秀社会工作人才的评选活动。

（七）推动民办社工机构行业自律，完善行业发展机制

建议在省、市、区、县不同层级建立社会工作专业发展与行业自律组织如社会工作机构联合会、社会工作者协会等，为民办社工机构和其他单位社会工作人员提供行业自律、专业发展、信息发布、政策咨询、权益维护、能力提升、研讨交流等服务。建议在省级或市级层面建立民办社工机构的枢纽型组织如民办社工机构协会、社会工作机构联盟等，为初成立的机构提供项目推介及专业督导服务，并提供专业培训。推动民办社工机构进行产学研三方面的结合，设立民办社工机构实习与社工实务研究专项经费，并鼓励民办社工机构和各地高校建立社会工作实习和实务研究基地。

（八）建立客观科学的以第三方为主导的项目评估机制

将社会工作服务项目的评估工作交由本地高校社工研究机构或支持型的社会组织负责，由其牵头组建以云南省高校社工专家及民办社工机构资深社工为主导的项目评估团队，制定科学合理的评估办法，逐步建立完善的社会工作服务评估体系和指标，为政府购买的项目及公益创投项目进行有效评估。

（九）加大宣传力度，营造民办社工机构发展的良好氛围

建议由民政部门牵头，定期组织相关政府部门、民办社会工作机构人员到省外社工发展较成熟的地区，如中国香港、中国台湾及国外等地进行考察，学习和借鉴省外、境外先进经验和做法。以省委、市委宣传部为主导，民政及其他部门为协助，充分利用国际社工节、关爱特殊人群节日及社会工作人才评奖等契机，通过电视、网络、报纸等媒介对民办社工机构及专业社工人才进行宣传，营造推动民办社工机构发展的良好氛围。

关于推动云南省社会工作参与社会治理创新的对策研究报告

一 前言

社会工作是社会建设的重要组成部分，是一种体现社会主义核心价值理念，遵循专业伦理规范，坚持"助人自助"宗旨，在社会服务、社会管理领域，综合运用专业知识、技能和方法，帮助有需要的个人、家庭、群体、组织和社区，整合社会资源，协调社会关系，预防和解决社会问题，恢复和发展社会功能，促进社会和谐的职业活动。社会工作组织是吸纳社会工作人才的重要载体，是有效整合社会工作服务资源的重要渠道，是开展社会工作专业服务及参与社会治理创新的重要阵地。

十八届三中全会提出了创新社会治理体制的要求，并从改进社会治理方式、激发社会组织活力、创新有效预防和化解社会矛盾体制、健全公共安全体系四个方面明确了创新社会治理体制的战略任务。其中，改进社会治理方式、激发社会组织活力、创新有效预防和化解社会矛盾体制这三个方面都与社会工作直接相关。特别在激发社会组织活力这一条当中提出"正确处理政府和社会关系，加快实施政社分开，推进社会组织明确权责、依法自治、发挥作用。适合由社会组织提供的公共服务和解决的事项，交由社会组织承担。支持和发展志愿服务组织。限期实现行业协会商会与行政机关真正脱钩，重点培育和优先发展行业协会商会类、科技类、公益慈善类、城乡社区服务类社会组织，成立时直接依法申请登记"。这为社会工作组织的发展提供了方向，开拓了空间，为此，如何更好地发挥社会工作组织在创新云南社会治理体制方面的作用，这将是未来一段时间内各级党委政府面临的一项重要工作任务，也是转型时期政府职能转变及改进社会治理方式的艰巨任务。2014年1月，中共云南省委《关于贯彻落实〈中共中央关于全面深化改革若干重大问题的决定〉的意见》第十四条"创新社会治理体制，构建和谐有序的社会秩序"中特别提到要"加强社会工作者队伍建设"。

鉴于此,有必要通过多方努力更好地推动云南省社会工作发展,使其能够更好地在云南社会治理体制创新方面发挥重要作用。那么,就需要探索云南社会工作在参与社会治理创新方面的策略和路径。

二 社会工作在参与社会治理创新中的角色定位

社会治理创新要求改进社会治理方式,激发社会组织活力及创新有效预防和化解社会矛盾的机制。社会工作是在西方工业化、城市化发展背景下,面对诸多社会问题及社会矛盾而提出的一种应对方法,其侧重于发展出一套应对社会问题和预防社会问题的理论体系和方法。同样在中国当前社会转型时期,城市化及现代化快速发展,贫富差距拉大,社会资源分配不公,社会问题及社会矛盾凸显,各种突破法律及道德底线的恶性事件频发,群体性事件也时有发生,这给政府和社会稳定带来了较大冲击。因此,需要分析社会工作在参与社会治理创新中的角色定位。

(一)社会工作是社会治理创新的重要内容

满足基层、底层群众日益增长的各类服务需求,建立畅通有序的诉求表达、心理干预、矛盾调处、权益保障机制,使群众问题能反映、矛盾能化解、权益有保障,是创新社会治理的重要内容。因此,如何紧扣转型时期各种社会弱势人群照顾及服务需求,化解社会矛盾,单靠传统带有较强行政色彩的社会管理机制,已经无法进行应对。而社会工作的首要功能即给予有困难或陷入困境的人必要的帮助,通过专业的服务手法恢复和促进困难群体、有需要群体的正常生活。可以说,现代专业社会工作服务的理念与方法将有利于推动社会管理向社会服务与社会治理的转化。社会工作的专业使命即回应包括老人、儿童、青少年、残疾人、妇女、贫困人口等弱势人群的服务需求,兜住困境人群的生活底线,其本身就已经成为社会治理创新的重要内容。

(二)社会工作是社会治理创新的重要抓手

创新社会治理要求改进社会治理方式,坚持系统治理,加强党委领导,发挥政府主导作用,鼓励和支持社会各方参与,实现政府治理和社会自我调节、居民自治良性互动，协调社会关系，及时反映和协调人民群众各方面、各层次的利益诉求，解决社会问题。社会工作中重要的功能即以专业的个案、小组及社区工作方法，培育社区自助互助组织，推动居民民主参与社区事务，并通过平等沟通协商等方法，与政府形成良性互动。同时，专业社会工作者长期扎根在社区及社会问题凸显的领域，强调与社会弱势人群同行，能够较好地使社会工作者得到老百姓的信任，掌握老百姓的利益诉求，在此基础上及时向政府进行反馈及建议，为政府制定政策提供依据。可以说，社会工作的服务理念及方法的有效使用，将能够较好地成为社会治理创新的重要抓手。

（三）社会工作组织是社会治理创新的重要载体

创新社会治理要求激发社会组织活力，同时要加快实施政社分开，将适合社会组织承担的公共事务及社会服务交由社会组织承担，支持和发展志愿服务组织。社会工作发展至今已经有100多年的历史，其已经发展出一套较为成熟的专业服务理论与体系。从国外及港台社会服务较为发达的国家和地区来看，专业的社会工作组织主要承担着大量为公众提供社会服务的职责。与此同时，"社工+义工"的社会服务模式已经在世界上得到广泛认可与施行，其中就体现了社会工作者在管理、带领及培训志愿者方面的专业特长。依此来看，要创新社会治理，需要激发社会组织特别是带有较强专业性及公益服务性的社会工作组织的活力，培育更多此类组织的发展，使其在数量和质量上都得到明显提升，充分发挥其作为创新社会治理的重要载体作用。

（四）社会工作是创新社会治理的重要人才支撑

社会治理创新各项机制的落实，需要有专业人才作为支撑。社会工作人才不仅分布于民政系统、司法系统、教育系统、医疗系统等政府及群团组织，同时也分布于关注各种社会问题的社会组织当中。这些人才要么在高校受过专业的社会工作教育，要么通过培训取得了相关的从业资格，他们掌握了较好的专业社会服务及解决各种社会问题的方法。他们在扶贫济困、心理辅导、危机干预、矛盾化解、行为矫正及关系调适等方面具备较强的工作能力，而这些能力正是社会治理创新机制得到落实的重要保障。因此可以说，社会工作为社会治理创新提供了重要的人才支撑。

三 云南社会工作在参与社会治理
创新方面的策略分析

十六届六中全会为社会工作制度建设、社会工作人才队伍建设确立了方向。社会工作作为新兴的社会建设力量，为十八届三中全会提出的社会治理创新提供了重要抓手。因此，有必要对社会工作参与社会治理创新进行策略分析，找到社会工作参与社会治理创新的可行性路径。

（一）全面参与社会服务型治理

社会工作是在政府的社会政策和社会福利制度指导下，运用专业工作理念和工作手法为困难群体、弱势人群及其他有需要的群体提供服务与帮助。因此，社会工作的首要职能是解决问题，以专业个案、小组及社区工作手法，为社会弱势人群如残疾人、儿童、青少年、妇女、老人、流动及留守人员、受毒品及艾滋病影响的人群等提供多样化的照顾与服务，通过深入和真诚的对话找寻问题的成因，并为服务对象提供资源链接，协助其建立正向的社会关系，帮助其走出困境。从社会治理的角度看问题，社会工作的目标和手段就是源头治理，提供人性化、个别化的服务，兜住底线，老百姓就不会以激烈的方式去表达，甚至冲撞社会秩序。社会工作全面参与服务型治理，即面向基层民众提供服务，关注基本民生问题，运用最接近基层民众的方法为困难群体和困境人士服务。

鉴于社会工作全面参与服务型治理的重要性，民政部和财政部在2013年11月发布了《关于加快推进社区社会工作服务的意见》，强调要建立健全社区社会工作服务政策制度，有效满足社区居民服务需要，促进社区和谐发展。其中特别提到三个部分。

一是拓宽社区社会工作服务平台。在城乡基层社区包括街道服务中心、社区服务站、社区矫正机构及在农村社区推动乡镇社会事务办或民政部门设置社会工作专业岗位。鼓励有条件的街道和乡镇通过创建社区社会工作服务组织、设立社区家庭综合服务中心等方式，面向城乡社区特殊、困难群体提供社会工作服务。

二是分类推进社区社会工作服务。在城市社区重点开展针对老年人、未成年人、外来务工人员、残疾人和低收入家庭的社区照顾、社区融入、社区矫正、社区康复、就业辅导、精神减压与心理疏导等服务。在农村社区以空心村落、空巢家庭、留守人群为重点，为留守儿童提供生活、学习、心理和安全等方面的服务，为留守老人提供生活照料、代际沟通、精神慰藉、文化娱乐等方面的服务，为留守妇女提供安全教育、技能培训、能力提升、关系调适等方面的服务。

三是参与社区建设。社区社会工作配合、支持社区居民委员会，定期开展社区居民需求调查，发动社区居民参与制定、实施社区发展规划，参与策划、执行社区服务项目与活动方案，进行社区动员与倡导。根据社区居民需求，综合运用个案工作、小组工作和社区工作方法，引导和培养居民主动参与社区公共生活和社区事务，加强社区居民能力建设，增强社区发展能力，建立健全社区支持网络。组织社区居民实现自助、互助和社区自治，形成理性平和、宽容接纳、诚信友爱、平等尊重的居民关系，增强社区凝聚力、归属感和人文关怀，促进社区文明、和谐与稳定。

（二）深度参与社会协同治理

党的十七大报告提出社会管理创新的十六字方针，即"党委领导，政府负责，社会协同，公众参与"。十八届三中全会社会治理创新提出"坚持系统治理，加强党委领导，发挥政府主导作用，鼓励和支持社会各方面参与，实现政府治理和社会自我调节、居民自治良性互动"。可以看到，十八届三中全会的提法已经从"政府负责"变为"政府主导"，突出了社会协同、公众参与的重要作用。协同治理与传统的社会管理不同，协同治理强调除政府外，市场、社会组织以及社会服务者也应当成为社会治理的主体。在协同治理中，政府与其他治理主体之间是一种协作关系，彼此分工，相互配合，政府主要是发挥"掌舵"的功能，做好行政管理职能范围内的事务，制定社区建设中社会服务性工作的开展规划及相关政策，调动必要的资源，指导社区工作，推动社会服务类项目的建设发展。

鉴于此，社会工作可以从以下几个方面深度参与社会协同治理。

一是协同以社区需求为导向，建立社会工作组织，并培育孵化各种社区自助互助组织。协同治理，要求政府放出空间，激发社会组织特别是社区社会组织的活力，提供社区民众参与公共事务的空间，实现社会各种群体的自我管理与自我服务。在城市社区，社会工作者可以与街道办或居委会合作，通过诸如社区服务中心或家庭服务中心等，协助社区居民成立社区社会组织，比如老人协会、妇女小组、家长小组、青年志愿者组织等。在农村社区，社会工作者可以通过成立农村社会工作站或农民之家等服务载体，协助社区为留守儿童、妇女与老人等建立农村社区互助组织，为"三留"人员的照顾和互助互济提供应对方法，进一步探索贫困农村的新农村建设的出路。

二是协同推动"三社联动"，形成社区多元参与、共同治理的格局。"三社联动"的核心在于完善社区治理结构，形成社区党组织领导，社区居委会主导，社区公共服务机构、社区社会组织、业主组织、驻区单位和社区居民多元参与、共同治理的格局。推动社区、社会组织、社工"三社联动"及"社工+义工"两工互动，建立以社区为平台、社会组织为载体、专业社会工作人才队伍为支撑的运行机制，充分发挥社区社会组织的作用，引导社会工作组织及专业社会工作人才进入社区开展协同治理的服务。

三是协同推动社区自治。社会工作注重服务对象及社区居民的参与主体，注重社区骨干及带头人的培养，发展社区居民自治的具体方法和制度。因此，通过社会工作组织及社会工作人才的推动，可以有效构建村民或居民参与社区管理的机制。在城市及农村社区，以社会工作小组工作及社区工作为手段，推动发展院落（楼宇、门栋）自治、业主自治、社团自治等民主形式，拓宽社区媒体、互联网络、移动设备等参与渠道；协助加强议事协商，推进基层协商民主实践，健全民情恳谈、社区听证、社区论坛、社区评议等对话机制，建立党代表、人大代表、政协委员联系社区制度。通过这些具体工作的协助推动，实现政府、基层组织、社会组织及民众良性沟通与互动的有效格局。

四是协同进行有效预防和化解社会矛盾体制的建设。社会治理创新要求"健全重大决策社会稳定风险评估机制。建立畅通有序的诉求表达、心理干预、矛盾调处、权益保障机制，使群众问题能反映、矛盾能化解、权益有保障"。社会工作是一个关心人、尊重人、理解人的专业，其协同作用首先表现在可以向社会弱势群体提供社会支持，具体表现在：帮助他们调动各种社会资源、处理有关情绪性问题以及提供物质和认知上的支持和分担某些事务；通过帮助他们解决生活中的困难和提供社会保障性支持来减轻他们的心理应激反应，缓解他们的精神紧张状态。其次，社会工作者还可以通过与社会弱势群体进行沟通，了解他们的非正常心理活动，使他们积压已久的不满情绪得以发泄，从而获得心理的安慰，有利于矛盾的解决。

再次，社会工作者能够充当政策解读者的角色，以救助者的身份使社会弱势群体了解维护权利的方式和路径。社会弱势群体之所以产生不公平感还在于他们对政府政策无法进行有效解读或对政策产生误解，不了解如何通过制度化利益表达的渠道维护合法权益，导致了利益矛盾的积蓄，一旦遇到发泄的机会，就会出现非制度化利益表达的井喷现象。另外，社会工作者没有功利色彩，不会从受助群体赢利，政策解读不会有倾向性，有助于提高社会弱势群体对国家政策的政治认同。

（三）积极参与灾害社会治理创新

云南自然灾害频发，加上农村贫困面积广泛和人口众多，增加了民众在面对灾害方面的脆弱性。如鲁甸"8·3"地震，虽然地震震级小，但由于震区属于偏远贫困地区，大多数老百姓房屋为传统的土坯房，不具备抗震的功能，地震时房屋倒塌造成大量人员伤亡。类似因灾害造成生命财产损失严重的案例，在云南也较为常见。因此，很有必要探讨社会工作在参与灾害管理方面社会治理创新的路径。

从传统灾害工作来看，救灾及灾后重建主要通过行政渠道和行政手段开展，少有社会工作等专业方法的介入。灾后重建也多以资金和物质救助为主，少有心理咨询辅导、文化重建、生计重建及社会功能重建等方面的内容。那么，社会工作在参与灾害社会治理方面，可以从以下几个方面入手。

一是社会工作组织在灾后重建中发挥着连接社会资源、倡导社会公平、强化社会网络和改善社会环境的专业作用。社会工作的作用体现在：开展灾后心理社会援助服务，帮助受灾群众舒缓悲伤、化解焦虑、稳定情绪，修复灾害创伤；开展灾区儿童抗逆成长关爱服务，帮助受灾儿童青少年排除恐惧心理，消除灾害阴影，恢复正常学习生活，促进儿童权益保护与身心健康成长；开展灾区老年群体社会照顾服务，帮助受灾老年人重建社会照顾体系，建构物质保障与服务保障、精神慰藉与生活照料相结合的老年人服务机制；开展因灾致残人群社区康复服务，帮助因灾致残人群建构社区康复体系，重构社会支持网络，推动实现生理康复、心理康复、职业康复与社会康复。

二是灾后重建已经从侧重住宅、厂房、校舍、道路等物质性的设备设施建设，扩展到重视民众心理健康的维护及社会关系的重建。社会工作可以开展临时安置点和新建社区服务，推动建立临时安置点和新建社区服务组织网络，引导社会组织和志愿者有序开展服务，促进受灾群众适应临时安置点和新建社区生活，参与受灾地区社区规划与社会重建，推动健全社区服务机制、提升社区服务能力、完善社区服务功能。通过政府支持及专业社工组织帮助，灾区民众自组织的意识和能力得以提升，通过联合与结社的形式共同解决社区事务，重建社会关系，恢复发展生计，提升自助自救与互帮互助能力。

三是发挥社会工作者在防灾减灾宣传教育中的作用。以城乡社区、学校等为单位，开展灾害模拟体验与救灾演练，宣传普及防灾减灾知识，增强公众防灾减灾意识，提高自救互救能力。民政部门通过政府购买服务、税收优惠等措施，支持个人、社会组织、高校和相关事业单位成立灾害社会工作服务机构，支持防灾减灾服务机构设置社会工作专业岗位，吸纳、使用灾害社会工作专业人才，可以形成政府与社会组织的有效协同。

四 云南社会工作在参与社会治理创新方面的现状分析

在探讨云南社会工作在参与社会治理创新方面的对策之前，有必要对云南社会工作发展的基本现状进行把握与分析，进而找到其参与社会治理创新的基础和条件。总体而言，云南社会工作在参与社会治理创新方面存在诸多优势，但同时也存在不少需要改进的问题。

（一）云南社会工作具有深度参与社会治理创新的诸多优势

云南省是国内最早发展社会工作教育及实践的省份之一。从20世纪90年代开始，在扶贫救灾、环保、医疗卫生及农村社区发展等方面，就已经有为数不少的国际国内民间组织在云南开展工作，催生了大批社会服务机构，为省内较早发展起来的社会工作组织奠定了重要基础。总结起来，云南省社会工作组织发展表现出如下特点。

1. 专业社会工作组织发展的基础较好，参与社会治理的领域较为广泛

云南省地处西南边陲，少数民族众多，少数民族地区及广泛农村地区普遍面临着贫困、灾害、毒品及艾滋病等较为严重的问题。从20世纪80年代开始，有大量国际民间组织针对这些问题开展了包括扶贫、社区发展、农村教育、妇女儿童保护、生态保护、艾滋病性病防治、健康教育、残疾人救助与康复、司法教育、赈灾等方面的社会服务工作，解决了诸多政府及老百姓关心的问题。这些境外组织同时还带来了国际先进的专业社会服务及社会工作的理念和方法，培养了大量本地的社会组织特别是社会工作专业人才，奠定了云南省社会工作组织发展的重要专业技术和人才基础。

2. 本土社会工作组织数量不断增多，参与社会治理的能力不断增强

随着云南境外基金会及专业服务组织的带动，加上政府在社会工作发展方面推动力度的加强，云南本土社会工作组织在数量及质量方面都得到了进一步的提升。目前，有包括云南家馨社区儿童救助服务中心、云南省连心社区照顾服务中心、云南携手困难群体创业服务中心、昆明红嘴鸥青少年事务服务中心、昆明蒙多贝自闭症儿童康复中心、昭通水富县社会工作服务中心、个旧关爱心里成长服务中心等 10 多家专业社会工作组织，他们在艾滋病预防及干预、戒毒康复服务、流动人口社会服务、流浪人员救助服务、残障康复及农村扶贫等方面开展了许多富有成效的工作，体现了其在参与社会治理方面的优势与作用。这些组织成立短则 2~3 年，长则超过 10 年，在发展过程中积累了大量专业社会工作及社会服务的经验，培养了大批社会工作人才，为云南省社会工作组织发展奠定了重要的实践经验及人才基础。

3. 社会工作专业教育的院校不断增多，提供了社工参与社会治理的重要人才保障

云南省社会工作专业教育一直走在全国前列。云南大学是国内最早开设社会工作专业的高校之一，其在专业人才培养、教学科研以及服务社会方面都居于中西部甚至全国领先地位。早在 1993 年，云南大学就已开始招收第一届社会工作专业学生，此后每年招收 30 余名社工学生，截至 2014 年培养的社工人才超过 500 名。近年来，又先后有云南财经大学、云南农业大学、云南民族大学、昆明学院、云南大学滇池学院、云南警官学院、曲靖师范学院、玉溪师范学院、楚雄师范学院 9 所本、专科院校相继开设了社会工作专业，设置了专科、本科和研究生教育学位。这些高校每年培养的专业社会工作学生超过 400 名，其中毕业后从事社会工作的学生广泛分布在包括民政系统、社会工作组织、高校及基金会等社会治理创新的重要领域，发挥着重要作用。可以说，云南社会工作高校专业教育体系不断完善，培养的社工人才不断增加，为社工参与社会治理提供了重要的人才输出保障。

4. 云南政府部门在推动社会工作发展的政策及制度设计方面积累了一定经验

云南社会组织发展有30多年的历史，各级政府包括民政部门、扶贫部门、医疗卫生部门等在与社会组织合作方面积累了很多的经验，政府与社会组织形成了有效互动的良性氛围。与此同时，民政部门在社会组织登记、备案、管理及评估等方面的政策也不断完善，特别是2013年底云南省政府出台了《关于大力培育发展社会组织加快推进现代社会组织体制建设的意见》，降低了社会组织登记注册的门槛。在2014年，省委、官渡区政府及西山区政府等分别建立了社会组织培育基地，通过孵化的形式催化社会组织特别是具有专业服务能力的社工组织发展，这为社会工作发展提供了广阔的空间和丰富的机会。云南省民政厅联合财政厅出台了《关于云南省政府购买社会工作服务实施办法（征求意见稿）》，为政府购买社会工作服务提供了政策依据。此外，云南省民政厅发布了《2014年云南省民政厅购买社会组织服务目录》，通过省级福彩公益金拿出600万元资助社会组织特别是社会工作组织参与社会服务项目，为社会工作组织参与社会治理提供了重要的资金保障，探索政府购买服务的经验。

（二）云南社会工作参与社会治理创新面临的问题及原因分析

云南省社会工作在参与社会治理创新方面虽然具备了一定的优势与条件，但相比其他省份，还存在较大差距。社会工作组织数量有限，社会工作服务领域发展不平衡，社会工作人才总量不足及政府资金支持力度不够等方面问题突出，导致社会工作无法较好地参与社会治理创新工作。

1. 政府在推动社会工作发展方面的顶层设计不完善

虽然云南社会工作发展较早，但由于社会工作组织及社会工作服务无法产生影响力，再加上宣传力度不够，社会公众及政府部门对社会工作缺乏认识，政府在推动社会工作发展方面的政策相对滞后，资源的投入也相对欠缺。特别是重视程度不够，导致政府其他重要部门如财政部门、人事保障及组织部门等普遍认为社会工作只是民政部门的事，无法形成推动的合力，制约了社会工作的开展。广东、北京及上海等地社会工作较为发达的省份和地区，都会有高层推动建立社会工作委员会，打破部门之间的利益壁垒，产生较好的推动力。但在云南，社会工作发展更多依靠民政及团委部门的推动，没有高层牵头，虽然民政厅出台了相关推动的政策，但无法获得其他部门的大力支持与配合，社会工作发展还较为缓慢。在社会工作参与社会治理的机制创新方面，中组部、民政部与其他部委、群团组织，以及各省市都在为创新社会工作参与社会治理的机制进行顶层设计。无论是云南省在落实这些顶层设计，还是进一步推动社会工作参与社会治理创新的机制建设，以及在完善具有操作性的政策及实施细则等方面，都需要更大努力。

2. 社会工作组织及人才总量不足，没有形成参与社会治理创新的规模效应

由于政策制度不完善，资源投入欠缺及社会认识不足等原因，社会工作组织数量较少，社会工作人才总量不足。由此也导致社会工作组织在提供专业社会服务方面的能力不足，服务的领域较窄，无法形成规模效应，产生的社会影响力也有限。云南仅有的几家社会工作组织如云南连心社区照顾服务中心、云南家馨社区儿童救助服务中心、云南携手困难群体创业服务中心、昆明红嘴鸥青少年事务服务中心、昆明蒙多贝自闭症儿童康复中心，它们更多以服务困境人群如流动人口、流浪儿童、犯罪青少年及自闭症儿童为主，但在诸如社区矫正、老年服务、残疾人服务、矛盾调解等领域的专业服务十分欠缺。同时，由于资金及人手方面的限制，这些组织规模普遍较小，社会受益面也较小。相对于广东、上海、浙江等省份，每个省份少则10家，多则上百家机构的规模，云南社工组织的数量显得非常不足。根据民政部统计，全国民办社会工作服务机构数量已超过2000家，社会工作人才总量达36万，其中取得社会工作者职业水平证书的人员为12.38万人，全国政府购买社会工作服务的资金总量达17.3亿元。① 而根据云南省民政厅统计数据显示，截至2013年，云南省社会工作组织仅为10余家，通过考试获得社会工作从业资格的人数仅为1056人，政府购买社会工作服务的资金量不足百万元。

3. 社会工作教育及人才培养的体系不完善，无法满足云南社会治理创新的人才需求

社会工作是一门实操性很强的专业，要求学生的实践训练达到800个小时。云南虽然已有超过10家高校开设了社会工作专业，但由于高校社会工作师资有限，社会工作实务教学欠缺，高校远离社区导致学生无法参与实

---

① 数据来源于2013年12月29日在广州举办的"全国政府购买社会工作服务暨志愿服务记录制度推进会"民政部部长李立国的讲话稿，www.mca.gov.cn/article/zwgk/mzyw/。

践等，很多社会工作的训练仅停留于纸上谈兵，无法使学生得到好的培养。很多高校的社会工作课程及学科建设无法较好地结合学校自身特点及云南经济社会发展情况进行设计，没有形成专业培养的学科特色，导致各个学校培养的学生千篇一律，毕业后无法较快地在社会服务的某个领域承担工作。特别是结合云南作为边疆少数民族省份，贫困面较大，遭受毒品及艾滋病影响的范围较广的情况，社工高校还没有形成在这些方面进行人才培养的有效机制。

五　省外社会工作在参与社会治理创新方面的经验与启示

云南社会工作发展相对滞后，相比较于省外如广东、上海、四川、北京等地社会工作发展的先进经验，云南需要加快对比研究，结合现有省外先进经验和教训进行有针对性的推动。鉴于此，本课题同时对省外有关社会工作发展的经验进行总结，并从中归纳出可做参考的启示。

（一）省外社会工作参与社会治理创新的主要经验

省外在推动社会工作参与社会治理创新方面主要开展以下几个方面的工作。

1. 通过不同工作模式大力推动社会工作组织发展

一是以上海为代表的"行政主导 + 政府委托"的政府购买模式。2004年，在上海市政法委的强力推动下，上海市成立了自强社会服务总站、上海市新航社区服务总站及上海市阳光社区青少年事务中心三家民办社工机构。三家机构分别以禁毒社会工作、社区矫正以及青少年事务为主，建立社工队伍，提供社会服务。这种来自行政力量高位推动的模式使上海社工得到飞速发展，三个机构很快就在各个区县分别设立社工站，在街道（镇）层面设立社工点。机构业务主管单位与机构签订合同，一线社工的工资、办公经费和活动经费均由区县财政支出。

二是以广东为代表的"行政主导 + 项目招标运作"为导向的政府购买模式。该种模式最早于2007年在广东深圳推行，逐步推行至广东省内其他城市，进而包括四川、河南、甘肃及其他省份。在该模式推动下，目前广东省民办社工机构数量已发展到550家，政府财政及福彩公益金投入超过

11亿元人民币。其中，深圳市以项目招标购买岗位和购买项目相结合，推动在300多个社区建立了社区综合服务中心，将社工服务扎在最基层。广州市在全市建立了150个街镇家庭综合服务中心，由政府财政资金支持以打包的方式购买民办社工机构的服务。

三是以西部欠发达地区为代表的"草根社工机构自主发展"模式。由于西部欠发达地区经济发展相对滞后，公益服务严重不足，引发一些热心群众自发成立各种民间社会组织，服务困境人群，比如农村儿童助学、妇女健康教育、扶贫发展、灾害救助、流动人口服务及残障人群康复等专业服务领域的社会服务机构，资金主要依靠境内外基金会、企业及个人捐赠。这些机构主要集中在四川、贵州、西藏、广西、陕西、青海等西部地区。以四川为例，在"5·12"地震及雅安地震灾害中，大量高校社工教师、民办社工机构及志愿者投入当地开展工作，在基金会如壹基金的支持下，大量以救灾及社区重建为使命的组织开始出现，逐步引入和开发社会工作项目。基于工作专业性的需求，有些组织直接注册为社会工作机构，有些组织开始设置更多社会工作岗位。此后，四川的民办社工机构发展主要是依赖于这些机构的参与。

四是以中国香港及中国台湾为代表的"政府购买及机构自筹资源相结合"的模式。香港社会工作的领域主要分为特区政府（即社会福利署）与非政府组织（如社会团体及基金会等）。社会福利署与其他的非政府组织属于合作伙伴关系，特区政府通过社会福利署拨款给非政府组织向市民提供福利服务。从20世纪70年代到90年代，香港社会福利署一直是通过委托服务的方式去培育传统的民间社会服务机构向专业社会工作机构转换，以获得长足的发展。委托合同中保证了专业社会工作人员与公务员相若的工资和福利，以及其他必要的行政和活动经费；所有费用是专款专用，以保障社工的工资福利和专业发展。在20世纪90年代，香港特区政府为了提高民办社会工作服务机构的活力，以及动员社会参与，开始逐步采取项目招标，和"一篮子过款"的形式一次性拨给机构一年的经费，而特区政府的资金支持通常占到机构经费的70%左右。通常，机构中向服务对象提供最直接服务的是社工，机构中社工比例约占机构工作成员的40%。据香港社工注册局数据显示，香港专业社工人员数量约占香港700万人口的1/550。[①]

---

① 甄炳亮：《赴香港社工专业化、职业化考察报告》，2006，http://sw.mca.gov.cn/article/。

在台湾，由于政府支持力度较大及基金会发展较为成熟等原因，社会服务机构数量较多，资金来源较为多元化。与香港相似，一般的社会服务机构中只要有一定的社工数量即可通过项目化运作竞标的方式获得政府40%~50%的资金支持，更多经费由机构自筹。但台湾社会工作证照制度较为健全，考证通过率较低，每年通过考证的比例仅为10%[①]。

2. 通过建立社会组织孵化器，培育社会组织特别是社会工作组织

近年来，各级政府特别是民政部门、群团组织以及民间组织，都在大力推动社会组织的培育与孵化工作。建立的孵化基地有不同的名称，如"孵化园""孵化基地""培育中心""培育基地"等。截至2014年，上海、北京、成都、贵阳、广州、宁波、太原、西安等地已经建立了超过30家社会组织培育基地。按照主办和运营主体对这些培育基地进行的分类，可以分为以下几种：一是政府主办—政府运营模式，如广州青年社会组织服务基地、北京市社会组织孵化基地、成都公益组织服务园、广州青少年社会工作、东莞社会组织培育基地等；二是民间主办—民间运营模式，如依托高校成立的长沙"滴水恩"、广州ICS创新空间等；三是政府主办—民间运营模式，如上海恩派（NPI）、北京西城社会组织孵化基地、云南昆明西山区社会组织培育基地等。这些基地的主要功能在于为社会组织创造和提供支持性环境，在物资支持、资金支持、行政办公辅助等基本服务外，还提供诸如能力提升、协调推广、财务托管、法律咨询等服务。

3. 建立一套较为完善的参与社会治理创新的工作机制

社会工作可以参与到社会治理创新的方方面面，如社区矫正、残疾人照顾与康复、养老服务、流动人口管理、信访维稳、矛盾调解、青少年事务、学校社会工作等。广东深圳于2007年开始推动政府购买服务的试点，截至2014年已经在家庭综合服务、残障康复、学校社工、社区服务等方面建立了较好的社会工作服务工作机制。上海从2000年开始一直在探索学校社会工作、社区矫正及司法社工的服务，也建立了较为完善的社会工作介入机制。四川自汶川地震后，在政府及基金会的推动下，催化了大量社会工作组织，在灾害社会心理干预、伤残人员社区康复、社区生计重建、文化重建等方面积累了灾害社会工作的重要经验。这些工作机制的不断完善，

[①] 摘自《台湾社会工作基本情况考察报告》，深圳市民政局，2010，www.360doc.com/content/10/1230/13。

一方面有赖于政府在政策及资金方面大力扶持,为其提供了发展的空间;另一方面是社会组织通过各种项目化运作,不断积累社会工作实务与研究的经验,逐渐取得政府及社会的认可。

（二）省外社会工作在参与社会治理创新方面的启示

基于对省外社会工作参与社会治理创新的经验总结,结合云南实际情况,本文总结出以下几点有利于推动社会工作参与社会治理创新的重要启示。

第一,政府高层重视,建立专门推动社会工作发展的组织或机构,打破部门之间的利益壁垒,是推动社会工作快速发展的有力保障。如广东、四川、北京及上海等地,都建立了社会工作委员会,委员会负责人交由直接分管的副省长或副市长牵头,定期组织讨论及决策会议,制定推动社会工作发展的政策及工作机制。

第二,政府出资购买+社会筹资是推动社会工作组织长效发展的重要经费保障。从广东、上海及北京等地来看,单纯依靠政府出资购买社会工作服务,会导致社会工作组织形成依赖性,也影响了社会工作组织开展工作的独立性和灵活性。可以借鉴四川、香港及台湾经验,大力推动公募与非公募基金会发展,使其成为社会工作组织资金的重要来源。此外,协助推动社会工作机构增强自我筹资能力,如创办社会企业或设置部分公益性收费项目,是进行自我造血方面的重要经验。

第三,大力推动社会工作行业组织建设及枢纽性组织建设,是推动社会工作参与社会治理创新的重要组织保障。从省外先进经验来看,各地都在推动各种社会工作组织的培育基地建设,以及建立在省、市、区不同层级上的社会工作协会或社会工作者协会,通过行业协会及枢纽性组织,为社会工作组织及社会工作人才提供扶持与帮助,使其成为社会工作参与社会治理创新的重要组织保障。

六 关于推动云南社会工作参与社会治理创新的对策建议

为了更充分落实党中央和省委、省政府有关社会治理创新的要求,发挥社会工作作为新兴社会建设重要力量的作用,利用云南社会组织蓬勃发展的先天优势,在结合云南省社会工作发展现状及参照省外经验的基础上,更好地推动云南社会工作参与社会治理创新，提出如下对策建议。

（一）进一步明确社会工作在参与社会治理创新中的角色定位

发挥政府在社会治理工作中的主导作用，进行顶层设计，明确社会工作在参与社会治理创新中的角色定位。将社会工作列入政府编制社会发展规划的重要组成部分。紧扣当前省、市、区及各级政府部门制定"十三五"规划的契机，将社会工作纳入规划的各个部分，突出社会工作在全面参与社会服务治理、深度参与协同治理及部分参与灾后治理等方面的作用。政府在制定社会政策和统筹社会治理的制度设计时，应充分考虑社会工作组织及社会工作人才的作用，编列购买社会工作服务的项目名录清单，为社会工作参与治理提供经费保障。各级政府应完善社会治理中社会工作机构参与的考核机制和指标体系，确保责任到位、举措到位、工作到位，落实社会治理的政策措施。

（二）进一步完善推动社会工作发展的政策措施

第一，建议以中央政策为指引，借鉴省委先进经验，加快研究制定适合云南省实际情况，有利于促进社会工作组织发展的政策，并联合财政等部门共同发布，为推动社会工作发展提供法律依据。目前云南省在推动社会工作组织及人才发展方面的政策还较少，诸如部分政策法规还没有最终出台颁布。除此之外，其他相关配套政策如有关社会工作行业自律规定、社会工作督导制度、社会工作学科建设及社会工作购买服务实施细则等也需要尽快拟定并发布。

第二，建议在政府购买社会组织服务名录中，划拨专门经费用于购买社会工作组织的服务。重点考虑将购买的服务范围和领域放在农村扶贫、减灾救灾、优抚安置、社会救助、老人服务、特殊人群干预与救助、城乡社区服务、婚姻家庭调解、社会福利及公益慈善等，购买服务的重点人群放在农村留守人员、城市流动人口、受灾群众、残疾人、药物滥用者等。同时，建议云南省民政厅每年从省级福彩公益金中划拨专门费用，以项目化运作的方式购买社会工作服务，开发针对社会弱势人群及困难人群的专业社会工作服务项目。

第三，加快研究制定出台有关社会工作人才在职培训、薪酬待遇标准、专业督导等方面的政策及实施细则。建议为社工人才提供户口落户的便利条件及提供相关的住房福利如给予租房补贴或经适房优先申请等。

第四，鼓励社会工作行业组织发展。推动在省、市、区、县建立社会工作协会、社会工作者协会、社会工作者联合会等，为民办社工机构和其他单位社会工作人员提供行业自律、专业发展、信息发布、政策咨询、权益维护、能力提升、研讨交流等服务，促进云南省民办社会工作服务机构的专业规范和有序发展。

（三）进一步发挥社会工作在服务型治理中的作用

第一，支持社会工作全方位参与针对社会弱势人群的服务及社区服务。各级部门包括民政、街道、团委、妇联、司法、医院、学校及社区等，要充分认识到社会工作在参与社会服务治理方面的重要作用，为社会工作参与社会弱势人群服务及社区服务提供空间与便利。社会工作组织要以专业社会工作手法，开发社会工作专项，推进社区服务及社会弱势人群的服务。根据城乡社区发展特点和社区居民需求，分类推进社区社会工作服务。在城市社区重点开展针对老年人、未成年人、外来务工人员、残疾人和低收入家庭的社区照顾、社区融入、社区矫正、社区康复、就业辅导、精神减压与心理疏导服务。在农村社区以空心村落、空巢家庭、留守人群为重点，为留守儿童提供生活、学习、心理和安全等方面的服务，为留守老人提供生活照料、代际沟通、精神慰藉、文化娱乐等方面的服务，为留守妇女提供安全教育、技能培训、能力提升、关系调适等方面的服务。

第二，支持社会工作在激发社区居民参与基层社会治理中的主体作用。各级民政部门要贯彻落实《关于进一步加强社区社会工作的指导意见》要求，探索"三社联动"工作模式，形成社区多元参与、共同治理的格局。推动社区、社会组织、社工"三社联动"及"社工＋义工"两工互动模式，建立以社区为平台、社会组织为载体、专业社会工作人才队伍为支撑的社区社会工作运行机制。通过政府购买及社会化运作等方式，引导和培养城乡社区居民主动参与社区公共生活和社区事务，组织社区居民实现自助、互助和社区自治，丰富居民参与基层社会治理的内容和形式，发挥居民参与社区事务的主体作用，促进政府基层社会治理与居民的良性互动。

第三，努力推动社会工作在承担社会救助方面的任务。各级政府要落实民政部颁布的《社会救助暂行办法》，重新拟定政府可以转移的职能，列出政府购买服务的内容，从现有社会救助资金中划拨部分专项经费，用于购买社会工作服务。

（四）进一步发挥社会工作在协同治理中的作用

第一，建议推动建立社会组织培育基地及社会工作人才服务中心。建议各级地方政府与发展较为成熟的社会工作组织进行合作，盘活现有政府场地及资金资源，以购买服务或合作共建的方式，充分发挥政府在政策指导及资源方面的优势及社会组织在激发社会活力方面的专长，建立社会组织培育基地及人才服务中心。通过基地及人才服务中心的服务，为有意愿注册成为专业社工组织及社会服务组织提供政策指导、场地办公、资金支持、资源转介、交流培训及评估等扶持与服务。

第二，建议推动社会工作参与政府在预防和化解社会矛盾方面的体制创新。建议在基层社区调解委员会、信访办、维稳办等引入社会工作方法与机制，由组织部牵头，定期组织开展针对司法、民政、公安、妇联、团委及教育等部门和组织干部的社会工作培训。同时，在应对社会突发事件及群体事件时，引入社会工作危机干预机制，协同政府有效预防及化解社会矛盾与冲突。

（五）充分发挥社会工作在灾害社会治理中的重要作用

第一，大力扶持防灾救灾类的公益组织及社会工作组织发展。民政部门应通过政府购买服务、税收优惠等措施，支持个人、社会组织、高校和相关事业单位成立民办灾害社会工作服务机构。充分发挥社会工作在灾害紧急救援与评估、过渡安置服务、灾后社区规划与社会重建方面的作用。

第二，建议将社会工作纳入救灾工作体系。民政部门根据需要在受灾严重的乡镇设立灾害社会工作服务站点，直接为受灾群众提供专业社会工作服务。

第三，建议加强在家庭、学校、青少年活动中心及社区等不同层面的防灾减灾教育工作。发挥社会工作者在防灾减灾宣传教育中的作用，以城乡社区、学校等为单位，开展灾害模拟体验与救灾演练，宣传普及防灾减灾知识，增强公众防灾减灾意识，提高自救互救能力。

（六）加大宣传力度，营造社会工作发展的良好氛围

加强对外合作交流，定期组织民政干部及民办社工机构工作人员到省

内外进行学习交流，学习先进经验。定期举办社会工作理论与实务研讨会，促进行业交流。利用社工节或关爱特殊人群节日等契机，举办社会工作组织展示会、媒体主题宣传及先进个人报道等，提高公众对社工组织和社工人才的认同度，营造社会工作发展的良好氛围。

附件：关于推动云南省社会工作参与社会治理创新的政策咨询报告

社会工作是以"助人自助"为宗旨，在社会服务、社会管理领域，综合运用专业知识、技能和方法，帮助有需要的个人、家庭、群体、组织和社区，整合社会资源，协调社会关系，预防和解决社会问题，促进社会和谐的职业活动。推动社会工作发展，对于预防和解决云南省当前社会发展中普遍存在的矛盾和问题，推动政府职能转变，激发社会活力，创新社会治理体制，加强以改善民生为重点的社会建设，具有重要意义。全国社会工作组织数量超过2000家，专业社工人才总量为12.38万人，但云南省社会组织不到10家，专业社工人数仅为1056人，社工组织及数量不足、成长缓慢、专业性不强等问题突出，这与人民群众日益增长的专业化社会服务需求相距甚远。鉴于此，为贯彻十八届三中全会关于创新社会治理体制及云南省"十三五"规划工作要求，结合省委、省政府《关于大力培育发展社会组织加快推进现代社会组织体制建设的意见》，为更好地推动云南省社会工作有效参与社会治理创新工作，结合云南省实际，提出如下对策建议。

（一）进一步明确社会工作在参与社会治理创新中的角色与定位，进行顶层设计

发挥政府主导作用，进行顶层设计，明确社会工作在参与社会治理创新中的角色定位。建议在民政、司法、监狱、医院、学校等系统涉及社会治理事务的部门制定社会工作参与社会治理的机制和政策。在城乡社区公共服务、基层居民自治、基层社区管理和民主调解委员会、信访办、维稳办等引入社会工作参与的机制。此外，建议政府在重大自然灾害事件、社会突发事件和群体事件发生时引入社会工作危机干预机制，发挥社会工作的专业作用，协同政府有效预防及化解社会矛盾与冲突。

（二）加强推动社会工作参与社会治理创新的领导与规划

建议在省市、地州两个层级建立社会工作委员会，统筹社会工作参与社会治理的机制和政策。建议以昆明市与某个州市为试点，建立市级或区县级的社会工作委员会，牵头制定市或区县一级的社会工作参与社会治理创新发展规划，对社会工作发展形成高位推动，促进部门之间的业务联动，形成多部门合力共同推动的良好工作局面。将社会工作列入政府编制社会发展规划的重要组成部分。紧扣当前省、市、区及各级政府部门在制定"十三五"规划的契机，将社会工作纳入规划的各个部分，突出社会工作在全面参与社会服务治理、深度参与协同治理及部分参与灾后治理等方面的作用。各级政府应完善社会治理中社会工作机构参与的考核机制和指标体系，确保责任到位、举措到位、工作到位，落实社会治理的政策措施。民政部门要在社会工作组织注册登记、人才服务、培训与管理等方面提供政策及便利；司法、妇联、团委、医疗、教育、民政等组织和部门要及时编制购买社会工作服务的目标并进行发布；各级财政部门要积极配合各部门对购买社会工作服务预算进行审批与拨款。

（三）进一步完善推动社会工作发展的政策措施

建议以中央政策为指引，借鉴省外先进经验，加快研究制定适合云南省实际情况，有利于促进社会工作组织发展的政策，如《有关加强社会工作人才队伍建设的指导意见》《关于政府购买民办社会工作服务机构服务的实施办法》等要尽快研究制定，并联合财政等部门共同发布，为推动社会工作发展提供法律依据。此外，其他相关配套政策如有关社会工作行业自律规定、社会工作督导制度、社会工作学科建设及社会工作购买服务实施细则等也需要尽快拟定并发布。

（四）制定政府社会治理体制中引入社会工作机制的具体办法

在民政、司法、监狱、医院、学校和群团组织等涉及社会治理事务的部门设置社会工作岗位，通过公务员及事业单位考试，优先录取具有社会工作专业背景及获得社会工作从业资格证书的人员。由组织部牵头，定期开展针对司法、民政、公安、妇联、团委及教育等组织和部门干部的社会工作培训，提升干部运用社会工作方法参与社会治理的能力。在基层社区调解委员会、信访办、维稳办等引入社会工作岗位。此外，政府在重大自然灾害事件、社会突发事件和群体事件中引入社会工作危机干预办法。同时，相关部门或单位应通过政府购买服务、税收优惠等措施，支持个人、社会组织、高校和相关事业单位成立相关的社会工作服务机构或民办社会工作机构。

（五）加快制定出台扶持社会工作组织发展的具体措施

各级政府要协调有关部门为新创办的社会工作组织提供资金、场地、政策指引等方面的支持。各地依据财政预算，为新开办的机构提供5万~10万元的一次性经费补贴，用于机构必要的人员开支、办公设备购买及办公场所装修等。由民政部门牵头，充分盘活各个街道及社区现有闲置的场地并给予新开办机构免费使用。

（六）进一步明确推动社会工作发展的经费保障

建议在政府购买社会组织服务名录中，划拨专门经费用于购买社会工作组织的服务。重点考虑将购买的服务范围和领域放在农村扶贫、减灾救灾、优抚安置、社会救助、老人服务、特殊人群干预与救助、城乡社区服务、婚姻家庭调解、社会福利及公益慈善等，购买服务的重点人群放在农村留守人员、城市流动人口、受灾群众、残疾人、药物滥用者等。同时，建议云南省民政厅每年从省级福彩公益金中划拨专门费用，以项目化运作的方式购买社会工作服务，开发针对社会弱势人群及困难人群的专业社会工作服务项目。政府要大力扶持各种公募与非公募基金会发展，推动成立一批基金会，通过企业捐赠、公众捐款等方式募集社会工作发展的资金。此外，各级地方政府要通过税费减免、社会公益氛围营造等方式，鼓励企业进行公益项目捐赠，开展公益创投，支持本地社会工作组织积极参与社会治理创新工作。

（七）建立社会工作组织培育基地及社会工作人才服务中心

建议各级地方政府与发展较为成熟的社会工作组织进行合作，盘活现有政府场地及资金资源，以购买服务或合作共建的方式，充分发挥政府在政策指导及资源方面的优势及社会组织在激发社会活力方面的专长，建立社会工作机构培育基地及人才服务中心。通过基地及人才服务中心的服务，为有意愿注册的专业社工组织及社会服务组织提供政策指导、场地办公、资金支持、资源转介、交流培训及评估等扶持与服务。

（八）建立社会工作专业人才激励机制

建议在政府购买服务制度中就保障社会工作专业人才在专业督导和工资待遇方面符合民政部门设定的标准制定相关的措施，做到专款专用。研究制定出台有关社会工作人才在职培训、薪酬待遇标准等制度，并为社工人才提供户口落户便利及相关住房福利。建议由民政部门牵头，定期举办优秀社会工作机构、社会工作案例及优秀社会工作人才评选活动。

（九）推动社会工作行业组织发展，完善行业发展机制

推动在省、市、区、县建立社会工作协会、社会工作者协会、社会工作者联合会等，为民办社会工作组织和其他单位社会工作人员提供行业自律、专业发展、信息发布、政策咨询、权益维护、能力提升、研讨交流等服务，促进云南省社会工作组织的专业规范和有序发展。建议在省级或市级层面建立社会工作枢纽型组织如民办社会工作服务机构协会、社会工作机构联盟等，为初成立的机构提供项目推介专业督导及专业培训。推动民办社工组织发展与增加社工实务研究专项经费，促进社会工作组织和各地高校合作共建社会工作实习基地和实务研究基地。

（十）建立客观科学的以第三方为主导的项目评估机制

建议政府提供专项经费，通过委托或购买的方式由社会工作行业组织负责实施，探索建立社会工作组织与社会工作服务项目评估机制，组建以高校知名社工专家及民办社工组织资深工作人员为主的评估团队，制定科学合理的评估办法，为社会工作组织、政府购买的社会工作服务项目及公益创投项目进行有效评估。

（十一）加强对外交流与宣传力度，营造社会工作发展的良好氛围

加强对外合作交流，定期组织民政干部及民办社工机构工作人员到省内外进行学习交流，学习先进经验。定期举办社会工作理论与实务研讨会，促进行业交流。利用社工节或关爱特殊人群节日等契机，举办社会工作组织展示会，进行媒体主题宣传及先进个人报道等，提高公众对社工组织和社工人才的认同度，营造社会工作发展的良好氛围。

第三部分
社会治理创新

云南省流动人口服务与管理创新对策研究报告

云南连心社区照顾服务中心　研究与倡导部

流动人口及伴随出现的大量社会问题已经成为当前各级党委、政府及社会各界普遍关注的问题，流动人口服务与管理能否做好，关乎和谐社会构建。第六次人口普查结果显示，目前中国的流动人口总数已达到2.6亿人，根据《中国流动人口发展报告2010》预测，至2050年这一数量将达到3.5亿人。大量农村人口流动到城市，为城市的现代化建设做出了巨大贡献，但同时由于城乡二元结构及户籍制度限制，流动人口在就业、医疗、子女教育、居住等方面的权益未能获得较好保障，与此同时，流动人口服务与管理制度、方法还没有跟上，由此而引发了各种社会问题，不利于社会的和谐稳定。因此，如何在新形势下，妥善处理好流动人口问题，探索创新型的管理及服务模式，将直接影响到整个经济社会的全面、协调及可持续发展。

2011年2月，胡锦涛在省部级主要领导干部社会管理及其创新专题研讨班开班式上强调，要进一步加强和完善流动人口和特殊人群管理和服务，完善特殊人群管理和服务政策。同年5月，中共中央政治局召开的研究加强和创新社会管理的会议指出，要加强基层社会管理和服务，完善党和政府主导的维护群众权益机制，加强流动人口和特殊人群服务与管理。在此背景下，全国各地都在探索针对流动人口的服务与管理创新模式。云南省作为西部欠发达省份，同时又是气候宜人、旅游资源及民族文化较丰富的地区，吸引着大量省内外流动人口聚集，由此使得各级党委、政府及基层社区都面临如何对流动人口进行管理及提供服务的问题。鉴于此，为更好地结合云南本地实际情况，探索具有云南特点的针对流动人口服务与管理的创新模式，在民盟委托下，云南大学公共管理学院社会工作研究所负责开展了本项专题研究，为新时期、新形势下民盟关注民生、党委及政府社会管理创新探索可行路径提供参照和依据。

本报告将围绕云南省流动人口服务与管理创新从重大意义、云南省流动人口情况、流动人口问题及需求、云南省流动人口服务与管理经验、全国各地流动人口服务与管理经验，以及对策建议六个方面来展开论述。

一 重大意义

（一）流动人口基本概念界定

改革开放以来，流动人口逐渐由少到多最终成为重要的社会现象，流动人口政策也由无到有，在此过程中形成了许多与之相关的概念，比如流动人口、农民工、外来务工人员、外来人口、暂住人口等，这些概念都与流动人口服务与管理相关，需要对其进行界定并说明其内涵。

1. 流动人口

根据2009年4月国家出台的《流动人口计划生育工作条例》规定：流动人口是指离开户籍所在地的县、市或者市辖区，以工作、生活为目的异地居住的成年育龄人员。云南省人民政府办公厅于2010年12月份印发的《云南省流动人口服务和管理暂行办法》（云政办发〔2010〕218号）规定：流动人口是指离开常住户口所在地进入云南省或者在云南省内跨县级以上行政区域异地居住的人员。两个文件都规定离开居住地外出旅游、出差、就医、探亲、访友等情况的，在流入地进行全日制学习的和在县级行政区内进行异地居住或务工的人员不包括在内。因此，流动人口的内涵包括几个方面：首先，流动人口必须由户籍所在地流动到流入地并以居住或务工为目的；其次，流动人口流动必须是在县级到国家级之间移动，县级以下的流动人员和国际移民不算在流动人口内涵之中；最后，流动人口是个人行为，三峡移民或整家迁移都不算作流动人口。

2. 农民工、外来务工人员、外来人口、暂住人口

农民工特指拥有农村户籍和土地承包经营权而以城镇务工所得为主要谋生手段的流动人口，它多以职业和身份的转移为其主要特征，流动人口中那些由城镇转移到城镇、在城市中不以务工为主要生计的人员不属于农民工。农民工占到流动人口的80%，是流动人口的主体。外来务工人员与农民工含义相似，只是不再强调其流动之前的农民身份。

外来人口强调流动人口含义之中的户籍部分，是指那些居住地不常在户籍所在地的人员。

暂住人口强调的是流动人口概念中的流动特征，是从流入地的角度来说明，只是暂时居住在流入地，并在一定时间内离开，是城镇社区对外来流动人口的一种说法，在全国都在施行居住证制度的背景下，暂住人口的提法将会越来越少见。

（二）重大意义

第一，创新流动人口服务与管理机制是维护社会公平正义，建设和谐云南的需要。伴随着经济的快速发展，云南流动人口在未来将长期大量增加。流动人口大量增加是云南现代化建设的必然结果，但也带来众多挑战，有关流动人口的社会问题不断增加，社会矛盾凸显，所以加强云南省流动人口服务与管理模式的创新研究有利于缓解人口问题带来的冲击，有利于进一步保障云南省流动人口的合法权益，确保每一位居民都可以平等享受基本公共服务，促进社会公平正义、维护云南社会和谐稳定。

第二，创新流动人口服务与管理机制是推动经济协调发展，实现云南省"十二五"规划经济指标，奠定云南省面向西南开发的桥头堡建设基础的需要。云南大量农村富余劳动力进入城镇务工，为城市现代化建设发挥了非常重要的作用，未来云南的建设还必须鼓励农村劳动力向城市有序转移，但是在转移过程中所体现出来的服务与管理障碍日见明显，已经限制了云南省经济的发展，所以创新流动人口服务与管理机制，建立一套更加完备的流动人口服务体系，有利于缩小城乡差距、地区差异，从总体上促进云南省经济平衡快速发展，有利于实现"十二五"规划经济指标，为云南面向西南开发的桥头堡建设奠定基础。

第三，创新流动人口服务与管理机制是转变云南省政府职能、建设服务型现代政府的需要。政府在市场领域中职能的逐步弱化与在公共服务领域职能的逐步加强已经成为中国政府管理体制改革的主要方向，人口流动是市场经济的必然要求，随着云南省市场经济的进一步完善，市场领域尤其是流动人口方面管理思路的改革成为云南省政府建设服务型现代政府的契机，因此，推动云南省流动人口服务与管理体制机制创新，有利于落实以服务为重点，服务与管理并重的社会管理思想，有利于健全党委领导、政府负责、社会协同、公众参与的社会管理格局，是贯彻落实科学发展观的有力举措。

第四，创新流动人口服务与管理机制是云南省现代化建设战略的需要。实现流动人口有序向城市转移，是中国乃至世界各国工业化、城市化的普遍趋势。云南省农村剩余劳动力丰富，而城市建设与发展客观上需要众多的劳动力，所以流动人口在城乡之间流动就业务工的现象是现代社会的重要标志，因此加强流动人口服务机制的研究与探索是云南现代化建设的一部分，事关云南省现代化建设战略任务的大局。

二 云南省流动人口基本概况

（一）流动人口基本现状

云南省作为西部欠发达地区，农村自然条件及资源相对匮乏，因贫困问题而引发大量农村人口流动到城市生活与工作。以昆明为例，第六次全国人口普查数据显示，流动人口数量接近 200 万，占到全市实有人口的 28% 左右，并正以快速发展的态势继续增加。这种流动人口大量进入省、地州的情况在云南省普遍存在。流动人口进入城市后，大量生活在以城中村、城乡接合部为主的流动人口聚居区，使得部分城市社区本地人与外地人之间的比例明显不同。例如，在云南昆明被调查的社区中，流动人口与本地户籍人口比例基本上都在 7∶1 以上，有些甚至更高，如被称为"昆明第一城中村"的船房村，流动人口高达 6 万人，而本地人口仅为 7000 人，比例接近 9∶1。

1. 云南省流动人口数量及分布

云南省流动人口以农民工为主，主要从乡村流入当地地州，或直接流入昆明，这种情况直接改变了城市的人口比例。例如，昆明市统计局、昆明市人民政府第六次全国人口普查领导小组办公室于 2011 年 5 月 25 发布的信息显示：至 2010 年末，昆明全市常住人口 643.22 万人，实有人口 726.31 万人，省外及省内其他州市流入昆明市的人口约 198 万人。由于外来流动人口多居住在城镇，而全市城镇常住人口为 411.66 万人，在昆城镇区的本地人与外地人人口总量比例接近 1∶2。数据还显示，省内流动人口流入昆明市数量排名前四位的分别是曲靖、昭通、楚雄、红河。除了云南省内流动人口流入云南的省会、地州外，省外靠近云南的农村也是云南流动人口的主要来源地，据悉，流入昆明的省外流动人口中居前的省份分别是四川、贵州、重庆、湖南。

2. 云南省流动人口构成

基于流动，人口多聚居在昆明市的城中村及城乡接合部社区，云南连心社区照顾服务中心于2010年底对昆明比较典型的城乡接合部社区——普吉街道办事处联家社区进行了抽样调查，因此以该次调查数据的结果来说明昆明市流动人口构成情况。数据显示在所有外来人口中来自省外流动人口与省内流动人口的比例约为7:3；民族构成中，汉族占80.6%，彝族占7.6%，其他民族所占比例较小；流动人口文化程度方面，男性比女性稍高，有12.6%的男性拥有高中及同等以上学历，而女性的比例则为9.7%；流动人口职业分布情况为，70%左右的男性在工厂、工地、餐馆等单位打工，而7.8%左右的男性从事摆地摊、捡废品、擦皮鞋等非正规工作，女性在工厂等单位打工的比例为36.9%，6.6%左右的女性流动人口从事非正规工作。另外，外来流动人口失业比例方面，男性为2.3%，女性为38.9%；流动人口的收入主要是靠自己打工，领取低保的几乎没有，数据显示男性收入在2500元以下的占了83.4%，而女性则为95.4%，其中男性有一半左右工资在1500元以下，女性为80%。

3. 云南省流动人口特点

从以上流动人口的数量及各种分布情况可以总结出昆明市流动人口的一些特征。

首先，流动人口数量巨大。在昆明市城区生活的流动人口已经占到了将近1/3，而且据预测随着近年昆明市现代化建设的快速推进，入昆打工的流动人口将进一步增多，如此多的流动人口已经成为昆明市人口服务与管理不得不面对的对象。

其次，少数民族流动人口占有一部分比例。与全国流动人口不同的是昆明市流动人口的比例已经接近20%，整个昆明市约有40万少数民族流动人口，再考虑到少数民族经常表现为族群性迁移、聚居的特点，我们很容易在昆明的几个社区找到大量的少数民族流动人口，这样也为有针对性地服务与管理少数民族流动人口提供了可能。

再次，文化程度相对较低。流动人口中，男性达到初中水平的比例比女性稍高；大概有10%的来昆流动人口小学都没有毕业，这可以说明流动人口大部分学习时间较短，只要到一定年龄就在家务农或者有机会就来昆工作。

又次，就业层次较低，非正规就业比例较高。文化程度较低，再加上很少参加城市职业技能培训，以农民工为主体的流动人口只能到建筑工地、工厂及餐馆等单位做体力劳动，而相当一部分无法适应那些重体力工作或者无法通过相关渠道进入打工单位工作的流动人口只能从事非正规就业，摆地摊、捡废品、擦皮鞋、搞装修/维修等短工成了相当一部分农民工赖以为生的活路，在昆明流动人口聚集的地方自然而然形成的站工市场就可以证明非正规就业劳动力市场的火爆。

最后，流动人口来源地集中分布在昆明市周边农村地区。省内地州来昆明最多的是昆明周边的曲靖、昭通及红河，而省外则是四川、贵州及重庆与云南毗邻的农村地区，可见，农民工由于省会城市的吸引会根据地理位置自觉地选择打工的地方，很多时候不会受到省份的限制，大量贵州人选择来昆明打工而不是贵阳就是例证。

(二)流动人口面临的困难及处境

大量流动人口涌入城市，一方面为城市现代化发展做出了巨大贡献，另一方面也带来了对城市社区公共服务需求的进一步增加以及相关问题的出现，这给各级党委及政府提出了新的挑战。充分认识流动人口基本社会服务及公共服务需求的重要性，才能更好地探索针对流动人口的服务与管理模式创新。根据云南省妇联委托云南大学社会工作研究所于2010年开展的一项针对昆明市城市社区妇女生存现状的调研数据，流动人口面临的问题及相对应的社会服务与管理问题涵盖了就业、住房、医疗、子女教育及公共服务等方方面面。

1. 流动人口公共服务需求大

流动人口从流出地流入城镇，在住房、就业及劳动权益保护、基本医疗保障、子女教育、子女安全等方面需求特别大。

住房方面。流动人口从农村移居到城市，其在城市立足的基础是必须有居住的地方，获得最基本的居住保障。但调查统计数据显示，流动人口家庭人均居住面积仅为4.5平方米，远远低于昆明市人均12平方米的住房保障标准。不仅如此，城市拆迁而带来的居住房源减少、居住成本增加，导致流动人口家庭居无定所的问题也特别需要关注。调查数据显示，流动人口家庭平均每年需要搬家2次，有些家庭甚至超过3次，这样的搬迁不仅大大增加了他们的居住成本，同时也伴随着其他问题的出现，如就业的问题、子女教育的问题等，进一步造成了他们在城市生活缺乏安全感。因此，在城中村大面积拆迁及房价飞涨的背景下，住房问题成为流动人口在城市工作生活面临的最大需求。

就业及劳动权益保护方面。流动人口流入城市最大的动因即希望可以在城市获得发展的机会，提高收入。但调研数据显示，目前在昆明城中村社区中尚有38.9%的流动妇女未能就业，53.7%的妇女每月收入不足830元，这其中就有超过31%的妇女每月收入不足500元（见图1）。流动人口劳动权益问题虽然在近些年得到了各级党委及政府部门的重视，侵害流动人口劳动权益的案件逐步减少，但流动人口劳动权益保障问题依然不容乐观。在调查数据中发现，目前尚有80%的流动妇女未能签订劳动合同及未能购买社会保险，有14.9%的妇女有职业病的症状反应，有15.4%的妇女曾经或正在遭遇着被拖欠工资。这些数据说明在现有国家法律制度不断建立健全的情况下，针对流动妇女特别是针对非正规行业就业的妇女，如何保障她们基本的劳动权益不受侵害，依然是政府及各界需要探讨的重要议题。不仅是流动人口中的女性群体遭遇着就业及劳动权益缺乏保障的问题，在流动人口男性群体中同样存在这样的情况。可见，流动人口就业及劳动权益保障问题从当前来看，依然是一个极为严峻的问题，虽然云南省及昆明市成立了相关法律维权机构及农民工技能培训项目，但与实际的需求还相差较远。在此情况下，流动人口在劳动权益无法获得较好保障的情况下，他们有可能会采取较为极端的方式如群体聚集、暴力甚至黑社会手段进行自身的权益维护，这可能会增加更多不和谐的因素。鉴于此，就业创业技能培训及提供扶持政策，使流动人口在就业及创业能力方面获得逐步提升，不断改善他们的生计环境，进而能够使他们更好地在城市立足，是其中一个重要的需求点。

基本医疗保障方面。近些年来，政府逐步将农民工医疗保障纳入城市基本社会保障系统，但流动人口享受的基本农村新型合作医疗体系与城市医疗保障存在较大的不同，这对他们在城市享受基本医疗保障服务形成了一定的障碍。如新农合还未能较好地实现异地报销就是其中较大的问题。调查中发现，在昆明市很多流动人口社区，社区内一般仅配备两家卫生所，床位平均不足4张。这样的医疗条件，不仅无法较好地满足本地人医疗服务需求，更谈不上满足近10倍于本地人口的外来流动人口的医疗服务需求。

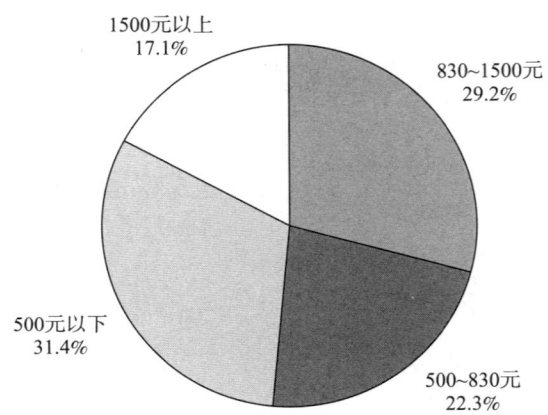

图 1　流动妇女基本收入情况

研究数据同时还显示，分别有近21.7%和13.1%的流动妇女选择在家或在附近小诊所分娩，这对妇女和婴儿而言都存在巨大的风险（见图2）。可见，流动人口看病难的问题非常突出，社区基本医疗保障服务需求较大。

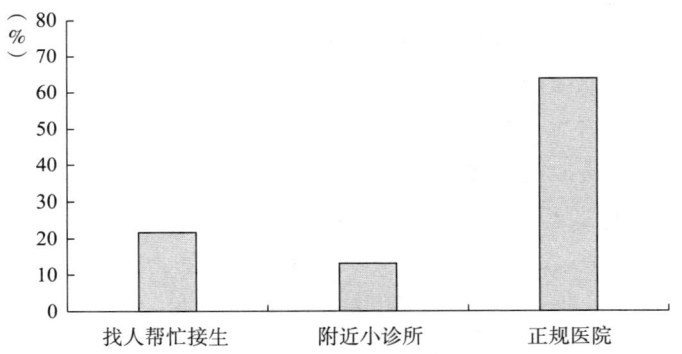

图 2　流动妇女选择分娩的方式情况统计

子女教育方面。虽然让流动人口子女享受平等教育机会已经在国家政策层面上进行了规定，但现实的情况是很多流动儿童依然无法进入公办学校就读。这其中的原因是多方面的，一方面是由于公办学校数量较少，无法容纳较大数量的学生人数；另一方面是政策规定流动人口子女入学的相关条件也对流动儿童入学问题造成了限制；此外，城市城中村及城乡接合部不断拆迁，进而导致学校被拆迁，造成流动儿童入学困难。调查数据显示，很多流动人口数量超过3万人的社区，一般仅有1~2所公办学校，包括公办小学和公办中学，每所学校容纳的学生人数不到1000人，以流动儿童占到流动人口数量的20%计算，还有近4000名流动儿童无法进入公办学校就读。不仅如此，很多民办学校师资不足，教师队伍不稳定，导致教学质量较差，流动儿童无法适应学校学习生活，进而导致儿童厌学甚至辍学的问题也较为严重。调查数据显示，有近3%的流动儿童面临着已经辍学或正在辍学的处境。最后是流动人口社区基本精神文化生活方面。调查显示，很多流动人口聚集社区在公共活动空间方面较为缺乏，而本社区一些公共活动空间如居委会及老年协会等并不对流动人口开放，导致流动人口精神文化生活缺失的问题较为严重，流动儿童因缺乏安全的课余活动空间而闲散于社区，进而导致儿童被拐卖及发生各种安全事故的概率大大提升。

子女安全方面。一方面是流动人口聚集社区存在环境卫生差及偷盗行为较为严重的情况。城中村社区是流动人口聚集最为密集的社区，居住人员数量庞大，人员构成复杂，进而为社区环境及治安都带来了较大压力。调查结果显示，有超过30%的流动妇女对所居住社区的环境及卫生状况不满意，有超过40%的妇女认为社区小偷小摸行为严重，超过半数以上的妇女在社区里有过被盗的经历。可见，流动人口社区环境中，存在一定的威胁妇女儿童人身安全的隐患因素，社区治安治理需要群众的共同参与。

另一方面是流动人口聚集社区拐卖妇女儿童的现象还时有发生。调查结果显示，27.8%的流动妇女听说过社区里有妇女被骗到外地的情况，有42.5%的流动妇女听说过社区有儿童走丢的情况（见图3、图4），其中51.1%的流动妇女是自己经历或知道有认识的人经历过儿童走丢的情况，近半数的妇女认为儿童走丢的原因是被人贩子拐骗。可见，在流动人口聚集社区，妇女和儿童被拐卖的风险依然存在，妇女儿童被拐卖的现象还时有发生。但调查数据同时显示，有近23.1%的流动妇女不知道预防被拐卖的知识，自我保护意识较低。这些数据在一定程度上说明，城中村社区儿童失管特别是流动儿童失管现象较为普遍，儿童被拐卖现象也还时有发生，预防拐卖宣传及打击拐卖违法犯罪活动有待进一步加强。

2. 流动人口融入当地社区困难

流动人口与本地人关系融合，有利于促进整个社区的和谐稳定。但实际调研数据显示，有超过40%的流动人口平时较少与本地人接触，他们认为本地人看不起他们，并且在平时的工作和生活中还会受到城里人的排斥甚至是歧视（见图5）。同时，昆明很多流动人口聚集社区存在多民

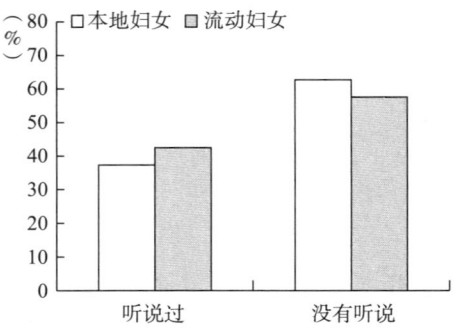

图3 妇女听说社区有儿童走丢的情况

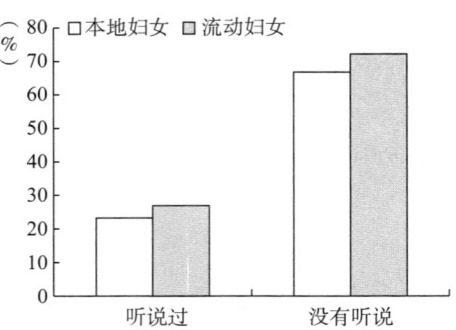

图4 妇女听说社区妇女被骗到外地的情况

族杂居的情况，不同民族之间由于宗教、生活习俗及工种等方面都存在较大差异，往往会导致民族之间矛盾及问题的产生（见图6）。如调查研究中发现，在很多流动人口社区，由于生活习俗及职业原因，本地房东不愿意将房子出租给回族群体及布依族拾荒群体，这进一步导致了这些少数民族群体与汉族群体之间的隔阂与矛盾。因此，由于人口流动，民族间的融合问题已经从农村扩大到了城市，城市的管理者和服务者，必须意识到这样的问题的存在。如果这些新问题、新情况无法得到妥善解决和应对，和谐社区、和谐城市建设将面临巨大挑战。

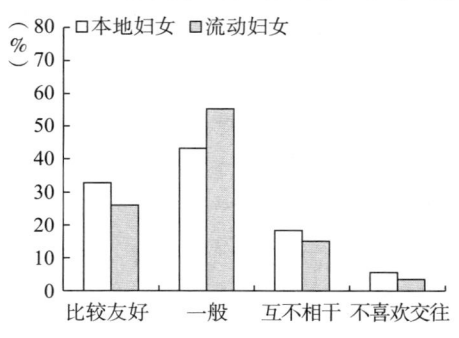

图5 本地人与流动人口相处情况

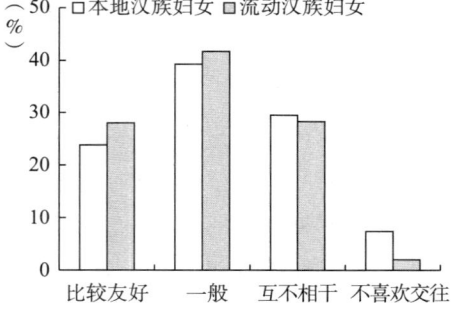

图6 汉族与少数民族相处情况

3. 流动人口特殊需求突出

流动人口进入城市工作与生活，由于脱离了赖以生存的传统农业生计方式，进入城市必然面临就业、住房、生计及子女教育方面的压力，往往容易导致家庭矛盾的增加。调研数据显示，有近14.7%的流动人口家庭存在男性对妇女、老人及儿童进行暴力问题,可见,经济压力导致的家庭矛盾甚至家庭暴力的情况较为普遍。由家庭冲突或家庭暴力引发的一系列问题,如子女心理健康问题、养老问题甚至是家庭关系破裂等,进一步增加了流动妇女及儿童被拐卖的风险。在调研中发现,由于家庭经济压力,夫妻矛盾加剧,进而出现妇女被人以高工资进行诱惑拐卖的案例不在少数。而有些家庭因家庭关系破裂,孩子心理受到很大冲击,孩子外出流浪被拐的现象也时有发生。鉴于此,在城市化大背景下,特别针对新生代农民工出现的心理及城市适应问题、家庭矛盾甚至是家庭暴力问题,需要提供有效的亲子教育及家庭辅导服务。

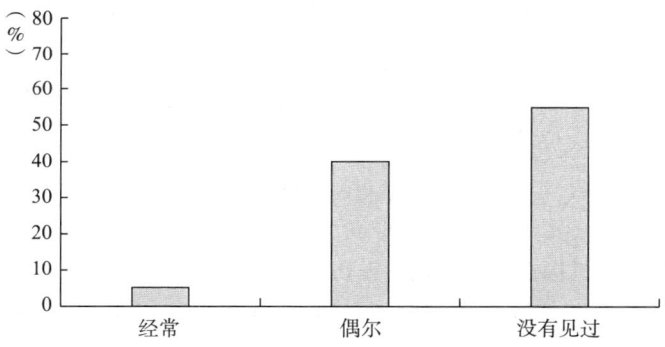

图 7　流动妇女看到邻居或亲戚家庭冲突情况

(三)流动人口服务与管理面临的挑战

1. 城乡二元结构在一定时期内还无法改变

城乡二元结构是造成流动人口大部分由乡村迁移到城市的原因,也是流动人口服务与管理创新面临的主要障碍。城乡二元体制是计划经济时代的产物,以户籍制度为基础,以城乡发展不对等、城乡福利不对等为特征。虽然改革开放以来,特别是 21 世纪初以来,户籍制度有所放宽,迁徙自由在一定程度上得到实现,但是流动人口由于在流入地没有得到基本的公共服务而无法留下,在如子女上学、居住、公共服务、社会保障等等很多方面无法享受当地人待遇,而被迫离开,造成了流动人口在各个方面的弱势。由于城乡二元结构在一定时期内无法改变,所以,如何在此前提下,在一定程度上改善流动人口享受公共服务的不均等化是现阶段流动人口服务与管理创新最大的挑战。

2. 流动人口服务与管理观念在一定时期内无法扭转

在城市居民及管理者当中，很大一部分都认为流动人口是外来者，来城市谋生甚至分享城市资源，这种服务与管理观念直接影响了城市管理者的理念和农民工争取自身权利、地位的动力。让管理者及农民工树立人口流动是城市化、现代化的必然，是国家的重要战略的观念，是从各个层面改善流动人口服务与管理的需要。由于这种观念由来已久，如今已成为创新流动人口服务与管理机制的障碍，也是挑战。

3. 流动人口服务与管理体系在一定时期内无法健全

流动人口数量大量增加，由此产生的社会问题也大量出现，凸显流动人口服务与管理体制的落后，由于我国现行的人口制度还是建立在二元体制结构之下，地方负责、分级管理的制度造成人口管理只以本地实际户籍为主，意味着外来人口根本无法加入流入地行政内容，所以造成流动人口公共服务机制的缺位。虽然近年来中央及地方都有一些尝试，提出以实际居住地为主，以实有人口为主的行政要求，但是原来体制的惰性以及相应制度的滞后，在一定时期内仍然是流动人口服务需要面对的挑战。

4. 专业服务机构在一定时期内无法大量培育

流动人口由于贫困或其他原因离开户口所在地，进入城镇生活，要面对城镇人口所没有的问题，如自卑、文化适应、歧视、家庭分离等，这些问题是需要专业的社会工作来解决的，但是现阶段云南省甚至全国专业社会工作人才稀缺，无法满足流动人口特殊的需要，如何在短时期内建设一支社会工作队伍，并且培育社会工作机构是现阶段流动人口服务与管理面临的又一挑战。

三 云南省流动人口服务与管理经验总结分析

（一）云南省流动人口服务与管理经验总结

昆明作为云南省省会城市，处于云南省改革发展的前沿，流动人口相关情况的呈现在很大程度上说明了省内其他地方当前或之后一段时间内的情况。调查发现，在昆流动人口普遍存在涉及社会保障、住房、就医、子女教育、社会融入等一系列的问题，这是云南省在社会发展过程中普遍存在的，因为它与我国现阶段城乡二元体制还没有完全消除、城乡户籍体制不平衡以及社会主义初级阶段特征有关，其社会需求状况也是整个云南省，甚至中国流动人口的真实反映。所以我们需要立足中央的大政方针，通过研究我国各地政府对普遍存在的流动人口问题的应对策略，再结合云南省流动人口实际特征来探索针对云南省的流动人口服务与管理新模式，为尽快缓解相关社会矛盾，建设和谐云南而努力。

1. 从制度层面上制定相关政策，促进流动人口服务与管理工作有效开展

云南省早在1991年就出台了《云南省流动人口计划生育管理规定》，主要目的是加强流动人口计划生育管理，有效控制人口过快增长。2004年出台了《云南省流动人口计划生育工作管理办法》，增加了维护流动人口的合法权益，促进人口与经济社会的协调发展的内容。2005年，昆明市出台了《昆明市流动人口管理条例》，将暂住证制度废除，施行新的居住证制度。2008年出台了《云南省关于进一步加强流动人口服务和管理工作的意见》，分别从加强流动人口公共卫生和医疗服务体系建设，加强对流动人口的法制宣传和法律服务工作，加强对流动党员、团员的服务和管理工作，着力解决农民工的社会保障问题，着力加大劳动人事执法力度，着力保障流动人口子女平等接受义务教育的权利，着力打击侵害流动人口合法权益的违法犯罪活动，推进公共就业服务制度化及加强社区建设等21个层面上提出了对流动人口服务与管理的意见，为云南省各地开展流动人口服务与管理工作提供了指导。2010年12月，由省政府出台了《云南省流动人口服务和管理暂行办法》，进一步丰富和完善了流动人口服务与管理的内容，并明确了公安、司法、民政及各级地方政府和村、居委会在流动人口服务与管理中的职责。2011年5月，云南省举办了关于《云南省流动人口服务与管理条例（草案）》听证会，并于2011年6月完成了该草案的修改稿，进一步明确将流动人口服务与管理工作纳入财政预算，并要求在社区（居、村委会）建立流动人口服务机构，配备流动人口专职协管员。

2. 探索群团组织如妇联及工会等通过委托项目及购买服务等方式支持社会组织提供服务

城中村及城乡接合部社区是流动人口聚集的主要社区，此类社区针对流动人口的管理和服务需求较大，特别是针对流动人口中处于较为弱势地位的妇女和儿童，如流动妇女在就业、劳动权益保障，以及流动儿童在入学等方面，都面临更加突出的问题。鉴于此，各级妇联组织通过项目委托及购买服务等方式，支持社会组织在流动人口聚集较多的社区开展社区服务，为流动妇女和儿童提供就业培训、创业指导、健康培训以及儿童入学辅导等方面的服务。如云南省妇联通过资金支持、项目指导等方式，在社区成立妇女之家、流动妇女及儿童示范工作站等平台，充分利用社区社会工作者及志愿者的力量，在社区为妇女和儿童开展综合服务，维护流动妇女和儿童的基本权益，取得了十分明显的成效。除昆明外，云南省地州城市如玉溪、景洪等城市，也探索妇联与社会组织的合作，通过多方资源的整合，形成合力开展针对流动妇女和儿童的工作，都取得了较为明显的成效。

3. 从基层社区层面将流动人口管理和服务纳入工作范畴

近年来，为积极响应党中央及各级党委和政府有关流动人口服务的指导精神，各地无论是从社区、街道办层面还是居委会层面，都逐渐将流动人口管理和服务纳入社区工作的范畴，流动人口基本医疗保障服务、治安服务与管理、就业指导服务及子女入学登记服务等开始成为街道办及居委会的主要工作内容。特别是在流动人口聚集的城中村及城乡接合部社区，流动人口服务与管理所需的人力、物力和财力逐步通过财政拨款获得更大力度的支持。当地派出所、城管等部门，也加大了对流动人口服务与管理经费的投入，在社区治安、卫生治理等层面上开展了更多有意义的服务探索。如昆明市官渡区通过流动人口信息化动态服务与管理模式，不断探索社会管理模式创新。一是借助科技力量，使流动人口服务与管理工作更加规范；二是整合资源，拓宽渠道，使流动人口信息采集工作更加高效；三是完善各项规章制度，使流动人口管理制度更加全面；四是将流动人口进行"四色分类"服务与管理，使流动人口管理更加到位；五是以管理促服务，以服务促管理，构建管理与服务并重的流动人口管理模式，使流动人口服务更加优化；六是以"抓好流动人口管理"为突破口，切实提高人口管理工作服务社会治安和打击违法犯罪的能力，使社区更加平安。通过信息化动态服务与管理模式，成功实现"人房共管、动静结合、以静管动、综合服务"，官渡区还将继续协调组织相关部门，把该系统向全区范围内有条件的社区进行全面推广，使官渡区的流动人口管理更加规范、科学、高效、全面。此外，云南省地州市公安局如石屏县公安局以"底数清，情况明，管得了，控得住，能切实为现实斗争服务"为目标，在"以房管人、以证管人、以业管人"的基础上，充分挖掘利用社会资源，积极走流动人口社会化管理的路子，探索分类分层联动联管服务有效办法，推行"4+2

模式"加强对流动人口的管理，完善实有人口分层次管理工作机制，并将该系统延伸到社区、村寨，促进流动人口管理逐步走上规范化的轨道。这些经验的探索，为各级政府及自治组织从基层层面开展流动人口服务与管理模式创新积累了较好的经验。

4. 通过政府指导，成立各级流动人口法律维权服务中心，为流动人口提供法律咨询及维权服务

近年来，随着大量流动人口进入城市就业，诸多侵犯流动人口劳动权益的事件时有发生，如拖欠工资、工伤问题情况较为突出。政府为了更好地维护流动人口权益，在各级地方政府设立了农民工法律维权服务中心，为流动人口提供服务。同时，通过与律师事务所合作为流动人口提供法律咨询及维权服务也是近年来云南省政府的创新探索。如在2011年7月1日，云南省政府通过与云南天外天律师事务所合作，挂牌成立云南省首家农民工法律维权援助工作站，通过专业的律师团队，为流动人口提供免费法律咨询和维权服务，取得了明显的成效。

5. 通过整合专业性社会组织力量，提升社会力量协同参与流动人口管理和服务的水平

云南省作为社会组织发育较早、社会组织种类较多、社会组织专业性较强的地区，从2005年开始，就有多个专业社会服务机构在流动人口聚集社区开展针对流动人口的管理和服务工作。如成立于2005年，在云南省民政厅登记和注册的云南连心社区照顾服务中心，即一家专门为流动人口提供社区服务的机构。其目前有专业社会工作者近10名，每年发动志愿者达千人次，几年来服务的社区流动人口超过万人，从流动人口就业、劳动权益保障、儿童生存教育、亲子教育等方面开展专业性社会服务工作，有效协助了当地政府部门、街道办、居委会和派出所的工作。此外，相类似针对流动人口开展社区服务的机构还有一些，如云南携手困难群体创业服务中心，主要针对流动人口开展就业、创业促进服务，同时为流动儿童提供安全教育、综合技能提升等服务。云南携手困难群体创业服务中心为流动人口提供创业、就业扶持服务，其他类似机构还有诸如云南真善美文化传播中心下设的平民教社，通过大学生志愿者的力量，专为流动儿童提供免费的课外辅导服务。其他机构还有很多，在此就不做一一列举。

(二)存在的问题及原因分析

1. 存在问题

(1) 流动人口服务与管理政策还不够完善

云南省现行的人口服务与管理制度还基本上建立在二元体制结构之下,地方负责、分级管理的制度造成人口管理只以本地实际户籍为主,这意味着外来人口服务与管理纳入实际居住地还存在制度上的缺陷,所以造成流动人口公共服务机制的不足。虽然云南省2008年就开始实施居住证管理制度,流动人口服务也以实际居住地为主,实行就近原则,但是,人口的城乡二元服务与管理政策体系仍然没有改变,旧有的政策仍然制约着流动人口的服务与管理,新的居住证、属地化、动态化的流动人口服务与管理政策仍然没有建立起来,使得流动人口服务与管理跟不上提出的指导思想。

(2) 流动人口服务与管理财政投入不足

当前,由于财政投入还是以地方居住人口为主,所以流动人口所需公共服务的财政预算一直没有纳入流动人口聚居区,地方财政收入较为困难,开展工作的专项经费较难保证;另外,流动人口大量的服务需要社会组织尤其是专业社会工作组织来提供,而这些服务机构大多是非营利性机构,没有建立起稳定的支持流动人口社会服务财政制度,导致政府人力、资本投入不足,从而使整个流动人口的服务供给就不足。极大地限制了流动人口服务工作的大量开展。

(3) 流动人口服务的专业性还有待提升

当前云南省流动人口服务与管理是以政府为主,人力、物力、财力的投入对象也主要是拥有当地户籍的居民,由于流动人口的大量流入所需的公共服务和特殊服务大量增加,所需服务的专业性也大大增强,经验证明只靠政府的人力、物力无法满足实有居住者的需求,所以现代城市流动人口聚居区的很多问题还是得不到回应,这些问题涉及社会工作的领域,是需要专业的社会工作者来解决的,但是现阶段云南省甚至全国专业社会工作者稀缺,无法满足流动人口特殊的需要,如何在短时期内建设一支社会工作队伍,并且培育社会工作机构是现阶段流动人口服务与管理面临的又一挑战。

2. 原因分析

云南省流动人口服务与管理创新工作是在流动人口大量增加，全国大力关注流动人口需求的背景下启动的，所以，还缺乏一些经验做支撑，存在一些问题不可避免，发现这些问题的原因有助于促使云南省在以后的工作中加以改进，以更好地完善服务与管理工作。概括起来有以下几个方面的原因。

（1）城乡差距过大

流动人口服务与管理存在问题缘于城乡公共服务不均衡，其实质是城乡差距过大造成的，流动人口从乡村转移到城市居住生活，没有相关的社会保障、工作技能可以和城市人口相比，所以这些服务需要城市单独预算来提供，这就从根本上造成了流动人口服务与管理的困难。另外，城乡差距过大造成流动人口入城从总体上受到歧视，这本身也产生了很多需求，近年来二代农民工的违法犯罪问题在很大程度上是长久的城市融入问题引起的。

（2）服务与管理观念落后

当前，由于地方财政收入较为困难，开展工作的专项经费较难保证，没有建立起稳定的支持社会工作发展的财政制度，政府财政对社会工作及其人才队伍建设的人力资本投入不足，从而使社会工作人才队伍的建设举步维艰。相对于其他行业来讲，从事社会工作的人员薪酬偏低，缺少吸引力与足够的职业发展空间。

（3）流动人口动态管理基础差

流动人口的流动性强加大了服务与管理工作的难度，社会保障、子女教育、居住服务的投入都需要对流动人口进行动态监控，实施动态管理，而一个动态管理机制的建立需要建立统一的云南甚至全国的数据库，缺乏一个可以共享、流入地与流出地互相交换的数据库给云南流动人口的服务与管理造成了很大的困难。

（4）社会协同机制不健全

社会管理尤其是以流动人口为服务对象的社会管理需要发挥党委的领导作用，政府的主导作用，工、青、妇等群团组织的枢纽作用，社会组织及群众的主体作用，但是现在云南面向社区服务的社会组织较少，尤其是专业社会工作机构很少，据统计，现在云南注册的民办社会工作机构只有三家，这样就限制了流动人口服务与管理工作的整体推进和突破。

四 流动人口服务与管理外地经验总结及启示

（一）外地经验总结

1. 制度建设及政策法规制定方面

中央及各级地方政府在近年来针对流动人口政策方面，主要以探索健全覆盖城乡居民的社会保障体系，实现医疗保险异地结算报销等制度建设为重点。如2010年，党的十七届五中全会提出，"十二五"时期要着力保障和改善民生，健全覆盖城乡居民的社会保障体系，并提出了"广覆盖、保基本、多层次、可持续"的方针。2011年7月1日施行的《中华人民共和国社会保险法》，也从多个方面对我国当前的社会保险布局进行了调整，规定进城务工人员将同迁入地户籍人员一样，完整享有五项社会保险待遇；同时还规定，无雇工的个体工商户、未在用人单位参加基本养老保险的非全日制从业人员以及其他灵活就业人员可以向社会保险经办机构申请办理社会保险登记，参加基本养老保险，由个人缴纳基本养老保险费。

广东省为解决养老、医疗保险不能实现异地结算的情况，实施了一系列办法，如加快社会保险由县级统筹向省级统筹的步伐，完善有关配套制度；建立参保人视同缴费账户，来保障各种用工形式的参保职工可以在全省范围内自由流动；推行"一证通"制度，强化以证管人、以房管人、以业管人管理，建立了以居住证为核心的多元社会服务享有机制，拓展多元服务体系。外来人口只要办理了居住证，即可享受职业技能培训、公共就业、社会保障、计划生育、传染病防治等七大类公共服务。浙江省于2010年启动了异地就医联网结算"一卡通"工程，规定参加浙江省基本医疗保险的参保人员可持"中华人民共和国社会保障卡"在4个试点城市跨市就医购药，通过全省"一卡通"平台实现异地直接联网结算。长三角、珠三角及渤海湾地区也都在不同程度上加快社会保险的实践探索，加快制定跨省流动人员的养老保险和其他保险关系的转移和接续办法，彻底解决"异地社保"带来的一系列问题。上海等地建立了"两级政府、三级管理、四级网络"的流动人口综合管理框架，对流动人口管理实现了由"条块结合、以条为主"向"条块结合、以块为主"转变，明确市人口综合管理部门、市政府有关职能部门、县市区政府、乡镇街道各自职责，形成了各司其职又互相配合的综合人口管理体系。

2. 推动加快城乡基本公共服务均等化建设方面

党的十六届六中全会明确提出"加大对欠发达地区和困难地区的扶持。中央财政转移支付资金重点用于中西部地区，尽快使中西部地区基础设施和教育、卫生、文化等公共服务设施得到改善，逐步缩小地区间基本公共服务差距"，"逐步实现基本公共服务均等化"。党的十七大进一步强调，要按照"共同建设、共同享有的原则，着力解决人民最关心、最直接、最现实的利益问题"，"加快推进以改善民生为重点的社会建设"，扩大公共服务领域，并将人人享有基本公共服务作为让人们共同分享发展成果、促进社会公平正义及构建和谐社会的重要内容和基本途径。十七届三中全会则将"城乡基本公共服务均等化明显推进"作为2020年全面建成小康社会的基本目标之一。民政部于2011年1月发布《城乡社区服务体系建设"十二五"规划》（征求意见稿）规定了"十二五"期间城乡社区服务的指导思想从统筹城乡社区建设出发，以社区综合服务设施建设为抓手，促进政府公共服务、居民志愿互助服务、商业性便民利民服务向社区覆盖，逐步建立面向全体社区居民，主体多元、设施配套、功能完善、队伍健全、机制合理的城乡社区服务体系，不断满足城乡居民日益增长的社区服务需求。

广东省作为流动人口第一大省，将流动人口服务与管理工作纳入和谐广东、幸福广东建设的重要内容，积极探索从顶层制度设计着手，加快推进流动人口公共服务均等化，破解城乡和城市"二元"结构难题；积极拓展流动人口居住证"一证通"社会服务功能，通过农民工积分制入户和外来人员子女积分制入学等办法，不断完善政策配套，为外来人员提供更多的服务。2010年前全省已发放居住证3141万张，基本实现了流动人口全覆盖。深圳在2010年12月印发了《深圳市社区服务"十二五"规划》，明确了2015年的社区服务总体目标，即全市基本建成层次分明、种类多样、功能良好的社区服务设施网络，形成政府主导、社会参与、民间运作的运行机制；建立以社工为骨干，多种专业人才并存的社区服务队伍，形成制度健全、监管有力、困有所帮、难有所助、需有所应的社区服务体系，将流动人口服务与管理纳入其中。湖南省从2009年开始对流动人口实施居住证制度，相关部门出台了配套措施，对流动人口服务与管理的工作机制、职责界定、考核考评、经费保障、组织实施等内容进行了明确，流动人口凭居住证可以享受与当地居民同等的公共服务。重庆市从2011年开始，由政府推动通过六大体系建设,即完善社会保障体系、构筑住房保障体系、创新创业就业体系、健全教育就学体系、优化卫生计生体系、打造公共文化体系推进流动人口公共服务均等化。

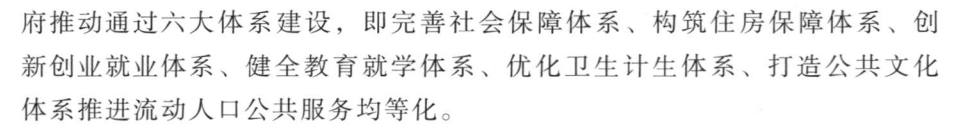

3. 推动流动人口平等就业方面

流动人口从农村流动到城市,其需要在城市获得相应的就业机会和保障。近年来,从中央到地方层面都十分重视流动人口的就业问题,推动出台各种针对流动人口就业的政策和办法。2004年中央1号文件提出了对农民进城就业取消行政性限制,保护合法经济权益,提供公共服务和培训等政策。2006年发布的《国务院关于解决农民工问题的若干意见》,强调要消除农民工就业歧视和促进机会平等。2007年颁布了《就业促进法》《劳动合同法》《劳动争议调解仲裁法》,基本形成了消除农民工就业歧视和促进机会平等的法律框架。同年,中央还制订了《2003～2010年全国农民工培训规划》,农民工的就业服务和培训开始被纳入公共财政的范畴。各地清理和取消了针对农民工进城就业的歧视性规定、不合理限制和乱收费;开放城市公共职业介绍机构,免费向农民工提供就业信息、职业指导和职业介绍服务等,农民工权益保护力度明显加强。

广东省劳动厅于2008年发布了《关于推进统筹城乡居民就业工作的实施意见》,努力为农民工创造一个平等的工作环境。广州市则积极将符合条件的农民工纳入广州市就业失业管理系统,使其享受就业失业登记、免费职业指导、职业介绍、政策咨询等基本公共就业服务。上海各级工会高度重视非正规就业人员的权益维护问题,积极创新形式把以农民工为主体的非正规就业人员纳入工会的组织保障体系。各级工会通过在农民工集中的行业企业集中组建、发挥行业工会优势吸纳农民工入会、抓住源头加强劳务公司工会组建等多形式发展农民工入会。采取"委托制""托管制"等办法解决农民工工会组建后的挂靠问题,采取"流动会员""团体会员""会员登记"等办法加强对农民工的会籍管理。

4. 促进流动人口户籍制度改革和城乡公共服务体系改革方面

2006年5月,国务院在《关于解决农民工问题的若干意见》中指出:"逐步地、有条件地解决长期在城市就业和居住农民工的户籍问题。中小城市和小城镇要适当放宽农民工落户条件;大城市要积极稳妥地解决符合条件的农民工户籍问题,对农民工中的劳动模范、先进工作者和高级技工、技师以及其他有突出贡献者,应优先准予落户。""把农民工纳入城市公共服务体系；要增加公共财政支出，逐步健全覆盖农民工的城市公共服务体系；保障农民工子女教育、疾控与儿童防疫等权益。"2010年政府工作报告强调："推进户籍制度改革，放宽中小城市和小城镇落户条件，有计划、有步骤地解决好农民工在城镇的就业和生活问题，逐步实现农民工在劳动报酬、子女就学、公共卫生、住房租购以及社会保障方面与城镇居民享有同等待遇。"回良玉也曾说："户籍制度不破解，国家的经济社会发展早晚要吃亏，甚至事关国家的稳定。当前我们倡导公平正义、民生至上，这不应该只是喊在嘴里，更应该体现在行动上，涉及具体问题，不解决户籍问题就很难谈公平。"

2010年6月，广东省出台了农民工积分制入户城镇工作指导意见。同年，重庆市印发了统筹城乡户籍制度改革农村居民转户实施试行办法。上海、重庆、成都、深圳等地探索实行居住证制度，凡领取居住证的流动人口，在求职务工、社会保险、子女接受义务教育等方面享有与当地市民同等待遇。深圳实施以城市户籍奖励优秀外来青年农民工和招调专业技术型农民工的政策，可以对持有深圳市公布的任一工种高级以上职业资格证书的农民工招调入户。海南省借鉴广东深圳的做法，进一步实行了新的规划，其做法是：发放居住证，使其享受相应的市民待遇；连续在城市工作3～5年，就可以在所在城市入户；计划在10年内彻底取消城乡户籍差异，实行城乡一体化管理。

5. 在专业社会工作机构及专业社会工作方法引进方面

2006年10月，中国共产党第十六届中央委员会第六次全体会议通过了"构建社会主义和谐社会需要宏大的社会工作人才队伍"的决定。2010年6月出台的《国家中长期人才发展规划纲要》首次将社会工作人才归入国家统筹推进的六大类人才队伍建设之中，纲要指出："适应构建社会主义和谐社会的需要，以人才培养和岗位开发为基础，以中高级社会工作人才为重点，培养造就一支职业化、专业化的社会工作人才队伍。"

广东省作为社会工作机构发展试点省份，从2007年开始由政府大力推动社会工作机构建设，通过政府购买服务的方式将流动人口服务与管理的部分职能转交给民办社会工作机构，盘活了社会协同和公众参与的力量，取得了较好的成效。深圳模式的成功经验，使民办社会工作机构模式在广州市、东莞市及惠州市等城市获得推广，大量使用社会工作专业人才，通过社会工作专业方法参与流动人口服务与管理，积累了较为成功的经验。

广东省目前已发展出近 300 家民办社会工作机构、上千名专业社会工作者的队伍，为促进本地流动人口服务与管理创新提供了重要人才保证。上海、浙江、江西、湖南、甘肃等省份也通过试点初步形成了促进民办社会工作服务机构发展的配套政策，建立了政府购买社会工作服务的运行机制，加大了政府购买民办社工机构在针对流动人口服务与管理方面的经费投入和政策支持力度。

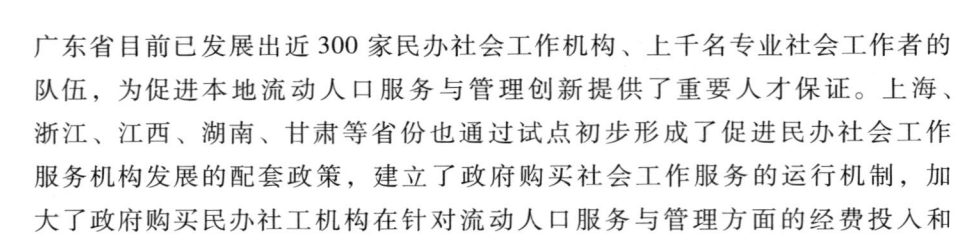

（二）启示

外地有关流动人口社会服务与管理创新的经验，为云南省开展流动人口服务与管理经验探索和制度创新提供了重要经验借鉴，归纳起来主要有以下几个方面。

1. 党委及政府重视并推动相应政策出台是核心

流动人口问题是中国现代化发展过程中必然带来的问题，如何解决好这一问题影响到整个社会经济的可持续发展与和谐社会构建。各级党委、政府需要以科学发展观为指导，充分认识到做好流动人口服务与管理的重要性，清醒认识各地流动人口发展趋势及已经出现的问题，加大调研力度，掌握实际情况。在此基础上研究制定出台相应的政策规定，将流动人口服务与管理纳入各地经济社会发展规划。从广东、重庆等对流动人口服务与管理取得较好成绩的省份来看，准确理解、把握中央有关推动流动人口工作的政策，关系到具体政策的有力执行和推动；同时，流动人口问题政策法规制定需要以当地实际情况为依据，研究制定符合本地经济社会发展需要的政策制度和规定。云南省玉溪市委、市政府重视并推动流动人口基本公共服务的实践探索，出台相应规定，并取得了较好的成效，可以说是党委、政府重视的有效结果。

2. 充分发挥群团组织及社会组织特别是民办社会工作机构的协同作用是关键

流动人口问题不仅需要党委、政府在政策层面上的关注和支持，更需要在政策制度的具体执行和落实层面上下功夫。党委、政府相关政策法规的落实，需要政府各部门的协调配合，同时也需要充分发挥群团组织如妇联、工会、共青团紧密联系群众的优势，发挥其对流动人口中的青年群体、妇女群体及工人群体进行服务与管理方面的作用。从全国各地经验来看，各级妇联组织及共青团组织将流动人口纳入其工作范畴，从资金投入、技术指导及政策支持层面上推动对流动人口的服务与管理工作，对党委、政府政策的具体落实发挥了很大的作用。同时，工青妇等群团组织在政策落实方面还担当着上传下达的角色，因此发挥基层社区组织、社会组织特别是民办社会工作机构的作用就显得尤为重要。如广东省在推动民办社会工作机构发展，加大政府资金投入，这为云南省发展民办社会工作机构提供了重要经验参照。

3. 依靠群众力量，充分发挥流动人口参与是保障

流动人口从农村流动到城市，其离开传统农业社会环境，进入陌生的城市环境，必然带来归属感不强、与当地城市居民产生隔阂甚至是矛盾和冲突的问题，由此导致他们无法较好地融入城市。如何将流动人口纳入城市基本公共服务体系，减少从制度及政策层面上对流动人口造成的障碍，使流动人口享受市民化待遇，将直接影响着他们是否会对城市产生认同，进而积极参与到城市建设和管理中。从省外有关经验来看，降低流动人口落户条件，评选优秀农民工，以及将流动人口纳入当地社区服务与管理岗位等做法，能够较好地发挥流动人口参与的作用。鉴于此，云南省在流动人口服务与管理方面也可以借鉴这些先进经验，通过优秀农民工评选，支持流动人口创业，在现有社区管理岗位中提供一定比例岗位给流动人口，并通过社区流动人口自我组织建设，充分调动流动人口的参与积极性和主动性，充分发挥他们自我管理和自我服务的功能。

4. 大力推动流动人口就业及劳动权益保障是基础

流动人口流入城市最大的动因是谋求更好的生计收入，特别是云南省大多流动人口来源于省内贫困少数民族地区，他们外出的主要目的即改善家庭经济情况。但在当前经济形势较为严峻，就业环境不理想的情况下，大量流动人口由于低文化层次、低技术技能的特点，他们在就业方面面临着更多的困难。同时，为了找到生计出路，很多流动人口愿意从事非正规就业工作，这种劳动关系无法获得劳动法的有效保障，导致他们在就业过程中容易遭受到劳动权益的侵害。为此而衍生出的流动人口就业及劳动权益保障问题成为政府及社会各界特别需要关注的问题。从广东省及其他省份来看，流动人口因劳动收入低、职业病以及拖欠工资等情况而引发的影响社会稳定的群体性事件常有发生。鉴于此，云南省需要吸取这些经验教训，千方百计地大力推动流动人口就业问题的解决，并从法律维权等角度充分保障流动人口的劳动权益，以更好维护社会稳定。

五　云南省流动人口服务与管理创新的总体思路和目标

（一）指导思想

坚持以邓小平理论和"三个代表"重要思想为指导，全面贯彻落实科学发展观，巩固党的执政基础、提高党的执政能力，按照省委、省政府着力保障民生，构建和谐社会及公平对待、合理引导、完善管理、搞好服务的要求，切实加强流动人口服务和管理，着力提高城市综合管理能力和水平，努力推动云南省经济社会全面协调发展。

（二）基本原则

1. 贯彻"以人为本"理念，注重和谐社会及和谐社区建设

流动人口服务与管理创新必须以流动人口群体切身利益和需要为出发点，充分保障及维护流动人口基本权益，积极推进基本公共服务均等化，使他们在城市拥有体面的劳动和有尊严的生活。以遵循流动人口变动的趋势和发展规律为依据，制定相对灵活的制度政策。多方举措促进流动人口与当地居民、少数民族与汉族群体的融合，减少本地人对流动人口的歧视，实现社区和谐稳定。

2. 坚持流动人口服务与管理创新要与经济发展水平相适应

流动人口服务与管理，涉及医疗、教育、卫生、就业、社会保障等方方面面，需要政府财政的大力支持。因此，创新流动人口服务与管理，需要与本地经济社会发展水平相适应，既要尽力而为，又要量力而行。既要尽力解决当前必须解决和能够解决的重大问题，最大限度地满足流动人口的需求；又要正确认识省情及各地实际情况，充分考虑各方面的资源和条件，做到逐步推进，切实有效开展。

3. 转变传统管理观念，坚持管理与服务相结合，寓管理于服务之中，以服务体现管理

流动人口问题已经关系到整个社会的和谐稳定，关系到党的执政为民的理念及以人为本、充分尊重人的基本权益问题。这就意味着在过去很长一段时间内坚持以管理为本的观念必须要转变为以服务为本，寓管理于服务之中，方能真正体现立党为公、执政为民的思想，也才能顺应现代打造服务型政府的要求。

4. 坚持示范带动与逐步推进相结合

流动人口问题是现代化发展到一定时间段必然出现的问题。政府在解决这些问题时需要从制度政策及具体措施方面逐步开展探索和研究，最终方能形成较为完善的应对模式和体系。因此，需要紧扣云南省各地流动人口实际情况，依据当地资源，逐步开展针对流动人口服务与管理模式的探索，坚持以示范为基础，逐步带动与全面推进相结合，避免"一刀切"、运动式的盲动推进。

5. 坚持"党委领导、政府负责、社会协同、公众参与"原则，充分发挥社会组织及群众的力量

现代政府职能已经逐步从"大政府、小社会"向"小政府、大社会"转变，这就要求政府在对流动人口服务与管理方面，需要充分发挥社会力量参与服务与管理的作用，充分发挥市场、社会组织及流动人口群体自身的积极性和能动性，逐步建立开放性的、网络式的、多种机制综合发挥作用的新型服务与管理体制。

（三）总体思路

围绕构建和谐云南、构建社会主义和谐社会的需要，遵循社会主义市场经济发展规律和人口流动基本规律，坚持"党委领导、政府负责、社会协同、公众参与"的社会管理创新思路；以推动流动人口基本公共服务均等化、流动人口服务与管理机制和制度创新为动力；以大力推动流动人口就业创业及充分维护好流动人口基本权益为重要着力点；培养造就一支具有强烈使命感，具备一定职业化、专业化水平，能在流动人口服务与管理工作方面进行创新工作的人才队伍；为促进云南省有效开展流动人口服务与管理，推动社会管理创新奠定坚实的政策基础及提供可靠的人才保证。

（四）总体目标

按照构建和谐云南的基本要求，坚持以人为本的发展理念，遵循流动人口变动的趋势和发展规律，通过示范带动和整体规划，积极探索流动人口服务与管理体制机制创新，着力推进流动人口基本公共服务均等化；推动流动人口服务与管理体制框架的构建与完善;促进流动人口服务与管理新型政策制度出台与落实;不断改进流动人口服务与管理模式;加强流动人口服务与管理的法制建设;进一步消除流动人口向城镇迁移、就业、定居的制度性障碍。争取在"十二五"末期,初步形成顺应云南经济社会发展趋势的流动人口服务和管理新体制,使流动人口流动有秩序,就业、居住、医疗、子女教育及基本公共服务有保障,加快使流动人口实现市民化待遇步伐,使流动人口与当地经济社会及环境发展相融合。

六 云南省流动人口服务与管理创新的主要任务

(一)建立健全流动人口工作统筹管理、综合决策机制

建立云南省党政领导负责的流动人口工作领导协调常设机构,切实加强对流动人口工作的统筹协调。加强流动人口计划生育服务与管理政策和户籍管理、劳动就业、教育、医疗、社会保障、住房等方面的政策制度的衔接和协调,制定、完善并出台流动人口基本公共服务均等化相关政策。以试点示范带动的方式,逐步推动流动人口基本公共服务在云南省的施行。形成部门协同,共同推进流动人口服务与管理工作的合力。进一步探索居住证制度并在全省其他地方推行,加大深化户籍管理制度改革力度,着力破除城乡分割的二元社会管理体制。健全出租房屋、企事业单位、人力资源市场、暂住人口、流动育龄妇女、流动党团员等涉及流动人口的登记管理制度。逐步将公共服务享受资格与户籍制度剥离,建立健全城乡统一的人口登记管理制度。

(二)全面推进云南省流动人口基本公共服务均等化

逐步推进流动人口在基本医疗保障、子女教育、住房保障、社会管理及社区文化建设等方面的基本公共服务均等化。破除城乡医疗统筹难题,探索医疗保险及养老保险的跨区域统筹,实现农村新型合作医疗异地报销,减小城乡医疗差别。进一步完善流动人口子女进入公办学校就读的制度政策,尽快试点探索有利于流动人口子女在城市就读高中的途径和办法。推动完善以廉租房、公租房为重点的有利于维护流动人口居住权益的住房保

障政策，适度保留城中村及城乡接合部社区，为底层流动人口提供廉价房源。提供流动人口服务与管理社区的畅通渠道，探索流动人口参与本地社区管理和建设的新路径。

（三）完善云南省流动人口基本公共服务网络体系建设

将流动人口服务与管理纳入当地经济社会发展规划，制定相应公共政策和投入建设公用设施，统筹考虑流动人口对公共服务的需求，完善流动人口服务与管理机构和服务网络建设。依托各地城市基层社会治安综治中心、流动人口服务中心、流动人口示范工作站等平台，实现流动人口综合服务与管理。加强基层社区便民服务及流动人口维权工作，促进和谐社区建设。根据流动人口服务与管理需要，合理配备社区一线工作人员，加强对从业人员的教育培训工作。通过政府外包或购买服务的方式，在流动人口聚集的城乡接合部社区及城中村社区建立民办社会工作机构，协助政府开展流动人口服务与管理工作。推动在流动人口集中的社区、企业等建立流动人口工会、流动人口妇女之家，实行自我管理和自我服务。充分挖掘流动人口中的积极分子和流动党员，建立流动人口党支部，发挥党支部的带头示范作用。

七　云南省流动人口服务与管理创新的具体对策建议

按照党中央及国家关于流动人口服务与管理创新机制要求，加强探索并制定有利于促进流动人口服务与管理制度创新机制已成为当下各级地方政府的迫切任务。需要从制度及管理模式创新建设层面入手，抓好典型示范及有力推进等各项工作，为和谐云南建设奠定稳定的社会环境基础。

（一）加快推进流动人口基本公共服务均等化

1. 加大力度将流动人口服务与管理纳入政府财政预算

将流动人口服务与管理纳入基层社会管理和服务体系，形成以社区居委会为基础、政府部门和用人单位为核心、社会组织为载体、地方群众自治组织为骨干、流动人口为主体的服务与管理网络。将流动人口服务与管理经费纳入当地政府财政预算，配备相应的软硬件设施，特别是针对流动人口较为集中的城中村及城乡接合部社区，政府应按照流动人口数量及与当地人口数量比例适度加大财政支持力度。

2. 完善流动人口住房保障制度，实施多渠道、阶梯式方案

加强对流动人口居住需求调查研究，根据流动人口收入、家庭人数、贫困程度等情况，制定涵盖廉租住房、公共租赁住房、经济适用房及现价商品房四个层面的阶梯式多层次住房保障方案，满足流动人口不同层次的住房要求。充分运用现有城中村及城乡接合部农民房源较为充足的条件，改变过往城中村以整体拆迁改造为主导的做法，探索城中村多元改造模式，将条件较好、功能及相应配套设施较为完善的城中村社区进行保留，鼓励村民集资或政府部分出资进行"功能增强及部分调整"，改善城中村社区人居环境，为流动人口特别是流动人口中的低收入群体提供较为充足且价格实惠的房源保障。

3. 建立完善的流动儿童青少年教育服务体系

建立以公办学校为主、民办学校为辅的流动青少年入学体系。扩大公办学校吸收流动儿童青少年的规模，降低流动人口家庭子女入学的门槛。加大对民办学校的资金投入及政策扶持，提高民办学校教师工资福利待遇，通过培训等方式提升民办学校师资队伍的教育服务水平。建立针对特殊儿童的救助服务体系，如由政府出资建立贫困流动儿童助学金等，预防儿童失学、辍学。通过政府资助、学校自筹及企业和个人捐助等方式，建立民办学校奖学金制度，推动对优秀民办教师及流动儿童青少年进行奖励，提升民办教师对教育的认同感，从心理上层面上预防流动儿童青少年辍学。政府出资扶持民办学校建立图书室、心理咨询室等，并配备相应资源和人手。

4. 加强流动人口就业和创业能力培训，提升其就业能力

加强农村职业学校教育，使职业学校成为农村劳动力职业技能培训的重要基地，提升流动人口的职业技能水平。调整城市职业学校和成人教育学校教学方向，由政府以补贴的方式，特别针对流动人口进行在岗和转岗培训。整合多方资金，全面落实针对流动人口职业培训补贴政策，设立就业专项资金，用于流动人口人力资源开发、专业培训、劳动力基础建设等项目。特别是针对流动妇女和待业青少年，加大创业扶持力度，放宽就业贷款条件，鼓励流动人口创业。鼓励政府与企业合作，实施流动人口创业扶持计划，提升流动人口创业、就业积极性和主动性。建立解决拖欠流动人口工资问题的长效机制，如在流动人口社区依托社区基层组织建立流动人口法律援助站等，加强流动人口权益保护。构建完善的、多层次的监督网络，定期开展用工和拖欠农民工工资执法专项检查。

5. 加强流动人口参与社区管理和社区文化建设

将社区服务与管理相关职位对流动人口开放，通过公开招聘的方式，吸纳流动人口中的优秀人才进入基层社区服务与管理体系，充分发挥他们服务社区的优势。推动流动人口社区组织建设，将流动人口中的老乡会、舞蹈小组及其他民间组织纳入当地政府监督和管理体系，通过项目及资金支持等方式，鼓励这些民间组织为流动人口及社区服务，开展丰富多样的社区文化活动，推动社区多元文化融合。

6. 建立健全符合流动人口特点的社会保障体系

依据一定年限，将长期居住在城镇的流动人口纳入城市低保和城镇职工基本保险体系。优先进行流动人口的工伤和医疗保险制度建设。逐步提升社会保障统筹层次，从县级统筹逐步拓展到省级统筹、区域统筹，最后到全国统筹。建立城乡、区域社会保障的衔接和接续机制，实现医疗保险及养老保险的跨地区统筹。针对流动性较大的流动人口群体，单独设计专门的社会保障模式，建立可以携带转移的个人账号。

（二）强化工、青、妇群团组织在流动人口服务与管理方面的功能与作用

1. 将流动人口服务与管理纳入工作职责及范畴

充分运用工、青、妇群团组织紧密联系群众的优势，做好流动人口问题及需求调研与分析，积极向党委和政府部门建言献策，推动流动人口政策和制度的建设和完善。

2. 积极与各类社会组织及民办社会工作机构开展合作

通过委托项目及购买服务等方式，提供技术指导和资金支持，扶持相关社会组织在针对流动人口服务与管理方面开展工作。如共青团支持相关青年团队如大学生等在流动人口社区开展针对流动儿童青少年的服务；妇联组织支持关注妇女权益保障的社会组织在流动人口社区开展妇女维权及就业、创业服务；工会支持推动流动人口在工厂、企业及社区建立有针对性的工会组织等。

（三）提升政府和干部在流动人口服务与管理方面的能力

1. 增强地方干部对流动人口服务与管理政策的理解力及执行力

领导干部通过各种培训班学习、外出考察先进典型，以及加强自身学习等方式，使自身具备良好的政治素养，提升了对政策的理解把握及贯彻执行能力。建立健全监督评价机制。通过建立科学合理的干部评价制度和问责机制，将地方政府对流动人口服务与管理政策的执行情况纳入政绩考核指标，充分发挥媒体及公众对干部的监督作用，推动政策的有效贯彻与落实。

2. 增强政府及领导干部对于解决流动人口问题的能力

通过理论学习和实地调研，增强政府和领导干部对于流动人口问题现状及未来发展趋势的把握能力，提出创新性的问题解决办法和思路。善于学习和借鉴国内外有关流动人口服务与管理的先进经验，敢于结合各地实际情况进行尝试，找到解决问题的新路径。

3. 提升政府及干部运用新媒体应对和解决问题的能力

推动与流动人口服务与管理业务相关的领导干部运用新媒体如网络论坛、微博等，搭建政府与流动人口的沟通平台，提升政策执行的透明度与公众参与度。建立流动人口服务与管理创新专门网站，通过网站了解流动人口的最新问题，发布政府相关政策法规，专人负责网站管理，解答流动人口遇到的各种问题。

（四）推动社会组织特别是民办社会工作机构的发展，充分发挥其社会协同的作用

1. 降低社会组织登记注册门槛

逐步取消社会组织登记注册必须找到业务主管单位和挂靠单位的做法，充分发挥各地民政部门对社会组织登记、监督和管理的职能。特别针对在流动人口服务与管理领域开展工作的社会组织或民办社会工作机构给予税收优惠及审计方面的优惠。

2. 建立政府采购及外包向社会组织或民办社会工作机构购买服务的模式

政府可通过项目发包等形式，鼓励民办社会服务机构通过公平竞争的方式取得政府委托的社会管理和公共服务项目。可在街道（乡镇）一级政府进行公共财政体制的改革试点工作，在现有的财政预算项目中增设购买

社会服务的科目，通过项目化的运作购买社会服务，以此催生民间社会工作机构。

3. 推动"一社区一社工服务中心"建设

依据流动人口数量及规模，由政府提供场地及政策支持，在流动人口聚集的城中村及城乡接合部社区建立社会工作服务中心，配备一定的社工人才，为流动人口提供就业培训、安全健康教育、法律培训及家庭辅导等方面的综合服务。

昆明市西山区探索"三社联动"社区治理新模式课题研究报告[*]

前　言

党的十八大提出要大力推进社会治理机制创新，激发社会活力，改进社会治理方式。目前，社区村/居委会、社会工作者、社会组织"三社联动"的工作方式是社会治理创新的重要尝试。2014年，民政部联合多个部门共同出台《关于加快推进社区社会工作服务的指导意见》，第一次提出将社区、社会组织、社工"三社联动"服务模式纳入基层社区治理的范畴。民政部于2015年10月22日在重庆召开全国社区社会工作暨"三社联动"推进会。会议强调，力争到2020年，全国绝大部分城市社区和多数农村社区能形成及时回应居民需求的社区服务体系，每个城市社区有10个以上、农村社区有5个以上社区社会组织，有专、兼职专业社工或接纳民办社工机构从事社会服务活动。2015年至2016年，广东省、浙江省、四川省、重庆市、北京市等部分省份陆续出台推动"三社联动"创新基层社区治理的实施意见。至此，"三社联动"已经成为各地政府部门促进基层社区建设、社区治理及社区服务有效开展的重要工作抓手。

西山区从2014年开始推动"三社联动"社区治理工作，由西山区民政局和组织部合力推动，目前已经完成培育25家社会工作服务机构，前后投入近250万元资金，在7个街道11个社区开展试点工作。从政策创制、社会组织培育、专业社会工作人才培养、资金投入等多个层面探索了"党建引领，社区为核心和平台，社会组织为载体，社工人才为支撑"的"三社联动"社会治理新模式。基于此，为更好地推动"三社联动"在西山区基层社区治理创新中的使用，协同政府解决当前基层社区复杂的问题与矛盾，

---

[*] 本文为西山区科技计划项目成果。

西山区民政局委托西山区社会工作人才服务中心开展此项研究。在研究基础上形成课题研究报告。

一 当前基层社区治理存在的主要问题分析

"三社联动",一般认为是指社区村/居委会、社会组织、社会工作者等社区多元主体,在"联合"与"互动"中,以"社区"为平台,以整合资源、为社区居民提供更优质服务为目的,以将地域性社区建设为更具归属感和凝聚力的情感共同体为目标的一系列过程和行动。在上海、深圳、北京、杭州等地,"三社联动"都有不同的实践方式,但总体而言,所回应的问题都类似。包括:社区村/居委会的服务意识弱、行政色彩浓与基层民众的需求多样化之间的矛盾;人民日益增长的精神文化需求和政府基层资源投放不精准、不系统之间的矛盾;基层社会治理和社会工作人才有限与基层社会问题需要较高应对智慧之间的矛盾等。

具体到西山区,在调研中课题组发现,当前基层社区普遍存在的问题主要包括以下几个方面。

(一)基层社区村/居委会行政化职能倾向严重,服务意识和职能偏弱

基层社区作为政府行政管理职能的最末梢环节,其承担了大量上级政府部门直接转移的行政工作,如计划生育、环卫、综治维稳、低保等。从调研中了解到,各个政府部门转移到基层社区的行政工作多达105个细项,村/居委会干部日常工作超过一半的时间是为了应付这些行政工作。访谈中有一位居委会主任提到,其团队每周日常工作基本上是为了应付上级派发的宣传海报及参与各种创卫等行政事务工作,较难有时间精力顾及社区居民个性化和多样化的服务需求。工作太多、太杂导致居委会长期以来习惯了以"应付"的心态开展工作,较难激发他们的积极性以提出具有创造性和创新性的工作思路,也较难制订有针对性的服务计划和方案。

(二)城市社区形态多样化,主体构成多元且复杂,社区治理难度增大

目前西山区的城市社区可大致分为新型现代小区、老旧单位小区和农

转居社区。新型现代小区，居住者大多通过买房的方式获得居住权，他们来自不同地域和不同单位，居民之间较为陌生，较难推动基于熟人社区关系的社区议事和协商。老旧小区则普遍存在外来流动人口与本地人混杂居住，社区老年人数量多，物业服务较差甚至缺乏物业服务等情况。在社区传统自我管理与服务体系大大削弱的情况下，社区治安、环境卫生、社区融合及老年服务等方面的问题和需求尤为突出。在农转居社区，农民失去土地，打破了其原有依靠传统农业为生的生活方式，大多仅能依靠出租房屋维持生计。他们在失去土地后较难快速适应新的生活方式，赌博、吸毒、理财被骗等情况较为普遍，土地利益分配不均导致的家庭矛盾和社区矛盾也较为常见。大量从事低技术含量工作的流动人口在城中村居住生活，子女教育困难、缺乏劳动安全保障、家庭暴力、就业困难等问题也十分突出。这一类型的社区，在治理方面的难度更大。

（三）农村社区"三留守"问题突出，社区服务与管理难度大

在西山区农村社区，近年来受到外出务工潮影响，村庄缺乏青壮年劳动力，社区空心化及留守儿童、妇女和老人问题较为突出，社区困境儿童和老人照顾需求大。而农村基层社区特别是在较为偏远的村落，由于青壮年外出，村庄缺乏具备较强公益心的能人治理，社区公益服务和公共服务缺位的状态较为普遍。加上传统社区互助支持体系削弱，社区家庭之间更趋于原子化，社区内部治理缺乏以村庄骨干带头的自组织进行治理，社区协商议事活动较难开展，较多流于形式。而在村委会层面，其同样面临着人手不足、行政事务较多等情况，其治理工作的触角较难深入自然村一级。

（四）基层社区专业人才缺乏，基层社区治理水平较低

从调研的情况来看，基层社区特别是城市新型社区，由于居民之间不熟悉，社区选举难度大，"两委"人员较难做到由居民选举产生，大量需靠招聘选入。过往，由于社区工作的待遇较低，较难吸引有经验的专业人才，现今虽然政府加大了补贴投入及提供了相关福利待遇保障，但依然较难吸引具有相关资质和专业背景的人才。此外，居委会书记或主任没有直接人事任免和决定权，其较难通过绩效考核等方式调动工作人员的工作积极性和主动性。在访谈中，有居委会主任提到社区居委会工作人员在工作中"要我做"的心态较为普遍，而"我自己想要做"的心态较少见。再加上居

委会工作人员普遍缺乏基层工作经验和相关专业背景，导致社区服务的专业化水平不高。

（五）社区社会组织数量少，群众参与社区事务的平台缺乏

城市社区，由原来以单位为纽带的熟人社区开始向以个体家庭为单位的现代陌生人社区转变。陌生人之间较难形成相对稳固的互助自助网络，传统熟人社区内部自然形成的自助互助体系进一步被削弱。在农村社区，青壮年及乡村能人骨干大量外流，留在乡村的大多为儿童、妇女和老人，社区缺乏治理人才，基层组织财政不足、人才缺乏等情况较为普遍，基层自治主体的功能被弱化。再到村社小组社区，除了原有社区组织如老年协会能较好运作外，较缺乏青年组织和妇女组织等多样化的社区社会组织。作为村庄骨干的小组长／社长，由于其自身对于村庄现代民主治理理念和方法的缺乏，涉及村民利益分配和公共事务决策等方面较难做到协商民主，导致村庄内部矛盾突出，直接威胁到基层的社会稳定。

（六）基层社区党建工作和社会组织党建工作都存在空白点

党建工作难以下沉到社区。村／居委会本身的行政工作较多，在辖区内社会组织党建和居民党建工作中难免捉襟见肘，缺乏系统性的计划和推动。

二 推进西山区社区治理模式创新的重要意义

社区是社会的根基，社区治理是国家治理体系的基础，推动实现社区治理体系和治理能力现代化，对于实现全面深化改革目标，促进西山区和谐社区建设具有重大战略意义。

（一）推进社区治理创新是认真贯彻落实党的十八大和十八届三中全会精神的重要举措

十八届三中全会确立了全面深化改革的总目标，明确提出"创新社会治理体制""改进社会治理方式""推进城乡社区治理"等改革任务，形成了从国家治理、社会治理到社区治理一体贯通、一脉相承的治理体系，为推进社区治理创新指明了方向。"三社联动"社区治理模式的推动，能有效为西山区探索社会治理机制创新提供基层实践的经验参考。

（二）推进社区治理创新是巩固党的领导和维护党在基层政权地位的重要策略

近年来，虽然经济建设取得了成就，但社会建设和基层治理创新相对滞后，导致很多矛盾和问题集中爆发在基层社区，直接威胁着党的执政之基。西山区在推动"三社联动"项目中，形成了"党建引领"的共识，如能将党建工作下沉到基层社区和社会组织，将有利于更好地发挥党在基层工作中的指导作用。

（三）推进基层社区治理创新是确保西山区"十三五"规划顺利实施的有效保障

2016年是"十三五"规划的开局之年，受到整体经济形势下滑影响，西山区同样面临老百姓就业、创业困难，贫困问题更加突出，困境儿童、妇女及老人等社会服务需求更加急切等挑战。西山区是昆明市社区形态较为多样的一个区，辖区内包括老旧小区、新兴小区、翻牌社区和农村社区等，社区情况复杂，居民需求多样，单靠村/居委会无法满足。只有构建更为合理的基层社区治理机制，深入探索在社区服务、社区照顾、社区安全、社区公共卫生与疾病预防、社区环境及物业管理、社区文化和精神文明建设，以及社区社会保障与社区福利等方面的创新实践，才能最大限度地整合社区内外资源，调动社区居民参与，达成社区事务的良好治理，减少基层社区矛盾，维护基层社会稳定，激发基层群众参与社区事务和社区建设的积极性和主动性，确保"十三五"规划的顺利实施。

（四）推进西山区基层社区治理创新模式探索，可为云南各级党委、政府在基层社区治理改革方面提供经验参考

西山区社区治理工作一直以来都处于省内领先地位，特别是近年来在社区探索的"五位一体"模式，以及"三社联动"模式，紧扣了当前西山区基层社区普遍存在的问题和需求。相较于沿海及其他发达省份城市已经较为成熟的现代社区治理经验，云南各级政府包括西山区，在城市和农村社区推进社区治理创新理念和方法上都还较为滞后。因此，通过在西山区已经探索和正在推动的"三社联动"社区治理新模式，能够较好地为其他州市区县提供社区治理的示范参考，带动全省社区治理改革创新。

三 西山区"三社联动"社区治理新模式的经验

西山区"三社联动"社区治理模式从 2014 年开始启动探索，2015 年进行实验，2016 年展开试点。在两年多的实验和试点探索过程中，不论是在党委、政府层面，还是在基层社区和老百姓层面，都获得了非常大的认可，取得了显著成效。其中进行实验和试点的广福社区和复兴路社区于 2016 年被民政部评为全国第二批社会工作示范社区。可见该项试点工作已经获得政府层面上的认可，"三社联动"社区治理新模式的经验做法也逐步趋于成熟完善。

（一）西山区"三社联动"社区治理模式的亮点

1. 高位推动进行政策创制，为"三社联动"社区治理模式开展提供政策支撑

西山区委、区政府高度重视"三社联动"在社区建设中的重要作用，由民政局牵头，委托云南大学民族学与社会学学院社会工作研究所开展了有关西山区社会工作人才建设等课题研究，为政策制定提供了参考依据。同时，区委、区政府研究制定了《关于支持社会组织培养社工人才、开展社会工作服务公益创投项目实施方案（试行）》，西山区民政局牵头制定了《西山区民政局购买社会工作服务实施办法（意见征询稿）》和《西山区"三社联动"社区治理模式试点工作推广实施方案（试行）》等配套文件，为西山区"三社联动"社区治理新模式的试点奠定了重要基础。

2. 党建引领，多部门合力推动，确保"三社联动"社区治理模式自上而下顺利实施

政府各个部门之间进行有效协作与联动，是"三社联动"模式能够在社区有效开展的重要基础。基于此，西山区委组织部、区民政局共同牵头，推动建立了社会工作和社会组织人才队伍建设工作领导小组联席会议制度，明确区委、政府 17 个部门、10 个街道办事处为成员单位，明确联席小组成员工作职责，确保"三社联动"得到各个部门的鼎力支持，形成工作推动的合力。

2016 年 2 月 26 日，西山区也率先成立了昆明市西山区社会组织培育基地联合党支部，意图进一步加强社区、社会组织和社工人才队伍建设，改进、完善社区治理模式，扩大政府购买范围，有效开展社会工作和公益服务。

3. 打造社会组织培育基地，为"三社联动"社区治理模式的实施提供组织和人才保障

社会工作服务机构和专业社会工作人才是基层社区治理创新的重要组织和人才支撑。基于此，西山区民政局充分盘活现有场地和资金资源，委托云南连心社区照顾服务中心负责西山区社会组织培育基地的运营。2014年10月，依托西山区马街老年协会闲置场地，通过申报南都公益基金会项目和争取政府资金投入，云南首家县区级"社会组织培育基地"和"社工人才服务中心"成立。培育基地为社会组织提供免费公共办公空间、登记注册指引、政策咨询、能力建设、专业督导、资源链接等专项服务。截至2016年，培育基地共孵化公益慈善类、城乡社区服务类社会组织25家，吸引超过30名专业社会工作人才落地西山区，为超过500余人次提供社会工作实务、机构管理运营、社区治理等专业培训。同时，西山区民政局在马街街道、团结街道成立了社会工作人才实训基地，为社会工作人才提供实习平台，使其能快速适应专职社工岗位，提升专业服务能力。

4. 多渠道筹措资金，为"三社联动"社会治理模式开展提供资金保障

"三社联动"是近几年来社区工作有效创新的重要方法，其需要持续的资金支持。2015年，西山区通过划拨社区协商民主专项资金50万元投入"三社联动"工作，分别支持西山区绿砖瓦城乡服务中心、西山区春熙社会工作服务中心两家社工机构在前卫街道广福社区、永昌街道华昌路社区、金碧街道复兴社区三个社区启动"三社联动"社会工作站，每家社工机构委派3名专职社工驻扎社区开展工作。通过社工+义工"两工联动"，协同社区居委会深入开展为民服务工作，充分激活社区儿童之家、妇女之家、老年协会等现有平台，培育社区社会组织，推动社区协商民主及社区治理创新。通过为困境儿童、受暴妇女和孤寡老人等提供专业化、个性化服务，政府在解决社区特殊人群需求、预防社区矛盾冲突方面取得了较好成效。2016年，在取得成功试点的基础上，西山区进一步加大资金投入力度，共投入资金200万元，在全区推进"三社联动"社区治理模式的试点工作，由7家区级社会工作服务机构在6个街道11个社区开展"三社联动"社区治理模式试点工作。

5. 明确社区、社会组织和社工三者之间的职能定位，为"三社联动"社区治理模式有效开展提供重要依据

"三社联动"社区治理模式中，"权责明确、有效互动"是核心问题。村/居委会能够充分发挥其资源较为稳定、对社区群众需求较为熟悉、社区行政业务工作能力较强等优势，是社区建设的核心主体。专业社会工作服务机构则通过社工引领义工"两工联动"，充分发挥其在针对社区特定困难人群进行一对一精细化服务，发动群众参与社区治理，培育社区社会组织及引进外来专业社会组织的专业优势，连接资源，与村/居委会形成优势互补。

6. 多渠道宣传社会工作，为"三社联动"社区治理模式推广营造良好的氛围

专业社会工作在中国发展仅 30 余年，政府及社会各界对社会工作普遍缺乏认识和了解，这给"三社联动"工作的推动实施造成了阻碍。基于此，西山区民政局通过拍摄"三社联动"主题宣传片，每年举办社会工作宣传周系列活动，定期举办社会工作专业知识和普及培训班，以及为进驻社区的专业社会工作者制作统一工作服等方式，不断提高政府各级领导及社会大众对社会工作的认识度和接纳度，为"三社联动"社区治理模式的顺利实施营造良好的促进氛围。

（二）西山区"三社联动"社区治理模式取得的成效

西山区"三社联动"社区治理模式实施近两年来，通过承接项目的机构聘请专业社工进驻社区，与村/居委会形成联动合力，共同为基层百姓提供专业服务，取得了基层群众的广泛认可，也为西山区社会治理创新工作探索出了切实有效的路径。

1. 探索了在社会治理创新背景下基层社区治理创新的可行路径

"三社联动"是一种创新的现代社区治理模式，其在全国层面上都还处于起步阶段。西山区在借鉴其他地区经验基础上，从政策创制、资金投入、组织培育和人才培养等多个角度进行着力，探索出一个独特的西山"三社联动"社区治理模式，为云南其他地区推广该经验进行了先行先试的探索。该模式也着力于针对当前基层社区普遍存在的过度行政化、专业人才不足、服务意识和能力弱等问题找到了可行的创新实践方法。2015 年 7 月，民政部副部长顾朝曦来云南调研"三社联动"工作，对西山区探索的模式给予了充分肯定，认为该模式具有较高的创新价值和可复制性。

2. 培育了一批能为西山区社会建设贡献力量的专业社会服务组织和人才

在经济新常态背景下，经济增长速度放缓，就业形势严峻，贫困、养老、社会矛盾等问题将会更加突出，大量社会问题的解决需要在政府主导推动下进行，也需要依靠大量社会力量协同合作。而政府职能转移，市场及社会力量承接社会服务将是未来的大趋势，也是中央及地方政府改革的方向。而社会建设的有效开展需要有更多社会组织特别是专业社会服务机构和人才作为支撑。基于此，西山区在过去两年的探索中，通过政策鼓励、资源引导、能力建设等途径，培育了超过25家公益慈善类和城乡社区服务类的社会组织，培养了超过100名专业社会工作者，这为接下来政府购买服务推动"三社联动"社区治理模式，确保"十三五"规划有效实施提供了重要的组织和人才保障。

3. 回应了基层群众个别化、多样化的社会服务需求，促进了社区和谐

通过"三社联动"社区治理模式的实践，大量专业社工机构和人才驻扎在城乡社区，通过个案、小组和社区工作手法的实施，为儿童、妇女、老人等弱势群体提供扶贫济困、助学、矛盾调解、民主协商、心理辅导和残障康复等服务。专业社会工作服务的提供，将党委、政府的政策有效落地社区，使基层群众感受到政府和社会各界的关心和关注，稳固了党在基层的执政基础，构建了基层社区稳定的社会环境。社区村/居委会干部通过社工的协助，能够进一步加强其服务群众的职能，缓和了基层干群关系，提升了干部在基层社区工作的群众认可度和信任度。

4. 营造了西山区"大众创新，万众创业"的社会创新创业的积极氛围

以社会服务为创业、就业将是当前中国解决就业问题的重要路径。根据民政部调研数据，当前中国在社会服务领域就业比例较低。而在社会服务比较发达的港台及其他国家和地区，这一比例达到18%。这意味着中国在以从事社会服务为创业的空间潜力巨大。西山区近年来也在推动大众创业工作，包括建立了创业园区，提供小额信贷等，但更多推动的是在商业领域的创业、就业。"三社联动"社区治理模式的有效探索，吸引专业人才创办社会工作服务机构，通过机构承载青年从事社会服务进行创业、就业。同时，通过专业社工进驻社区，带动了政府、基金会、高校及企业资源的加入，能够为青年人社会服务创业、就业提供重要的资金支持。多种力量的联动和互动，激发了西山区青年人创业、就业的热情与活力。

（三）西山区"三社联动"社区治理模式存在的内部问题

西山区"三社联动"社区治理模式虽然取得了初步成效，但其还处于起步探索和试点阶段，仍然存在诸多问题，面临诸多挑战。

1. 对"三社联动"工作的认识和重视程度不够，政策创制和资源推动力度有限

调研组调查了成都锦江区、江苏太仓和深圳等地的做法，看到政府每年都会将"三社联动"工作列入年度财政预算，确保工作经费的持续投入，推动项目形成规模化效应，扩大影响力和受益面。参照西山区，此项工作目前主要由组织部和民政局牵头推动，虽然在政策制定和资源投入等方面进行了诸多努力，也取得了一定成效，但由于该模式还处于试点阶段，其规模效应还不明显，尚未引起区级高层领导和部分基层街道的重视，因而政策不完善，资金尚未列入财政预算，除组织部、民政局、团区委和区妇联较为积极推动外，其他部门在政策和资源投入方面还较缺乏，多部门联动的机制还有待完善。

2. 政策优惠不足及行业竞争，存在社工组织和人才流失的潜在风险

目前，西山区政府购买社会组织服务的政策尚未出台，导致政府在支持社会工作服务机构开展"三社联动"社区治理服务项目的过程中，资助拨款流程较为复杂，拨款速度较为缓慢，影响了项目工作的及时推进，社工机构需要先行垫资才能做服务，专业社工基本薪资保障不足。这在一定程度上影响了专业人才在专业服务方面的积极性和稳定性。同时，目前从中央到地方层面上都在快速推动社会工作和社区治理的改革创新，昆明市各区和地区县州各政府部门都正在研究该项工作的创新推进方法。西山区已经探索出的模式将会快速在各个地方进行借鉴和复制，一旦各地政府部门投入更为优惠的政策和资源，西山区将会面临已有的社会工作机构和人才流失的风险。

3. 社会工作专业人才数量和专业服务能力不足，导致"三社联动"社区治理模式无法产生规模化效应

西山区虽然在过去两年培育了25家社会服务机构，但由于该领域还处于起步阶段，社工行业人才紧缺，承接"三社连动"社区治理项目的社工机构较难招聘到具备一定工作经验的专业人才，对项目服务质量造成了限制。同时，由于社区治理工作除了关注儿童、妇女、老人及社区特殊群体专业服务外，还涉及动员社区不同群体之间进行协商议事和社区参与，这对处于初创阶段的社工组织和专业社工提出了较大挑战，工作能力方面需要快速提升。在针对社区治理各项工作还无法形成成熟的服务产品和模式时，各个社区根据服务需求自行探索的成本较高，无法从节约成本和服务受众面扩大的角度形成同类社区服务产品和模式的快速复制，还无法形成"三社联动"社区治理模式的规模化效应，大量基层社区问题尚未妥善解决，社区服务尚未得到覆盖。

四 推动西山区"三社联动"社区治理模式发展的外部机遇

当前全国上下都在探索社会治理创新的成功经验，不论是从政府自身改革的内在需要，还是民间力量自主推动等层面上，都存在诸多机遇。

（一）社会改革的大趋势为"三社联动"社区治理模式的发展提供了重要支撑

过去30年的经济改革带来了中国经济的快速发展，同时也造成了环境破坏、贫富分化等社会问题，特别是基层社会矛盾和社会冲突越来越突出，这直接威胁到党的执政之基。快速回应老百姓最为迫切的需求，预防和解决社会问题和矛盾，进而维护社会稳定，巩固党的领导，就必须要加强社会建设的力度。2015年以来，中央陆续出台《关于加强城乡社区协商的实施意见》《关于推动城乡社区社会工作的实施意见》《城乡社区服务体系建设规划（2016-2020年）》《慈善法》以及正在拟定的基金会、社团、社会服务机构登记注册条例等政策法规。云南省委、省政府，市委、市政府和相关部门也正在研究制定相关配套政策，为西山区"三社联动"社区治理模式开展提供了重要的政策依据，指引了发展方向，也为各级政府部门在政策创新、资源投入等方面提供了参考。

（二）西山区已经探索和积累的经验，为下一步推动此项工作提供了重要基础

西山区通过近两年的试点探索，在政策制定、资源投入、组织和人才培养等多个层面上积累了较好的操作经验，这为下一步工作奠定了重要基

础。同时，西山区"三社联动"城市社区社会工作治理模式已经成为云南省社会工作发展的重要模式之一，这将进一步引发各级政府部门的重视和资源的投入，有利于促进现有工作模式的经验总结，并进行工作的深度研发和推广。云南连心社区照顾服务中心凭借作为省级专业机构在经验和资源方面的优势，能够较好地带动西山区正在承接项目的社工机构和人才在综合能力方面进行提升，为随后的工作拓展奠定组织和人才基础。

（三）基层社区居民对社区公共事务和参与社区服务的意愿增强

随着经济发展，居民收入提升，以及互联网新社交媒体的推广，越来越多的企业和个人更加关注和关心社区公共事务，参与社区公益服务的意愿提升。很多居民通过微信群等途径自发组织，通过捐款捐物等方式投入社区内部和社区外的各种公益活动。"三社联动"社区治理模式的核心内容之一即更好地联动社区企业和个人的力量，激发社区老百姓从人力、物力和资金等方面的资源投入社区建设，使社区问题在社区内部得到解决。因此，需要在专业社工的培训和指导下，对这股社区力量进行有效引导，使其更好地投入社区建设和社区治理工作中。

五 关于推动西山区"三社联动"社区治理模式发展的对策建议

为更好地推动西山区"三社联动"社区治理模式发展，探索西山区社会建设的可行路径和办法，在综合西山区过去两年经验的基础上，结合省内外此项工作的经验，提出以下对策建议。

（一）成立"三社联动"工作领导小组和联席会制度，加强顶层设计和各方协调机制

建议在西山区民政局下设"三社联动"工作办公室，成立"三社联动"工作领导小组，由分管副区长担任组长，民政局局长担任副组长，定期召开工作协调会，统筹协调资源。由民政部门牵头，负责制定"三社联动"相关政策和各项管理制度，负责"三社联动"服务项目的组织实施、统筹协调和指导监督，保障资金、人员、项目配备到街道（镇），对服务项目进行监督管理。加快制定出台西山区政府购买社会组织（社会工作）服务实

施办法，由社区工作主管部门牵头，建立"三社联动"工作制度，定期召开有街道（镇）、社会工作机构、社区居委会、社区居民代表等参加的联席会，协调社区各类资源与居民需求精准对接，为进驻的社会工作服务机构提供办公场地、设施等。

（二）加快研究颁布"三社联动"服务内容，颁布内容清单，为政府购买服务提供依据

围绕"三社联动"开展三个方面的服务制定内容清单：一是开展政策性服务，如促进社会福利、社会救助、公益慈善、优抚安置、婚姻家庭等政策落实的服务；二是开展支持性服务，如居家养老中心、儿童之家、妇女之家、老年协会、社区服务站等机构提供专业服务；三是开展延展性服务，如为儿童、青少年、妇女、老年人、残疾人、外来务工人员、失独、低保等困难人员和家庭提供生活照料、精神慰藉、缓解压力、心理疏导、社会照顾、社区康复、技能培训、改善家庭和社区关系、恢复和发展社会功能等服务，并尝试推动社区基层民主治理创新，为社区居民科学有序地参与社区治理提供培训和平台服务。

（三）健全"三社联动"社区治理模式的项目化运作机制

建立区、街道（镇）政府购买社会组织服务工作机制，通过政府购买服务、委托项目、公益创投等方式，逐步将街道、镇面向社区的事务性、服务性工作委托给有专业能力的社会服务机构承接。由区民政部门发布"三社联动"服务项目内容清单，明确项目申报条件、申报方式和申报要求、资金管理及使用办法等，对服务实施项目化运作。在服务项目开展过程中，委托第三方评估机构对项目进行实时监测、督导和评估。

（四）加大力度培育民办社会工作服务机构，健全民办社会工作服务机构发展政策支持体系，逐步形成行业发展规范、专业服务高效、专业人才聚集的社区治理创新格局

加大对现有社会组织培育基地的场地、资金和人力方面的投入力度，将基地打造成为全省级的社会组织培育示范窗口。加强从专项资金、督导培训、补贴奖励、税收优惠等多个层面，支持和培育民办社会工作服务机构发展。鼓励民办社会工作机构结合自身特点和优势开展活动，研发服务

产品，创立服务品牌，形成规模化效应。积极引导高校社工教师、志愿服务机构、公益慈善类社会组织等按照注册登记条件成立民办社会工作服务机构。

（五）健全社会工作专业人才培养、评价、使用、激励等方面政策措施，不断改善社会工作专业人才发展环境

加强社会工作专业教育培训，除社工组织工作人员外，积极培养现有村、居委会社区服务人员和街道工作人员的社工专业理念和能力，建立多层次、多领域的社会工作专业人才培养体系。大力开展社会工作专业培训，重点针对城乡基层社区自治组织、社区服务机构、公益慈善类和城乡社区服务类社会组织等直接从事社区服务的人员进行系统化培训，增强基层社会工作者实务能力，切实提升其职业素质和专业水平。推动组建西山区社会工作专业督导和专家资源库，通过政府委托或购买服务等方式，为承接"三社联动"项目的机构和社工提供专业督导和咨询，确保服务质量不断提升。

（六）以纳入财政预算、探索社区基金会、鼓励创办社会企业等方式，多渠道加大资金投入力度

将"三社联动"社区治理模式纳入区级财政预算，充分盘活现有各政府部门资源，通过政府购买服务或专项委托等方式支持专业社会服务机构承接项目落地社区开展服务。参照上海、深圳及成都等地已经建立的社区基金会模式，鼓励企业家和个人出资建立西山区社区基金会，吸引驻区单位资金支持，鼓励爱心人士进行捐赠，为"三社联动"开展提供多元化投入的经费保障。支持和鼓励具备专业服务能力的社会工作服务机构创办社会企业，通过提供低偿或有偿服务，实现社会服务资源的可持续性。

（七）鼓励和支持社区社会组织发展，便利社会组织登记注册，动员驻区单位，大力培育社区社会组织

以专业社工为引导，通过社区服务项目化运作等方式，大力培育服务性、公益性、互助性城乡社区社会组织，鼓励社区热心居民围绕涉及群众切身利益的公共事务和公益事业，以特定议题为单位开展居民自我管理与自我服务。充分给予社区社会组织登记注册方面的便利，对适合在区级登

记的社区社会组织给予相应的政策优惠。力争到 2020 年,城市社区平均拥有不少于 10 个社区社会组织,农村社区平均拥有不少于 5 个社区社会组织。动员驻社区单位在开放活动场所、提供资源支持、参与社区服务等方面履行共建责任。

(八)加大宣传与对外交流,营造"三社联动"社区治理模式发展的良好氛围

通过媒体宣传、拍摄微电影等宣传片、优秀项目评选、突出贡献人物奖励等方式,加大宣传力度。通过加强总结研究形成对策建议,引起政府高层重视,推动政策创新和政府财政资源投入。通过在社区印制"三社联动"统一标识及社工着装色调统一的方式,提升社区居民的认同感。加强西山区"三社联动"工作的对外交流与合作,不断推动各级领导干部和社工机构在社区治理方面进行理念创新和实践创新。

附件:关于推动昆明市西山区"三社联动"社区治理新模式发展的政策咨询报告

为深入贯彻落实党的十八大,十八届五中、六中全会精神和习近平总书记系列重要讲话精神,紧紧围绕"创新社会治理体制,改进社会治理方式,激发社会组织活力"的工作目标,积极探索基层社区治理的创新机制,在区委、区政府指导下,西山区民政局于 2014 年 10 月引进省级专业社会工作服务机构,建立西山区社会组织培育基地。截至 2017 年,从政策创制、社会组织培育、专业社会工作人才培养、资金投入等多个层面探索了"党建引领,社区为核心和平台,社会组织为载体,社工人才为支撑"的"三社联动"社会治理新模式。近两年来,区民政局、组织部和各街道先后投入近 250 万元,支持区级 7 家社工服务机构在 6 个街道 11 个社区开展"三社联动"社区治理试点工作。"三社联动"有效整合了社区、社会组织、社工、志愿者和辖区单位等资源,在基层社区培育了大量社区社会组织和社区服务专业人才,有效推动了居民进行自我管理、自我服务、自我监督与自我教育,促进了社区和谐稳定,探索了社区治理的新模式,取得了明显成效。

但由于政策不完善、工作机制不健全、资源投入不足、社区社会组织缺乏、专业社工人才数量少、专业服务质量不高等问题，"三社联动"社区治理新模式尚未形成规模化效应，还远远无法满足基层群众多样化、多层次的服务需求，与上级党委、政府推进社会治理创新工作要求还有较大差距。为此，为更好地推动西山区"三社联动"社区治理模式发展，西山区民政局委托西山区社会工作人才服务中心开展了名为"西山探索'三社联动'社区治理新模式"的课题研究，在研究报告基础上，形成以下对策建议。

（一）成立"三社联动"工作领导小组和联席会制度，加强顶层设计和各方协调机制

建议在西山区民政局下设"三社联动"工作办公室，成立"三社联动"工作领导小组，由分管副区长担任组长，民政局局长担任副组长，定期召开工作协调会，统筹协调资源。由民政部门牵头，负责制定"三社联动"相关政策和各项管理制度，负责"三社联动"服务项目的组织实施、统筹协调和指导监督，保障资金、人员、项目配备到街道（镇），对服务项目进行监督管理。加快制定出台西山区政府购买社会组织（社会工作）服务实施办法，推动街道（镇）级建立"三社联动"工作由社区工作主管部门牵头，建立"三社联动"工作制度，定期召开由街道（镇）、社会工作机构、社区居委会、社区居民代表等参加的联席会，协调社区各类资源与居民需求精准对接，为进驻的社会工作服务机构提供办公场地、设施等。

（二）加快研究颁布"三社联动"服务内容，颁布内容清单，为政府购买服务提供依据

围绕"三社联动"开展三个方面的服务制定内容清单，一是开展政策性服务，如促进社会福利、社会救助、公益慈善、优抚安置、婚姻家庭等政策落实的服务；二是开展支持性服务，如居家养老中心、儿童之家、妇女之家、老年协会、社区服务站等机构提供专业服务；三是开展延展性服务，如为儿童、青少年、妇女、老年人、残疾人、外来务工人员、失独、低保等困难人员和家庭提供生活照料、精神慰藉、缓解压力、心理疏导、社会照顾、社区康复、技能培训、改善家庭和社区关系、恢复和发展社会功能等服务，并尝试推动社区基层民主治理创新，为社区居民科学有序地

参与社区治理提供培训和平台服务。

（三）健全"三社联动"社区治理模式的项目化运作机制

建立区、街道（镇）政府购买社会组织服务工作机制，通过政府购买服务、委托项目、公益创投等方式，逐步将街道、镇面向社区的事务性、服务性工作委托有专业能力的社会服务机构承接。由区民政部门发布"三社联动"服务项目内容清单，明确项目申报条件、申报方式和申报要求，资金管理及使用办法等，对服务实施项目化运作。在服务项目开展过程中，委托第三方评估机构对项目进行实时监测、督导和评估。

（四）加大力度培育民办社会工作服务机构，健全民办社会工作服务机构发展政策支持体系，逐步形成行业发展规范、专业服务高效、专业人才聚集的社区治理创新格局

加大对现有社会组织培育基地的场地、资金和人力方面的投入力度，将基地打造成为全省级的社会组织培育示范窗口。加强从专项资金、督导培训、补贴奖励、税收优惠等多个层面，支持和培育民办社会工作服务机构发展。鼓励民办社会工作机构结合自身特点和优势开展活动，研发服务产品，创立服务品牌，形成规模化效应。积极引导高校社工教师、志愿服务机构、公益慈善类社会组织等按照注册登记条件成立民办社会工作服务机构。

（五）健全社会工作专业人才培养、评价、使用、激励等方面政策措施，不断改善社会工作专业人才发展环境

加强社会工作专业教育培训，除社工组织工作人员外，积极培养现有村、居委会社区服务人员和街道工作人员的社工专业理念和能力，建立多层次、多领域的社会工作专业人才培养体系。大力开展社会工作专业培训，重点针对城乡基层社区自治组织、社区服务机构、公益慈善类和城乡社区服务类社会组织等直接从事社区服务的人员进行系统化培训，增强基层社会工作者的实务能力，切实提升职业素质和专业水平。推动组建西山区社会工作专业督导和专家资源库，通过政府委托或购买服务等方式，为承接"三社联动"项目的机构和社工提供专业督导和咨询，确保服务质量不断提升。

（六）以纳入财政预算、探索社区基金会、鼓励创办社会企业等方式，多渠道加大资金投入力度

将"三社联动"社区治理模式纳入区级财政预算，充分盘活现有各政府部门资源，通过政府购买服务或专项委托等方式支持专业社会服务机构承接项目落地社区开展服务。参照上海、深圳及成都等地已经建立的社区基金会模式，鼓励企业家和个人出资建立西山区社区基金会，吸引驻区单位资金支持，鼓励爱心人士进行捐赠，为"三社联动"开展提供多元化投入的经费保障。支持和鼓励具备专业服务能力的社会工作服务机构创办社会企业，通过提供低偿或有偿服务，实现社会服务资源的可持续性。

（七）鼓励和支持社区社会组织发展，便利社会组织登记注册，动员驻区单位，大力培育社区社会组织

以专业社工为引导，通过社区服务项目化运作等方式，大力培育服务性、公益性、互助性城乡社区社会组织，鼓励社区热心居民围绕涉及群众切身利益的公共事务和公益事业，以特定议题为单位开展居民自我管理与自我服务工作。充分给予社区社会组织登记注册方面的便利，对适合在区级登记的社区社会组织给予相应的政策优惠。力争到2020年，城市社区平均拥有不少于10个社区社会组织，农村社区平均拥有不少于5个社区社会组织。动员驻社区单位在开放活动场所、提供资源支持、参与社区服务等方面履行共建责任。

（八）加大宣传与对外交流，营造"三社联动"社区治理模式发展的良好氛围

通过媒体宣传、拍摄宣传片、优秀项目评选、突出贡献人物奖励等方式，扩大宣传力度。通过加强总结研究形成对策建议，引起政府高层重视，推动政策创新和政府财政资源投入。通过在社区印制"三社联动"统一标识及社工着装色调统一的方式，提升社区居民的认同感。加大西山区"三社联动"工作的对外交流与合作，不断推动各级领导干部和社工机构在社区治理方面进行理念创新和实践创新。

关于推动社会工作参与云南省边疆少数民族地区社区公共服务治理的对策研究报告[*]

前　言

社会工作是社会建设的重要组成部分，是一种体现社会主义核心价值理念，遵循专业伦理规范，坚持"助人自助"宗旨，在社会服务、社会管理领域综合运用专业知识、技能和方法，帮助有需要的个人、家庭、群体、组织及社区，整合社会资源，协调社会关系，预防和解决社会问题，恢复和发展社会功能，促进社会和谐的职业活动。自2010年《国家中长期人才发展规划纲要（2010—2020年）》将社会工作人才队伍列为国家重点建设的六支主体人才队伍之一后，随着一系列的政策推动，社会工作在东南沿海地区试点城市及西南部分地区快速地发展起来，但在我国部分内陆地区，如在我国沿陆界的云南省边疆少数民族地区，社会工作的开展远滞后于其他地区。

我国的边疆少数民族地区一般属于我国沿陆界的边疆省区。云南位于西部边陲，其西部毗邻缅甸，南部及东南部与老挝以及越南接壤，陆地边境线长达4061千米；[①] 全省6000人以上的民族有25个，其中云南独有的少数民族有15个，跨境而居的少数民族16个，少数民族总人数为1534.92万人，占全省总人口的1/3。[②] 云南省边疆少数民族地区，由于地理区位、历

---

[*] 本文为2015年民盟云南省委评选成果。
[①] 云南省人民代表大会民族委员会、云南省社会科学院民族学研究所编《民族区域自治在云南的成功实践》，民族出版社，2012。
[②] 《人口与民族》，云南省人民政府网站，http://www.yn.gov.cn/yn_yngk/yn_sqgm/201111/t20111107_1896.html。

关于推动社会工作参与云南省边疆少数民族地区社区公共服务治理的对策研究报告

史、自然环境等原因，相对于沿海地区，社会经济发展较为缓慢，贫困程度较深，在我国592个贫困县当中，云南省的贫困县有73个。近年来随着社会变革、经济转型以及城市化的发展，云南省边疆少数民族地区社会问题也日趋复杂化，传统的社会管理方式面对这些变化显得力不从心。在传统的自上而下的社会管理方式当中，政府是提供社会公共服务唯一的主体。然而这种社会管理方法，随着城市化及工业化的发展，已经难以回应边疆少数民族地区日益复杂的社会问题及群众对社区公共服务的多元化需求，社会管理方法的改革迫在眉睫。党的十八届三中全会提出了创新社会治理体制、改进社会治理方式、激发社会组织的活力、创新有效预防和化解社会矛盾体制、健全公共安全体系的要求。这一战略任务的提出，对于边疆少数民族地区社会治理创新，以及作为社会工作载体的社会工作组织如何在边疆少数民族地区参与社区公共服务治理都具有重要的指导意义。

近年来，社会工作参与社会治理的论述时有出现，但关于社会工作参与边疆少数民族地区社区公共服务治理的研究尚不多见。本课题采用个案研究、专家访谈及文献综述等方法，结合国内外少数民族地区社会工作的经验及启示，立足于云南省边疆少数民族地区的现状，探讨各地社会工作在边疆少数民族地区参与社区公共服务治理的模式，为推动社会工作在云南省边疆少数民族地区参与社区公共服务治理提出对策建议。

一 社会工作参与云南省边疆少数民族地区社区公共服务治理相关理论阐述

在对推动社会工作参与云南省边疆少数民族地区社区公共服务治理的紧迫性与重要意义进行论述之前，有必要阐述其中几个重要的关键词，并厘清它们之间的关系及逻辑。

（一）社会组织与社会工作组织

目前社会组织尚没有一个明确的概念，有学者称之为非政府组织、非营利组织、民间组织及志愿者组织等，也有学者认为社会组织是党和政府对民间组织、非政府组织、非营利组织等传统概念的一个概括。社会组织作为组织的个别情况，具有以下几个特征：非营利性、非政府性、志愿性、独立性、公益性以及社会性。

社会工作组织在不同的地区有不同的称谓，至今尚没有明确的定义，它也被称为"社会工作机构"或"社会工作服务组织"。有学者将社会工作组织定义为在中国社会中从事社会工作服务的组织，是以专业的社会工作价值观为指导，以专业的社会工作方法为手段，以从事社会服务为组织使命和愿景，以服务社会成员、促进社会建设为目标，并通过各种手段对其所实施的社会服务进行科学监督以促进其可持续发展的社会组织。社会工作组织是作为社会工作载体的社会组织，是社会组织的一种。党的十八届三中全会中提到的激发社会组织的活力，其中也包括激发社会工作组织的活力。因此，在边疆少数民族地区，大力发展社会工作组织，激发社会工作组织的活力，对于社会工作参与社区公共服务治理具有重要意义。

（二）民族地区社会工作的定义及工作重点

对于边疆少数民族地区社会工作包含了哪些层次和维度的社会工作活动，本文认为可以从边疆少数民族地区社会工作的重点、服务对象等方面提出界定。

借鉴王思斌对社会工作的定义，边疆少数民族地区社会工作可以理解为在边疆少数民族地区推行的社会工作，包括面对少数民族的社会工作，以及在这个区域开展的对非少数民族的社会工作，也就是说，其服务对象具有多元化的特点。

民族地区社会工作核心价值观认为少数民族地区的居民都有权享受同等的社会福利和周到的公共服务。为此，民族地区城乡公共服务是民族地区社会工作的重要切入点，民族地区社会工作要面向民族地区的居民特别是弱势群体提供专业服务，协调和配置社会既有资源与机会，并为社会弱者呼吁更具保护性和倾斜性的社会政策。面对边疆少数民族地区的各类问题，比如贫困问题、留守群体问题、生态环境保护问题、少数民族文化保护传承问题等，民族地区社会工作始终要面向社会公众，积极争取各类资源开展助人服务，并力图促进个体乃至社会状况的改善。

我国民族地区社会工作的标杆性事件是2010年6月中国社工协会在国家民族事务委员会及民政部的指导下举办的"民族地区社会工作与社会建设论坛"。这个论坛的举行，标志着中国民族地区社会工作的启动。随后，2012年，民政部启动《边远贫困地区、边疆民族地区和革命老区人才支持计划社会工作专业人才专项计划实施方案》（以下简称"三区社工人才计划")。在三区社工人才计划中提出采取培训、调训、挂职锻炼等形式每年为边远贫困地区、边疆民族地区和革命老区培养500名急需的社会工作专业人才,支持当地培养社会工作相关专业人才参与当地社区公共服务治理,为社区提供社会服务,从而提升当地公共服务水平。三区社工人才计划的实施,意味着边疆民族地区社会工作的开展及社会工作人才队伍的建设得到国家的高度重视。

(三)社区公共服务治理

社区公共服务是通过一定组织和形式,向某一个社区或更大范围区域提供具有福利性的物品和服务,以满足社区居民生活和工作的各种需求。从更宽泛的意义上可以认为,社区公共服务是政府公共服务在社区的延伸,是社会服务的基层实现形式。社区公共服务内容一般包括面向弱势群体的福利服务、社区救助、社区文化建设、社区教育、社区关系修复、社区环境卫生等有形的或无形的服务和产品。社区公共服务治理是指社区服务提供者和服务接收者通过某种机制和渠道以实现二者的有机组合。现代社会社区公共服务治理的基本框架由四个有机部分组成:公共服务的决策或表达机制、多元主体参与、公共服务的供给方式、服务效果的评估,其核心是社区治理主体多元性和治理方式多样化,体现为基层政府与社区社会组织、市场、居民等多元主体的合作和共同参与,改变以往政府单一垂直管理的方式。边疆少数民族地区社区公共服务治理的目标就是要在少数民族社区内形成多元主体参与,各种资源有机组合、配置起来为少数民族居民排忧解难,提供符合民族习惯、文化的各种公共服务和产品,从而促进民族团结和进步。

二 推动社会工作参与云南省边疆少数民族地区社区公共服务治理的重要意义

推动社会工作参与云南省边疆少数民族社区公共服务治理的对策研究,是我国现阶段社会治理新的治国方略和新形势下民族工作的客观要求,对创新民族工作方法、维护民族地区稳定、促进各民族共同繁荣发展具有重大意义。具体体现为以下三个方面。

（一）社会工作是创新边疆少数民族地区社区治理的重要内容

随着社会转型、机制转换、社会分工进一步深化以及利益格局调整，各民族利益主体和价值取向日趋多样化，对于社区公共服务的需求也呈现多样化。经济的迅速发展给各少数民族地区带来巨大冲击的同时也激发了人的内在需求，但城乡公共服务供求不平衡，造成了利益分配不均和公共服务不均等化的现象，从而导致边疆少数民族地区的社会矛盾不断增多。政府主导的行政手段在化解边疆少数民族地区社会矛盾的方面，以及应对当地群众多样化的社区公共服务需求方面，已难以适应现代社会的发展要求。因此，构建社会主义和谐社会要求不断创新社会治理机制，改变单一的自上而下的社会管理方法，提高社会服务质量。社会工作，因其专业的工作手法、独特的价值理念，成为边疆少数民族社区公共服务治理的重要内容。

民族地区社会工作，一方面能够帮助个人、家庭、群体解决现实面临的问题，并用专业手法使发生矛盾的双方都能以一种理性的方式对待矛盾；社会工作者作为群众和政府的"中间人"，能通过对政策的干预、调整和反馈，维护少数民族群体的利益，引导人们有序而理性地行动；另一方面，社会工作还可以有效地回应残疾人、贫困人群、少数民族流动人口等弱势群体的服务需求。因此，推动社会工作参与云南省边疆少数民族地区社区公共服务治理，有利于消除边疆少数民族地区的不安定因素，维护社会稳定，提高困境人群的生活质量，是边疆少数民族地区社区公共服务治理的重要内容。

（二）社会工作是健全民族社区利益协调机制的客观要求

改革开放前，国家、集体、个人的利益是绝对一致的，不存在"利益双方"这样的概念。但是在经济体制改革不断深化的背景下，利益主体的多元化以及各群体间利益的过度分化已是普遍现象。利益协调机制发展的滞后性损害了人民群众的根本利益。边远民族社区存在教育、医疗卫生资源缺乏而造成的上学难、就医难问题；另外，民族社区大都处于生态环境脆弱及交通不发达地区，这些社区社会经济不发达，居民生产生活困难，构建社会主义和谐社会的根本目的在于维护好、实现好和发展好人民群众的根本利益。因此，现阶段我们不光要将经济社会发展的蛋糕做大，更要分好。只有通过协调不同地区、群体、社会成员在政治、经济、文化等多方面的利益关系，建立健全利益协调机制，才能不断增强我国的综合国力，提高核心竞争力。

社会工作不仅可以帮助人们实现自我价值，增进幸福感，还可以通过社会行动及服务等对社会保障、社会福利政策施加影响，协调人与人之间、公众与政府之间的利益关系。因此社会工作是健全民族社区利益协调机制的客观要求。首先，社会工作者通过与民族社区群体的直接接触，可以充当这些群体的利益表达渠道，代表他们与公共政策制定者进行对话与沟通。其次，在资本垄断和市场化进程中存在的负面影响下，开展社会工作的各种社区互助组织通过对社会资源的调配与管理，帮助人们合理合法地获得相关利益，在一定程度上弥补了市场失灵导致社区公共服务无法满足公众要求的不足之处。

（三）社会工作是实现边疆少数民族地区社区公共服务受益群体权益保护的有力杠杆

在社会转型的关键时期，中国高层适时指出促进民族团结和各民族的繁荣发展，需要更多关注处于发展边缘的少数民族群体，以促进社会公平与正义。这既是中国政府执政为民、以人为本施政理念的全新诠释，也表达着政府关于国家发展和民众福祉的价值理念。尽管各民族对资源和财富掌握的不同而导致接受到公共服务程度各异，但是每个民族的成员都应该享有平等的公共服务的权利。当前民族地区群众的弱势，已不单是简单意义上的经济贫困，更重要的是由于社会资本、文化资本、组织资本等资源的脆弱和不足所带来的精神上的贫困和权益的丧失。社会工作强调尊重每个人的权利与价值，是社会行动的主导力量，在为弱势群体提供社会福利服务方面具有专业优势。社会工作以平等、接纳和不批评的态度对待服务对象，以崇高的爱心和强烈的责任感去帮助服务对象克服困难，能够弥补政府管理的空白，保障社会成员特别是弱势群体的权益。一方面，社会工作具有对社会资源进行合理分配的功能，能够寻找、整合经济资源以给弱势群体物质上的帮助，利用服务、宣传、座谈等方式帮助弱势群体争取和维护其合法权益，促进社会公平与正义；另一方面，社会工作者通过个案、小组、社区等层次可以将服务对象置于微观、中观、宏观的环境系统当中，帮助弱势群体建立并学会利用广泛的社会支持网络，充分发挥家庭、单位、机构、社区在扶助弱势群体中的整合与推动作用,丰富个人与社会的各种联系,从而增强其自我发展的能力。

三 社会工作参与边疆少数民族地区社区公共服务治理的经验总结及启示

国外少数民族社会工作以澳大利亚的原住民社会工作较具代表性。澳大利亚原住民社会工作经验是在面对多元文化的冲击特别是原住民过往的殖民历史时,通过结合原住民文化相关的社会工作教育与训练,注重提升社会工作者的"文化能力",培养社会工作者的文化敏感性;在实务工作中注重将原住民知识和西方社会工作理论及实践相结合,及对专业社会工作背后以西方社会文化为主导的社会工作价值、文化及知识体系进行解构反思,从而达到认识及理解原住民服务对象处境的目的。

我国的民族地区社会工作是近年才发展起来的。虽然边疆少数民族地区社会工作发展较东南部地区慢,但在参与社区公共服务治理方面也积累了一些实务经验。这些经验需加以总结归纳,同时参考结合国外少数民族社会工作的优秀经验,可作为今后推动社会工作参与云南省边疆少数民族地区社区公共服务治理的启示。

(一)社会工作参与国内边疆少数民族地区社区公共服务治理的经验总结

1. 新疆民族地区社工专项经验

民族地区社工专项是 2011 年中国社会工作协会在新疆开展的民族地区社会工作服务示范站建设项目,其定位为社会管理创新及公共服务供给方面,共有 12 个站点,分别由不同的省市对口援建,中国社会工作协会进行监督及指导。下面以其中一个社工站——爱心 100°社工站作为例子,总结梳理其经验及分析他们所面临的挑战。爱心 100°社工站位于乌鲁木齐市最大的现代居住型社区之一——旭东社区,社区的特点是多民族聚居,居住有汉族、维吾尔族、回族、哈萨克族等 11 个民族,老年群体及赋闲妇女群体数量较多。社工站依托街道及社区,其工作人员都为社区干部及工作人员兼任,具有与社区已经建立了一定的关系、有着良好的群众基础的优势,他们的主要工作经验有以下几点。

关于推动社会工作参与云南省边疆少数民族地区社区公共服务治理的对策研究报告

第一，工作重心以传统民政在社区针对弱势群体的救助服务为主，比如针对社区的困难群体开展贫困救助、防灾减灾演练、残疾人康复等服务。

第二，针对社区老年群体较多的情况，连接资源，开办老年日间照料中心，继而依托日间照料中心，开展各种为老服务。

第三，成立"巾帼志愿服务队"，充分发动及组织社区内赋闲女性群体投入社区的社会服务当中。

第四，促进民族融合的服务，针对社区内多民族聚居的情况，为促进各民族团结及相互之间的了解，开展民族团结月等活动与服务。

从上述经验介绍可知，爱心100°社工站所提供的服务在一定程度上满足了社区的需求，并能突出民族地区社会工作的重点之一——促进民族融合与民族团结。新疆经验比较独特的是项目社工使用本地社区工作人员，专业社工（通常为对口援助省市派出的社工）作为督导及技术指导，本地人才的优势是了解社区情况、少数民族文化、掌握本地方言、有利于与服务群众沟通等优势。新疆经验也呈现给我们另外一种工作方式，即社会组织通过发展与专业转化社区干部、社区工作人员，使其成为专业社会工作者，培养本地力量，提高社区工作者的意识与服务能力，从基础的服务入手，继而参与到社区的公共服务治理当中。新疆一些地区政府对于社会工作的重视和财政投入在一定程度上促进了新疆社会工作的开展，但是新疆经验也存在一些提高空间：第一，目前该地区专业社工为三区社工人才计划外派进驻的，为对口援建省市支援派遣，本土社会工作人才重度缺乏，如上述的爱心100°社工站，站内的两位社区工作者承担所有的服务工作，工作量大且负荷重，另外尤其缺乏社会工作督导人才，从而影响原有社区工作人员的专业化发展与转化；第二，社区工作人员兼任社工，虽有着群众基础，但专业性不强是其硬伤，目前进行的大部分为社区活动，个案工作及小组工作几乎无法进行，服务难以深入，无法充分发挥社会工作的专业特长与优势；第三，社工站的发展受财政投入以及当地政府的重视程度影响较大，有的社工站所在的社区虽认识到要大力推动社会工作参与社区治理，但对社会工作的认识及社会工作如何能参与到社区治理并不了解，因此在各种客观的因素影响下，新疆民族社工专项中现有的12个社工站的发展程度不一。

2. 云南"连心"城市社区少数民族流动人口服务经验

云南连心社区照顾服务中心（以下简称"连心"）自2009年起在昆明

市五华区普吉街道王家桥社区开展流动人口服务，接触较多的是在昆布依族，目前主要是王家桥社区城中村的一部分低收入家庭，这些家庭主要面临的困难有：经济收入不稳定，在低收入行业中流动，职业上升空间极其有限；生活工作环境差，缺乏社会保障；居住无法固定，受拆迁影响严重；教育资源缺乏；受到社会漠视和歧视；城乡流动十分频繁。"连心"自开展少数民族流动人口服务以来，其工作是通过以下几个方面开展的。

第一，通过社区儿童服务，获得社区基础；通过儿童服务进入家访，再通过族际关系进入族群，建立与家庭之间的关系。

第二，通过倾斜性的资源配给，扶持群体内部的弱势妇女培养能力，增强其话语权。

第三，搭建绿领平台，借助妇女手工品的销售和展示，推动少数民族手工艺传承，提升妇女自信心和自主能力，并使其参与社区公共事务。

第四，联合社区居委会，为布依族文化展示搭建平台，推动社区其他居民减少对该群体的误解和歧视。

第五，联动高校志愿者和政协委员，以连心社区服务中发现的需求为切入点，撰写对策建议，推动社会对该群体困境的认识更新。

作为一个本土社会工作组织，云南"连心"在 2008～2014 年从城市社区少数民族流动人口公共服务的自主供给方，发展到目前逐渐联动社区居委会共同开展社区公共服务，并初步形成了自下而上的"三社联动"模式。在这个过程中，云南"连心"的工作涉及三个维度：在宏观层面上，通过承接政府课题以及实务研究两个方式，研究流动人口的生存状况，发起政策倡导，推动政府对少数民族弱势群体在政策上的扶持；中观层面上，通过联动及整合社区居委会及其他相关政府部门、基金会和社会的资源，各自发挥优势，共同为社区流动人口提供服务；在微观的个人层面上，机构社工直接服务及介入有需要的人群。这种自下而上的参与社区公共服务治理模式的特点在于：弥补了社区对于少数民族流动人口社区公共服务的空白，是主要的针对该群体的服务供给方；由社工推动，培养了社区骨干，培育及促进社区自助和互助组织的发展，以实践推动社区公共服务治理的创新。然而也存在服务覆盖面有限的不足，仍有大批少数民族家庭无法享受社区及城市的社区公共服务；与社区各相关方（社区居委会、社区居民、企业等）的联动尚处在初级阶段，在社区公共服务的决策过程、供给服务的主体的多样化、供给方式以及服务效果评估方面尚在探索及完善阶段。

3. 云南西双版纳多方主体参与社区公共服务治理经验

西双版纳州妇女儿童心理法律咨询服务中心所在地为云南省最南端的西双版纳傣族自治州，是傣、哈尼、布朗等13个少数民族的聚居地。近年来随着经济的发展及社会进步，西双版纳少数民族地区原有的一些社会问题更加凸显，而新的问题诸如针对妇女及儿童的家庭暴力、青少年犯罪、人口拐卖及吸毒也逐渐出现。为使弱势群体遭遇问题时能够得到及时的帮助，西双版纳州司法局的一位工作人员联合一些法律工作者、教育工作者共同成立了西双版纳州妇女儿童心理法律咨询服务中心，其管委会成员由司法、妇联、公安、教委、民政、宗教、扶贫办等多个政府部门和群团组织共同组成。他们主要提供的服务有以下几个方面。

第一，法律援助，个案服务。中心所提供法律援助服务的个案，大都是来自西双版纳的边远少数民族地区的妇女及儿童、单亲家庭。个案涉及问题类型众多，诸如家庭暴力、人口拐卖、青少年犯罪等。由于中心强调多部门、多机构合作，故能迅速调动资源，解决问题。

第二，社区干预。在针对个案服务中发现普遍性的问题，诸如吸毒贩毒、国际拐骗、家庭暴力等问题，中心社工在社区范围内利用夏令营、社区活动、巡回演唱等活动方式开展妇女权益保护、禁毒防艾、防拐等社区干预工作。

第三，基层农村工作者能力培训及支持。自2001年以来，中心持续为村级自治组织、妇女小组、学校、基层警察、边远山区社区干部提供社区工作理念、社会性别、妇女权益等方面的培训。

在上述的服务当中，中心主要的工作经验在于：第一，虽为社会组织，但具有较强的政府背景，工作的开展借助于司法及妇联的网络资源，同时联动各政府部门的力量，各方联合，故能迅速地解决一些实践中的问题。第二，合理的服务决策过程——服务供给的决策过程是根据各地区司法助理员组成的信息网络反馈各地区的需求，每年年终开展来年服务设计的管委会会议，决定来年所开展的服务项目。第三，在连接政府资源的同时，结合少数民族村庄群众自治组织如妇女小组、老年协会发展良好的情况，该中心与村妇女小组及老年协会合作开展服务，在政府各部门及基层自组织中间形成一个连接纽带的作用，真正从现实意义上促进本地群众参与村庄社区公共服务管理。第四，大量地使用义工参与实际工作，其义工大部分为专业志愿者，形成"社工+义工"的两工联动机制。第五，服务与传统少数民族文化相结合，注重少数民族社区骨干的培养。

虽工作进展得比较顺利，但也存在一些挑战：第一，由于多政府部门的参与，机构存在独立性欠缺的问题；第二，西双版纳地区社会工作人才缺乏及人才流动频繁，机构工作人员流动性很大；第三，社会工作者对于当地民族文化融入及国家政策推动不足。

4. 云南"连心"沧源社工站经验

云南"连心"沧源社工站位于云南省临沧市沧源佤族自治县刀董村，南部与缅甸接壤，是一个以佤族为主体，傣、汉、拉祜、彝等多民族杂居的集山区、半山区、坝区为一体的边境农业县。刀董村民基本是佤族，村民家庭收入偏低，而且村民都沿着国境线居住，村内存在很多"跨境婚姻"，一般女方为缅籍。村庄主要问题有：留守儿童、留守妇女多，孤儿、单亲儿童多。村内有一所小学，约有60名留守儿童就读该小学。

云南连心社区照顾服务中心自2013年承接"三区计划"项目以来，派驻两名社工进驻刀董村，为当地提供社工服务，"三区计划"结束后，云南"连心"自筹资金，继续开展沧源社工站的工作。以下是两年来沧源社工站的工作重心及服务经验的梳理。

（1）儿童青少年服务

针对当地留守儿童和青少年面临的情感缺失、缺乏父母陪伴和朋辈支持体系、缺乏良好的学习和生活习惯等问题与需求，在激活刀董村留守儿童关爱之家的基础上，基于儿童及青少年身心发展的特点，开展各类特色主题活动，主要侧重于儿童的身心健康和自我保护意识的培养。

（2）妇女服务

组织及发动留守妇女组建妇女文艺队，关注社区妇女发展及儿童保护等议题，丰富社区精神文化生活，增强社区居民的交流和互动。

（3）老年人服务

在基础性的调查、评估基础上，举行针对老年人的关爱活动，其中包括：走访老年人，照顾、帮助老年人，与本村村委会合作给予孤寡、贫困、空巢老年人一些生活支持。

（4）结合当地情况，成立养殖合作社

沧源社工站针对项目所在地村民生计困难的情况，通过走访、调研，主动向村委会提出成立养鸡合作社的路子，通过多次的村民大会，全村一致通过成立合作社的决案。目前，养鸡合作社逐渐成为当地的特色经济产业。

(5) 挖掘当地骨干，培养本土人才

目前，社工站已经在刀董村挖掘、培养了一批骨干专职志愿者及妇女志愿者，在积极参与和服务活动的过程中，培养他们的服务积极性和组织能力，不定期地与他们座谈交流，让他们了解自己在村庄里所能扮演的角色的重要性，为今后村庄的自我服务能力打下坚实的基础。

(6) 连接多方资源，推动村庄发展

养鸡合作社成立后，通过村民自筹资金及撬动和连接政府资金和物资等方式，社工站为合作社连接大量的资源，促进了村庄的发展。

在社会工作者及社区骨干的培养方面，云南连心社区照顾服务中心联系全国资深乡村社会工作者充当指导老师，长期指导沧源社工站的工作，并为当地农村干部和社会工作者提供培训以及外出参观交流的机会，从而拓展乡村干部及社会工作者的视野，寻找乡村工作的有效路径。

云南"连心"刀董社工站自开展社会服务以来，以上述针对特定人群的服务作为切入点，回应村民的需求，拉近与当地村民的关系，并逐渐开始培养出当地的村民骨干，促进当地合作社的发展，工作也逐渐获得村民及村委干部的认可及支持，但目前仍存在一定的挑战：村庄需求大且复杂，但当地缺乏专业社工人才介入和跟进，仅仅靠有限的几名外来的选派社工难以回应当地的需求；人才支持、激励、保障措施不足，难以吸引和留住专业社工人才持续参与农村地区的社会工作服务。

5. 鲁甸顺心社会工作参与灾后社区公共服务治理经验

鲁甸顺心社会服务中心是鲁甸"8·3"地震后催生的一个本土的社会工作机构，其机构成员均为鲁甸震后返乡青年。机构所在地为昭通市鲁甸县，地处云南省北部山区，为汉、回、彝等13个民族的聚居地，也是云南省73个贫困县之一，社会经济发展落后，基础设施差，贫困程度深。在鲁甸地震前，大部分青壮年离家打工，"三留守"人员情况较常见。在震后逐渐发展起来的鲁甸"顺心"，在前期紧急救援阶段及过渡安置阶段中开展的专业个案陪伴及心理辅导的基础上，在灾后社区重建阶段，开展了以下服务。

(1) 培养及催化灾后社区互助小组

通过发动社区留守妇女为社区内的老人编织过冬毛线鞋，从而逐渐组织及推动社区妇女成立互助小组。顺心社工在社区毛线鞋互助小组活动的开展中协助社长进行活动的策划及运作，发动及组织群众参与活动，在推动社区关爱老人的同时，也促进了社区互助、自助意识的发展，同时干群间的交流及了解也得以增加，增进了社区的凝聚力。

（2）连接资源，培养乡村社区工作者

为培养乡村社区工作者，提高他们的服务能力及意识，促进他们对于乡村社区工作的理解及认识，"顺心"社工通过连接云南省福彩公益金少数民族乡村社会工作者培养项目，为当地社区干部及社区骨干提供专业培训及外出交流学习的机会，并协助他们进行小额社区服务项目的申请及实行。

（3）促进沟通，减少矛盾

灾后社区重建过程中所遇到的问题是需要社工们协助解决的。对于机构所在地社区房屋重建规划中出现的群众接收信息不明朗、房屋规划不满意的情况，"顺心"社工协助老乡们与供应商、基金会以及政府进行多方协调沟通，促进交流，减少矛盾的产生。

（4）协力建房，知情选择

为使社区群众对政府及基金会鼓励使用的轻钢房技术进一步了解并做出选择，"顺心"与当地的一个社区组织合力建造轻钢房，使供应商、技术支持单位、当地政府、社区干部及社区群众都参与到建房当中。在建房过程中，促进了群众对于轻钢房疑惑的了解及群众与多方的沟通，合力建成的轻钢房也成为社区服务中心。

综上所述，顺心社工的工作经验在于他们作为社区服务提供方的同时，注重在地社区骨干的培养及使用以促进社区工作的可持续发展，在工作中逐渐形成"三社联动"的雏形，发展社区妇女互助小组，增强社区内生力。目前他们主要遇到的挑战有：灾后重建阶段，社区需求复杂且大，对于社工的工作能力挑战很大；机构服务的开展受资金的影响较大，且大多以项目形式运行，一旦项目结束，服务难以持续性开展。

（二）社会工作参与国内边疆少数民族地区社区公共服务治理的启示

基于上述不同案例分析，本文总结出社会工作参与边疆少数民族地区社区公共服务治理的一些启示。

第一，完善边疆少数民族地区社区公共服务治理的顶层设计。充分发挥党委领导与政府主导的功能，坚持党在社区公共服务治理中的领导核心作用，强化边疆少数民族地区政府的社会管理职能。边疆少数民族地区的社区公共服务治理是一个复杂而系统的过程，离开党的领导与政府的推动是不可能的。因此，要坚持和改善党的领导，通过完善社会政策，加强法制建设，发挥政府在边疆少数民族地区的社会管理职能，创新社区公共服务治理。

第二，党委、政府重视及各政府部门的有效合力，是推动社会工作参与边疆少数民族地区社区公共服务治理的重要保障。在上述的新疆经验当中，爱心100°社工站所在社区的领导，对社会工作参与社会治理非常重视，在财政投入及人力资源投入方面加大力度，从而促进当地的社会工作迅速地发展起来；西双版纳州妇女儿童心理法律咨询服务中心则是政府各部门多方合力、共同解决问题的典型例子。只有打破各部门间的利益壁垒，才能形成有效合力，推动社会工作的开展。

第三，加强社会工作人才队伍建设是推动社会工作参与边疆少数民族地区社区公共服务治理的重要基础。从上述案例分析可知，社会工作人才，特别少数民族地区本土的社会工作人才，在提供服务、参与社区公共服务治理中起到关键的作用。外来的社会工作者，在进入边疆少数民族地区时，面临文化及语言等方面的挑战；而本土社会工作者，则面临服务理念及意识的转化、专业工作方法及技巧的掌握与应用等方面的问题。除此之外，社会工作者还面临社会承认度低、职业发展空间有限以及薪酬待遇较低的困难。故此，如何加强边疆少数民族地区社会工作人才队伍建设，培养一批高素质、结构合理以及切合边疆少数民族地区实际情况的社会人才队伍是推动社会工作参与边疆少数民族地区社区公共服务治理的当务之急。

第四，充足的财政投入是推动社会工作参与边疆少数民族地区社区公共服务治理的关键问题。边疆少数民族地区大多属于国家级贫困地区，单靠政府财政存在一定困难，且政府出资购买项目受项目期的限制，同时也容易使社会工作组织产生依赖性。应拓宽社会资金的渠道，健全社会资金的投入机制。

第五，贴近实际、大胆创新是推动社会工作参与边疆少数民族地区社区公共服务治理的重要经验。响应党的十七大提出的"健全党委领导、政府负责、社会协调、公众参与的社会管理格局"，以"三社联动""两工互动"为策略的社会公共服务治理模式是被证明为较为成功的经验，其能够整合各方资源，推动"三社"资源共享，参与各方优势互补、相互促进，推进边疆少数民族地区社区公共服务治理创新实践。

四 社会工作参与云南省边疆少数民族地区社区公共服务治理面临的问题及原因分析

（一）政府推动不足及政府各重要部门间未形成有效的推动合力

政府推动不足及各重要部门未形成有效合力的原因是：政府各部门对于专业社会工作参与少数民族边疆地区社区公共服务治理的认识还不到位。专业社会工作是近十年才在我国发展起来的，而我国的本土社会工作是传统的民政工作或街道、居委会的社区服务工作，工作性质大都具有行政性。政府各部门对于专业社会工作的认识，尤其是对专业社会工作如何参与边疆少数民族地区社区公共服务治理的认识不足，认为社会工作是民政部门的事，因此各部门之间未形成有效的合力。

（二）发展缓慢，社会工作组织及社会工作人才数量较少，没有形成参与社区公共服务治理的规模

相对于部分地区社会工作的快速发展，边疆少数民族地区社会工作发展非常缓慢。原因之一是地方政府、群众对于社会工作的认识有限，专业社会工作是近年来才在我国发展起来的，大部分人对于社会工作的理论、目标及工作方法都不了解，社会工作者更是常常被误认为献爱心的志愿者，社会工作在边疆少数民族地区尚未得到实质承认，从而也影响到社会工作的深入开展。原因之二是边疆少数民族社会工作组织不足，没有发挥其应有的影响力：以较早开展社会工作的云南省为例，虽早在20世纪90年代，国际性的NGO就开始在云南工作，但由于政策推进力度不足、社会认识有限及资金短缺等原因，云南省本土社会组织的发展相对于其他后起的省份如广东省、四川省等比较缓慢。据2013年云南省民政厅的数据，云南省共有社会工作组织10余家，获得社会工作从业资格的人数仅为1000多人，远远没有形成参与社区公共服务治理的规模。而在现有的社会工作人才队伍当中，由于社会承认度低、社工薪酬待遇不高、发展空间有限、职业存在感低等原因，云南省社会工作人才的流失率也非常高。

（三）社会工作教育及人才培养体制有待完善

目前云南省至少有 10 所高校开设了社会工作专业，但仍然存在社会工作教育师资队伍缺乏社会工作实践经验、教育模式单一、缺乏层次及特色、培养的人才难以适应社会对于社会服务的多样化需求等问题。而原有的遍布于街道办事处、社区居委会的一线社区工作人员，虽大部分都没有经过社会工作专业培训，但在长期的一线工作中积累了丰富的经验，他们是社会工作参与边疆少数民族地区社区治理的重要力量。目前对于这部分社区工作人员如何能通过社会工作继续教育转化为专业社会工作者，尚没有明确的机制及政策。

五 推动社会工作参与云南省边疆少数民族地区社区公共服务治理的紧迫性及有利条件

（一）推动社会工作参与云南省边疆少数民族地区社区公共服务治理的紧迫性

改革开放以来，社会的快速发展，社会结构、组织形式、利益格局、思想观念的深刻变化，对云南省边疆少数民族地区造成了一定的冲击，社会问题日趋复杂化，具体体现在以下几点。

1. 贫困与发展问题

在我国最新发布的 592 个贫困县中，云南有 73 个，位居全国之首，而在这 73 个县中，大部分位于边远少数民族地区。[①] 云南省边疆少数民族地区由于地理位置、自然环境以及文化传统等原因，除了经济文化发展较好的少数的几个民族地区外，大部分少数民族地区城乡经济社会发展水平低下，生活质量较差，医疗卫生、教育条件落后，公共服务体系建设不足，贫困程度深，民族地区社会及经济发展是边疆少数民族地区面临的迫切任务。

2. 少数民族族群城乡流动所造成的社会问题

近年来，边疆少数民族地区人口的城乡流动，造成了空心村落及"三

---

① 《我国 592 个贫困县，云南省 73 个居首》，人民网，http://politics.people.com.cn/n/2014/1017/c1001-25854819.html。

留人员"（留守儿童、留守老人及留守妇女）等社会问题的出现，留守儿童的照顾、传统养老方式的变迁对于留守老人的影响以及留守妇女的贫困及情感等方面需求日益复杂化的问题日益凸显。而迁移到经济中心城市的少数民族，因文化程度较低等原因，大部分从事脏、累、差的工作，处于社会的底层，居住环境恶劣，经济困难，缺乏基本的社会保障。

3. 生态环境的恶化

造成边疆地区生态环境的恶化既有人为的原因，也有自然的因素。目前中国西部地区水土流失严重，环境污染问题日趋严重，西北部森林覆盖率十分低下。生态环境的恶化导致边疆民族地区人民的生活贫困程度加深，而逐年加剧的贫困问题又进一步导致了环境破坏，形成恶性循环。

4. 与边疆特殊地理环境相关的社会问题的凸显

如某些少数民族地区还存在贩毒、吸毒情况严重，艾滋病感染率高，跨边界民族流动带来的儿童黑户、童工及儿童拐卖等问题。

5. 社会性别视角下的少数民族女性发展问题

主要涉及以下几个方面的问题：由于传统观念及缺乏权益保障的观念，除了个别民族外，少数民族地区女性长期以来家庭及社会地位低，难以达到经济独立，大部分依靠丈夫生活；近年来，因少数民族的城乡流动造成的"三留守"现象中，留守妇女的负担日益沉重，她们一方面肩负照顾儿童及老人的责任，另一方面由于男人大量外出打工，原本由男子承担的工作落到留守妇女的肩上；边疆少数民族地区女童在教育资源方面也处于弱势地位，一项对昆明市及云南9个边境民族县的抽样调查显示，边疆民族县的女童，特别是学龄期女童，其入学率比同类地区其他学龄儿童的入学率都要低，凸显了边疆少数民族地区女童受教育不平等的严重问题。[①]

6. 边疆少数民族文化传承困境

少数民族文化的传承是指少数民族精神文化以及物质文化，诸如少数民族的语言文字、民间手工艺、民族服饰、生活习惯、礼仪庆典以及宗教习惯等，在代际的承接与传递的过程。近年来，随着经济社会的发展，城市化的进程以及西方文化的快速传播，少数民族文化面临濒危的困境——由于汉语在少数民族地区的推广及普及，少数民族地区语言濒临消亡，而在全球化、城市化影响下，生活方式及消费习惯的改变，少数民族的民间

---

① 彭义敏：《云南边境民族地区义务教育均衡发展问题》，云南财经大学硕士学位论文，2014。

手工艺、民间歌舞等传统出现艺人老化、缺少年轻人继承的困境。①

因此，随着边疆少数民族地区社会问题的复杂化，推动社会工作参与云南省边疆少数民族地区社区公共服务治理，有助于协同解决社会问题、缓和社会矛盾，有利于边疆少数民族地区社会发展，缩小与我国发达地区的差距，同时还有利于促进民族团结和维持社会稳定，促进边疆少数民族传统文化传承。

（二）推动社会工作参与边疆少数民族地区社区公共服务治理的有利条件

1. 政策的支持为社会工作参与边疆少数民族地区社区公共服务治理提供有利的条件

近年来，一系列与社会工作发展相关的政策文件的颁发，极大地促进了我国社会工作的开展，确立了社会工作的工作重点与方向。一是关于推进社会工作发展的有关政策：首先是2010年的《国家中长期人才发展规划纲要（2010—2020年）》中社会工作人才被列为国家六支重要人才队伍的之一，极大地促进了社会工作在我国的发展；其次在中组部、十八部委颁发的《加快社会工作人才队伍建设的若干意见》中重申了社会工作人才队伍建设的紧迫性，也促使全国各地陆续颁发了当地的社会工作人才队伍建设的相关政策，其中包括了部分边疆省区；最后，在2012年颁布的《社会工作专业人才队伍的建设中长期规划（2011—2012）》中明确地提出了与民族地区社会工作相关的内容，2013年，民政部颁发了《关于做好首批边远贫困地区、边疆民族地区和革命老区社会工作专业人才支持计划实施工作的通知》，在外派专业社工服务边疆民族的同时，更是为边疆民族地区培养了本土社会工作人才。二是社会工作在不同社区的工作重点方面的政策。2013年11月，民政部联合财政部颁发了《关于加快推进社区社会工作服务的意见》，明确地提出了社会工作在城市社区及农村社区的工作重点。2015年，中共中央办公厅联合国务院办公厅印发了《关于深入推进农村社区建设试点的工作指导意见》，提出要根据农村社区发展特点和居民需求，分类推进社会工作服务。三是2012年《关于政府购买社会工作服务的指导意见》的颁布为政府购买社会工作服务提供了法律的依据。上述一系列政策文件，

---

① 娜仁塔娜：《浅谈少数民族文化保护及传承》，《时代报告》（学术版）2012年第5期。

为社会工作参与边疆少数民族地区的社区公共服务治理提供了有利的条件，并指明了前进的方向。

2. 社会工作的价值理念有助于社会工作参与边疆少数民族地区社区公共服务治理并发挥价值导向的作用

"助人自助""案主自决""接纳与尊重""个别化与非评判"等理念是专业社会工作的灵魂，这些价值理念能使社会工作参与边疆少数民族地区社区公共服务治理时发挥其价值导向的作用。我国的每一个边疆少数民族地区都有着其独特性，这些边疆少数民族地区的背景复杂多样，受民族传统文化的影响较大，这就要求在少数民族地区工作的社会工作者具备将专业社会工作与少数民族地区的实际情况灵活结合的能力，并对少数民族地区的文化、风俗习惯有一定的了解。民族地区社会工作一个重要的议题为"文化敏感性"，即对于不同民族地区，要求社会工作者了解、尊重当地民族的风土人情、文化习俗，对少数民族地区的民族文化保持敏感性，避免所谓"文化识盲"的出现。以利他主义为价值核心的社会工作不仅从专业的角度，运用专业的方法去帮助边疆少数民族地区群众解决问题，发展生产，提升个人及社区的能力，更是在"多元共融"的价值观指导下，去面对民族文化的解释与认同，即在尊重民族地区文化的多样性和特殊性的前提下开展社会工作服务。同时，社会工作价值理念有利于促使社会工作者在参与民族地区社会治理事务时能够不断进行自我反思及自我提高，在实务工作中能结合少数民族地区的实际情况，熟悉少数民族地区的风俗习惯及文化背景，避免主流价值观点的评判，为少数民族地区群众提供更为个性化、多样化的服务。

3. 社会工作参与边疆少数民族地区社区公共服务治理具有一定的基础

由上述案例可知，社会工作参与边疆少数民族地区社区公共服务治理已经积累了一些实务经验。以云南省边疆少数民族地区为例，早在20世纪90年代初期，国际性NGO就开始在云南开展各个领域的社会工作，这些国际性NGO在早期进入云南时，采取与当地NGO合作或是分包开展项目的方式，工作领域非常广泛，涉及禁毒防艾、社区生计、妇女儿童保护、生态保护等方面。NGO大量涌入，在带来国际先进的专业社会服务和社会工作的理念及方法的同时，也催生了许多本土的草根社会服务机构，培养了大量本土优秀的社会工作人才，为社会工作在云南的开展积累了宝贵的经验。早期社会工作组织或是国际NGO作为主要对少数民族提供社会服务的供给方，服务涉及的范围很广，弥补了政府在这方面的空白，积累了大量的实务经验。到现阶段，随着政策的推动，边疆少数民族地区社区公共服务治理逐渐形成了以政府为主导、多方协同治理的社区公共服务治理模式，并根据边疆少数民族地区的特点，发展出有少数民族特色的社区公共服务治理模式。这些实践的经验，将为未来社会工作全面参与边疆少数民族地区社区公共服务治理提供坚实的基础。

4. 社会工作的角色多元化、工作方式多样化，有利于社会工作参与边疆少数民族地区社区公共服务

从上述案例可以看出，社工不仅是社区基础社会服务的提供者，他们也通过协同社区治理，发起政策倡导，为不同群体表达利益诉求，维护弱势群体的权益，是政策倡导者；他们在政府及群众当中，起到缓解冲突、协调矛盾的作用，是利益协调者；在社区自组织或互助组织的培育及促进社区群众参与社区治理的过程当中，起到培养、教育、协同以及资源链接等作用；在具有丰富的民族文化传统的边疆少数民族地区，社会工作者，特别是本土的社会工作者，起到传承民族文化、保护民族文化遗产的作用。这些多元的角色，加之社会工作灵活的工作方式——针对不同群体的不同问题而开展的个案工作、小组工作以及社区活动，将有利于社会工作参与边疆少数民族地区社区公共服务治理。

六 推动社会工作参与云南省边疆少数民族地区社区公共服务治理的对策建议

为充分推动社会工作在云南省边疆少数民族地区参与社区公共服务治理，发挥社会工作在建设服务型政府中的作用，参照各地边疆少数民族地区社会工作参与社区公共服务治理的经验，结合云南省边疆少数民族地区的特点及实际情况，本文提出如下对策建议。

（一）推动社会工作全面参与云南省边疆少数民族地区社区公共服务治理

第一，拓宽边疆少数民族地区社区社会服务的平台，按照和谐社区的建设要求，逐步在街道社区服务中心、社区服务站等社区公共服务平台设置社会工作岗位，配备社会工作专业人才。适应新农村建设需要，积极推动乡镇社会事务办或民族所设置社会工作岗位。鼓励有条件的边疆少数民族地区依托现有资源创立少数民族社工站,配备专业社会工作者。

第二,分类推进边疆少数民族地区社区社会工作服务,在少数民族聚居和信教群众较多的社区,根据需要配备政治立场坚定、熟悉民族和宗教事务的社会工作专业人才开展社会工作。针对边疆少数民族地区诸如重度贫困、吸毒贩毒、"三留"人员、跨境儿童和跨境婚姻等社会问题,开展社会工作专项服务。在城市社区,重点开展针对少数民族外来务工人员及其子女、低收入家庭、残疾人、老年人的社区照顾、社区融入、社区康复、就业指导等服务。

第三,推动以政府主导、多方主体参与协同治理的"三社联动"模式。建立健全社区、社会组织和社会工作专业人才的联动服务机制,形成多元参与、协同治理机制。在边疆少数民族地区社区党委、党组织的主导下,联动边疆少数民族地区群团组织、居民自治组织,建立以社区为平台,以社会工作组织为载体,以社会工作专业人才为支撑,社区居民广泛参与的社区公共服务管理体制,扩大社区社会工作服务范围,提升社区社会工作服务能力,创新基层社区公共服务治理模式。

第四,明确社会工作在推动边疆少数民族地区新型农村合作金融组织、新型农民合作经济组织发展中的角色定位,通过购买服务、直接资助、以奖代补、公益创投等方式支持社区社会工作组织参与社区公共服务和公益事业。

第五,发挥社会工作人才引领社区义工的作用,促进"两工"互动。根据边疆少数民族地区的发展特点及居民需求,搭建社区志愿者、服务对象和服务项目对接平台,推动社区志愿服务的开展,形成社工带领义工、群众参与义工、义工协助社工的良好局面。鼓励社工定期为社区义工开展社会工作专业知识与技能培训,提升义工志愿服务水平。

第六,推动社会工作参与灾后社区公共服务协同治理。大力扶持减灾救灾类公益组织及社会工作组织的发展,充分发挥社会工作在灾害紧急救援、过渡安置服务以及灾后社区重建方面的作用。发挥社会工作者在防灾减灾宣传教育中的作用,以城乡社区、学校为单位,宣传及普及防灾减灾知识,增强社区群众防灾减灾意识。

(二)完善推动云南省边疆少数民族地区社会工作发展的支持政策

第一,以中央政策为指引,加快研究制定适合云南省边疆少数民族地区实际情况、促进社会工作组织发展的政策,并联合相关部门共同发布,为社会工作的开展提供法律依据。目前,云南省边疆少数民族地区在推动社会工作组织及人才发展方面,以及政府购买社会组织服务方面的政策还不完善。同时,其他相关的配套政策如社会工作行业制度、社会工作督导制度以及购买社会工作服务实施细则也需尽快出台颁布。

第二,结合边疆少数民族地区的实际情况,参考省内外地区的经验,制定社会工作人才培养、使用、继续教育培训、薪酬待遇标准等方面的政策及实施细则。

(三)加强云南省边疆少数民族地区社会工作人才队伍建设

加快社会工作人才队伍建设,培养结构合理、高素质的社会工作人才队伍,建立健全科学合理的社会工作人才培养、评价、使用及激励机制。建议在云南省内选择3~5所高校设立社会工作专业定向班,可采取降低分数、生活补助、学费免除、定向分配等优惠政策,面向边、山、少、贫地区招生,为边疆少数民族地区培养熟悉民族地区情况、具有文化认同感的社会工作人才。

建议在原有的政策资源基础上,增加社会工作专业人才的招募及使用,如在高校毕业生"三支一扶"计划中,招募政治素质高、思想觉悟高的社会工作专业毕业生,前往边疆少数民族地区基层服务;在大学生志愿者服务西部计划中,专门招募社会工作专业毕业生。

针对边疆少数民族地区社会工作组织较少、社会工作人才欠缺的情况,大力发展及培育本土的民办社会工作组织,为民办社会工作组织的发展营造良好的生态环境。建议边疆少数民族地区各级政府协调相关部门为新创办的民办社会工作组织提供场地、资金、政策指引等方面的支持。建议各级政府以政府购买服务或合作共建的方式,与有资质的民办社会工作组织合作,建立社会组织培育基地及人才服务中心,充分发挥政府在政策指导及资源方面的优势以及民办社会工作机构激发社会活力的专长。

建议制定相应的规章制度,通过培训、继续教育及督导等方式,加快对边疆少数民族地区城乡自治组织成员、基层党组织成员、社区专职工作人员、社区服务人员的社会工作知识普及培训,促进其专业化发展。因边疆少数民族地区的复杂性及特殊性,在着重培养当地社工人才的同时,注重对外来社工在少数民族文化及民族融入方面的培训。注重社会工作组织持续性的能力建设，加强社区公共服务治理方面的实务培训，提高社会工作组织的服务能力以及治理能力。

（四）多渠道增加社会工作组织的资金投入

"政府出资购买＋社会筹资"是推动社会工作可持续发展的重要的资金保障。在加大政府购买社会服务的投入的同时，还应拓宽社会筹资渠道，鼓励、引导社会资金向社会工作服务领域投入。健全社会资金的投入机制，采取政府资金与社会资金共同投入的方式，探索以政府财政资金为主，社会资金为补充的社会工作服务投入方式。社会工作组织还应加强自我筹资能力，如通过创办社会企业等自我造血方式，促进社会工作组织的可持续发展。

附件：关于推动社会工作参与云南省边疆少数民族地区社区公共服务治理的建议

社会工作是社会建设的重要组成部分，是一种体现社会主义核心价值理念，遵循专业伦理规范，坚持"助人自助"宗旨，在社会服务、社会管理领域综合运用专业知识、技能和方法，帮助有需要的个人、家庭、群体、组织及社区，整合社会资源，协调社会关系，预防和解决社会问题，恢复和发展社会功能，促进社会和谐的职业活动。社会工作参与边疆少数民族地区社区公共服务治理，对于预防及解决我国边疆少数民族地区社会发展中普遍的矛盾和问题，健全民族社区利益协调机制，保护边疆少数民族地区社区公共服务受益群体的合法权益，创新边疆少数民族地区社区公共服务治理体制，具有重要意义。基于此，国家先后发布了《关于加快推进社区社会工作服务的意见》等多份政策文件，相关省区在实践中大胆探索，积累了诸多社会工作参与边疆少数民族地区社区公共服务治理的宝贵经验。但截至2015年，云南省边疆少数民族地区的社会工作发展比较滞后，与人民群众日益增多的社区公共服务需求相距较大。正是在这样的背景下，为深入贯彻党的十八届三中全会关于创新社会治理体制的战略部署，更好地推动社会工作参与云南省边疆少数民族地区社区公共服务治理，民盟云南省委专门立题进行专项研究。现根据研究结论报告如下。

（一）明确界定社会工作在云南省边疆少数民族社区公共服务治理创新中的角色和定位

发挥党组织的核心作用，完善顶层设计，明确社会工作在以政府为主导、多方主体参与的边疆少数民族地区社区公共服务治理中的协同治理角色。建议建立健全的社区、社会组织和社会工作专业人才的联动服务机制，形成多元参与、协同治理机制。在边疆少数民族地区社区党委的主导下，联动边疆少数民族地区群团组织、居民自治组织，建立以社区为平台、以社会工作组织为载体、以社会工作专业人才为支撑、社区居民广泛参与的社区公共服务管理体制。

（二）多种方式推动社会工作全面参与云南省边疆少数民族地区社区公共服务治理

逐步在民族社区及民族街道的社区服务中心、社区服务站等社区公共服务平台设置社会工作岗位，配备社会工作专业人才。适应新农村建设需要，积极推动乡镇社会事务。鼓励有条件的边疆少数民族地区依托现有资源创立少数民族社工站，吸纳和使用社会工作人才，面向边疆少数民族地区城乡地区的特殊、困难群体提供社会工作专项服务。

充分发挥民族社会工作人才在边疆少数民族地区社区公共服务治理中的作用，在少数民族聚居和信教群众较多的社区，根据需要配备政治立场坚定、熟悉民族和宗教事务的社会工作专业人才开展社会工作。

建议推动社会工作参与边疆少数民族地区新型农村合作金融组织、新型农民合作经济组织工作的开展，明确社会工作在其中的角色定位。明确社会工作参与灾后社区公共服务的协同治理的作用，建议政府以购买社会工作服务等方式，促进社会工作在灾害紧急救援、过渡安置服务、灾后社区重建以及减灾防灾教育方面的作用。

（三）完善推动云南省边疆少数民族地区社会工作支持政策

以中央政策为指引，加快研究制定适合边疆少数民族地区实际情况、促进社会工作组织发展的政策，并联合相关部门共同发布，为社会工作的开展提供法律依据。建议完善边疆少数民族地区在推动社会工作组织及人才发展方面，以及政府购买社会组织服务方面的政策。同时，尽快出台其他相关的配套政策如社会工作行业制度、社会工作督导制度以及购买社会工作服务实施细则。

（四）切实保障云南省边疆少数民族地区社会工作服务经费

建议将社会工作服务纳入政府购买服务的范畴，建议政府拨出专门经费，用于购买民办社会工作组织的服务。结合边疆少数民族的实际情况，重点考虑购买针对农村生计、农村"三留"人员、环境保护、边疆少数民族特殊群体（如跨境儿童、城市流动人口、残疾人以及低收入家庭）等方面的社会工作服务。建议政府大力扶持各种公募及非公募基金会的发展，特别是推动社区基金会在边疆少数民族地区的探索与实践；拓宽社会筹资渠道，鼓励、引导企业捐赠、公众捐赠等社会资金向社会工作服务领域投入。同时，建议边疆少数民族地区各级政府通过减免税费、营造公益氛围等方式，鼓励企业进行公益项目捐赠，开展公益创投，支持边疆少数民族地区社会工作组织参与社区公共服务治理工作。

（五）大力发展和培育云南省边疆少数民族地区社会工作组织

建议边疆少数民族地区各级政府协调相关部门为新创办的民办社会工作组织提供场地、资金、政策指引等方面的支持。建议各级政府以政府购买服务或合作共建的方式，与有资质的民办社会工作组织合作，建立社会组织培育基地及人才服务中心，充分发挥政府在政策指导及资源方面的优势以及民办社会工作机构激发社会活力的专长。通过社会组织培育基地及人才服务中心的服务，为社会组织提供政策指导、办公场地、资金支持、资源链接、能力建设等方面的服务，为社会组织的培育与发展营造良好的生态环境。

（六）健全云南省边疆少数民族地区社会工作行业发展机制

推动边疆少数民族地区各级政府建立社会工作行业组织，为民办社会工作组织和其他单位的社会工作从业人员提供政策咨询、规划指导、项目推介、信息发布、能力建设、合作交流、行业评比等服务，促进边疆少数民族地区社会工作行业有序发展。明确社会工作行业组织的行业发展职能，承接政府转移的相关职能及委托的相关业务，稳步开展社会工作职业水平证书登记、继续教育等工作。建议制定社会工作行业制度，促进边疆少数民族地区社会工作行业的规范化发展。

（七）加强云南省边疆少数民族地区社会工作人才队伍建设

加强社会工作人才队伍建设，培养结构合理、高素质的社会工作人才队伍，建立健全科学合理的社会工作人才培养、评价、使用及激励机制。建议在云南省内选择3~5所高校设立社会工作专业定向班，可采取降低分数、生活补助、学费免除、定向分配等优惠政策，面向边、山、少、贫地区招生，为边疆少数民族地区培养熟悉民族地区情况、具有文化认同感的社会工作人才。建议在原有的政策资源基础上，增加社会工作专业人才的招募及使用，如在高校毕业生"三支一扶"计划中，招募政治素质高、思想觉悟高的社会工作专业毕业生前往边疆少数民族地区基层服务；在大学生志愿者服务西部计划中，专门招募社会工作专业毕业生。

建议制定相应的规章制度，通过培训、继续教育及督导等方式，加快对边疆少数民族地区城乡自治组织成员、基层党组织成员、社区专职工作人员、社区服务人员的社会工作知识普及培训，促进其专业化发展。因边疆少数民族地区的复杂性及特殊性，在着重培养当地本土社会工作人才的同时，应注重对外来社会工作人才在少数民族文化及民族融入方面的培训。与政府相关部门、高校或有培训资质的社会工作组织合作开展培训，注重社会工作组织持续性的能力建设，加强社区公共服务治理方面的实务培训。

（八）加大社会工作宣传力度

促进对外交流学习，定期组织边疆少数民族地区社区干部、工作人员及民办社会工作组织从业人员前往国内外交流学习，吸收其他地方的经验。定期举办社会工作理论及实践研讨会，鼓励行业组织间互访，促进行业交流。加大社会工作在边疆少数民族地区的宣传力度，充分发挥报刊、电视、微博、微信、网络等媒体的作用，广泛宣传社会工作的专业理念、方法和作用，通过定期举办社会工作文化节、优秀社工机构及十佳社工评选等活动，深入宣传社会工作者的典型事迹和社会工作的典型案例，提高全社会对社会工作的知晓度和认可度。

社会工作机构在精准扶贫工作中的模式与对策研究[*]

——以云南连心参与边疆少数民族地区扶贫发展的经验为例

前 言

2013年年底，中共中央及国务院办公室《关于创新机制扎实推进农村扶贫开发工作的意见》及《建立精准扶贫工作机制实施方案》，明确将"精准扶贫"作为未来扶贫工作的主要机制。2014年，"精准扶贫"战略逐渐在全国各地推开，各级扶贫办、民政系统等相关部门也在积极探索和尝试将之落实到实际扶贫发展工作中。具体到云南，其作为扶贫攻坚大省，自2014年起，各级政府部门都在积极推动精准扶贫工作的深入探索，努力朝云南所有贫困户于2020年实现全面脱贫的目标迈进。至2016年，"精准扶贫"政策施行三年，不少地方已取得显著成效，许多经验值得总结提炼并进行深化推广。但云南作为边疆少数民族地区，贫困问题尤为突出，因灾、因病致病急剧返贫的情况较为常见，精准识别及动态管理不易。据最新统计，云南400多万贫困人口中，仅少数民族就占到近40%。云南贫困人口的特点，决定了需要探索出更为贴近云南实际的精准扶贫脱贫工作经验及模式。

根据《建立精准扶贫工作机制实施方案》及《中共中央国务院关于打赢脱贫攻坚战的决定》，社会工作作为社会力量的重要代表需要被纳入精准扶贫工作。社会工作服务机构在国内起步较晚，截至2016年全国仅有6000多家，云南有160家，云南持有社会工作从业资格证的人数约为2500人。这些社会工作者分布于城乡社区、少数民族村落、学校、医院、监狱等地开展服务，为有需要的社会人群提供帮助。在云南的农村地区，社会工作

---

[*] 本文为2016年民盟云南省委课题成果。

服务机构较早就介入了扶贫领域的工作，其在资源引入、扶贫理念与方法及产业推动等方面都积累了较多的经验。本调研报告即从政策分析和案例分析入手，总结社会工作服务机构在精准扶贫方面的实践经验，探讨社会工作服务机构在精准扶贫工作中的定位与作用，并提出相应的对策建议，为政府推动此项工作提供参考。

一 社会工作机构在精准扶贫工作中的作用

在就社会工作在"精准扶贫"战略工作中的作用进行论述之前，先阐述其中几个重要的关键词，厘清它们之间的关系及逻辑，为下文进一步阐述奠定基础。

（一）社会服务工作机构的界定

2016年3月16日，《中华人民共和国慈善法》颁布，其中所称"慈善组织，是指依法成立、符合本法规定，以面向社会开展慈善活动为宗旨的非营利性组织。慈善组织可以采取基金会、社会团体、社会服务机构等组织形式"。该法第一次明确了慈善社会组织的基本定义和组织形式，规范了社会组织的工作范围。

党的十八届三中全会提到的激发社会组织的活力，其中也包含了激发社会工作组织的活力。同样，在"精准扶贫"战略中，也明确提到要将社会力量介入扶贫工作中，社会组织也是重要的一个力量。民办社会工作机构是社会组织中的重要部分，特指以社会工作专业手法介入社会服务和社会问题解决中的社会服务机构。

（二）社会工作服务机构参与精准扶贫的必要性和角色定位

社会工作服务机构作为当前政府大力推动的社会组织类型之一，其具备了专业性、规范性等特点。社会工作服务机构在参与精准扶贫工作的过程中，除了充分发挥自身优势外，也需要细致分析自身角色定位。

第一，社会工作服务机构的有效参与有助于提高扶贫资金的使用效率，增加精准度。一方面，目前多地"精准扶贫"有成为"运动式扶贫"的趋势，在地方政府主导下，仍然呈现经济发展主导的态势，指标单一化，精准扶贫易被简化为"精准救济"，投入大量人力但仍然出现类似杨改兰的悲剧。另一方面，扶贫资金的使用难以监管，滋生了基层政府和村委会的腐败现象，多个地方暴露问题。2016年2月至4月，审计署在对四川等17个省份2013年至2015年财政扶贫资金管理使用情况的审计中发现，基层扶贫资金监管比较薄弱，1.38亿元被骗取套取或违规使用。

第二，社会工作服务机构是"精准扶贫"的得力助手和重要主体。目前扶贫工作存在基层落实工作不到位、基层力量不足等问题，表明随着贫困原因多样化、复杂化程度的提升和扶贫重心向微观层面的转变，单一主体的扶贫模式已经无法适应整体性、全局性扶贫新形势的需要。因此，新时期的精准扶贫绝不能光靠政府单打独斗，必须开放扶贫的多元主体，形成全社会共同参与精准扶贫的合力。

第三，社会工作服务机构能够较好地为扶贫对象提供心理帮扶，激发扶贫对象的内生动力，激发其积极脱贫的主动性和积极性。多个调查研究表明，现有贫困问题不仅是投入资源不足导致，更多是社区内生动力不足阻碍脱贫。社会工作服务机构与政府相比，具有不受短期政绩困扰、扶贫可持续性强，瞄定对象精准、针对性强，扶持方法个性化、灵活性强，项目领域集中，资源的配置优化、专业性和技术性较高等特点。同时，其长期扎根贫困地区，能够较好地挖掘当地社工人才，工作手法贴近民众，志愿性和参与性强，社会信任度较高，能够较好地激发扶贫对象内在的参与动力，有效避免当前扶贫工作中投入较多硬件资源所导致的扶贫对象产生的依赖心理。

第四，社会工作服务机构能够较好地整合社会各界力量参与精准扶贫工作，形成与政府资源投入的有效联动，减少政府财政投入。社会工作服务机构资金来源较为多元，其能够较好地通过基金会、企业及面向社会大众进行筹款等方式广泛筹集社会资源，并通过项目化运作的方式投入扶贫工作中，能够较好地与政府扶贫资金形成互补，推动扶贫工作资源来源的多元化目标。

第五，社会工作服务机构能够为精准扶贫工作培养乡村在地可持续的专业服务人才。云南社会工作服务机构受到国际先进扶贫经验的带动，其在农村扶贫工作中已经逐渐趋于专业化和精细化，培养了大量乡村社会工作服务人才。特别是近几年来，通过组织部、财政部及民政部共同推动的三区（革命老区、边疆少数民族地区、贫困地区）社会工作人才计划项目，云南不少社会工作服务机构已经连续三年扎根在云南各个贫困地区，探索了社会工作助力精准扶贫工作的有效经验，并培养了大量在地社会工作专业人才。这些人才的有效使用和在职培养，将有利于打造一支可持续的乡村社会工作人才队伍，为在地精准扶贫工作提供重要专业人才保障。

第六，社会工作服务机构可充分发挥其对少数民族文化的敏感性，有助于协同政府在推进精准扶贫工作过程中避免出现资源浪费及民族文化冲突等情况。参与精准扶贫工作的社会工作者都接受过有关少数民族文化及性别议题的训练，能够在扶贫工作中更多考虑到在地民族文化的独特性，较好地进行民族文化资源的动员，为扶贫硬件和软件建设规划过程中提供文化视角的参考。

云南少数民族众多，边境线较长，贫困面大且贫困人口居住分散，社会工作服务机构参与"精准扶贫"工作的深度及作用发挥程度，以及存在的挑战和问题等，都需要回到扶贫实践中进行分析讨论。本研究即选取了云南连心社区照顾服务中心这一省级成立最早、规模最大的社会工作服务机构为代表，总结其在云南某边境少数民族村寨的扶贫工作经验，探讨社会工作服务机构在精准扶贫工作中的作用，以便找到可复制的路径，为政府提供政策参考。

二 社会工作服务机构参与精准扶贫工作中的模式分析

（一）工作概述

村庄概貌：刀董村是一个典型的集边境、民族、贫困于一体的村寨。距镇政府所在地12千米，与缅甸国土接壤，辖8个自然村，9个村民小组，共有331户1349人，村民基本都是佤族，主要依靠初级农业和在周边打工为生，家庭收入整体较低。周边地区包括跨境缅甸区域也是佤族文化圈。村民沿国境线居住，村内存在很多"跨境婚姻"，女方为缅籍。村内有一所小学，约有60名留守儿童就读该小学。村中还有部分缅籍儿童就学，村民与周边缅甸佤邦日常交流密切。另外，该村委会内还有一个由县妇联、边防派出所和村里共建的留守儿童关爱之家，设有一间活动室，并布置了图书、玩具、电视等设施。

云南连心社区照顾服务中心自2013年承接"三区计划"项目以来，派驻两名佤族社工进驻刀董村，为当地提供社工服务。2015年5月，"三区计划"项目结束，当地社工机构在外部支持下继续工作，并于2016年6月注册成为独立的本地社会工作机构。

从图1可以看到，在刀董村发展的过程中，除了完成一些硬性指标（贫困户救助、建档跟踪等）外，社会工作者尝试了一条看起来"曲折"的道路。

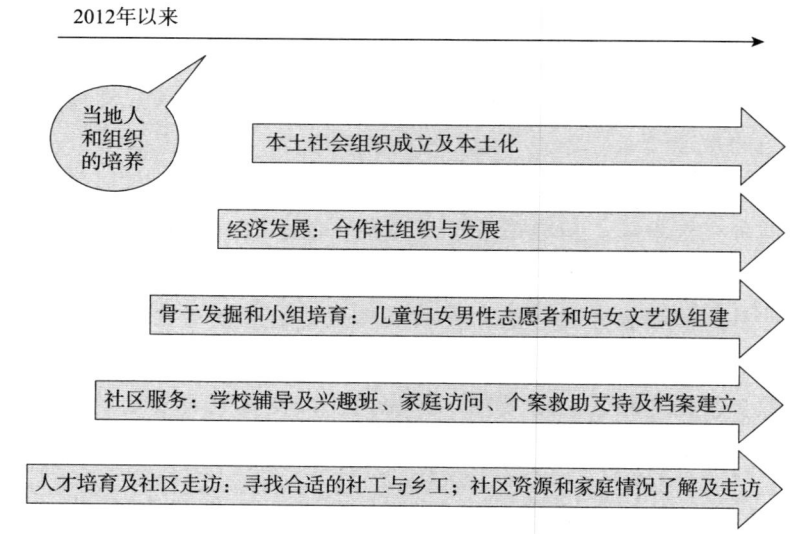

图1 刀董村工作过程示意

第一阶段：从社区服务入手，挖掘本地人才。最初，云南连心社区照顾服务中心在当地妇联、共青团、民政局等支持下，携两个佤族社工共同进行选点并选定了刀董村。经过云南连心的密集培训后，社工在村中开始从儿童服务入手，开展了一系列儿童活动，并通过家访了解到各个家庭的情况，逐渐和社区建立了初步的关系。同时，社工花了大概三个月的时间走村串户，在村委工作人员的陪同下，进一步摸清了村中的人际关系脉络和人文地景经济资源，并基本确定了每家每户的生计状况和需求，建立了"三留守"人员档案，并进行个案救助。之后，通过举办妇女节等大型村庄活动，社工也认识了一批积极村民骨干，为今后的工作奠定了坚实基础。

第二阶段：依托村民主动性，投入资源支持村民组织，重建社区互助网络。在社区大型活动和日常社区服务中，社工站不断发现村中"能人"，包括村支书和武装干事，以及妇女和儿童志愿者。第一年妇女节活动后，几个积极妇女提出想要组建民族歌舞文艺队，社工协调了项目资源，资助了部分音响设备，妇女文艺队得以组建，并自我运作，逐渐成为周边民族村寨文化生活的重要力量。社工在这个过程中，逐渐明确了"协助者"的身份，并借由妇女文艺队继续挖掘和培育妇女骨干，使其成为推动村寨公共事务的主力之一。此过程中，云南连心或定期访点督导社会工作，或邀请社工和基层政府工作人员参加培训，以保持对项目点的支持。

第三阶段：待时机来临开始介入生计发展，组建合作社，并于合作社运转正常后逐渐退出。依托原有人才和组织，发掘本地资源，建立合作社。在项目进展到一年左右时，在当地乡政府等部门支持下，村委会和社工站共同发起，连接当地各方力量，刀董村养鸡合作社正式成立。经过了一段时间的运营和规范，合作社召开了多次社员大会，民主选出了理事会。合作社从最开始只有7户村民，到目前已有80%的村民加入，也吸引了1~2名外出打工的本村青年返乡，产品卖到了周边乡镇和缅甸邻邦。由于合作社中很多家庭都是原有社区服务骨干，因此合作社不仅发挥了经济功能，也主动地承担了一些村寨公共事务。合作社经营稳定后，改选理事会，村民民主选举出新一届理事会后，村支书和社工都退出理事会这个决策机构，社工仅受托作为经理负责市场开发。社工从最初的主要推动者逐渐退后，让村民及组织主导合作社运作。

2015年，乘看云南省社会工作组织发展的东风，两位驻点社工在云南连心的支持下申请在当地注册社工机构，并承接了一些当地其他村寨的社工服务项目，逐渐开始本土化。

（二）成效评估与项目特点

刀董村项目暂告一个段落，至今的成效简单评估如下。

经过了两年半的工作，刀董村的扶贫发展工作呈现了不一样的面貌。虽然没有直接开发扶贫搞生计，但由于人和人的关系、人的能力和意识、多方力量支持等条件的备齐，合作社/生计推动的工作更像水到渠成，反而在长期来看效率更高，更可持续。对比之前的"直入主题"的运动式扶贫模式，刀董村的扶贫道路具有以下几个特点。

第一，以"外来社工组织+本地社工组织+乡村社区小组"为主要力量，培育了多个层次的社区社会组织，作为未来乡村发展的主要抓手。通过云南连心的孵化和扶持，当地成立了一家服务本地社区的社工组织，并在刀董村组织了两个妇女文艺队、一个养鸡合作社等村民组织。社区村民组织如妇女文艺小组、合作社等主体的出现，不仅让村民能够从自己的需求出发主动寻求改变，也能更深层次地动员社区本身的资源，并让扶贫工作挣脱短期项目化的束缚,更可持续(见图2)。

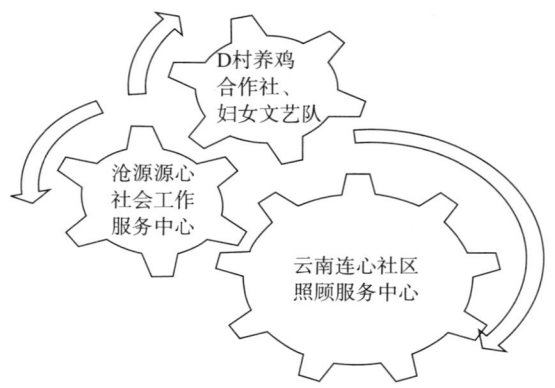

图 2 刀董村项目中的社会/社区组织培养

第二,以"三社联动"为基础,连接了省市县多级的资源,让未来可持续发展有了更多支持。项目刚开始,云南连心就与当地民政和妇联合作选点并建立驻村社工站,盘活了原有村中的儿童之家、村中小学等资源。通过一系列培训、服务和外出交流,围绕着村委会和村民组织,刀董村的发展项目中纳入了多部门的资源和支持(见图3)。

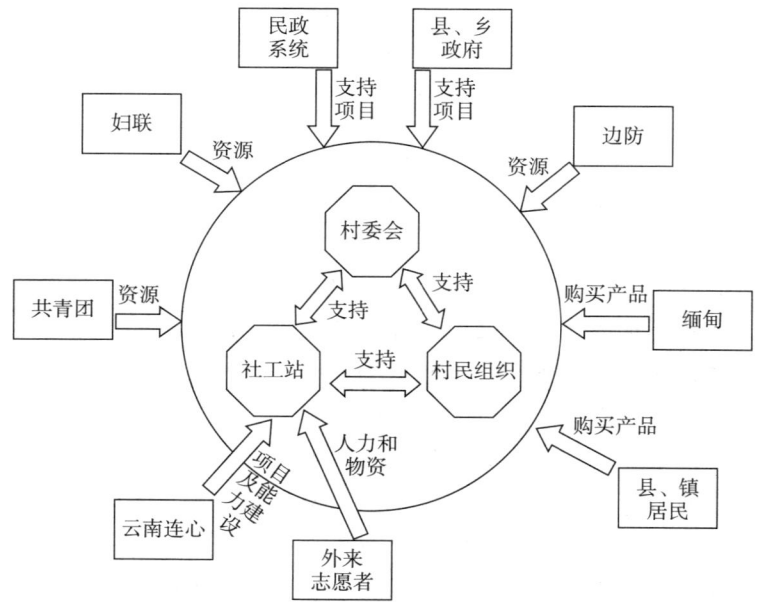

图 3 刀董村资源联动

第三，挖掘和培养了"人"，提高了社区公共服务的精准性、专业性和持续性。刀董村的扶贫工作并非从生计直接入手，而是找到当地人才，并通过社区活动和服务的开展培养人才，逐渐进入生计。而从社工到社区骨干到志愿者，都是从主要民族和当地村寨中挖掘而出的，两名佤族本土社会工作者和二十多位社区骨干志愿者，以及多名返乡青年，都成为村寨发展的有效力量。社工站所提供的个案、小组和村民组织培育服务不仅为村寨发展准备和吸引了人才，更能精准和动态地掌握村寨贫困家庭情况，更有效地进行社会救济和能力建设工作。社工站的公共服务也改善了人和人的关系，推动了社区公共服务和互助文化的发展。

第四，以民族文化作为工作切入点之一，社工站得以更快融入社区，并通过民族文化建设，增强了社区内生发展动力和凝聚力，向外展示了民族文化的优势。少数民族文化视角是云南连心的一个重要特点，也是项目工作人员能够更快进入当地的重要保证。两位佤族社工虽然是村外的青年，但减少了语言交流和文化理解上的障碍，让他们能更快地被村民接受和信赖。同时，社工也通过民族歌舞、合作生产意识和敬老文化等特点切入乡村建设，事半功倍地提升了村庄凝聚力。通过妇女舞蹈队演出、养鸡合作社售卖等，村落也向边境缅甸地区展示了扶贫成效。

第五，项目过程中注重对当地民政部门领导和社区干部的能力建设，项目辐射到周边村寨乃至全县，推动当地在其他村寨设立社工站，提高了区域内扶贫发展工作中的专业性。2012~2014年，云南连心与县级民政等部门合作，分多次进行了全县基层政府工作人员的各种培训与外出学习，主题包括新农村建设理论和方法技巧培训、外地实践项目交流等，共计约有230名城乡社区、妇联和边防公安干部参与了培训。在培训过后，当地民政、妇联和共青团系统支持社会工作项目和组织的力度有所增强。

第六，扶贫产品依托社区本身优势并坚持村民自主性，以合作社形式组织生产，提升村寨整体发展能力，为参与村民平均增收两千余元。"精准扶贫"希望扶贫点能够产出特色产品，不再是既往政府大面积、大规模、盲目的产业扶持。因此刀董村的扶贫项目产品以当地特色产业和周边市场特点为导向而开发。合作社所选鸡苗为当地鸡种，一方面抗病能力强，降低风险和成本；另一方面也能结合当地历史文化特点，主打生态养殖和民族特色，在销售方面更有市场。目前该合作社的鸡苗、鸡蛋等产品已经供不应求，覆盖了周边乡镇和缅甸邻近城镇。自合作社正常运作以来，社员平均增收约2877.20元，并吸引了数名本村青年返乡创业。

三 社会工作服务机构参与精准扶贫的主要经验

结合以上案例分析，我们可以看到，现有社会组织参与精准扶贫已经有了一些经验可以借鉴，简单概括如下。

第一，多元行动主体共同参与是精准扶贫的重要策略，是云南扶贫项目的重要创新。如案例中所述，在精准扶贫工作中纳入多个行动主体，有助于让扶贫更加切实也更加有效。多元行动主体可以包括但不限于各级政府、外来和内生的社会组织、社区组织、企业和个人志愿者等。"三社联动"如果是创新社区治理的重要策略，则围绕着社会组织、村委会及基层政府和村民组织的联动核心之外，还可以有外圈的行动主体协力。

多元行动主体共同参与的优势在于，其一是资源的多样化和多渠道，降低政府成本，提高扶贫项目的可持续性；其二是推动决策的民主化，完善对基层乡村政权的监督，避免腐败滋生；其三是汇集不同层面的力量，推动精准扶贫工作模式的创新探索。

第二，建设农村社会工作站作为党支部领导下的精准扶贫工作平台，联动本地社工组织和社区组织，使其成为精准扶贫的重要抓手。只有"外来社工组织＋本地社工组织＋乡村社区小组"三个层面的组织系统性合作，方能推动扶贫项目落地并可持续运作。

如上所言，在刀董村项目中，外来社工组织、本地社工组织和乡村社区小组在不同层面上合作，实现了扶贫项目的本土化，并使之能够在资金结束后持续运作下去。三个层面的组织各自具有优劣势，如表1所示。

从云南连心的经验来看，通过在社区建立社工站开展社区服务并推动社区自组织建立的方式，社工站逐渐作为本土社工组织而独立，最终形成了三个层次的社会组织共同参与扶贫的格局，相辅相成。通过这个系统性合作，扶贫项目能够在少数民族社区较快地落地并本土化，并推动社区通过自身资源开发和动员而发展出社区主体性和凝聚力。

社会工作机构在精准扶贫工作中的模式与对策研究

表 1　刀董村各组织一览

组织特点 \ 社会组织种类	外来社会工作服务机构	本地（县级）社工组织	乡村社区组织
主要工作策略和工作领域	1. 社会工作推广和社工人才培养；社会工作理论方法本土化；社会工作理论和方法培训及支持； 2. 开设村寨社工站或与当地社会组织合作，孵化和支持本地社会组织建立和发展； 3. 协调政策和外来资源，引入项目资源和外来专业理念，支持机构学习和对外交流	1. 在政府和外来社工组织等资助方支持下自主开展工作，在项目社区进行社区服务；人才培养；组织培育；文化建设；生计发展等实践工作； 2. 寻找社区志愿者等人才，孵化和支持社区自组织，推动社区自我服务和主体发展； 3. 协调和引入地方政府资源和其他资源，支持项目点社区发展； 4. 协调和协助社区自组织与其他社区互动交流，推动区域发展	1. 在自己社区开展社区活动和社区服务，根据组织的不同特点，开展包括扶老助弱、人才培养、文化建设和生计发展等不同领域的工作； 2. 吸纳社区各个群体，参与社区扶贫项目，推动社区公共利益实现； 3. 推动社区各个群体形成共识，在村委会带领下，推动社区自主发展
对当地需求情况的了解程度和深入程度	较了解外来资源和政策走向； 但不容易了解当地社区资源和需求	较了解当地政策走向； 也需要一定时间的社区调研了解具体社区的需求	不容易获得政策走向和外来资源； 但容易了解社区需求和资源
可以动员的社区资源（含人力物力）	不容易动员社区本身资源	较容易动员社区本身资源； 具有社区整体发展的眼光	较容易动员社区本身资源； 但容易力量分散，难以推动社区整体发展
可以连接和动员的社会资源及其范围	范围较广：国际国家省市县乡	范围有限，区域县乡一级资源较多	范围有限，村寨社区资源较多
在当地工作的认可度与公信力	相对较高，但需要与村寨建立关系	在成立之后，县乡及社区中较高	社区中较高
对区域扶贫发展的影响力	较高，有可能覆盖整个省	有可能覆盖整个县市地区	影响力有限，主要集中在周边社区
其他特有优势	区域整体发展视角； 社会工作专业培训和督导服务	社区整体发展视角； 少数民族文化发展视角； 社会工作专业性	对社区少数民族文化意义的了解；促进内外交流和理解

第三，"三社联动"是精准扶贫的重要保证。"三社联动"是深化社会体制改革和社区治理创新的主题和主线，能够提高社区自治效能，提高社

区内生发展动力和连接资源能力。在精准扶贫中，为了达到社区自生发展能力的培育，提高扶贫发展的可持续性，几个重要问题也需要注意。

首先，基层民政等系统对于社会工作的认识需要一个过程，需要较成熟的社会组织和上级政府共同推动。云南连心是通过了省一级的民政介绍得以进入该县，县级民政系统和妇联系统才能较快地接受并积极合作。之后通过一系列项目中的基层干部培训和交流活动，当地各级政府才对社会工作介入扶贫项目的必要性和专业性有了一定的认识和接受，并开始协助推动社会组织在当地的孵化和注册。

其次，社会工作服务机构进入社区之后，与村委会的平等合作关系是项目能否顺利进行的重要环节。刀董村村委会之前做过若干扶贫项目尝试，然而一直因为眼界和思路的局限而无法持续，但村委会改变村庄面貌的动力仍然很强。作为外来第三方的连心社工站的进驻，一方面让村委会看到新的力量，另一方面村委会也在观望。驻点社工与村委会保持了非常密切的沟通，同时也以密集的社区家庭走访掌握了精准和动态的社区贫困情况。通过一系列互动，社工站逐渐承担了日常村寨文化建设、村民组织培育和儿童老人个案救助等工作，大大减轻了村委会的工作负担。然而，当村民逐渐习惯了有事先找社工后，村委会和社工站的责权有所模糊，造成了工作中的一些摩擦。此时社工及时主动沟通，与村委会共同探索出彼此的权责边界，摆正了自己的协助位置。待村民组织逐渐成熟之后，社工站更多发挥了连接外部资源和培育社区组织的作用，其他社会服务则以社区组织和村委会自己进行为主。社工站和村委会的有效合作不仅减轻了村委会的压力，也培养了社区村民参与公共事务的动力和能力。

第四，人才尤其是本民族、本社区的人才培养是精准扶贫的核心内容。在云南少数民族地区，本地社会工作者的培养和本土社会组织的培育更加重要。人才包括多个层面的多个群体：首先是社区本身的人才，男女老少，生产劳动、文化娱乐领域中都可以找到人才，并不局限在经济能手或家族头领；其次是执行扶贫项目的人才，从当地或本民族内寻找和培养，更易开展工作。连心在进入该地区前，了解到当地村寨是佤族等少数民族社区，语言文化都有特殊性，于是在寻找驻点社工时尤其留意了民族性。

人的培养也是个系统工程，需要把合适的人放在合适的位置上，并持续地进行能力建设，开阔其眼界。案例中，三个层面的社会、社区组织都采取了分层次的人才培养机制，并在培养过程中不断肯定其价值，让其看到自身更大的潜力，正体现了习近平总书记所说"扶贫先扶志"。

第五，文化建设是精准扶贫的题中之意。既往的扶贫项目都非常直接地朝向经济发展，而精准扶贫则具有了更多元的衡量指标。从个体的需求来看，生计满足并不是生活的全部，而从上述案例中也可以看到，文化层面的发展也能够极大地促进社区整体的发展。在精准扶贫过程中，应该将文化建设作为重要内容和考核指标。"农民在各种小组织中建立了交错且融合的社会关系，增加了社会互信，丰富了农民的生活形态，而上层的管理通过财务核算中心这个纽带，帮助各个小组织实现经济、社会、文化的规模效益。"简单来说，就是形成了不同关系程度、领域和人群的组织，并让每个组织都能在整体社区的系统中运作，相互之间形成有机联系。村寨社区的农民组织能够发挥社区自有的功能，并能让扶贫资源可持续地再生产，让扶贫效果持续下去。

让文化建设与经济建设互相促进，提升社区自信。乡村文化建设一直是与生计发展并行不悖、相互作用的重要工作。推动农民合作、关心参与公共事务、推动性别平等、重塑老人价值、开阔农民视野和挖掘发挥社区本土文化资源等，类似的文化建设提升了村寨的自信心，让农民对自己社区更有归属感，也让整个社区更具有自己做主的能力。

第六，社区内生动力和社区本土资源分析与盘活是精准扶贫的基本前提。案例中可以看到，社工组织在社区资源的分析和盘活中投入精力并发挥了重要作用。社区资源不仅是指资金等物质资源，同时也包括生态环境、生物多样性、社区历史、族群文化、生产生活技术和人力资源等非物质资源，以及曾经被断定为"无用"的东西，例如废弃老屋等。社区资源的盘点过程本身就是一个重新认识社区、塑造社区发展动力的过程。精准扶贫的提出也是意图应对既往扶贫项目助长的社区"等、靠、要"的态度，而社会组织在推动社区对自身资源的盘点和动员过程中，也在培养社区本身的自信和行动力。同时，也只有充分挖掘出社区自身的资源，才能让精准扶贫产生具有社区特色的有故事的"产品"，这样的产品也才能具有可持续的市场价值。

第七，周边产业间统筹发展和区域整体发展是精准扶贫的重要视野。精准扶贫虽然强调"精准"，但并非局限在一村一社，而是具有整体全局思维的区域发展。然而这样的区域发展视角并不能简化为"规模化""产业化"，不是既往扶贫项目中为了追求"规模效应"而盲目扩大生产的行为。

区域发展视角一方面指在一定区域内充分发掘不同社区之间互补和互利的可能性，通过优势互补来提升区域整体效用；另一方面也强调了"规模"是相对而言的，在适用的边界以内，小而精的产业发展也能发挥规模效应。连心案例中的中缅边境市场对接就是成功的例子，也符合国家"一带一路"的政策视野。

四 社会工作服务机构参与精准扶贫的困难与挑战

在案例分析和经验总结的基础上，虽然看到社会工作服务机构在参与精准扶贫工作中找到了可行路径，取得了初步成效，但在政府及社会各界普遍缺乏对社会工作的认识和接纳的情况下，社会工作服务机构介入精准扶贫工作，依然面临诸多困难与挑战。

第一，很多基层干部和村委会对扶贫工作的理解不够多元，仍然以传统的救济思路为主，精准识别机制不健全，动态管理难度大，难以激发社区自身的脱贫动力。

第二，扶贫项目对少数民族地区的文化尊重和重视不足，多数扶贫项目设计中缺乏对当地文化的深入理解和动员，难以激发本土经验和脱贫动力。

第三，政府部门尤其是基层中对社工组织的认识、包容度和投入不足，即使有项目制购买服务也是临时性的，难以持续。部分县乡基层政府对于社工组织认识不足甚至有偏见，导致社工较难平等地开展工作并发挥优势，合作磨合期太长。

第四，地方尤其是基层的社会工作者和社会工作服务机构分布不均，地方未形成系统孵化和培养机制，缺乏人才发掘和培养机制，导致精准扶贫工作中社会工作服务机构及人才数量缺乏，扶贫工作中的社工参与不明显。

第五，基层政府在扶贫工作中过分依赖财政扶贫资源分配，未能较好动员地方社会资源，导致资源分配不均，政府财政压力大。

第六，目前精准扶贫项目缺乏区域整体视角，地方政府往往自行设计和执行，各渠道资源统筹难度大，经验和教训缺乏分享平台，增加了成本。

五 进一步推动社会工作服务机构参与精准扶贫的对策建议

基于以上总结分析，为进一步推动社会工作服务机构在参与精准扶贫工作中更好地发挥作用，课题组提出如下对策建议。

第一，强化顶层设计，明确社会工作服务机构在参与"精准扶贫"工作中的功能定位。建议各级政府部门在推进扶贫、脱贫攻坚工作中，将社会工作服务机构纳入其中并作为一支重要辅助力量，与政府挂包帮及企业帮扶工作组形成协力合作，充分发挥社会工作者在心理帮扶、激发扶贫对象及社区参与等方面的专业优势。

第二，推动各州市建立社会工作服务机构孵化基地及社会工作人才培养基地，培育和支持本地的社会工作服务机构发展。参考昆明市西山区、昭通市等地，建立当地社会工作服务机构孵化基地，建设州市级社会资源大数据平台，及时公开资源动向和使用情况，定期举办地方性的社会工作服务机构交流和人才培养计划。优化州市登记注册社会工作机构的条件，如提供场地、一次性资金奖励等。优化地州社会组织项目申请、执行和评估流程，提高政府购买项目和企业资助公益项目的比例，引入更多社会力量。

第三，推广在贫困地区建立农村社会工作站，配备专职社工，广泛吸收社会力量参与。落实民政部《社会工作专业人才队伍建设中长期规划》有关在贫困乡镇成立农村社会工作站的要求、在乡镇和村社参与精准扶贫的职能和工作范围，特别在农村"三留守"人员关爱保护工作、贫困户扶贫开发工作方面，发挥社会工作专业优势。探索建立乡村社工站或社区精准扶贫专职社工岗位，保障第三方平等参与，优化扶贫资源使用，动员社会资源投入。委托成熟社会工作服务机构负责培养和督导。在扶贫项目的开展、监测、评估和经验总结环节，以购买服务的形式，加强社会工作服务机构的参与，提高扶贫资金使用的有效性。

第四，加大培养少数民族本土社会工作专业人才和乡村社会工作者的工作力度。在"实施社会工作专业人才服务贫困地区计划"等专项计划中，云南应特别纳入对少数民族社会工作者的培养设计，优先考虑培养当地本民族的社会工作专业人才，并提供相应保障和激励机制。可参考台湾的相关措施，在云南省内选择3~5所高校设立社会工作专业定向班，采取降低分数、减免学费、提供生活补助或定向培养等优惠政策，面向贫困少数民族地方吸收和培养乡村社会工作人才。在贫困地区社区工作人员和大学生村官中选拔和培养一定数量的乡村社会工作人员，给予一定的专业能力培训和资格认定。

第五，支持在地社会工作人才创办社会企业，以社会企业带动贫困户脱贫。建议政府在现有创业孵化园区中开辟一定的空间给予社会工作人才作为社会企业创业基地，同时给予免息贷款及相应的税收优惠等政策扶持。通过社会企业与农民种植、养殖合作社、文化及生态旅游平台等进行联合，带动乡村产业发展。以区域性公益市集等形式，协助区域内扶贫产品的市场开拓与经验交流，避免重复式产业开发导致的恶性竞争，促进区域整体扶贫。

第六，加强社会工作服务机构介入精准扶贫工作的总结研究与交流推广。依托高校及省级优秀社会工作服务机构，对云南省精准扶贫中社会工作参与机制及经验进行系统研究，形成研究成果，并依托南博会、农博会等平台，通过举办论坛和交流会等方式促进经验的提升与推广。在"一带一路"背景下，将云南经验推广至更多周边地区和国家。

第七，加强对参与扶贫攻坚工作的各级政府人员进行社会工作专业理论与方法的普及工作。建议以组织部牵头负责，将在参与扶贫工作中有相关社会工作经验的社会工作专家学者组建为讲师库，推动在全省各级政府部门干部包括基层社区干部的能力培训中，纳入社会工作的内容。

第八，整合政府各部门和群团组织资源，加强社会工作参与扶贫攻坚工作的资金保障。积极争取各级财政特别是省级财政，调整其农村工作的支出比例，加大政府购买社会工作服务机构在贫困地区开展"三留守"人员服务、扶贫济困、疾病预防、家暴干预、儿童及老人服务、文化保护及社区综合发展等方面的财政支出力度。整合包括扶贫办、民政、卫生、民宗等政府部门及群团组织现有资源，通过委托或购买社会工作服务机构服务，将各口资源有效衔接到基层农村贫困社区，保障扶贫脱贫资源的有效落地，保障资源使用效率的最大化。努力拓宽资金筹集渠道，通过增加福彩公益金投入、鼓励社会捐助资金投入等，支持社会工作机构和乡村社会工作站的建设。

附件：关于推动社会工作机构在精准扶贫工作中更好发挥作用的建议

精准扶贫是中央针对我国全面建成小康社会关键阶段而实施的一项重要战略。在政府作为扶贫主体的前提下，社会工作机构作为社会力量的重要代表，积极参与其中，查遗补漏，不仅十分必要，而且大有可为。从理论分析上看，社会工作机构积极参与精准扶贫工作有助于提高扶贫资金的使用效率，有助于形成全社会共同扶贫的合力，有助于激发扶贫对象的内生动力，有助于多渠道筹集扶贫资金，有助于尽快培养当地人才，有助于维护社会稳定。从具体实践上看，云南省部分社会工作机构在参与精准扶贫工作中已探索了一些有效的模式和做法，积累了诸多有益经验，取得了可喜的成绩。例如云南连心社区照顾服务中心参与沧源刀董村扶贫以来，已培育了多个层次的社区社会组织，整合了省、市、县多层次各级政府和群团组织的资源，挖掘和培养了本土尤其是少数民族人才，增加了村民收入，增强了社区内生发展动力和凝聚力。

然而从总体上看，各级政府及社会还缺乏对社会工作的认识和接纳，社会工作服务机构介入精准扶贫工作，依然面临诸多困难与挑战。首先，一些基层干部和村委会对扶贫工作的理解不够多元，仍然以传统的救济思路为主，精准识别机制不健全，动态管理难度大，很难激发社区自身脱贫动力。其次，政府部门尤其是基层中对社工组织的认识、包容度和投入不足，一些项目制购买服务急功近利。部分县乡基层政府对于社工组织认识不足甚至有偏见，导致社工较难平等地开展工作并发挥优势，合作磨合期太长。再次，地方尤其是基层的社会工作者和社会工作服务机构分布不均，地方未形成系统孵化和培养机制，缺乏人才发掘和培养机制，导致精准扶贫工作中社会工作服务机构及人才数量缺乏，扶贫工作中的社工参与不明显。又次，一些扶贫项目对少数民族地区的文化尊重和重视不足，缺乏对当地文化的深入理解和动员，开发产品缺乏特色。最后，多数基层扶贫项目过分依赖政府扶贫资源分配，地方社会资源未能较好动员起来，政府财政压力大。

鉴于此，为更好地发挥民盟参政议政的功能作用，协同推进云南省精准扶贫攻坚工作，民盟云南省委委托向荣博士开展了此项题为"社会工作服务机构在精准扶贫攻坚战略中的作用"的课题研究，在研究基础上，提出如下建议。

第一，强化顶层设计，明确社会工作服务机构在参与精准扶贫工作中的功能定位，加强对参与扶贫攻坚工作的人员进行社会工作专业理论与方法的普及培训，加强社会工作参与扶贫攻坚工作的资金保障。建议各级政府部门在推进扶贫脱贫攻坚工作中，将社会工作服务机构纳入其中并作为一支重要辅助力量，与政府挂包帮及企业帮扶工作组形成协力合作，充分发挥社会工作者在心理帮扶、激发扶贫对象及社区参与等方面的专业优势。

建议以组织部牵头负责，将在参与扶贫工作中有相关社会工作经验的社会工作专家学者组建为讲师库，推动在全省各级政府部门干部包括基层社区干部能力培训中，纳入社会工作的内容。

积极争取各级财政特别是省级财政调整其农村工作的支出比例，加大政府购买社会工作服务机构在贫困地区开展"三留守"人员服务、扶贫济困、疾病预防、家暴干预、儿童及老人服务、文化保护及社区综合发展等方面的财政支出力度。盘活政府部门及群团组织现有资源，通过委托或购买社会工作服务机构服务，将各口资源有效衔接到基层农村贫困社区，保障扶贫脱贫资源的有效落地，保障资源使用效率的最大化。努力拓宽资金筹集渠道，通过增加福彩公益金投入、鼓励社会捐助资金投入等，支持社会工作机构和乡村社会工作站的建设。

第二，推动各州市建立社会工作机构孵化基地及社会工作人才培养基地；推广在贫困地区建立农村社会工作站或配备专职岗位社工，培育和支持本地的社会工作机构发展。参考昆明市西山区、昭通市等地，建立当地社会工作服务机构孵化基地，建设州市级社会资源大数据平台，及时公开资源动向和使用情况，定期举办地方性的社会工作服务机构交流和人才培养计划。优化州市登记注册社会工作机构的条件，如提供场地、一次性资金奖励等。优化州市社会组织项目申请、执行和评估流程，提高政府购买项目和企业资助公益项目的比例，引入更多社会力量。

落实民政部《社会工作专业人才队伍建设中长期规划》有关在贫困乡镇成立农村社会工作站的要求，特别在农村"三留守"人员关爱保护工作、贫困户扶贫开发工作方面，探索建立乡村社工站或社区精准扶贫专职社工岗位，保障第三方平等参与，优化扶贫资源使用，动员社会资源投入，并委托成熟社会工作服务机构负责培养和督导。在扶贫项目的开展、监测、评估和经验总结环节，以购买服务的形式，加强社会工作服务机构的参与，增强扶贫资金使用的有效性。

民政部门与扶贫部门应加强社会工作服务机构参与农村低保和扶贫开发制度衔接的设计，在社区建立社工站或设立社区专职乡村社工岗位，以困难人群（低保户、各级贫困户、留守儿童和老人等）为重点服务群体，协助村委会进行精准识别与社会资源动员。在社区配备社会工作者之后，也可将社工意见纳入对低保户和贫困户的识别与动态管理过程中，提高识别和管理的专业性。

第三，加大培养少数民族本土社会工作专业人才和乡村社会工作者的工作力度。在"实施社会工作专业人才服务贫困地区计划"等专项计划中，云南应特别纳入对少数民族社会工作者的培养设计，优先考虑培养当地本民族的社会工作专业人才，并提供相应保障和激励机制。可参考台湾的相关措施，在云南省内选择3~5所高校设立社会工作专业定向班，采取降低分数、减免学费、提供生活补助或定向培养等优惠政策，面向贫困少数民族地方吸收和培养乡村社会工作人才。在贫困地区社区工作人员和大学生村官中选拔培养一定数量的乡村社会工作人员，给予一定的专业能力培训和资格认定。

第四，支持在地社会工作人才创办社会企业，以社会企业带动贫困户脱贫。建议政府在现有创业孵化园区、众创空间等创业支持平台中开辟一定的免租空间给予社会工作人才作为社会企业创业基地，同时给予免息贷款及相应的税收优惠等政策扶持。鼓励社会企业与农民种养殖合作社、文化及生态旅游平台等进行联合，带动乡村产业发展。以区域性公益市集等形式，协助区域内扶贫产品的市场开拓与经验交流，避免重复式产业开发导致的恶性竞争，促进区域整体扶贫。

第五，加强社会工作服务机构介入精准扶贫工作的总结研究与交流推广。依托高校及省级优秀社会工作服务机构，对云南省精准扶贫中社会工作参与机制及经验进行系统研究，形成研究成果，并依托南博会、农博会等平台，通过举办论坛和交流会等方式促进经验的提升与推广。在"一带一路"背景下，将云南经验推广至更多周边地区和国家。

图书在版编目(CIP)数据

云南社会工作参与社会治理创新实务与经验汇编/向荣,陆德泉,兰树记主编. -- 北京:社会科学文献出版社,2019.4
ISBN 978 - 7 - 5201 - 4030 - 0

Ⅰ.①云… Ⅱ.①向… ②陆… ③兰… Ⅲ.①社会管理 - 研究 - 云南 Ⅳ.①D677.4

中国版本图书馆 CIP 数据核字(2018)第 274441 号

云南社会工作参与社会治理创新实务与经验汇编

主　　编 / 向　荣　陆德泉　兰树记

出 版 人 / 谢寿光
责任编辑 / 杨　阳
文稿编辑 / 杨鑫磊

出　　版 / 社会科学文献出版社·群学出版分社 (010) 59366453
　　　　　　地址:北京市北三环中路甲 29 号院华龙大厦　邮编:100029
　　　　　　网址:www.ssap.com.cn

发　　行 / 市场营销中心 (010) 59367081　59367083
印　　装 / 三河市尚艺印装有限公司

规　　格 / 开　本:787mm × 1092mm　1/16
　　　　　　印　张:21.5　字　数:359 千字
版　　次 / 2019 年 4 月第 1 版　2019 年 4 月第 1 次印刷
书　　号 / ISBN 978 - 7 - 5201 - 4030 - 0
定　　价 / 108.00 元

本书如有印装质量问题,请与读者服务中心 (010 - 59367028) 联系

▲ 版权所有 翻印必究